国家精品在线开放课程辅导丛书

『马克思主义基本原理概论』学习辅导

主编 张乾元 杨虹 陈世锋

武汉大学出版社
WUHAN UNIVERSITY PRESS

图书在版编目(CIP)数据

"马克思主义基本原理概论"学习辅导/张乾元,杨虹,陈世锋主编.—武汉：武汉大学出版社,2021.1
国家精品在线开放课程辅导丛书
ISBN 978-7-307-21906-9

Ⅰ.马… Ⅱ.①张… ②杨… ③陈… Ⅲ.马克思主义理论—高等学校—教学参考资料 Ⅳ.A81

中国版本图书馆 CIP 数据核字(2020)第 222332 号

责任编辑:陈 豪　　责任校对:汪欣怡　　版式设计:韩闻锦

出版发行：**武汉大学出版社**　(430072　武昌　珞珈山)
(电子邮箱：cbs22@ whu.edu.cn　网址：www.wdp. com.cn)
印刷:武汉中远印务有限公司
开本:787×1092　1/16　印张:19.5　字数:346 千字　插页:1
版次:2021 年 1 月第 1 版　2021 年 1 月第 1 次印刷
ISBN 978-7-307-21906-9　定价:50.00 元

目　录

导论 …………………………………………………………………… 1
一、教学基本要求 ………………………………………………………… 1
（一）学习目的 ………………………………………………………… 1
（二）学习要求 ………………………………………………………… 1
（三）主要内容 ………………………………………………………… 2
（四）学习重点和难点 ……………………………………………… 3
二、要点精讲 …………………………………………………………… 4
（一）“导论”导学 …………………………………………………… 4
（二）马克思其人 ……………………………………………………… 8
（三）马克思的两大成就和《共产党宣言》 ………………… 11
（四）马克思主义中国化的过程及其意义…………………… 14
（五）马克思主义的时代价值…………………………………… 17
三、解疑释惑 …………………………………………………………… 21
（一）马克思主义与马克思主义基本原理的区别与联系…… 21
（二）马克思主义的鲜明特征……………………………………… 22
四、理论前沿 …………………………………………………………… 23
（一）习近平新时代中国特色社会主义思想对马克思主义的坚持和发展………………………………………………………… 23
（二）马克思主义依然影响世界………………………………… 24
五、学习测试 …………………………………………………………… 25
六、文献导读 …………………………………………………………… 28

第一章　世界的物质性及其发展规律 …………………………… 31
一、教学基本要求 ………………………………………………………… 31

（一）学习目的 …… 31
（二）学习要求 …… 31
（三）主要内容 …… 32
（四）学习重点和难点 …… 34
二、要点精讲 …… 34
（一）本章导学 …… 34
（二）何物存在：物质观的历史演进 …… 38
（三）联系和发展：如何理解唯物辩证法的总体特征 …… 40
（四）辩证法的实质：从辩证矛盾到辩证规律 …… 43
（五）本质的反思：唯物辩证法的基本范畴及其内在逻辑 …… 47
（六）辩证的方法：矛盾思维的运用与思维能力的提升 …… 51
三、解疑释惑 …… 56
（一）哲学是什么 …… 56
（二）物质概念的演进 …… 56
（三）“人不能两次踏进同一条河流”，还是“人一次也不能踏进同一条河流” …… 57
四、理论前沿 …… 59
（一）辩证唯物主义是中国共产党人的世界观和方法论 …… 59
（二）新时代我国社会主要矛盾的变化 …… 60
（三）运用辩证思维做好精准扶贫 …… 61
（四）运用正确的思维方式处理重大公共卫生事件 …… 62
五、学习测试 …… 64
六、文献导读 …… 75

第二章　实践与认识及其发展规律 …… 78
一、教学基本要求 …… 78
（一）学习目的 …… 78
（二）学习要求 …… 78
（三）主要内容 …… 79
（四）教学重点和难点 …… 81

二、要点精讲 …… 81
（一）本章导学：人类面对和把握现实的认识论方式 …… 81
（二）认识的本质 …… 86
（三）认识的复杂性、过程性和规律性 …… 90
（四）实践是检验真理的唯一标准 …… 95
（五）真理的魅力：客观与主观、绝对与相对的统一 …… 98
（六）价值与实践和认识的胶着关系 …… 101
三、解疑释惑 …… 104
（一）如何理解“实践决定认识，同时认识对实践具有相对独立性” …… 104
（二）如何理解“真理既是绝对的又是相对的” …… 105
（三）如何理解“凡是真理，对人类必定有价值” …… 106
四、理论前沿 …… 107
（一）在实践发展中深化对共产党执政规律等的认识 …… 107
（二）坚定文化自信，大力培育和践行社会主义核心价值观 …… 111
（三）坚持解放思想和实事求是有机统一，发展当代中国马克思主义 …… 111
五、学习测试 …… 112
六、文献导读 …… 122

第三章　人类社会及其发展规律 …… 124
一、教学基本要求 …… 124
（一）学习目的 …… 124
（二）学习要求 …… 124
（三）主要内容 …… 125
（四）学习重点和难点 …… 126
二、要点精讲 …… 127
（一）本章导学 …… 127
（二）人类生存的舞台：地理环境及其作用 …… 129
（三）社会意识的相对独立性与文化自信 …… 132
（四）社会发展的正能量有哪些：社会发展的动力系统 …… 134
（五）革命与改革：社会变革的两种基本方式 …… 137

（六）造福还是造孽：科学技术在社会发展中的作用 …… 140
（七）时势造英雄还是英雄造时势：人民群众和杰出人物的历史作用 …… 143
三、解疑释惑 …… 145
（一）社会存在和社会意识的辩证关系 …… 145
（二）为什么说物质资料的生产方式是社会发展的决定力量？ …… 146
（三）改革和革命的联系与区别是什么？ …… 147
四、理论前沿 …… 148
（一）始终坚持“以人民为中心” …… 148
（二）牢牢掌握党对意识形态工作的领导权 …… 149
（三）正确认识经济发展和环境保护的关系 …… 150
（四）依靠改革应对变局、开拓新局，扭住关键鼓励探索、突出实效 …… 151
五、学习测试 …… 152
六、文献导读 …… 160

第四章　资本主义的本质及规律 …… 164
一、教学基本要求 …… 164
（一）学习目的 …… 164
（二）学习要求 …… 164
（三）学习内容 …… 165
（四）学习重点和难点 …… 168
二、要点精讲 …… 169
（一）本章导学：马克思的经济学思想 …… 169
（二）劳动价值论基础：商品二因素和劳动二重性 …… 172
（三）商品经济的基本规律：价值规律及其应用 …… 175
（四）劳动价值论与效用价值论：一个比较 …… 177
（五）劳动力商品 …… 179
（六）资本剥削的奥秘：剩余价值是如何生产出来的 …… 180
（七）资本循环与周转：价值实现的条件 …… 182
三、解疑释惑 …… 183

（一）如何理解商品二因素的矛盾来自劳动二重性的矛盾，归根结底来源于私人劳动和社会劳动之间的矛盾 …… 183
（二）剩余价值生产的两种基本方法 …… 184
（三）如何理解"生产自动化条件下，科学和技术成为独立的剩余价值源泉"的观点 …… 185
（四）为什么说资本要实现连续循环，资本的不同职能形式的循环必须在空间上并存、在时间上继起 …… 186
（五）如何理解"资本是带来剩余价值的价值"，资本的特殊性和一般性是什么 …… 186
四、理论前沿 …… 187
（一）坚持和发展中国特色社会主义政治经济学 …… 187
（二）《资本论》依然放射着真理的光芒 …… 188
五、学习测试 …… 190
六、文献导读 …… 201

第五章 资本主义的发展及其趋势 …… 202
一、教学基本要求 …… 202
（一）学习目的 …… 202
（二）学习要求 …… 202
（三）学习内容 …… 203
（四）教学重点和难点 …… 206
二、要点精讲 …… 206
（一）本章导学 …… 206
（二）经济全球化及其本质 …… 209
（三）经济全球化的走向 …… 211
（四）经济失调：2008 年金融危机及其实质 …… 214
（五）"民主陷阱"：西方政治体制失灵 …… 218
（六）辩证透析：资本主义的历史地位 …… 221
三、解疑释惑 …… 224
（一）经济全球化的实质是什么，从何表现 …… 224

（二）为什么说当代资本主义出现的新变化并未改变其实质 …… 225
（三）如何理解“社会主义代替资本主义是一个必然但长期的历史过程” …… 226
四、理论前沿 …… 227
（一）认清资本主义困境，增强中国特色社会主义自觉 …… 227
（二）推动以合作共赢为核心的新型国际关系，共建创新包容的开放型世界经济 …… 228
五、学习测试 …… 229
六、文献导读 …… 237

第六章　社会主义的发展及其规律 …… 239
一、教学基本要求 …… 239
（一）学习目的 …… 239
（二）学习要求 …… 239
（三）主要内容 …… 240
（四）学习重点和难点 …… 243
二、要点精讲 …… 243
（一）本章导学：从爱因斯坦的“Why Socialism?”说起 …… 243
（二）空想社会主义的贡献与局限 …… 245
（三）科学社会主义的诞生 …… 248
（四）科学社会主义的一般原则 …… 250
（五）社会主义的长期性 …… 252
（六）社会主义发展道路的多样性 …… 254
三、解疑释惑 …… 257
（一）如何理解“唯物史观和剩余价值学说实现了社会主义从空想到科学的伟大飞跃” …… 257
（二）如何理解“社会主义可以在一国或数国首先胜利” …… 257
（三）如何正确认识和对待“西方的普世价值” …… 258
（四）正确认识中国特色社会主义的“中国特色” …… 259
四、理论前沿 …… 261
（一）始终牢牢把准正确方向，做到“四个坚持”不动摇 …… 261

（二）在实践探索中不断推进具有中国特色的社会主义事业 …… 262
五、学习测试 …… 263
六、文献导读 …… 271

第七章 共产主义崇高理想及其最终实现 …… 273
一、教学基本要求 …… 273
（一）学习目的 …… 273
（二）学习要求 …… 273
（三）主要内容 …… 274
（四）学习重点和难点 …… 275
二、要点精讲 …… 276
（一）本章导学 …… 276
（二）风物长宜放眼量：经典作家预见未来社会的方法论原则 …… 278
（三）人间但有桃花源：共产主义社会的基本特征 …… 281
（四）共同理想与崇高理想 …… 284
三、解疑释惑 …… 286
（一）“共产主义渺茫论”错在哪里 …… 286
（二）“两个必然”和“两个决不会”的关系 …… 288
（三）社会主义初级阶段也要树立共产主义远大理想 …… 289
四、理论前沿 …… 290
（一）构建人类命运共同体和实现共产主义的关系 …… 290
（二）坚持和发展中国特色社会主义 …… 291
五、学习测试 …… 292
六、文献导读 …… 297

参考文献 …… 300

后记 …… 302

导　论

在马克思主义诞生170多年的历史长河中，与之相伴而生的学说派别、理论思潮层出不穷，但大多数来去匆匆。唯独马克思主义凭借其强大的生命力，由弱到强，成为指导无产阶级认识世界和改造世界的理论武器，成为影响整个世界的理论体系。马克思主义何以经久不衰？其科学性本质和真理本性是根源所在。“马克思主义基本原理概论”课程，将以马克思主义的内涵、创立与发展为起点，带领同学们领会马克思主义的真理力量。

一、教学基本要求

（一）学习目的

从总体上理解和把握什么是马克思主义和马克思主义基本原理，了解马克思主义产生的历史过程和发展阶段，掌握马克思主义的鲜明特征，深刻认识马克思主义的当代价值，增强学习和运用马克思主义的自觉性。

（二）学习要求

（1）掌握马克思主义的科学内涵和基本原理，掌握在实践中不断发展着的马克思主义的形成历程与发展特点。

（2）掌握马克思主义的科学性、革命性、实践性、人民性、发展性特征，理解马克思主义的科学世界观和方法论、政治立场、理论品质、社会理想，深刻领会马克思主义的本质和使命。

（3）深刻理解马克思主义的当代价值。

（4）掌握学习和运用马克思主义的正确态度和科学方法，树立理论联系实际的学风。

（三）主要内容

马克思主义是关于无产阶级和人类解放的科学，它的产生实现了人类认识史上划时代的伟大变革，在人类思想史上树立起了不朽的丰碑。在马克思主义的指引下，中国共产党带领中国人民走向民族复兴之路。实践证明，马克思主义对人们认识世界、改造世界和创造美好生活具有不可替代的作用。中国特色社会主义进入新时代，青年大学生立志成为担当民族复兴大任的时代新人，就需要自觉学习和运用马克思主义。“导论”从总体上概述了什么是马克思主义、马克思主义的成立和发展、马克思主义的鲜明特征和当代价值等重要内容。

对于“什么是马克思主义”，教材从创立与发展、理论属性和理论地位等方面阐述了其科学内涵。概括地说，“马克思主义是由马克思和恩格斯创立并为后继者所不断发展的科学理论体系，是关于自然、社会和人类思维发展一般规律的学说，是关于社会主义必然代替资本主义、最终实现共产主义的学说，是关于无产阶级解放、全人类解放和每个人自由而全面发展的学说，是指引人民创造美好生活的行动指南”。教材又从马克思主义的基本构成说明马克思主义哲学、马克思主义政治经济学和科学社会主义是其三个基本组成部分，继而说明“马克思主义基本原理”是马克思主义理论体系的核心内容，是对马克思主义立场、观点和方法的集中概括，它体现了马克思主义的根本性质和整体特征，接着分析马克思主义产生的社会根源、阶级基础和思想根源，充分表明马克思主义是时代的产物。

围绕“马克思主义的创立与发展”，教材阐述了马克思主义创立的社会历史条件、直接理论来源和自然科学前提，从时代的高度说明了马克思恩格斯对“资本主义向何处去、人类向何处去”这一历史课题的回答过程，揭示了青年马克思恩格斯的个人内在品质与时代特征的关系，说明马克思恩格斯创立马克思主义的历史必然性。1848 年 2 月《共产党宣言》的发表，标志着马克思主义的公开问世。教材最后立足实际的历史进程，论述了列宁等后继者们对马克思主义的丰富和发展，指出习近平新时代中国特色社会主义思想是马克思中国化的最新理论成果，是 21 世纪的马克思主义。

围绕“马克思主义的鲜明特征”，教材表明马克思主义从产生到发展所表现出的强大生命力的根源在于它是以实践为基础的科学性与革命性的统一。马克思主义具有科学性，在于它是对自然、社会和人类思维发展本质和规律的正确反映。马克思主义具有革命性，在于它彻底的批判精神和鲜明的无产阶级立场。同时，马克思主义还具有鲜明的实践性、人民性和发展性。实践性体现在，马克思主义从实践中来，到实践中去，在实践中接受检验，并随实践不断发展，实践观点是马克思主义首要的基本的观点。人民性体现在，人民至上是马克思主义的政治立场，马克思主义政党始终把人民放在心中最高位置，一切奋斗都致力于实现最广大人民的根本利益。发展性体现在，马克思主义是不断发展的学说，具有与时俱进的理论品质。科学性、革命性、实践性、人民性和发展性共同体现了马克思主义的本质和使命，展现出马克思主义的理论形象。

围绕“马克思主义的当代价值”，教材表明马克思主义自诞生以来就在世界上产生了巨大影响，改变了世界的尤其是中国的历史进程。时代在变化，社会在发展，当今世界的马克思主义依旧是科学真理，它不但没有过时，反而日益焕发出旺盛的生命力。其重要当代价值在于：它是观察世界变化的认识工具，给予我们观察当代世界的宏大视野和锐利目光，给予我们展望未来世界的长远眼光和战略定力。它是指引当代中国发展的精神旗帜，是推动当代中国发展的精神动力，是引领当代中国实践的科学指南。它是引领人类社会进步的科学真理，其所揭示的人类社会发展规律和社会主义代替资本主义的历史趋势，在当代依然存在并发生作用，人类的未来仍然需要马克思主义的启迪和指引。

围绕“自觉学习和运用马克思主义”，教材积极勉励新时代的中国大学生，要认真学习马克思主义基本原理，自觉树立起科学的世界观、人生观和价值观。其基本要求是：努力学习和掌握马克思主义的基本立场、观点和方法；坚持理论联系实际的马克思主义学风；以正确的态度和科学的方法对待马克思主义，坚持用发展着的马克思主义观察世界、指导实践；自觉将马克思主义内化于心、外化于行，不断增强服务社会的本领，自觉为实现中华民族伟大复兴的中国梦奉献青春、智慧和力量。

导论章节的主要内容如下图所示。

（四）学习重点和难点

1. 什么是马克思主义和马克思主义基本原理
2. 马克思主义产生的社会历史条件
3. 马克思主义在实践中不断丰富和发展
4. 马克思主义的科学性和革命性及其集中体现
5. 学习马克思主义的重要意义和方法

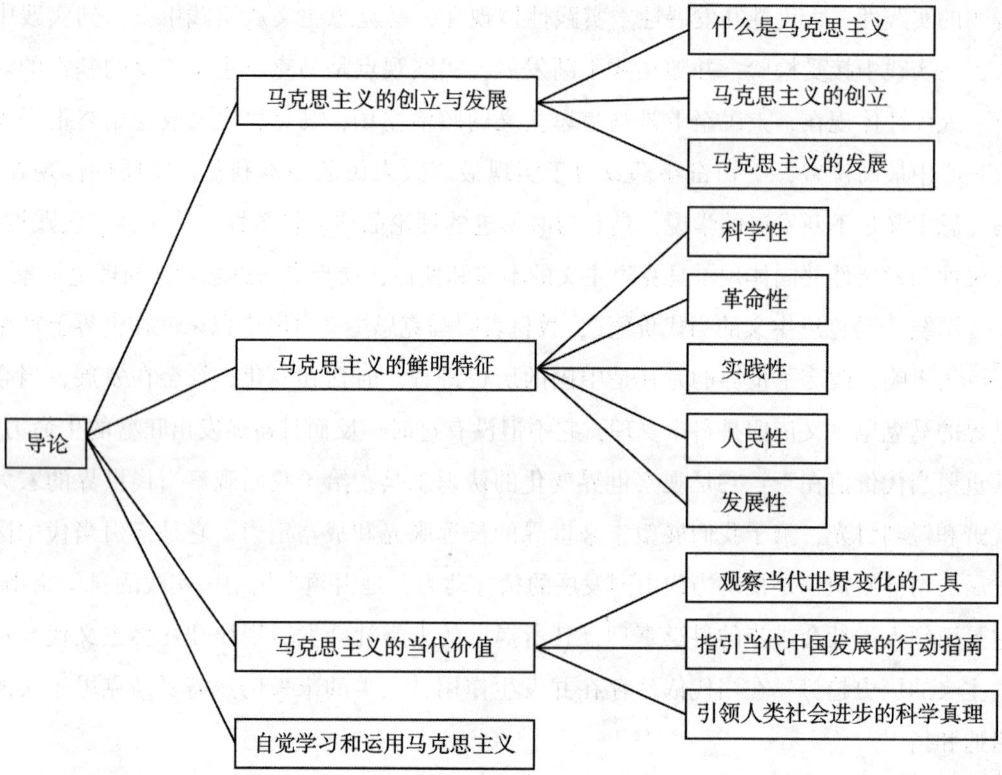

二、要点精讲

（一）“导论”导学

教师：各位同学，大家好！欢迎大家进入课程，和我们一起学习“马克思主义基本原理概论”。公元1999年岁末，在人类处于世纪之交、千年更迭之时，西方媒体纷纷推出千年风云人物评选，大家知道结果如何吗？

学生：老师您好！我记得结果好像是爱因斯坦或者马克思。

教师：对，正是“科学社会主义创始人”卡尔·马克思在多家评选活动中名列第一或第二。在英国广播公司进行的一次网上民意测验中，马克思被评为“千年思想家”榜首，得票率高于爱因斯坦、牛顿和达尔文；在路透社评选“千年风云人物”的活动中，马克思仅以一分之差名列第二，排名第一的是爱因斯坦。

学生： 那么马克思何以当选“千年伟人”呢？

教师： 路透社在报道评选结果时说，马克思的《共产党宣言》《资本论》对过去一个多世纪全球的政治和经济思想产生了深刻的影响。一个以批判资本主义而闻名的思想家被当代西方资本主义世界的主流媒体评选为“千年伟人”，确实是一种引人关注、令人玩味的千年级的“现象”。

时间一晃过去了9年，又出现了另外一种值得关注的国际现象。2008年，人类正面临席卷全球的金融危机，被金融危机搞得焦头烂额的时任德国财长布吕克自称成了马克思的“粉丝”，时任法国总统萨科齐被人发现“偷偷翻阅《资本论》”，就连英国坎特伯雷大主教威廉斯也发表评价说“长久以前马克思就窥探到了资本主义的运转之道”。当时有媒体报道《资本论》在欧洲骤然热销成为畅销书，“马克思的回归”成为一种国际现象。

学生： 我们从高中起就学习了马克思主义哲学的部分内容，但是听了老师刚才的介绍，似乎马克思主义并不等于马克思主义哲学，还有其他很多方面。为什么金融危机时也可以不断地向这位故去已久的思想家请教，马克思主义到底是怎样一种学说，马克思到底是怎样一个人？

教师： 对于这样一些问题，你可以在“马克思主义基本原理概论”这门课程中得到答案，这门课程属于高校思想政治理论课程，是每一个大学生的必修课、基础课，它的主要内容由导论和七章构成。

概括地说，马克思主义是由马克思和恩格斯创立，并为后继者所不断发展的科学理论体系，是关于自然、社会和人类思维发展一般规律的学说，是关于社会主义必然代替资本主义最终实现共产主义的学说，是关于无产阶级解放、全人类解放和每个人自由而全面发展的学说，是指引人民创造美好生活的行动指南。

这门课程思想内容极其丰富，涵盖了马克思主义哲学、马克思主义政治经济学和科学社会主义等有机统一的组成部分。整体来看，它具有科学性、革命性、实践性、人民性、开放性等重要特征。作为马克思主义理论体系中最基本、最核心的内容，马克思主义基本原理是对马克思主义的立场、观点和方法的集中概括。开设这门课程主要是为了帮助我们从整体上把握马克思主义基本原理，正确认识自然界、人类社会和思维发展的一般规律，从而掌握认识和改造世界的科学方法、看家本领。

学生： 少数理科同学经常质问我“学习马克思主义有什么用啊”，我总是无法反驳，老师能教教我怎么给他们详细解释吗？

教师：你提出的问题在一些学生中具有代表性，一般说来学习马克思主义的原因可以总结为如下三点：首先，马克思主义科学揭示了自然界、人类社会和思维发展的一般规律，为我们提供了探索世界的金钥匙。人生活在世界中要对广大的、复杂的、变动不居的世界有所认识，不仅需要有一定的观察工具，例如望远镜、显微镜等仪器；同时，更需要有正确的立场、科学的思维方法，而这正是马克思主义所能提供的东西，客观的立场、实事求是的态度是我们正确认识世界的前提，全面的视野、发展的眼光、辩证的思维是我们把握复杂多样、变幻莫测世界的可靠保证，而矛盾分析、利益分析、阶级分析等方法则是我们透过现象抓本质的锐利武器。正因为如此，列宁曾说马克思主义是人类“伟大的认识工具”；毛泽东也说马克思主义是我们的“望远镜和显微镜”；习近平总书记强调马克思主义理论是我们做好一切工作的看家本领，他还说“我们看世界不能被乱花迷眼，也不能被浮云遮眼，而要端起历史规律的望远镜去细心观望”，这个望远镜就是马克思主义。

习近平总书记在庆祝中国共产党成立95周年大会上的讲话中满怀豪情地指出“青年是祖国的未来、民族的希望，也是我们党的未来和希望”；中国共产党的创始人之一李大钊同志说过“青年要为世界进文明，为人类造幸福，以青春之我，创建青春之家庭，青春之国家，青春之民族，青春之人类，青春之地球，青春之宇宙”。作为新时期的大学生，我们一定要掌握好马克思主义基本原理这把“金钥匙”，正确打开世界观、人生观和价值观这个“总开关”，从而在实现中国梦的伟大实践中放飞青春梦想。

学生：马克思主义是一种方法，能让我们科学地认识世界，这已经被中国的近代史证明了，可是现如今已是崇尚自由的时代，马克思主义在当今中国还是需要如此强调吗？

教师：那是必须的。你这一问，其实是我要讲的第二点：马克思主义是指引当代中国发展的行动指南。实践证明，马克思主义为中国革命、建设、改革提供了强大的思想武器，使中国这个古老的东方大国创造了人类历史上前所未有的发展奇迹，指引中国成功走上了全面建设社会主义现代化强国的康庄大道。恩格斯曾经说过“一个民族要想站在科学的最高峰，就一刻也不能没有理论思维”。中华民族要实现伟大复兴也同样一刻不能没有理论思维，马克思主义始终是我们党和国家的指导思想，是我们认识世界、把握规律、追求真理、改造世界的强大思想武器。

学生：我们在高中时学过西方的一些思想总是孤立地、片面地、静止地看待问题、看待人，那马克思主义跟这些思想有什么不同呢？

教师：这就是我们学习它的第三个原因。马克思主义科学揭示了人的本质和人的发展目标，为我们提供了人生的有益启迪，马克思主义是关于世界和社会的学说，也是关于人和人生的学说，它对人的研究具有新的视野。它一反西方思想史上孤立地、静止地、片面地看待个人的思想逻辑，把个人放在现实的社会生活中来看待，从人与人的社会关系中把握人的本质，从而为人的自我认识找到了正确道路。它还告诉我们人生的意义和幸福不在社会之外，而应在社会生活中寻求；社会生活当然不可能完美，有阳光的地方就有阴影，有光影的地方就有黑暗，但我们不能因此逃避社会，而应该积极行动起来改造社会，使社会变得更加美好。例如，马克思对人的本质有一段经典的论述，他说“人的本质并不是单个人所固有的抽象物，在其现实性上它是一切社会关系的总和”。我们常讲这段话至少包括三层意思，同学们知道是哪三层吗？

学生：这个知识点我们还是比较熟悉的，其一，它强调了人的本质不在于自然性而在于社会性；其二，它强调了人的本质不是社会关系的某一方面，而是全部社会关系的总和；其三，它强调了人的本质不是抽象的、凝固不变的。可是这三层意思还是太抽象了，老师您能帮我们举几个例子理解一下吗？

教师：你也许听说过，在大学校园中一些同学往往因为情感问题闹得要死要活，个别人甚至因此走极端，我以为这样的同学没有学好马克思主义基本原理，思想上出现了“三个狭隘”。首先，他将丰富的、多层次的人的价值和本质狭隘地归结为感情生活，一旦感情受挫就感到天都黑了，看不到继续生活下去的希望；其次，他将亲情、友情、爱情等多维丰富的感情生活狭隘地归结为爱情生活，一旦爱情受挫就感到天快塌了，如果思想狭隘仅此而已，他可能会意志消沉，但还不至于走极端；最后，他将本应该用发展的眼光、开阔的视野去看待的爱情生活狭隘地归结为他和某个人的单值情感对应关系，一旦某个人离他而去，他就感到完全没有继续生活下去的意义，于是乎，思维短路，行为极端，悲剧发生。可以看出，这“三个狭隘”就是没有掌握好马克思主义的联系观、发展观以及对立统一原理。

学生：那我们如果在生活当中遇到了这样的事情，该如何运用马克思主义实现自我救赎或者帮助他人呢？

教师：恢复正常思维的秘诀，就在于中断“三个狭隘”的思维链条，实现逆向的“三个还原”，对人的价值和本质做出丰富的、多维的理解，并以此引导行为。

如关键时刻能够想得开，爱情不行，还有亲情、有友情，可以找朋友倾诉、向父母撒娇，感情失败还有生活、有事业，可以通过运动、逛街、工作等方式移情。从理论上讲，关键时刻要记得马克思的话“人是一切社会关系的总和”，假如能够做到这一点，谁还会说学马克思主义没有用？从一定意义上说，马克思主义提供给人们的是一种科学的、真正的、彻底的终极关怀。

听了这个例子，我想同学们应该能够感受到马克思主义离我们的生活并不遥远，而是实实在在地可以用在生活中。

（二）马克思其人

教师：同学们好！今天我们一起来学习“马克思和他的学说——为人类盗取智慧的火种”一节的内容。希腊神话当中有一位人物叫普罗米修斯，不知大家是否熟悉？

学生：是那个为人类盗取火种的普罗米修斯吗？

教师：对。普罗米修斯为人类从天上盗来了火种，并教会人类使用火的方法，因此激怒了众神之王宙斯，被宙斯派往执行惩罚任务的火神很敬佩普罗米修斯，悄悄对他说：“只要你向宙斯承认错误，归还火种，我一定请求宙斯饶恕你。”普罗米修斯摇摇头，坚定地说：“为人类造福有什么错，我可以忍受各种痛苦，但决不会承认错误，更不会归还火种。”火神不敢违背宙斯的命令，用铁链将普罗米修斯锁在高加索山的悬崖上，并在胸口钉上金刚石钉子，使其忍受饥饿、风吹和日晒，宙斯还派一只恶鹰每天去啄食普罗米修斯的肝脏，使其承受没完没了的痛苦。

马克思是德国伟大的思想家、政治家、革命家，他在自己的博士论文序言中以推崇的口吻写道：“普罗米修斯是哲学史书上最高尚的圣者和殉道者，他表示自己愿意为人类盗取照亮智慧的火种。”布鲁诺·鲍威尔读完序言后认为马克思心气太高，事实上这正像著名马克思主义史学家梅林评价的那样，“马克思的这一句话，正是这个在自己的斗争和苦难中，注定要成为普罗米修斯第二的人的自白”。

学生：虽然几句序言并不能体现马克思是一个自大的人，但是我曾观看过2018年新上映的电影《青年马克思》，发现他确实有一些缺点，马克思一直就是我们印象中老爷爷的模样吗？同样是思想家，为什么是马克思而不是其他人被评为“千年伟人”呢？

教师：马克思能成为“千年伟人”，其中的原因是多方面的，但是马克思的个人因素无疑是重要一条。当然，马克思并不是一开始就是我们所熟悉的伟人马克思，也不是那个大胡子老爷爷，他也年轻过，他年轻时也有一般青年人的特点乃至缺点。

马克思1818年5月5日出生于德国莱茵省特里尔城一个律师家庭，1835年秋天他从特里尔中学毕业后进入波恩大学学习。在那里的第一年有点放松，与其说是研习法学，不如说只是“住在大学”，从马克思父亲的信中所反映的情况来判断，马克思在纵情享受青春的欢乐，看样子他像许多年轻人一样，离开了父母的监管感觉到无限的自由，躁动着青春的激情，他创作诗歌、喝酒打架。学年结束前老马克思决定让马克思转学到柏林大学，之所以如此，主要是希望儿子换一种生活环境，老马克思认为柏林大学学风严谨，可能没有当时其他学校的学生生活中那种寻欢作乐的习气，在这位关怀备至的父亲看来儿子已经十足地染上了这种习气。柏林大学当时学风比较严谨，学生学习普遍认真，路德维希·费尔巴哈曾经评价过其他任何大学的学风都不像这里。事实证明老马克思的选择是对的，马克思一到柏林就像换了个人似的，全身心地投入学习当中，沉浸在科学与艺术之中，看来环境真的可以改变人。除了环境原因，他和燕妮的爱情也对他影响很大，就在马克思从波恩大学回家，去柏林大学之前，他和小时候的玩伴燕妮便私订终身，不久两人的婚约得到了双方父母的认可。

学生：他们之间发生了什么有趣的爱情故事吗？

教师：两人在一起实属不易。其一，家庭出身有差距，马克思出身律师家庭，当时算是中产阶级家庭；而燕妮出身名门望族，父亲是声名显赫的男爵，哥哥做过政府的内务部部长，老马克思最初知道自己儿子的爱情以后，对两个家庭的社会地位的差距感到担忧。其二，相貌有差距，在我们今天看来马克思长得也不错，但其实其貌不扬，身材中等，皮肤黝黑；燕妮相貌出众，是特利尔城公认的舞会皇后，即使我们用现代的审美眼光来看她的照片，燕妮也长得高贵、典雅，因此马克思一辈子都很为夫人的长相感到骄傲。其三，两个人年龄有小小的差距，燕妮生于1814年，比马克思大四岁。但是，马克思还是做到了。

学生：那马克思到底是如何打动燕妮的呢？

教师：马克思是凭着他的浪漫、激情和才华。马克思当时给燕妮写满了三册的诗集，当燕妮收到这些诗集的时候，她眼里“含着悲喜交集的眼泪”，读了这些诗并终身保留在身边。马克思不仅打动了燕妮，也凭着他的学识、理想和才华打动了燕妮的父亲威斯特华伦，马克思在自己博士论文的扉页上写道“献给威斯特华伦爵士”，并热情洋溢地给其写信说：“我尊敬的父亲般的朋友，请您原谅我把我所爱慕的您的名字放在一本微不足道的小册子的开头，我已经完全没有耐心再等待另外一个机会向您略表我的敬爱之意了。”这是一个有学识又非常有礼貌的青年的表达。

学生：很多名人对马克思有很高的评价，尤其是他同时代的一位政论家莫塞斯·赫斯曾这样描写道：“设想一下，如果把卢梭、伏尔泰、霍尔巴赫、莱辛、海涅和黑格尔结合为一人，那么结果就是一个马克思博士。”如此高的评价，可以看出除了出众的才华，马克思身上还有许多可贵的品格？

教师：没错，马克思被评为“千年思想家”“千年第一伟人”，确实有他的过人之处。习近平总书记在 2018 年 5 月 4 日纪念马克思诞辰 200 周年大会的讲话中对马克思的一生做了高度总结和概括，他说：“马克思的一生，是胸怀崇高理想、为人类解放不懈奋斗的一生，是不畏艰难险阻、为追求真理而勇攀思想高峰的一生，是为推翻旧世界、建立新世界而不息战斗的一生。”我们可以从马克思的几段名言中，看出他卓越的追求和伟大的品格。

其一，崇高的人生理想。马克思在 17 岁的中学作文中提出青年人在选择职业时应该将人类的幸福和自身的幸福完美地结合起来，“我们的幸福将属于千百万人，我们的事业将悄然无声地存在下去，但它会永远地发挥作用，而面对我们的骨灰高尚的人们将洒下热泪”。

其二，不屈的斗争精神。“在科学上没有平坦的大道，只有不畏劳苦沿着陡峭山路攀登的人，才有希望达到光辉的顶点”，这句熟悉的名言道出了马克思在科学上不畏艰辛的探索精神。事实上除了科学研究，马克思在生活中也是充满了斗争精神，正如恩格斯评价指出，“马克思首先是一个革命家”，“斗争是他的生命要素”。

马克思是顶天立地的伟人，也是有血有肉的常人，他热爱生活、真诚朴实、重情重义，和妻子燕妮患难与共，谱写了理想和爱情的命运交响曲。马克思在与燕妮订婚以后，产生了一个很朴素的愿望，想为燕妮及其家庭的幸福提供一个稳定的职业保障，比如在大学做教授。他发奋学习、刻苦钻研，终于在 1841 年获得了博士学位。但是，马克思朴素的愿望落空了，马克思心怀天下，抨击权贵，为反动政府所不容，他和燕妮及其孩子颠沛流离、受尽磨难，两人疼爱的儿子也因为营养不良而夭折，可想而知马克思当时内心的痛苦。但是，他并没有向苦难低头，马克思的女儿小燕妮曾让马克思填写过一份“调查表”，这份“调查表”后来成了闻名世界的马克思的“自白”，在“您对幸福的理解”一栏中马克思填写的答案是“斗争”，在“您对不幸的理解”一栏中马克思填写的答案是“屈服”，永不屈服，永远斗争，这就是马克思。

其三，鲜明的实践品格——马克思的墓碑上有两句话，一句是“哲学家们只是用不同的方式解释世界，而问题在于改变世界”，另一句是“全世界无产者联合起来”。马克思不愿意像他的老师鲍威尔兄弟那样做一个纯粹的职业哲学家，做一个止于纸上谈兵的坐而论道的批判家，在他看来，解释世界固然重要，但是用实践去改变世界更为重要。当然，马克思并不是孤独的英雄，用列宁的话来说，马克思最伟大的贡献就在于他教会了工人阶级意识，从而鼓舞全世界的工农群众联合起来，用革命的实践去共同推翻不合理的旧世界。

崇高的人生理想、不屈的斗争精神、鲜明的实践品格——马克思“千年伟人”的称号真是实至名归。与其心生敬佩，不如自己努力成为那样的人。我们在学习马克思的思想时，从某种意义上来说，更要学习他美好的品质。

（三）马克思的两大成就和《共产党宣言》

教师：各位同学好！我们今天一起来学习“马克思和他的学说——世代传唱的‘时代的歌中之歌’”。

马克思与同时代人相比具有双重优越性，比起工人活动家，他具有高度的理论素养和渊博的学识；而比起其他理论家，他具有强烈的实践愿望和实践经验。他不是蛰居书斋的纯理论家，也不是鲁莽行事的实践家，而是集理论家和实践家于一身。他既继承了人类文明的优秀成果，又抓住了时代脉搏，能够科学地回答人类所面临的迫切问题，从而成为科学社会主义的创始人。同学们读过恩格斯《在马克思墓前的讲话》这篇文章吗？

学生：老师好！我们似乎读过，是不是讲两个伟大发现的那篇？

教师：是的，恩格斯在这篇文章中讲过两个伟大的发现。1883 年 3 月 14 日下午两点三刻一个伟大的思想家停止思想了，3 月 17 日马克思长眠于英国伦敦城北的海格特公墓，作为马克思的亲密战友恩格斯在马克思墓前发表了讲话，代表全世界无产阶级对马克思的逝世表示了深切的哀悼，对马克思一生的伟大贡献作了崇高的评价。他说：“正像达尔文发现有机界的发展规律一样，马克思发现了人类历史的发展规律，即历来为繁芜丛杂的意识形态所掩盖着的一个简单事实——人们首先必须吃、喝、住、穿，然后才能从事政治、科学、艺术、宗教等。不仅如此，马克思还发现了现代资本主义生产方式和它所产生的资产阶级社会的特殊的运动规律，由于剩余价值的发现这里就豁然开朗了，而先前无论资产阶级经济学家或者社会主义批评家所做的一切研究都只是在黑暗中摸索。”恩格斯还讲一生中能有这样两个发现已经足够了，即使只能作出一个这样的发现也已经是幸福的了，但是马克思在他所研究的每一个领域，甚至在数学领域都有独到的发现，其中任何一个领域他都不是浅尝辄止。

学生：我们知道中外探索世界的方法有很多，有以格物致知为代表的主观唯心主义，以黑格尔为代表的客观唯心主义，还有以笛卡儿为代表的二元论，那么马克思主义为什么能在这些探索世界的方法中脱颖而出呢？

教师：方法确实很重要。在马克思以前人类历史是费解之谜，所有的哲学都因此陷入了唯心主义，将历史发展归结为神、上帝、绝对精神等精神因素，马克思从纷繁复杂的人类历史中找出社会关系，然后把社会关系归结到生产关系的高度，进而将生产关系归结到生产力的高度，从生产力与生产关系、经济基础与上层建筑的矛盾运动中，从生产力的变革中寻找社会发展的最终动力，从此人类终于可以像考察自然界一样精确地研究社会历史问题，破除了各种各样关于社会发展的神秘主义。

同时马克思不仅从哲学、人类历史规律的高度去考察人类历史，而且还把他的考察牢固奠定在经济学实证基础之上。在马克思之前，欧文、圣西门、傅立叶等空想社会主义者对资本主义也做过深刻的批判，但是他们的批判更多的是出于道德的义愤；马克思超越他们的地方就在于，他对资本主义的批判不仅仅是道德的批判，更多的是一种经济的批判。马克思的研究证明，无偿占有雇佣工人创造的剩余价值是资本主义生产方式的本质和秘密所在，资本主义之所以不合理是因为它发展到一定时期就阻碍了生产力的发展，阻碍了人的自由个性的发展，最终必将因为这双重阻碍而被更高形态的社会关系所取代。因此，他拨开了人类社会历史的迷雾，得出了科学的结论。

学生：唯物史观和剩余价值理论是马克思的两个伟大发现，既然同为马克思主义的重要部分，它们之间有什么联系吗？有什么现实意义呢？

教师：两个伟大发现有着十分深刻的内在联系，唯物史观的创立为发现剩余价值提供了全新而科学的历史观的指导，开辟了前进的道路；剩余价值学说的初步表达不仅最深刻地揭露了资本主义制度的本质，而且为唯物史观的升华提供了最现实的根据。因此，建立在这两大基石之上的社会主义学说就拨开了人类社会历史的思想迷雾，不再是空想而成为科学。这样一种思想上的伟大变革是与一本光辉的著作紧紧相连的，你们说它可能是哪一本呢？

学生：《共产党宣言》。

教师：对，马克思恩格斯于1848年发表的《共产党宣言》是马克思主义政党第一次公开发表的理论和实践的党纲，是科学社会主义横空出世的出生证，它融知识性、思想性、艺术性于一体，融战士的激情、哲人的理性、诗人的浪漫于一身，结构严谨，立场鲜明，逻辑紧密，叙述生动，内涵丰富。它在马克思主义发展史上具有不可替代的重要地位，在思想内容上具有无与比伦的深度，对中国特色社会主义具有不容忽视的指导意义。

你们应该读过，《共产党宣言》在世界上产生了巨大而深远的影响，它发表之初英国宪章运动领导人就评价说“这是世界上前所未有的最革命的文章”，列宁曾指出“《共产党宣言》篇幅不多，价值却相当于多部巨著，它的精神至今还鼓舞着、推动着文明世界全体有组织的、正在进行斗争的无产阶级”，斯大林热情地称赞《共产党宣言》为“马克思主义的歌中之歌”。直到今天《共产党宣言》仍然闪耀着迷人的思想魅力，仅就其全球化思想而言，美国学者约翰·卡西迪认为，全球化是当今的人们都在谈论的时髦词语，但马克思早就预见到它的许多后果，现代经济学家们又碰到这些问题，他们有时并没有意识到自己正在步马克思的后尘；《法国人道报》在报道1998年《共产党宣言》发表150周年国际大会时写道：“从纽约到东京，从圣保罗到耶路撒冷，从新德里到伦敦，到处都奏响了《共产党宣言》的乐章，马克思主义没有死，马克思仍然活着。”

学生：当今时代已经和正在发生深刻变化，全球化趋势不可逆转，我们也总是强调中国特色社会主义，请问老师我们现在所说的马克思主义还是不是原来意义上的马克思主义？

教师：你提的这个问题在大学生中有一定代表性，在国际学术界也有人讨论过。美国著名马克思主义理论家伯特尔·奥尔曼、理查德·沃尔夫等人曾经用 Marxian Theory 来表示原来意义上的马克思主义或者马克思的学说，用 Marxism 来表示广义的马克思主义。在我们看来，当代中国的马克思主义与马克思恩格斯创立的马克思主义既一脉相承，又与时俱进。与时俱进之“进”强调发展，意思是要融入时代的新元素；一脉相承之“脉”强调继承，意思是在基本立场、基本观点和方法上的传承性，在科学性、人民性、实践性、开放性等特征上的一致性。从《共产党宣言》发表到今天，170年过去了，人类社会确实发生了很大的变化，但马克思主义所阐述的一般原理整体来说仍然是完全正确的。我们要坚持和运用马克思主义的立场、观点和方法，真正把马克思主义这个看家本领学精、悟透、用好。

学生：好的，我们一定按照这个要求去努力。

教师：刚才我也提到，2018年恰逢《共产党宣言》发表170周年，170年来《共产党宣言》先后被翻译成200多种语言，出版了数千个版本，成为世界上发行量最大、传播最广的经典著作。这里还有一个故事，1920年8月由陈望道翻译的第一个《共产党宣言》中译本在上海出版，成为黑暗中引导革命青年走上革命道路的指路明灯。

2018年4月23日中共中央政治局就《共产党宣言》及其时代意义举行第五次集体学习，习近平总书记在主持学习时强调指出，《共产党宣言》是一个内容丰富的理论宝库，它第一次全面阐述了科学社会主义原理，是一部科学洞见人类社会发展规律的经典著作，是一部充满斗争精神、批判精神、革命精神的经典著作，是一部秉持人民立场、为人民大众谋利益、为全人类谋解放的经典著作，它揭示了人类社会最终走向共产主义的必然趋势，奠定了我们共产党人坚定理想信念、坚守精神家园的理论基础。

这是一个很高的评价，《人民日报》曾经刊发过一篇名为《信仰的味道》的短文，讲述了这样一个故事：1920年的春夜，浙江义乌分水塘村一间老柴屋内，有一位青年在一张简易书桌前奋笔疾书，书桌由两张长凳架起一块木板组成，母亲在屋外喊“红糖够不够，要不要我再给你添一些”，青年应声回答“够甜，够甜的了”，谁知，当母亲进来收拾碗筷时，却发现儿子的嘴里满是墨汁，红糖却一点儿也没动，原来儿子竟然是蘸着墨汁吃掉粽子的。这个青年名叫陈望道，他翻译的册子叫《共产党宣言》。墨汁为什么那样甜？原来信仰也是有味道的，甚至比红糖更甜，正因为这种无以言喻的精神之甘、信仰之甜，无数的革命先辈才心甘情愿地吃苦受难。墨汁为什么那样甜？这种信仰的味道，只有真正的共产党人才能品味得到。

学生：听了老师的讲解，我更加坚定了永远跟党走的决心。

（四）马克思主义中国化的过程及其意义

教师：同学们好！今天我们一起来学习“日出东方——马克思主义如何改变的中国”一节。

根据学术界的有关成果，结合我们自己的一点理解，可将世界现代化进程大体分为以下五个历史阶段：第一，16—17世纪西欧资本主义现代化准备时期，英国作为这一时期的代表，通过圈地运动、商业革命、海外扩张、政治革命等开始了从传统社会进入现代社会的准备。第二，18世纪中后期以欧美资本主义先发现代化为标志的第一次现代化浪潮，英国率先通过工业革命实现现代化的腾飞，受其影响和带动，法国、德国、美国等欧美国家先后走上现代化道路。第三，19世纪中后期以东方资本主义后发现代化为标志的第二次现代化浪潮，在西方资本主义现代化浪潮的推动之下，日本、俄国等东方国家通过社会革新追求现代化发展。第四，20世纪初期以苏联社会主义后发现代化为标志的第三次现代化浪潮，十月革命开创的社会主义现代化道路打破了所谓现代化就是西方化、资本主义化的思维定势。第五，“二战”结束到现在以现代化模式多样化为特征的第四次现代化浪潮，“二战”以后觉醒的发展意识和强烈的发展要求推动了拉美模式、东亚模式、中国模式等多种现代化模式的形成。

学生：老师照您这么说，中国是在第四次浪潮、第五个阶段才赶上现代化的末班车吗？

教师：是的，中国作为唯一保持文明连续性的文明古国，在走向现代文明的过程中却步履蹒跚。在历史上很长一段时期，中国是世界上综合国力最强的国家之一，但当英美等国进入资本主义现代化发展的黄金期时，清王朝还沉浸在天朝之国的迷梦之中。马克思评价说：“满族王朝的声威一遇到英国的枪炮就扫地以尽，天朝帝国万世长存的迷信破了产，野蛮的、闭关自守的、与文明世界隔绝的状态被打破，开始同外界发生联系。”马克思的评价很中肯，我们经常能从一些影视剧中看到这样的场景：清王朝早已经威风不再，却还放不下架子，在外国使臣觐见的时候居然还在纠结要不要行跪拜的礼节。

中国在帝国主义列强坚船利炮的威逼下被动地卷入世界现代化进程，而以英国为首的帝国主义国家则通过血腥的军事掠夺、野蛮的鸦片贸易从中国攫取大量财富，可以说，在第一次世界现代化浪潮中中国被迫成为向西方资本主义先发现代化中心输血的外围地区，落后挨打的现实让一部分先进的中国人开始睁开眼睛看世界。同时，日本作为第一个东方国家成功走向现代化的先例，也让许多中国人看到了现代化的希望。鸦片战争之后，在内忧外患的双重压力下，清政府中的改革派力图通过“师夷长技以制夷”掀起了一次自上而下的自强运动，但这次现代化运动由于中国在甲午战争中的失败而遭挫，甲午战争之后中国又先后经历了维新运动、立宪运动等，但是由于制度和传统等的束缚，这些尝试先后以失败而告终，在此前后，日本、沙俄等国胁迫清政府签订了一系列不平等条约。这表明在第二次世界现代化浪潮中，仿效日本式的资本主义君主立宪制模式的做法遭到失败，中国不仅没有抓住这次现代化的机遇，反而又进一步成为东方资本主义国家的掠夺对象，为这些国家的现代化提供原始资本。改良主义的道路走不通，于是乎人们转而寄希望于资产阶级革命。1911 年的辛亥革命宣告两千多年王朝循环的结束，同时也宣告中国现代化运动初始阶段的结束。但是辛亥革命没有使中国实现真正的民主政治和民族独立，也没有使中国真正走上现代化发展之路，正如毛泽东同志指出，“中国人向西方学得很不少，但是行不通，理想总是不能变为现实”，多次奋斗包括辛亥革命那样全国规模的运动都失败了。

学生：鉴于这段历史，您能不能讲一讲中国何以选择了马克思主义？换言之，马克思主义与中国这个文明古国是怎样相遇的？

教师：正如刚才所讲，中国人也曾想走西方资本主义道路，但是走不通。第一，是因为处于半殖民地半封建社会的中国资产阶级在经济上和政治上异常软弱；第二，列强对中国一次又一次的侵略激起了中国人对西方制度的痛恨，而第一次世界大战的爆发更让中国人看到了资本主义自身无法克服的矛盾；第三，民国以来议会政治模式的种种丑态也让中国人产生了对西方民主模式的怀疑。因此，中国人对资本主义的怀疑产生了、增长了、发展了，对社会主义的认同、宣传乃至尝试也就发生在这样的背景之下。

除此之外，中国人向往社会主义还有一个十分重要的文化背景，在中国传统文化中，追求天下为公的大同理想是古往今来中国思想家的最高政治境界，受这种文化传统的深刻影响，改良派代表人物康有为写下著名的《大同书》，表明其对理想社会的追求。因此，从大多数中国人的社会文化心理来看，社会主义的理想正好契合于大同思想，超越了资本主义唯利是图的价值追求。正是在这样的文化背景之下，马克思主义随着西方各种社会主义思潮一起传入中国，在当时被统称为“大同学”或者“安民新学”。

学生：老师您讲得很好，我们发现从另一个角度看，鸦片战争前后遥远的东方发生的事情也引起了马克思的高度关注。第二次鸦片战争期间，马克思撰写了十几篇关于中国的通讯，向世界揭露西方列强侵略中国的真相，为中国人民伸张正义。马克思恩格斯高度肯定中华文明对人类文明进步的贡献，科学预见了中国社会主义的出现，甚至为他们心中的新中国取了一个靓丽的名字“中华共和国”。

教师：对。概言之，在旧式的农民战争走到尽头，不触动封建根基的自强运动和改良主义屡屡碰壁，资产阶级革命派领导的革命和西方资本主义的其他种种方案纷纷破产的情况下，十月革命一声炮响为中国送来了马克思列宁主义，给苦苦探寻救亡图存出路的中国人民指明了前进方向，提供了全新选择，正所谓“不知远因不能明近果，不数既往不能知将来”。

十一届三中全会以来，中国共产党人把马克思主义基本原理与中国的具体实际相结合，带领人民开辟了一条现代化发展的中国道路。实践表明，中国终于在世界现代化发展第五个阶段、第四次现代化浪潮中抓住了历史的机遇，20 世纪 80 年代末以来世界现代化进程经历了一系列重大事件，东欧剧变、苏联社会主义现代化模式遭遇失败，拉美、东南亚等地区发生金融危机，拉美模式、东南亚模式引起反思，西方主要发达国家不同程度地出现再发展危机，特别是 2008 年发生了席卷全球的国际金融危机，使传统现代化理论的解释力受到质疑。相形之下，在现代化追赶之路上中国既没有走封闭僵化的老路，也没有走改旗易帜的邪路，而是坚持走中国特色社会主义的新路，创造了后发现代化的中国奇迹。简单说来，中国走的是一条社会主义后发现代化道路。

面对更加复杂的情况，我们正确处理改革、发展、稳定三者之间的关系，有效避免了社会发展的断裂。谈到改革、发展、稳定三者之间的关系，我想到了一个很形象的比喻，在我们骑自行车的时候一上车就必须保持身体平衡，如果原地秀车技，保持平衡是很难的，必须在行进中实现动态的平衡，要保持行进，就必须不断地踩踏板，给予其动力踩踏板，行进、平衡，改革、发展、稳定，作为一个自行车生产大国，中国在改革开放 40 多年的进程中生动形象地演绎了自行车平稳快速行进的原理。

学生：老师您这个比喻确实很形象、很贴切，我们对三者之间的关系更加清晰明了了。

教师：作为一种社会主义现代化发展道路，中国道路与一些资本主义发展模式相比具有自己的制度优势和发展特点，例如，与欧美模式相比显示出蓬勃的生命力和很强的可成长性，与拉美模式相比显现出发展的人本性和社会的稳定性，与印度模式相比显示出高速经济增长的持续性和发展的全面性。对于这个问题，我们还可以从数据的历史比较来作分析，中国和印度都是人口大国，它们成立的时间也都差不多，中华人民共和国 1949 年成立，印度 1947 年独立。1952 年印度人均生产总值是 52 美元，中国是 48 美元，印度选择资本主义道路，中国走有自身特色的社会主义道路，2017 年再次进行调查时，中国生产总值占世界总量的 15%，人均 GDP 为 9482 美元，印度生产总值占世界总量的 3%，人均 GDP 为 1965 美元。这些数字确实能说明一些问题，历史和现实似乎都在告诉我们，马克思主义已经并正在改变中国，马克思主义的命运早已同中国共产党的命运、中国人民的命运、中华民族的命运紧紧连在一起。

（五）马克思主义的时代价值

教师：同学们好！今天我们来分析一个流行的问题——“马克思主义是否过时”。通过前面几次讲解我们大致了解了马克思主义的基本内涵，那么同学们可能会问另外一个问题：马克思为什么是对的呢，他的理论在今天是否已经过时了呢？这是一个流行的问题，无论是在西方还是在中国，都引起很多人的关注。2011 年 4 月，一个叫特里·伊格尔顿的英国学者在耶鲁大学出版社出版了一本专著，书名叫 *Why Marx Was Right*。

学生：我也听说过这本书，它的中文名叫做《马克思为什么是对的》。

教师：是的，他在这本书中对这个流行的问题给出了自己的回答，也引起了广泛的国际关注。

学生：老师，我同时也注意到几年前您作为《世界社会主义五百年》一书的编写组成员曾做客过人民网，在与网友进行在线交流的时候，对这个问题也给出过您自己的见解。

教师：是的，谢谢你的关注！当时我们在首席专家顾海良教授的带领下做了一期专家访谈，主持人代表网友给我提出了一个类似的问题："马克思主义究竟能不能适应于现在发展的观念"，受其他学者的启发我也尝试着对这一问题作出了自己的回答。我认为首先要从理论的创立者、发展者这个角度，对马克思主义概念进行狭义和广义的区分。如果从狭义角度来讲，马克思主义是马克思恩格斯所创立的观点和学说体系；如果从广义角度来看，马克思主义不仅包括马克思恩格斯的观点和学说，也包括继承者对它的发展，因此从广义角度来讲，马克思主义是由马克思恩格斯创立并在此后得到不断发展的理论，它并非是过去时而是现在进行时。即便从狭义角度来讲，也不能轻视马克思主义的当代价值。

学生：您说得很有道理。可是我们知道马克思所处的时代是 19 世纪上半期，那个时候英国的工业革命刚刚完成，资本主义对于当时封建专制的欧洲大陆而言是一种新兴的理想社会，当时伟大的思想家比如说康德、黑格尔、谢林、费尔巴哈、亚当·斯密等，都在为这种社会制度进行正面的论证，而马克思在这个时候却以独特的视角批判性地分析了资本主义的运转之道，正确地指出了人类历史发展的未来方向，那么请问他是怎样做到既回答了 19 世纪的时代问题，同时又超越了 19 世纪的呢？

教师：你这个问题很有代表性，马克思有一句名言："问题就是公开的、无畏的、左右一切个人的时代声音，问题就是时代的口号"，一部马克思主义发展史就是一部不断研究时代提出的问题、不断推进理论创新的历史。

马克思所处的时代，西方处于自由竞争资本主义阶段，而东方多半处于封建专制社会，社会化大生产与生产资料私人占有相矛盾，资本与劳动相对立，西方与东方相冲突，这是马克思主义由以产生的时代特征，也是马克思主义所要解决的时代课题。在《共产党宣言》《资本论》等著作当中，马克思在两个伟大发现的基础上，在哲学和经济学的结合中，在走向历史深处的过程中创立了科学社会主义，科学回答了前两个时代课题。在晚年，马克思凭借着对俄国等东方国家经济社会发展实证材料的深刻的经济学把握，较为系统地探讨了东方社会的性质、结构、现状和前景等一系列重大问题，提出了非资本主义发展道路设想，科学回答了第三个时代课题。可以说，正因为科学回答了时代课题，马克思的学说才赢得了世界历史意义，从西方走向东方，由理论变为实践。

学生：老师，您的解释已经帮助我们弄清楚了马克思主义的时代价值。那么我想再问一下您，判断一种理论是否过时有没有相对客观一点的标准呢？

教师：这个问题学术界有探讨过，综合有关看法，一种理论的当代意义大体上可以从三个方面来看：其一，大的时代课题仍然没有得到根本解决，这种理论提出的解决措施仍然有一定的价值；其二，这一理论具有一定的未来指向性，而新的时代条件为其实现未来指向提供了更有利的条件；其三，这一理论揭示了事物发展的根本规律，对新的时代条件下问题的解决具有一般方法论的价值和意义。

根据你刚才提出的问题，对照这样的基本前提，我们不难发现当今时代我们仍然不能离开马克思，不能没有马克思主义。其一，马克思主义所针对的时代课题仍然没有得到根本解决，它提出的解决措施仍有一定的价值；其二，马克思主义具有科学的前瞻性，其关于未来社会的预测部分已经实现，新的时代条件更有利地实现其发展目标；其三，马克思主义揭示了自然界、人类社会和思维发展的一般规律，其科学的世界观与方法论对解决新的时代问题具有一般的方法论价值指导意义。

学生：您能否结合我们当今的时代特点，更加具体地分析一下您刚才提到的观点呢？

教师：我们当今的时代，就中国而论，是中国特色社会主义的新时代，就世界而论，当今世界仍然是一球两制的时代，就是一个地球、两种社会制度同时存在，在一定的意义上也是国际垄断资本主义进一步发展的时代。站在今天的时代节点，无疑会发现马克思主义经典作家的某些具体论断可能带有时代的色彩，带有一定的局限性，例如马克思恩格斯关于无产阶级革命的"共同胜利论"等，确实需要我们重新研究。

但是无论如何，社会化大生产与生产资料私人占有相矛盾、资本与劳动相对立、西方与东方相冲突仍然是我们这个时代需要解决的课题。美国著名左翼经济学家理查德·沃尔夫运用马克思主义阶级分析方法，认为当前资本主义经济危机与资本主义独特的阶级结构之间存在着内在的逻辑关联，而新古典主义和凯恩斯主义都不可能最终解决经济危机，只有彻底地改变资本主义生产的阶级结构，按照马克思的有关理论设计，才能最终解决危机。这说明马克思主义仍然具有现时代性，我们这个时代仍然需要马克思。正如法国著名思想家雅克·德里达说：“我们这个时代，不能没有马克思，没有马克思，没有对马克思的记忆，没有马克思的遗产，也就没有了将来。”当然，时代课题在今天具有新的时代特点，需要马克思主义做出新的时代回答。

学生：老师，您能否说说有哪些新的时代问题是我们需要重点回答的呢？

教师：比如说，关于当代资本主义的命运问题，我觉得就是一个我们必须回答的问题。“二战”以后，特别是20世纪70年代以来，西方资本主义的自我调整和不断发展使人们对马恩的“两个必然”结论和列宁的帝国主义论的科学性提出质疑，但是这次席卷欧美的国际金融危机无情地掀开了蒙在西方发达国家头上的温情脉脉的面纱，再次暴露出资本主义制度的内在矛盾，“二战”后西方资本主义发展的“美好时光”已经成为了回忆，英国工人在游行的时候甚至打出了“资本主义不行了”的标语。英国路透社评论说，随着华尔街金融危机的爆发，我们过去熟知的资本主义正濒临末日，马克思当年的预言似乎也得到了验证。当然，西方国家也采取了各种办法来应对这场危机，美国第一个开始了经济复苏，这个迹象是不是表明西方资本主义仍然具有很强的自愈能力？究竟应该如何看待当代资本主义的命运呢？我个人认为这应该是一个急需解答的问题，是一个很重要的研究问题。

学生：听您刚才这么一说，我想到另一个与此相应的问题——关于世界社会主义运动的前景问题。苏联演变的“原罪”何在，东欧剧变是否验证了考茨基等人提出的“早产论”，近年来摩尔多瓦共产党、尼泊尔共产党、南非共产党的执政或参政是否表明议会道路替代了暴力革命而成为夺取政权的一般形式，特色社会主义与科学社会主义的关系如何，到底应该怎样看待“中国模式”“中国道路”？此外，一批美国左翼学者对实现社会主义的必然性进行了新的论证。比如，美国著名的学者大卫·施韦卡特揭露了自由市场资本主义存在的“七大症结”，强调社会主义这个梦想并不是不可实现的乌托邦，我们现代社会丰裕的物质资源足以保证地球上的所有人能体面地、有意义地生活，问题是世界社会主义的复兴何以可能？

教师：你说的这个问题确实急需解决。我认为当今时代还有一系列的“全球问题”也很重要，比如说，在经济全球化不断发展的今天，在落后与发达、西方与东方、社会主义与资本主义矛盾交织的国际格局中，如何解决贫困增加、人口膨胀等发展问题，如何解决能源短缺、气候恶化等资源环境问题，如何解决国际恐怖主义肆虐、枪支毒品泛滥、民族种族冲突升级等安全问题，所有这些问题都需要我们得到马克思主义的回答，让我们共同努力，在实践当中不断回答好这些问题。习近平总书记说得好：“时践是思想之母，实践是理论之源，实践发展永无止境，我们认识真理、进行理论创新就永无止境。今天，时代变化和我国发展的广度和深度远远超出了马克思主义经典作家当时的想象。”这就需要我们在实践上大胆探索，在理论上不断突破，不断开辟21世纪马克思主义发展新境界。

三、解疑释惑

（一）马克思主义与马克思主义基本原理的区别与联系

马克思主义是科学。它是由马克思恩格斯创立的，为他们的后继者所发展的，以批判资本主义、建设社会主义和实现共产主义为目标的科学理论体系，是关于无产阶级和人类解放的科学，是指引人民创造美好生活的行动指南。从历史继承关系来看，马克思主义既包括由马克思恩格斯创立和列宁等发展了的马克思主义，也包括中国共产党人把马克思主义与中国具体实际相结合，不断推进马克思主义中国化的理论成果。马克思主义是一个完备严整的科学理论体系，包括马克思主义哲学、马克思主义政治经济学和科学社会主义三个基本组成部分以及其他诸多方面，它们是有机统一、不可分割、相辅相成的。马克思主义是不断发展的理论，并非是过去时而是现在进行时。习近平总书记在哲学社会科学工作座谈会上的讲话中指出：“马克思主义深刻揭示了自然界、人类社会、人类思维发展的普遍规律，为人类社会发展进步指明了方向；马克思主义坚持实现人民解放、维护人民利益的立场，以实现人的自由而全面的发展和全人类解放为己任，反映了人类对理想社会的美好憧憬；马克思主义揭示了事物的本质、内在联系及发展规律，是‘伟大的认识工具’，是人们观察世界、分析问题的有力思想武器；马克思主义具有鲜明的实践品格，不仅致力于科学‘解释世界’，而且致力于积极‘改变世界’。”①

马克思主义基本原理是马克思主义理论体系中最基本、最核心的内容，是马克思主义基本立场、基本观点和基本方法的有机统一和集中概括。马克思主义基本原理的基本立场，即马克思主义始终站在无产阶级和广大群众的立场，以无产阶级的解放和全人类的解放为己任，以人的自由全面发展为美好目标，以人民为中心，一切为了人民，一切依靠人民。马克思主义的基本观点是关于自然、社会和人类思维发展一般规

---

① 习近平．在哲学社会科学工作座谈会上的讲话［N］．人民日报，2016-05-19.

律的科学认识，是对人类思想成果和社会实践经验的科学总结，包括世界统一于物质、物质决定意识的观点，关于事物矛盾运动规律的观点，关于实践和认识辩证关系的观点，关于社会存在决定社会意识的观点，关于人类社会发展规律的观点，关于阶级和阶级斗争的观点，关于人民群众创造历史的观点，关于人的全面发展和社会全面进步的观点，关于商品经济和社会化大生产一般规律的观点，关于劳动价值论、剩余价值论和资本主义生产方式本质的观点，关于垄断资本主义的观点，关于资本主义政治制度和意识形态本质的观点，关于社会主义必然代替资本主义的观点，关于社会主义革命和无产阶级专政的观点，关于无产阶级政党建设的观点，关于社会主义社会本质特征和建设规律的观点，关于共产主义社会基本特征和共产主义远大理想的观点，等等。马克思主义的基本方法包括实事求是的方法、辩证分析的方法、社会基本矛盾和主要矛盾分析的方法、历史分析的方法、阶级分析的方法、群众路线的方法等。相对于特定历史条件下所作的个别理论判断和具体结论，马克思主义基本原理具有普遍的、根本的和长远的指导意义。

马克思主义基本原理是马克思主义理论体系的核心内容，是对马克思主义立场、观点和方法的集中概括，是马克思主义在其形成、发展和运用过程中经过实践反复检验而确立起来的具有普遍真理性的理论。马克思主义基本原理体现了马克思主义的根本性质和整体特征，体现了马克思主义科学性、革命性、实践性、人民性和发展性的统一。在当今时代，坚持马克思主义，最重要的就是坚持马克思主义基本原理。因此，马克思主义不仅包括马克思主义基本原理，不能将其等同于马克思主义基本原理。

（二）马克思主义的鲜明特征

马克思主义具有科学性、革命性、实践性、人民性、发展性等特征。马克思主义的科学性在于它是对自然、社会和人类思维发展本质和规律的正确反映，它是经过实践检验的科学理论。马克思主义的革命性在于它的彻底的批判精神和鲜明的无产阶级立场。马克思主义的实践性在于马克思主义是从实践中来，到实践中去，在实践中接受检验，并随实践而不断发展的学说。马克思主义的人民性在于马克思主义政党始终把人民放在心中最高位置，坚持群众观点和群众路线，一切奋斗都致力于实现最广大人民的根本利益。马克思主义同时具有发展性，马克思主义是不断发展的学说，具有与时俱进的理论品质。其中科学性与革命性的统一是马克思主义最鲜明的特征。马克思主义从产生到发展，表现出了强大的生命力，这种强大生命力的根源在于它是以实践为基础的科学性与革命性的统一。实践基础上的科学性与革命性的统一不是抽象的、先验的，而是以实践为基础，并在实践中实现的。实现这种以实践为基础的科学性和革命性统一的关键在于无产阶级的先进性。马克思主义政党最鲜明的政治立场就是致力于实现无产阶级和广大人民群众的根本利益。坚持一切从实际出发，理论联系实际，实事求是，在实践中检验真理和发展真理，是马克思主义最重要的理论品质。实现物质财富极大丰富、人的精神境界极大提高、每个人自由而全面发展的共产主义社会，是马克思主义最崇高的社会理想。

四、理论前沿

（一）习近平新时代中国特色社会主义思想对马克思主义的坚持和发展

习近平新时代中国特色社会主义思想是对马克思列宁主义、毛泽东思想、邓小平理论、“三个代表”重要思想、科学发展观的继承和发展，是马克思主义中国化的最新成果，是党和人民实践经验和集体智慧的结晶，是中国特色社会主义理论体系的重要组成部分。① 党的十八大以来，习近平总书记不断强调学习马克思主义的重要性，要求全党把握马克思主义中国化最新成果，以科学的理论武装头脑、指导实践。2017 年 10 月习近平总书记所作的十九大报告通篇闪耀着马克思主义理论光芒；2018 年 4 月在十九届中央政治局举行第五次集体学习时，习近平总书记就《共产党宣言》及其时代意义发表重要讲话“学习马克思主义基本理论是共产党人的必修课”；2018 年 5 月在纪念马克思诞辰 200 周年大会上的讲话中习近平总书记又提出“马克思始终站在时代前沿”“历史和人民选择马克思主义是完全正确的”“马克思主义是中国共产党人理想信念的灵魂”等观点。

习近平新时代中国特色社会主义思想在顺应历史潮流、回答时代之问、把握世界大势的基础上，坚持和发展了马克思主义的立场、观点和方法。强调人民当家作主、努力实现共同富裕、保障和改善民生等彰显了马克思主义的群众观点；提出我国仍处于并将长期处于社会主义初级阶段，作出“中国特色社会主义进入了新时代，是中国发展新的历史方位”的论断，体现了逻辑与历史、发展论与阶段论的辩证统一；强调社会主要矛盾的转变蕴含着矛盾分析法的现实运用；深入推进供给侧结构性改革，平

① 刘云山．深入学习贯彻习近平新时代中国特色社会主义思想［N］. 人民日报，2017-11-06.

衡“看得见的手”和“看不见的手”之间的关系，促进社会供给和有效需求之间、市场与政府之间的辩证统一，是对马克思主义唯物辩证法的具体落实；坚持实事求是的工作方针、贯彻科学社会主义基本原则、协调发挥主观能动性和尊重客观规律之间的关系、发挥改革在社会发展中的作用等都包含着马克思主义思想方法；“四个全面”“新发展理念”“共同构建人类命运共同体”“八个明确和十四个坚持”“不忘初心，牢记使命”等一系列新论断，同样是对马克思主义基本原理的创造性运用和发展。

（二）马克思主义依然影响世界

人类历史发展到今天，与马克思所处的时代相比已经发生了巨大而深刻的变化，但从人类历史发展的大视野来看，世界仍然处于马克思主义所指明的从资本主义走向社会主义的大时代。联系当代资本主义的变化和社会主义的发展，透过纷繁复杂的社会现象，我们看到马克思主义所揭示的人类社会发展规律、社会主义代替资本主义的历史趋势，依然存在并发生作用，马克思主义仍然是当今时代的真理，人类的未来仍然需要马克思主义的启迪和指引。

马克思主义所揭示的资本主义基本矛盾仍然存在，而且近年来在西方的金融危机和社会危机中呈现出某种激化的趋势，资本主义国家一些有识之士重新到马克思主义中寻求答案。20世纪30年代以来，马克思本人的著作一再成为美国思想界关注“劳动者命运”、对资本主义经济文化体系进行批判的重要源泉；21世纪，一场肇始于华尔街的国际金融危机更是让众多美国学者惊呼“马克思主义正重新苏醒”，① 马克思的《资本论》等著作在一些西方发达国家出现热销，关于马克思主义的研究和讨论也出现热潮，马克思主义依然影响世界。尤其是对资本主义生产运作方式实质和规律、政治思想运动与特定群体经济利益的关系、资本主义经济社会危机等方面的揭露，对贫富差距问题、资本主义的发展及其趋势、人类社会发展规律等的批判性洞见，对在正视社会现实的基础上重新组织社会具有一定借鉴意义。

跨越三个世纪，马克思主义仍然是这个时代最具冲击力的思想，其背后的价值诉求和社会理想依然影响着新时期的新社会，其包含的立场、观点、方法也成为我们认识世界和改造世界的有力武器。而马克思主义一直保持旺盛的生命力、跨越时空的影响力和无可比拟的吸引力，始终闪耀着真理的光辉，重要原因在于它以其科

---

① “马克思不会从美国走开”——访美国学者安德鲁·哈特曼和乔纳森·施佩贝尔［N］. 人民日报，2018-02-24.

学性、革命性、实践性、人民性、发展性不断指引着人们改造世界的行动，在西方的话语霸权之下找到了一条新的现代化道路。不断回答时代问题、进行时代创新、发挥时代价值的马克思主义永不过时，它会随着时间的推移和空间范围的扩展而不断丰富和发展。

五、学习测试

（一）单选题

1. 马克思主义产生最根本的社会根源是(　　)

A. 工业革命重塑社会结构引起的矛盾

B. 资本主义社会生产力和生产关系的矛盾运动

C. 资产阶级对工人阶级经济剥削的加重

D. 无产阶级反对资产阶级的经济斗争

2. 世界上第一个无产阶级政党的党纲是(　　)

A.《神圣家族》　　B.《德意志意识形态》

C.《共产党宣言》　　D.《资本论》

3. 无产阶级的科学世界观和方法论的基础是(　　)

A. 劳动价值理论　　B. 剩余价值学说

C. 辩证唯物主义和历史唯物主义　　D. 人道主义的唯物主义

4. 马克思恩格斯首次系统阐述历史唯物主义的基本观点，从而实现了社会历史观伟大变革的著作是(　　)

A.《神圣家族》　　B.《贫困的哲学》

C.《德意志意识形态》　　D.《共产党宣言》

5. 马克思主义最崇高的社会理想是(　　)

A. 实现共产主义　　B. 无产阶级夺取政权争得民主

C. 实现个人的绝对自由　　D. 实现普遍的人权

6. 马克思科学总结巴黎公社历史经验的经典名篇是(　　)

A.《反杜林论》　　B.《法兰西内战》

C.《哥达纲领批判》　　D.《法兰西阶级斗争》

7. 马克思系统阐述剩余价值学说，揭示资本主义生产关系秘密的著作是(　　)

A.《哲学的贫困》　　B.《哥达纲领批判》

C.《社会主义从空想到科学的发展》D.《资本论》

8. 20世纪初，使社会主义从理想开始变成现实，从而开创了世界历史新纪元的伟大革命是(　　)

A. 俄国二月革命　　B. 中国辛亥革命

C. 俄国十月革命　　D. 中国新民主主义革命

9. 贯穿于马克思主义全部思想体系之中的首要的和基本的观点是(　　)

A. 辩证法的观点　　B. 实践的观点

C. 人道主义的观点　　D. 价值论的观点

(二) 多选题

1. 马克思主义是一个博大精深的理论体系，构成这一理论体系的主体内容包括(　　)

A. 马克思主义哲学　　B. 马克思主义政治经济学

C. 科学社会主义　　D. 马克思主义政治学

2. 为马克思主义的创立提供直接理论来源的19世纪欧洲先进思潮是(　　)

A. 德国古典哲学　　B. 英国古典政治经济学

C. 英法两国的空想社会主义　　D. 近代欧洲的启蒙思想

3. 马克思主义是科学的理论，这一科学理论源于(　　)

A. 社会实践的不断发展

B. 对实践和科学发展经验的总结

C. 19世纪欧洲先进思潮的引领

D. 吸收自然科学和社会科学的最新成就

4. 马克思主义的革命性集中表现为(　　)

A. 彻底的批判精神　　B. 鲜明的无产阶级立场

C. 思想体系的严密性　　D. 理论检验的科学性

5. 马克思主义理论是一个逻辑严密的有机整体，其内容是客观的，这表现在它是(　　)

A. 以事实为依据　　B. 以规律为对象

C. 以实践为检验标准　　　　　　　　D. 以思维逻辑为论证方式

6. “哲学家们只是用不同的方式解释世界，而问题在于改变世界”，这体现了马克思主义鲜明的实践品格。马克思主义具有鲜明的实践品格，它致力于(　　)

A. 科学“解释世界”与积极“改造世界”的统一

B. 在科学“解释世界”的基础上实现对世界的积极改造

C. 服务人民群众改造世界的根本目的

D. 服从“解释世界”的根本旨趣

7. 马克思主义的当代价值表现在(　　)

A. 观察当代世界的认识工具

B. 指引当代中国发展的行动指南

C. 引领人类社会进步的科学真理

D. 解决当今世界金融危机的行动纲领

◎ 参考答案

(一) 单项选择题

1. B　2. C　3. C　4. C　5. A　6. B　7. D　8. C　9. B

(二) 多项选择题

1. ABC　2. ABC　3. ABD　4. AB　5. ABC　6. ABC　7. ABC

(三) 思考与讨论

阅读下面的材料，结合前面讲授的内容，谈谈什么是马克思主义。

【材料1】英国著名历史学家、英国学术院院士霍布斯鲍姆指出，要确定某一具体思想方式或者观点能否被看做马克思主义的标准，“是在19世纪末大致定型的马克思主义基本原理”。美国著名学者海尔·布隆纳在标准问题上有着与霍布斯鲍姆相近的看法。他认为，马克思主义思想有一个可以得到“公认的共同点”，这个共同点来源于“同一套前提”，它是规定马克思主义思想的前提。“凡是包含有这类前提的分析，都可以正当地将其分类为‘马克思主义’的分析，即使作者本人并不如此认定。”这“同一套前提”是：对待认识本身的辩证态度、唯物主义历史观、依据马克思的社会分析而得出的关于资本主义的总看法、以某种形式规定的对社会主义的信奉。

【材料2】1934年，当德国共产党的理论家卡尔·科尔施还没有彻底脱离马克思主义的时候，他写了一篇题为《我为什么是马克思主义者》的文章，在这篇文章中，科尔施力图通过他对马克思主义的所谓的特殊看法来表明他是一个“真正的马克思主义者”。这些看法的要点是：马克思主义的全部原理，包括那些表面上具有普遍性的原理，都带有特殊性，马克思主义不是实证的，而是批判的；马克思主义的主题不是现在处于肯定状态的资本主义社会，而是显得日益分崩离析的正在衰亡的资本主义社会；马克思主义的主要目的不是观赏现存的世界，而是对它进行积极的改造。

【材料3】匈牙利思想家卢卡奇在《历史与阶级意识》一书中认为：“我们姑且假定新的研究完全驳倒了马克思的每一个个别的论点。即使这点得到证明，每个严肃的‘正统’马克思主义者仍然可以毫无保留地接受这种新结论，放弃马克思的所有全部论点，而无须片刻放弃他的马克思主义正统。所以，正统马克思主义并不意味着无批判地接受马克思主义研究的结果。它不是对这个或者那个论点的‘信仰’，也不是对某本‘圣’书的注解。恰恰相反，马克思主义问题中的正统仅仅是指方法。”

六、文献导读

1. 马克思、恩格斯：《共产党宣言》，《马克思恩格斯选集》第1卷，人民出版社2012年版。

【导读】《共产党宣言》被人们称为用警句写成的著作，是一部具有界碑性的著作，是第一个国际性的无产阶级政党——共产主义者同盟的纲领，也是第一部系统地、完整地阐述科学社会主义基本原理的纲领性文献。《宣言》的发表标志着马克思主义的诞生，它为无产阶级革命提供了强大的思想武器。《宣言》的基本思想仍然是当代社会主义运动的科学理论指南。

2. 恩格斯：《在马克思墓前的讲话》，《马克思恩格斯选集》第3卷，人民出版社2012年版。

【导读】1883年3月14日，马克思与世长辞，3月17日，马克思的遗体被安葬在伦敦海格特公墓，参加安葬仪式的有马克思生前的战友和亲属等。作为马克思最亲密的战友和朋友，恩格斯在马克思墓前用英语发表了讲话。在讲话中，恩格斯对马克思的逝世表示了沉痛的悼念，高度评价了马克思的伟大理论贡献以及他一生所从事的革命实践的伟大意义。

3. 列宁：《马克思主义的三个来源和三个组成部分》，《列宁选集》第2卷，人民出版社2012年版。

【导读】本文是列宁为纪念马克思逝世30周年而写的。论述了马克思主义的理论渊源、科学体系和精神实质，强调马克思主义是严整而完备的世界观，说明马克思主义不是离开世界文明发展大道而产生的封闭僵化的学说，而是批判地继承和发展了人类文明的优秀成果，回答了人类先进思想已经提出的种种问题。

4. 毛泽东：《马列主义基本原理至今未变，个别结论可以改变》，《毛泽东文集》第8卷，人民出版社1999年版。

【导读】这是1959年2月14日毛泽东同智利《最后一点钟》报社社长阿图罗·马特·阿历山德里谈话的节录。针对马特提出的问题，毛泽东指出：马克思主义的辩证唯物主义和唯物辩证法是正确反映客观世界的辩证法，是世界观，是普遍真理。至于马克思、列宁关于个别问题的结论做得不合适，这种情况是可能的，因为受当时条件的限制，“也就是马列主义基本原理至今未变，个别结论可以改变”。

5. 邓小平：《在武昌、深圳、珠海、上海等地的谈话要点》，《邓小平文选》第3卷，人民出版社1993年版。

【导读】1992年1月18日至2月21日，邓小平在武昌、深圳、珠海、上海等地视察期间，就我国改革开放和现代化建设的一系列重大理论和实际问题发表了谈话。强调指出必须始终不渝地坚持党的基本路线；必须加快改革开放；必须抓住时机，加快经济发展；必须坚持两手抓，两手都要硬；必须培养接班人和认真学习马列主义；必须坚定社会主义信念。谈话是中国共产党人坚持改革开放和继续推进社会主义现代化建设的又一个宣言书。

6. 江泽民：《在庆祝中国共产党成立八十周年大会上的讲话》，《江泽民文选》第3卷，人民出版社2006年版。

【导读】在讲话中，江泽民总结概括了我们党领导全国各族人民经过80年的不懈奋斗所取得的伟大业绩和基本经验，从我们党面对的国内外形势的深刻变化，肩负的重大历史任务出发，全面系统深入地阐述了“三个代表”重要思想的科学内涵和精神实质，正确回答了在新的历史条件下，“建设一个什么样的党、怎样建设党”这一重大的理论和实践问题。讲话是在新世纪加强和改进党的建设，全面推进建设中国特色社会主义伟大事业的纲领性文献。

7. 胡锦涛：《坚定不移沿着中国特色社会主义道路前进 为全面建成小康社会而奋斗——在中国共产党第十八次全国代表大会上的报告》，人民出版社2012年版。

【导读】 在报告中，胡锦涛分析了国际国内形势的发展变化，回顾和总结了过去5年的工作和党的十六大以来的奋斗历程及取得的历史性成就，确立了科学发展观的历史地位，提出了夺取中国特色社会主义新胜利必须牢牢把握的基本要求，确定了全面建成小康社会和全面深化改革开放的目标，对新的时代条件下推进中国特色社会主义事业作出了全面部署，对全面提高党的建设科学化水平提出了明确要求。

8. 习近平：《在纪念马克思诞辰200周年大会上的讲话》，人民出版社2018年版。

【导读】 习近平总书记的重要讲话强调，马克思给我们留下的最有价值、最具影响力的精神财富，就是以他的名字命名的科学理论——马克思主义。这一理论犹如壮丽的日出，照亮了人类探索历史规律和寻求自身解放的道路。马克思的思想理论源于那个时代，又超越了那个时代，既是那个时代精神的精华，又是整个人类精神的精华。马克思主义是科学的理论，创造性地揭示了人类社会发展规律。马克思主义是人民的理论，第一次创立了人民实现自身解放的思想体系。马克思主义是实践的理论，指引着人民改造世界的行动。马克思主义是不断发展的开放的理论，始终站在时代前沿。一部马克思主义发展史就是马克思恩格斯以及他们的后继者们不断根据时代、实践、认识发展而发展的历史，是不断吸收人类历史上一切优秀思想文化成果丰富自己的历史。习近平总书记在讲话中，深入总结了我们党带领人民创造性推进马克思主义中国化的壮阔历程和丰硕成果，系统阐释了新时代中国共产党人如何学习和实践马克思主义、坚持和发展马克思主义。

第一章
世界的物质性及其发展规律

对“世界是什么”“世界从哪里来”“世界与人是什么关系”等问题的追问，决定着人们对世界的根本看法，影响着人们的人生观和价值观。马克思主义的科学世界观揭示了世界的本质及其发展规律，为我们提供了认识世界和改造世界的科学方法论。

一、教学基本要求

（一）学习目的

学习和掌握辩证唯物主义基本原理，着重把握物质和意识及其辩证关系，认识世界的物质统一性，了解事物联系和发展的基本环节与基本规律，逐步形成科学的世界观和方法论，能够运用唯物辩证法分析和解决问题，增强辩证思维能力。

（二）学习要求

（1）了解哲学的两个基本问题，明确物质是世界的本原，科学区分唯物主义和唯心主义。掌握辩证唯物主义的物质观，把握物质与意识及其辩证关系，认识主观能动性和客观规律性的统一性。

（2）了解联系和发展的观点是唯物辩证法的总观点和总特征，正确认识联系和发展的含义、特点及其相关原理。明确事物的联系和发展是通过一系列基本环节实现的。

（3）了解事物的联系和发展是有规律的，正确认识唯物辩证法的三大规律，把握其核心范畴、基本原理及方法论意义，其中对立统一规律是事物发展的根本规律，是唯物辩证法的实质和核心。

(4) 掌握唯物辩证法的科学性，树立辩证思维。坚持一切从实际出发，实事求是，深刻认识事物矛盾运动的规律，不断强化问题意识，坚持不同质的矛盾用不同质的方法解决，具体问题具体分析。结合中国特色社会主义新时代背景，深刻领会“四个全面”和新发展理念等的理论内涵和重大意义。

（三）主要内容

人生活在世界上，需要对世界有一个总体的看法和把握，这就是人的世界观问题。马克思主义的科学世界观揭示了世界的本质及发展规律，为我们提供了认识世界和改造世界的科学方法论，也为我们确立科学的人生观和价值观奠定了坚实基础。围绕这一主题，本章主要以三节内容进行展开。

第一节，围绕“世界多样性与物质统一性”，重点阐述马克思主义的辩证唯物观。具体内容包括：第一，哲学的基本问题，即存在和思维的关系问题。辩证唯物主义认为存在是世界的本原，思维能够正确地认识存在，即解决了“第一性”和“同一性”问题。第二，唯物主义对物质概念的理解经历了从朴素到科学、从片面到比较全面的认识过程，所谓物质范畴就是标志客观实在的哲学范畴，物质的根本属性是运动，物质运动的存在形式是时空。第三，意识是人脑的机能和属性，是客观世界的主观映象。意识在内容上是客观的，在形式上是主观的，是客观内容和主观形式的统一。第四，物质与意识的辩证关系。物质对意识的决定作用表现在意识的起源、本质和作用方面，意识对物质具有反作用即能动作用。因此，尊重事物发展的规律与发挥人的主观能动性是辩证统一的，实践是客观规律性与主观能动性统一的基础。第五，世界的真正统一性在于它的物质性。世界的物质统一性体现在：人的意识统一于物质，人类社会统一于物质。

第二节，围绕“事物的联系与发展”，重点阐述马克思主义的唯物辩证法，可以概括为“两个总特征”“五对基本范畴”和“三大规律”。具体内容包括：第一，联系的观点和发展的观点是唯物辩证法的根本观点，体现了唯物辩证法的总特征。第二，联系具有客观性、普遍性、多样性和条件性。发展是前进、上升的运动，其实质是新事物的产生和旧事物的灭亡。第三，事物的联系和发展是通过一系列基本环节得以实现的。原因与结果、现象与本质、内容与形式、必然与偶然、现实与可能五对基本范畴构成了联系与发展的基本环节。第四，规律是事物联系和发展过程中所固有的本质的、必然的、稳定的联系。在由对立统一规律、质量互变规律、否定之否定规律等一系列规律和范畴构成的唯物辩证法的体系中，对立统一规律是其实质和核心。第五，矛盾是反映事物内部和事物之间对立统一关系的哲学范畴，其基本属性是同一性和斗争性。矛盾具有普遍性和特殊性，二者是辩证统一的关系。第六，量变和质变是事物变化的两种基本状态和形式，量变是质变的必要准备，质变是量变的必然结果。二者的相互作用、相互转化构成了量变质变规律。第七，事物内部都存在着肯定因素和否定因素，辩证的否定观是事物的自我否定，是事物联系和发展的基本环节，辩证否定的实质是"扬弃"。否定之否定规律揭示了事物发展的前进性与曲折性的统一。

第三节，围绕"唯物辩证法是认识世界和改变世界的根本方法"，具体阐述了唯物辩证法是关于自然、社会和人类思维发展一般规律的科学，它既包括客观辩证法也包括主观辩证法，体现了唯物主义、辩证法、认识论的统一。唯物辩证法是伟大的认识工具，其中矛盾分析方法是根本的认识方法，具体问题具体分析是马克思主义的活的灵魂。辩证思维方法与现代科学思维方法是人类思维方法在哲学与具体科学中不断丰富和发展的体现，学习和掌握唯物辩证法的科学方法，要求我们在实际工作中不断增强思维能力，养成良好的思维习惯。

本章的主要内容如下图所示：

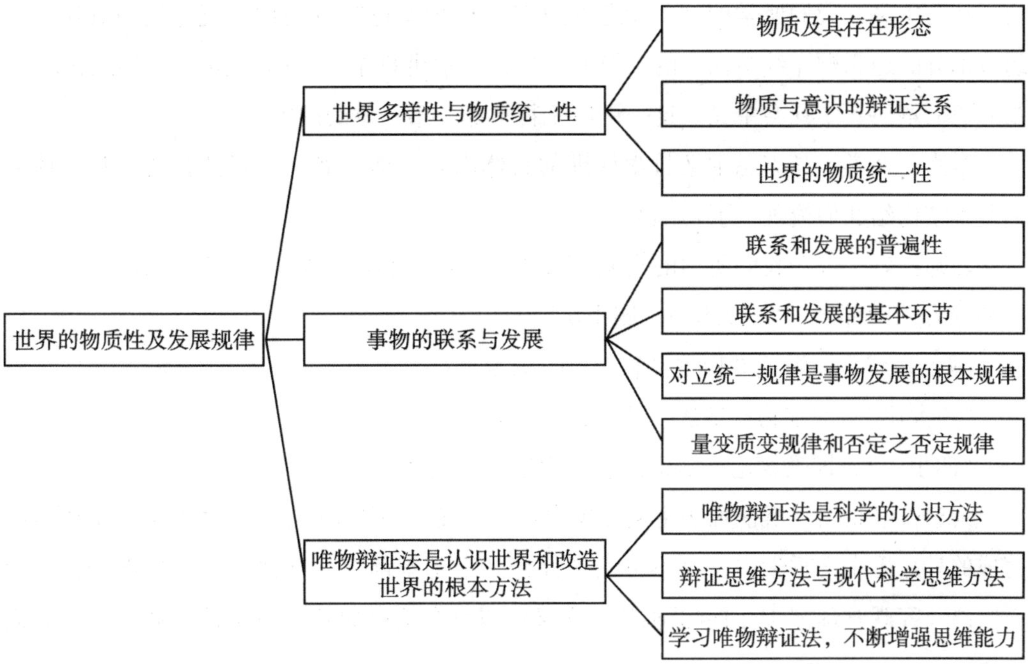

（四）学习重点和难点

1. 世界的物质统一性原理
2. 物质与意识的辩证关系
3. 联系和发展是唯物辩证法的总特征
4. 对立统一规律、量变质变规律和否定之否定规律
5. 事物的矛盾运动过程
6. 以唯物辩证法为指导不断增强思维能力
7. 新发展理念是唯物辩证法的创造性运用和发展

二、要点精讲

（一）本章导学

教师： 各位同学、各位朋友，大家好！从这一讲开始，我们进入马克思主义哲学原理部分的学习。大家知道，马克思主义包含三个组成部分——哲学、政治经济学和科学社会主义，我们所学的“马克思主义基本原理概论”这门课，就是按照其这三个组成部分的逻辑顺序编写而成的。第一、二、三章讲哲学，第四、五章讲政治经济学，第六、七章讲科学社会主义。这一讲属于哲学部分第一章的内容。

学生： 在学习马克思主义哲学原理的具体内容之前，老师能否把教科书哲学体系的基本结构给我们梳理一下？

教师： 好。现在我们所学的马克思主义哲学原理教科书体系，从逻辑结构上讲，可划分为“两部分”“三大块”“四小块”：

“两部分”，即辩证唯物主义和历史唯物主义；

“三大块”，即唯物辩证法、认识论、历史观；

“四小块”，即唯物论、辩证法、认识论、历史观。

列宁曾经指出，辩证唯物主义和历史唯物主义是一块整钢，“在这个由一整块钢铁铸成的马克思主义哲学中，决不可丢掉任何一个基本前提、任何一个重要部分，不然就会离开客观真理。”① 而辩证唯物主义又可以细分为唯物论、辩证法、认识论，我们

① 列宁选集（第2卷）［M］. 北京：人民出版社，1995：221.

现在所使用的教材第一章讲的是唯物辩证法，第二章讲的是认识论，第三章讲的是历史观。

对于这样一个“板块结构”，理论界不少学者颇有微词，认为它把统一的马克思主义哲学人为地分割成了可以任意拼接的几块，就像小孩子玩的积木一样，因而未能反映马克思哲学的原意。针对这种状况，曾有学者尝试建立所谓一体化的马克思主义哲学，但这种尝试并没有达到预期的目的。

历史证明，马克思主义哲学教材体系毕竟不同于个人的研究之作，它只能按马克思恩格斯哲学研究的基本领域来编写和讲解马克思主义哲学。这似乎也是世界一些国家和地区开设一般哲学课程和编写哲学教材的基本方法。

学生：一般认为，“哲学是什么？”是哲学的一个前提性问题，也是哲学的一个最为困难的问题，学习马克思主义哲学也不例外。不知老师对这个问题持何看法？

教师：古往今来，哲学家们在这个问题上各抒己见，众说纷纭，从未达成完全一致的意见。可以说，有多少哲学家，就有多少种不同的意见。对于这种状况，有的人甚至提出了哲学“无定性”、哲学“无解论”的观点。

例如，有的学者认为，既然“哲学没有一个统一的定义，这表明哲学具有不可定义性”。还有的学者认为，“哲学是什么”不仅是一个“难于回答”的问题，而且是一个“无法回答”的问题。这种“无定性”“无解论”尽管看到了哲学定义的不确定性的一面，但是它夸大了这种不确实性，从而滑到了相对主义和怀疑论的道路上去了。

在我们看来，在“哲学是什么”的问题上，既有不确定性的一面，也有确定性的一面，是确定性和不确定性的统一。这就是说，对于哲学研究的对象，我们是可以下定义的，尽管任何定义不可能一下子达到完满无缺、至矣尽矣的程度。下面，我们来看一看马克思主义哲学创始人是如何给哲学下定义的：

在《反杜林论》中，恩格斯指出：“辩证法不过是关于自然、人类社会和思维的运动和发展的普遍规律的科学。”①

在《费尔巴哈论》中，恩格斯指出：“这样，对于已经从自然界和历史中被驱逐出去的哲学来说，要是还留下什么的话，那就只留下一个纯粹思想的领域：关于思维过程的规律的学说，即逻辑和辩证法。”②

在《自然辩证法》中，恩格斯指出：“可见，辩证法的规律是从自然界和人类社会

---

① 马克思恩格斯选集（第 3 卷）[M]. 北京：人民出版社，1995：484.
② 马克思恩格斯选集（第 4 卷）[M]. 北京：人民出版社，1995：257.

的历史中抽象出来的。辩证法的规律无非是历史发展的这两个阶段和思维本身的最一般的规律。”①

学生：在哲学的对象上，恩格斯这三段话说明了什么呢？

教师：如何解读这三段话，理论界有不同的看法。我个人认为，它包含了这样几个要点：

第一，哲学不是包罗万象的学问，不是科学的科学，因而恩格斯反对越俎代庖建立所谓的自然哲学和历史哲学。

第二，哲学就是研究辩证法的规律的科学，即关于自然、人类社会和思维的运动和发展的普遍规律的科学。所谓“自然、人类社会和思维”，人们一般把它叫“三界”，即整个宇宙世界的三个大的领域。这就是为什么马克思主义哲学除了要研究一般的唯物辩证法，还要具体研究自然辩证法、认识论和历史观的原因了。这叫一总三分：一总——唯物辩证法；三分——自然辩证法、认识论、历史观。

第三，辩证法的规律是从自然界和人类社会中抽象、推导出来的，而不是强加于自然界和历史的，因而它不同于黑格尔的唯心辩证法，而是唯物辩证法。

长期以来，恩格斯对于哲学对象的这个定义一直被我国从事马克思主义哲学研究的大多数学者所坚持。但从20世纪90年代中期起，哲学界在继承恩格斯思想的基础上提出了一些新的定义，其中影响最大的当属1994年由肖前主编、中国人民大学出版社出版的《马克思哲学原理》（上、下册）中提出的观点。这套书对哲学对象作出这样的定义：“任何智慧都是在人们处理和驾驭自己同外部世界的关系的活动中形成、发展起来和表现出来的。”② 因此，哲学就必须研究这种关系本身，并把人们处理和驾驭这种关系所表现出来的智慧集中到哲学中来。

现在我们所使用的2018年新版的《马克思主义基本原理概念》教材，哲学对象的定义主要吸取了上面的这个观点。请看教材的定义：“哲学是系统化、理论化的世界观，是对自然知识、社会知识和思维知识的概括和总结，它提供了对于世界以及人与世界关系的全面而深刻的思考。”

与恩格斯的定义相比，这个定义强调了哲学要研究“人与世界的关系”。哲学不是无人身的理性思辨，不是与人相隔膜甚至与人无关的“天外之音”，也不是凌驾于人之上的一种思想的绝对；哲学是属人的世界观，是人从人的角度并用人的“思想的眼睛”

---

① 马克思恩格斯选集（第4卷）[M]. 北京：人民出版社，1995：310.

② 马克思哲学原理（上册）[M]. 北京：人民出版社，1994：2.

去观照这个世界的产物；不仅是“时代精神的精华”和“人类文明的活的灵魂”，而且是人的精神世界的集中反映和高度凝结。诚如马克思所说，哲学“是自己的时代、自己的人民的产物，人民最精致、最珍贵和看不见的精髓都集中在哲学思想里”。①

学生：谈到哲学的对象，不能不对“哲学基本问题”进行反思。恩格斯在《费尔巴哈论》中明确指出：“全部哲学，特别是近代哲学的重大的基本问题，是思维和存在的关系问题。”② 我一直有一个困惑：为什么说思维与存在的关系问题就是哲学的基本问题呢？主体和客体、理论和实践、辩证规律、人的本质等问题就不是哲学的基本问题吗？

教师：纵观人类哲学史，我们都会看到，“存在”问题是哲学中的一个最根本的问题。无论东方哲学还是西方哲学，无论古代哲学还是现代哲学，从柏拉图、亚里士多德到黑格尔、海德格尔，从老子、荀子到朱熹、王夫之，哲学所研究的主要还是作为一般“存在的存在”，这是由哲学的本性和使命所决定的。

哲学对一般“存在的存在”的研究，主要是通过反思，对其本源、本质及一般规律进行探讨。正是在这个问题上，发生了唯心和唯物的分野。例如，作为唯心主义者的黑格尔认为，“绝对精神”是世界的创造主，哲学的任务是透过物象把握深藏其中的作为本质的“概念”，因而“概念”才是事物发展的本原和本体。而作为唯物主义者的费尔巴哈则认为，“存在是主体，思维是宾词。思维是从存在而来的，然而存在并不来自思维”。③

对于哲学史上围绕着哲学基本问题所发生的唯物和唯心的对立和争论，我们决不能作简单化和庸俗化的理解，它们是基于哲学本原、本体所展开的交锋，这种矛盾斗争总的来说有利于哲学的发展，但不能把这种对立斗争绝对化。恩格斯曾指出，除开世界的本原、本体之外，“唯心主义和唯物主义这两个用语本来没有任何别的意思，它们在这里也不是在别的意义上使用的”。④ 因此，我们也不能把哲学基本问题无限地夸大，把它当做评判一切哲学包括现当代哲学的唯一的标准，用它去套所有哲学，这必然会引出荒谬的结论。

正因为“思维和存在的关系问题”作为本体论问题，是哲学所要探讨的首要的和最根本的问题，所以其他问题诸如主体和客体、理论和实践、辩证规律以及人的本质

---

① 马克思恩格斯全集（第1卷）[M]. 北京：人民出版社，1956：120.
② 马克思恩格斯文集（第4卷）[M]. 北京：人民出版社，2009：277.
③ 费尔巴哈哲学著作选集（上卷）[M]. 北京：商务印书馆，1984：115.
④ 马克思恩格斯选集（第4卷）[M]. 北京：人民出版社，1995：224-225.

等问题，可以说都是在解答这个“本体论承诺”的基础上派生出来的。所以，那种认为“基本问题”在现当代哲学中完全失效、过时的观点也是值得商榷的。

（二）何物存在：物质观的历史演进

教师：同学们好！今天我们来学习唯物论，首先我们来思考一个最基本的概念，什么是“物质”。也许你会问，物质不就是桌子椅子，这有什么值得特别思考的呢？桌子椅子我们可以说它是物体，但不能简单地说就是物质，在西方哲学中这是一个很重要的问题，即存在者并不等同于存在本身。

学生：老师您好！这些哲学的说法似乎有些抽象，您能给我们举些例子吗？

教师：那我们就看一下科学的例子。2016 年 8 月 16 号，我国成功发射了世界上首颗量子科学试验卫星，在我们为祖国的强大而骄傲的时候，你有没有想过量子是一种什么样的物质呢？在那一年的 2 月份，我们初次探测到了引力波的存在，即时空弯曲的宇宙波纹，你有没有为宇宙到底是什么而困惑呢？还有，假设你穿越一下，到了欧洲的中世纪，手被一把刀割伤了，买个创可贴，但贴在哪呢？在中世纪，不是贴伤口而是贴在刀上，因为当时认为刀是有情感的，刀很愤怒你的手就很痛，给刀浇上一点清凉水，刀不生气了你的手也就好了。我们今天看来会觉得中世纪的人好笨，而未来《三体》世界新人类看我们的物质观又会是怎么样呢？显然，物质的概念并不是一个简单的事情。

学生：物质概念是随时代而不断演变的，您能给我们阐释一下吗？

教师：我们可以分三个历史时段来说明物质概念的历史，即古代朴素唯物主义的物质概念、近代形而上学唯物主义的物质概念、马克思主义辩证唯物论的物质概念。

我们先看古代，无论是古希腊还是古代中国，都有一些哲学家把世界本原归于一种特别的物体小颗粒，比如古希腊泰勒斯认为水是本原，赫拉克利特认为火是本原，中国也有气本原，等等。他们所提出的本原虽然不同，但大体都认为不管世界风云如何变换，其实都不过是这些粒子的聚散离合。我们称之为朴素的唯物论。

对这种朴素的唯物论有三点说明。第一，认为世界万物都是由水或火这种具体的物质小颗粒变成的，这种想法确实是初级的、朴素的。第二，这些先哲在认识世界的时候，是希望通过找到多种多样的世界背后共同的那个小东西来认识世界，即寻找多中之一，并且力图把这个共同的东西归于一种物质性的小颗粒，这是唯物主义的立场，后来也确实成功地启发了西方科学的相关研究。我们可以看一下科学发展的历程，电与磁两种现象原来是统一于电磁场这种物质的，各种形式的能量原来也是统一的，无论是地球还是遥远的星体，原来都是由100多种基本元素构成的，但100多种元素仍然数量庞大，接着又归为由质子中子电子这些更基本的粒子构成，直到爱因斯坦梦想把宇宙的四种基本力统一起来，即统一场理论，这都是寻找多中之一。第三，古人看世界时，物质与意识常常不分开的，比如亚里士多德的落体理论认为，重物落地是因为地面是它的家，它“想”家就自己跑回地面了，物体像人、像动物一样有情感、有意愿，可以自己做有目的的活动，这就是“四因说”中的目的因。

也许古人最熟悉的就是人了，所以在研究事物的时候，经常把各种事物拟人化，物体像人一样有意志。与古希腊不同，到了近代牛顿等科学家的时代，随着科技革命和工业技术的发展，人们最熟悉、最有兴趣的事物变成钟表了，很多人不由自主地将宇宙比喻成一个走时精确的钟表，这便有了近代形而上学唯物论中的物质概念。

在近代，我们发现了元素周期表，真正认识了原子世界中的基本粒子，这是科学的进步，在此基础上，当时不少人产生了一种形而上学的物质概念。比如哲学家怀特有一个总结，自然是由永恒的物体所组成的，这些物体在本来空无所有的空间中遍处移动，每个粒子都具有它自己的形状、体积、运动、颜色、气味。这乃是16、17世纪大思想家的看法，也是今日很多普通一般人的看法。所以，当时拉美特利写了《人是机器》这本书，笛卡儿认为猫也是机器，肌肉好比游丝，骨骼就是杠杆，血液是润滑油，等等，意识只不过是一种黏稠的液体或者幻觉。拉普拉斯更是给出了一个像钟表一样精确运行的宇宙图景，即机械决定论的经典形式，如果知道宇宙的初始状态和所有规律，就可以推出无论是昨天还是明天任何一个时刻的宇宙状态。

但这就出现了一个大问题，我们的意识、自由意志、精神世界如何安放呢？意识的能动性在哪里呢？如果宇宙的一切都是注定好了的，虽然拼命努力的我不知道结局已注定，那我的努力还有什么意义吗？正如波普尔所说：如果这个宇宙只是放映一部预先拍摄好的电影，虽然情节精彩，但结局已经注定，那我们这个宇宙还有什么意义呢？这是近代形而上学唯物论的一个大难题。

并且，随着近代核物理的进展，我们轰开原子发现原子里面更多的是虚空，再进一步探究基本粒子，又有量子论、场论等，于是有人就提出物质原本不存在，物质都不过是能量或场或虚空的集中而已，唯物论破产。正是面对这些挑战，列宁提出了辩证唯物主义的物质定义，这就是我们要学习的第三个历史时段。

列宁认为，物质是标志客观实在的哲学范畴，这种客观实在是人通过感觉感知的，它不依赖于我们的感觉而存在，为我们的感觉所复写、摄影、反映。这里的要点在于，物质的根本特性是客观实在性，是一个哲学范畴，并不是某一种具体的物体形态。如果把物质归于某种具体的物体，虽然元素周期表比古代朴素的水本原等要进步，但总有一天会被推翻的，而客观实在性则是最高的抽象了。

我们的物质概念从具体的物体形态抽象到了客观实在性，这样就不仅区别于唯心主义，而且也区别于古代和近代各种旧唯物论。其次，我们在肯定物质的本原性的同时，也充分肯定意识的真实存在，认为意识是一个能认识物质世界、有能动性、有创新性的真实存在，我们认为物质与意识可以通过实践达到有机的统一。这是不同于近代形而上学唯物论的，当然也与各种不可知论划清了界限。最后再看，既然物质是客观实在而不限于具体的物体，那社会现象中有客观实在的东西吗？当然有，生产力与生产关系、经济基础与上层建筑等的矛盾运动就像自然界中的科学运动定律一样，也有着不以人的意志为转移的客观实在性，这就找到了社会研究的科学规律，从而把唯物论从自然领域扩展到了社会领域，从而达到了唯物主义自然观与唯物主义历史观的统一，马克思因为唯物史观的发现，被称为社会学的重要奠基人之一。

特别值得再次强调的是，马克思主义辩证唯物论的物质观并不同于近代形而上学机械唯物论、旧唯物论的物质观，并不是只承认物质世界而完全否定精神世界，并不是第二国际的庸俗经济决定论。虽然机械唯物论看起来更唯物，但真理向前多走一步变就变成了谬误。我们的物质观强调的是实事求是、从实际出发，不要从主观想象出发，要敬畏自然规律，也要敬畏社会规律，就是尊重客观实在，这也正是我们物质观真正的灵魂所在。

（三）联系和发展：如何理解唯物辩证法的总体特征

教师： 各位同学、各位朋友，大家好！这一讲我要和大家谈谈唯物辩证法的总体特征或基本特征的问题。实际上，世界上的任何事物都有其自身的特点或特征，所谓特点或特征，就是指这个事物区别于另一个事物的质的规定性。这就是我们常常所说的有比较才有鉴别，只有在比较中这个事物的特点或特征才能凸显出来。当然，这种比较是事物之间的一种内在本质属性的判别，而不是外表特征的区分；同时，这样的比较也只能在同一类事物中进行，而不能跨类展开。例如，我们不能把哺乳动物与鞋刷子、骆驼与钢笔作比较，这种比较至多只能呈现两个事物的外表形态的不同，而不能揭示事物之间的本质差别。

学生：我想问老师的是，当我们说“联系和发展”是唯物辩证法的基本特征的时候，它是与什么样的哲学思想相比较而得出这样的结论的呢？

教师：对于这一点，马克思主义哲学的经典作家说得很清楚。请看恩格斯、列宁的几段话：

需要“阐明辩证法这门和形而上学相对立的、关于联系的科学的一般性质”。①

“辩证法是关于联系的科学”②。

辩证法是“最完备最深刻最无片面性的关于发展的学说，这种学说认为反映永恒发展的物质的人类知识是相对的”。③

学生：请问老师，恩格斯和列宁的这三段话说明了什么呢？为什么他们特别强调“联系和发展”的观点呢？

教师：上面的第一段话是恩格斯在《自然辩证法》中讲的。在恩格斯看来，只有在与形而上学的对立中才能把握住辩证法关于联系和发展的基本特征。但是，无论是在《自然辩证法》《反杜林论》中，还是在《费尔巴哈论》中，恩格斯对这两种哲学形态的对立的分析，都不仅仅只停留在抽象理论的比较上，而是从自然科学和哲学的发展及其内在关联中阐明二者的本质差别，从而逻辑地归纳出辩证法的基本特征。

恩格斯论述了辩证法在西方发展的三个阶段：第一阶段，古希腊朴素的辩证法。恩格斯指出，古希腊的哲学家，从克拉赫利特、德谟克利特，到亚里士多德、伊壁鸠鲁，他们几乎都是天生的、自发的辩证法家，其中最博学的人物亚里士多德甚至已经研究了辩证思维的最主要的形式。但是，这种辩证法还带有它刚刚产生时的那种天然的纯朴的形式，因而具有朴素的、幼稚的、混沌的乃至神秘的性质。第二阶段，近代形而上学的思维。随着近代以来各门自然科学的产生和发展，自然科学家主要运用分析和解剖的方法分门别类地对自然界的不同领域进行研究，并取得了巨大的成就。但这种做法也带来一种后果，这就是把那种孤立的、静止的和片面的方法移植到了哲学之中，从而形成了近代占主导地位的形而上学思维方式。第三阶段，现代的辩证思维方法。由于细胞学说、能量守恒和转化定律、生物进化理论“三大发现”的产生，自然科学研究由“搜集材料”阶段进入到“整理材料”的阶段，自然界本身的内在联系和发展过程以近乎系统的形式和清晰的画面展现在我们面前。于是，在哲学上产生了

① 马克思恩格斯选集（第4卷）[M]. 北京：人民出版社，1995：310.
② 马克思恩格斯选集（第4卷）[M]. 北京：人民出版社，1995：259.
③ 列宁选集（第2卷）[M]. 北京：人民出版社，1995：310.

自觉的辩证法形式。这种哲学形式通过黑格尔的辩证法这个中介最终由马克思恩格斯得以完成。

正是通过考察人类哲学史的发展，恩格斯在与形而上学思维的比较中，概括地提出了辩证的两个基本特征：普遍联系和永恒发展。

学生：那么，如何理解联系和发展的观点呢？它又和形而上学的思维有什么不同呢？

教师：首先是联系的观点。所谓联系，是指事物内部诸要素之间和事物之间相互影响和相互作用的一种关系。这个定义指明联系的三层涵义：

其一，事物内部诸要素之间的联系。毛泽东在《实践论》中把这种联系称为“内部联系”，并强调认识事物的本质就是要把握事物的“内部联系”。

其二，事物之间的联系。毛泽东将其称为“外部联系”，它是指这一事物与其他事物的联系，这种联系构成事物发展的外部环境条件。

其三，整个世界的联系。整个世界是一个由各种物质形态相互依存、相互作用、层层无限而又无穷无尽所构成的一个极为复杂的有机系统。对此，恩格斯在《反杜林论》中有一段十分生动而又深刻的描绘，大家来共同分享一下：“当我们深思熟虑地考察自然界或人类历史或我们自己的精神活动的时候，首先呈现在我们眼前的，是一幅由种种联系和相互作用无穷无尽地交织起来的画面，其中没有任何东西是不动的和不变的，而是一切都在运动、变化、生成和消逝。”① 这段话很有深意，我们要深入理解。

（1）其中讲到“种种联系”，这就是说，事物之间的联系不是单一、单面、单向、单层、单义的联系，而是多样、多层、多向、多义等构成的立体的网络的联系。例如，有直接联系和间接联系、内部联系和外部联系、本质联系和非本质联系、必然联系和偶然联系等，除此之外，还有这一层面的联系和那一层面的联系、这一领域的联系和那一领域的联系、这一角度的联系和那一角度的联系，等等。

（2）这种联系的形式和内容都是“无穷无尽”而难以穷竭的，人类永远不可能毫无遗漏地认清事物间的所有联系。

（3）事物间的“相互作用”是重重无限的。当一事物作用于另一事物的时候，另一事物就会发生反作用；这种反作用发生作用的时候，它就转化为作用力，于是又引起反作用，如此无限延续。不仅如此，这种相互作用就像相互映照一样，是一个日益深化和扩展的过程，而不是简单重复。

---

① 马克思恩格斯选集（第3卷）［M］. 北京：人民出版社，1995：359.

学生：老师对相互联系的观点讲得很透彻。那么，我们又如何正确理解发展的观点呢？发展的观点又如何与联系的观点“联系”上了呢？

教师：联系和发展的观点确实是“联系”在一起的。正是由于事物间的相互联系推动了它的发展，没有联系就没有发展。从某种意义上讲，发展就是联系，联系就是发展，因为这里的联系不是“死”的联系、“静”的联系，而是“活”的联系、“动”的联系。事物的“动”必然引起“变”，而“变”又引起“进”，这就是说，事物的运动必然引起“变化”，而“变化”又引起“进步”，即“发展”。发展不同于一般的运动和变化，这是指前进的运动、上升的运动和质的飞跃。

列宁在《谈谈辩证法问题》中讲道，在发展的问题上有两种基本观点：一种观点认为，“发展是减少和增加，是重复”；另一种观点认为发展是“自己运动”，是“飞跃”，是“渐进过程的中断”，“向对立面的转化”，“旧东西的消灭和新东西的产生”。① 纵观中西哲学史，没有哪一个哲学家完全否定事物的发展，问题在于如何定义发展。发展是量的增减和空间的改变，还是质的飞跃和新事物的产生？这是理解辩证发展观的关键之所在。

学生：我记得，《三国演义》开篇就讲：天下大势，分久必合，合久必分。请问这是一种什么样的发展观？

教师：这是一种“循环论”的发展观。这种发展观并不否定事物的质的变革，但它把事物的整个发展看成是一个没有前进运动的循环往复、周而复始的过程。

学生：记得《庄子》也说过：天下之事“方生方死，方死方生。方可方不可，方不可方可。此一亦是非，彼一亦是非”。② 请问这又是一种什么样的发展观？

教师：这是一种相对主义的发展观。除中国庄子以外，古希腊的赫拉克利特也持这种观点。他提出“人一次也不能踏进同一条河流”，事物发展就是一阵风，转瞬即逝，神秘莫测，根本不可认识。这种相对主义的发展观否定了事物发展过程中的相对静止，割裂了运动和静止的辩证关系，最终陷入诡辩论和不可知论。

（四）辩证法的实质：从辩证矛盾到辩证规律

教师：各位同学、各位朋友，大家好！今天，我们开始学习“辩证法”这一块的主体内容，即辩证法的“三条规律”和“五对范畴”。从现行教科书来看，辩证法的内

---

① 列宁．哲学笔记［M］．北京：人民出版社，1974：408.

② 《庄子·齐物论》。

容主要包括这样四个基本方面：辩证法的基本特征、辩证法的基本规律、辩证法的基本范畴、辩证法的基本方法，其中辩证法的基本规律和辩证法的基本范畴是主体内容，因而是学习者要重点把握的问题。

这一讲，我们主要探讨辩证法的三大基本规律。

学生：在质量互变规律、对立统一规律和否定之否定规律中，最根本的规律是对立统一规律。列宁曾指出：“统一物之分为两个部分以及对它的矛盾着的部分的认识……是辩证法的实质。”① 他甚至认为，“可以把辩证法简要地确定为关于对立面的统一的学说。这样就会抓住辩证法的核心。”② 为什么列宁把“对立面的统一”当做辩证法的实质和核心来看待呢，其理由和根据是什么呢？

教师：在辩证法的三条规律中，究竟哪一条规律是最根本的规律？或者说，哪一条规律才构成辩证法的实质和核心？这在理论界一向是有争论的。例如，有的学者认为只有否定之否定规律才是辩证法的最根本的规律，揭示了辩证法的实质和核心。其理由是这一条规律以扬弃的形式包含其他两条规律于自身之内，它的内涵最为丰富。这当然不失为一家之言。

但我认为，列宁的观点是更为合理的。纵观中西哲学史，关于“对立面的统一”的思想都是基本的哲学理念，其他哲学观点和原理包括质量互变、否定之否定的规律等都是在这一基本理念的基础上产生出来的，因而它成为我们理解一切哲学思想的一条主线和一把钥匙。

学生：对立统一规律又叫矛盾规律。什么是“矛盾”？在中西哲学史中，在我们的日常用语中，“矛盾”这个词的使用都比较混乱。那么，我们应该如何科学理解“矛盾”这个概念呢？

教师：在西方哲学中，所谓矛盾，就是对立统一，对立统一就是矛盾。这是辩证意义的矛盾。但在中国哲学史上，“矛盾”这个概念在开始时只具有形式逻辑的意义。

据史料考证，“矛盾”这个词始见于《韩非子·难一》：“楚人有鬻盾与矛者，誉之曰：‘吾盾之坚，莫能陷也。’又誉其矛曰：‘吾矛之利，于物无不陷也。’或曰：‘以子之矛陷子之盾何如？’其人弗能应也。”这就是说，楚国有人叫卖他的盾和矛，自夸他的盾坚硬无比，没有什么东西能刺得破；又夸他的矛锐利无比，没有什么东西它刺不破。有人问他以你的矛攻你的盾如何，他无言以对。

---

① 列宁．哲学笔记［M］．北京：人民出版社，1974：407.

② 列宁．哲学笔记［M］．北京：人民出版社，1974：240.

显然，这个叫卖盾与矛的楚国人在形式逻辑上违背了“矛盾律”。根据形式逻辑，两个相互否定的命题必有一假，不可能同时为真，但有可能同时为假（如果这个人叫卖的矛和盾都是假货的话）。

然而，西方辩证法所说的“矛盾”概念不属于形式逻辑，而属于辩证逻辑。黑格尔在《小逻辑》中指出，所谓辩证意义的矛盾，是指一个事物内部所包含的“正相反对”的两个方面既对立又统一的关系。在这种“正相反对”的关系中，“每一方只有在它与另一方的联系中才能获得它自己的（本质）规定，此一方只有反映另一方，才能反映自己。另一方也是如此；所以，每一方都是它自己的对方的对方”。①

这一段话有点抽象。它的意思是说，所谓真正的辩证矛盾，是指对立的两个方面是相互依存的，此方的存在以彼方为条件，反之亦然；或者说，每一方只有在与另一方的比较中，才能获得自己的质的规定性。所以，每一方都是它自己的对方的对方，一方不在，则另一方立即消失于无。黑格尔举例说，如磁铁的南极与北极、电的阴电和阳电、财产中的债权和债务、一条路的东向与西向等，都属于辩证矛盾。②

老子的《道德经·二章》讲道：“天下皆知美之为美，斯恶矣；皆知善之为善，斯不善矣。故有无相生，难易相成，长短相形，高下相倾，音声相和，前后相随。”老子在这里提出的美丑、善恶、有无、难易、长短、高下、音声、前后等，亦属于辩证意义的矛盾。

学生：请问老师，在中国哲学中，有没有与辩证矛盾相对应的概念呢？

教师：当然有。在中国哲学中，辩证矛盾的概念相当于“阴阳”。《易传·系辞上》说：“一阴一阳之谓道。”老子说：“万物负阴而抱阳，冲气以为和。”（《道德经·四十二章》）这就明确地揭示了在事物的本质里，包含着阴阳两个方面的对峙关系，它们相反相成，“孤阴不生，独阳不长”（程允升《幼学琼林·夫妇》），天下“无孤阴寡阳”。

我们学习辩证法，首先就要区分逻辑矛盾和辩证矛盾二者的差别。逻辑矛盾是思维混乱的表现，是应该而且可以从思维中加以排除的；而辩证矛盾是“对立面的统一”，是事物内部所包含的两个既相互依存、相互贯通而又相互反对、相互排斥的关系。

诚如黑格尔所说，欲进入哲学智慧的大门，就必须在“矛盾”的关系上扫除那种

---

① 黑格尔．小逻辑［M］．北京：商务印书馆，1980：254-255.

② 黑格尔．小逻辑［M］．北京：商务印书馆，1980：256-257.

“各不相涉的（外在性），并进而认识事物的必然性”①，即认识事物内在的本质的矛盾关系。无疑，认识到了事物内在的矛盾关系，也就认识到了事物的本质；认识到了事物的本质，也就把握到了事物的发展规律。正是在这样的意义上，我们可以说：“矛盾却是一切运动和生命力的根源；某物只因为在本身之中包含着矛盾，所以它才能运动，才有冲动和活动。”②

学生：毛泽东在《矛盾论》中指出，矛盾的普遍性和特殊性即“共性个性、绝对相对的道理，是关于事物矛盾的问题的精髓，不懂得它，就等于抛弃了辩证法”。③ 请问老师，毛泽东提出矛盾问题的“精髓”的根据是什么？

教师：确实，把握矛盾规律，重在把握矛盾的普遍性和特殊性，亦即共性和个性的辩证关系。我个人理解，其根据在于以下几点：

第一，认清“无物不阴阳”（朱熹）、“一切事物自身都是矛盾的”（黑格尔）、矛盾无处不在和无时不有等这些矛盾普遍性的原理，对于我们运用阴阳矛盾的辩证观点去分析一切事物，从而打开“智慧的法眼”，提升我们的思维能力，具有十分重要的意义。

第二，认清“万物莫不相异”（惠施、庄子）、“世界上没有两片完全相同的树叶”（莱布尼兹）、每个具体矛盾及其不同的方面和发展阶段等都有其特殊性这个原理，对于我们坚持“具体地分析具体的情况”这个马克思主义的“活的灵魂”（列宁），把握特殊矛盾，做好具体工作，具有十分重要的意义。

第三，认清“共性存在于个性之中，个性包含着共性”这个关于矛盾普遍性和特殊性关系的原理，对于我们在理论上防止“唯理论”和“经验论”以及“诡辩论”的偏向，实践上克服“教条主义”和“经验主义”的错误，都具有重要的意义。

学生：除了矛盾规律即对立统一规律之外，还有质量互变规律和否定之否定规律。老师能否给我们概括地讲解一下？

教师：质量互变规律揭示了事物发展所呈现的两种基本形态。一般来说，事物的变化发展表现为量变和质变两种形式。量变是事物的细微的、渐进的、连续性的变化，质变是事物的突变、顿变、质的飞跃、连续性过程的中断。事物总是先进行量变，然后发生质变。量变是质变的必要准备，质变是量变的必然结果，量变质变二者又相互

---

① 黑格尔．小逻辑［M］．北京：商务印书馆，1980：257.

② 列宁．哲学笔记［M］．北京：人民出版社，1974：145.

③ 毛泽东著作选读（上册）［M］．北京：人民出版社，1986：160.

渗透。

学生： 质量互变规律中讲到了"度"以及适度的原则问题，这与中国哲学中的"中庸之道"是一种什么样的关系？

教师： 这个问题十分重要，我在这里要特别强调一下。过去，我们把"中庸之道"（又叫中和之道、中道）说成是调和主义、折中主义，这种观点是完全错误的。中庸之道是个好东西，它与质量互变规律中所提出的掌握适度的原则，防止"过"与"不及"两个极端的方法是基本契合的。这个方法很管用，对于在实际工作中"用中""守中""持中"且时时得中，具有重要的启迪意义。

学生： 最后，请老师简单地讲一讲否定之否定规律。

教师： 否定之否定规律揭示了事物发展过程中所呈现的阶段性和周期性的特点。从事物发展的阶段性来看，一般都要经历三个阶段，即肯定、否定、否定之否定（新的肯定），从而形成一个周期。例如，麦子——植杆——麦子、具体——抽象——具体、群众——领导——群众等，这些都是一个否定之否定的过程。第三个阶段似乎是向第一阶段的"回复"，但这是在更高阶段上的自我"回复"，事物的发展就是在这种看似周而复始的过程中呈波浪式向前推进和螺旋式上升的趋势。

学生： 关于辩证的否定观，请老师解释一下。

教师： 理解否定之否定规律，重点在于把握辩证的否定观。这里所说的"否定"，是一个哲学概念，与日常语言有别，它不是简单地说"不"，更不是"毁灭""抛弃"，使之归于虚无。这种否定是事物发展过程中的自我否定、自我更新，因而是一种联系和发展的环节，其实质是"扬弃"。无疑，这种辩证的否定观对于我们在改革和现代化建设中处理好继承和创新、坚持和发展以及破与立、旧与新、损与益、常与变等关系，都具有重要的指导意义。

（五）本质的反思：唯物辩证法的基本范畴及其内在逻辑

教师： 各位同学、各位朋友，大家好！今天我们来学习辩证法的"五对范畴"。这五对范畴分别是：现象与本质、形式与内容、原因与结果、偶然与必然、现实与可能。

学生： 我一直有一个困惑，什么是范畴，什么是概念？二者究竟有什么联系和区别？哲学的范畴与其他科学的范畴又有什么不同？

教师： 所谓概念（concept），是对于事物本质属性的一种反映和概括。人们在感性经验的基础上，通过抽象即抽取其本质的共同点，舍弃其非本质的属性，从而形成一定的概念。在语言文字上，概念是通过词和词组表现出来的，一个词或词组就是一个概念，如水果、植物、生物、商品、价值、货币、存在、思维等都是概念。概念是语言的基本单位，离开概念我们就无法进行表达。

凡概念都有一定的抽象性，只是其抽象程度不同而已。像苹果、水果等概念抽象程度较低，而商品、价值等概念则抽象程度相对较高，只有哲学的概念才是抽象程度最高的概念，黑格尔将其称为“纯概念”。例如，存在、质、量、度、现象与本质、原因与结果等，就属于这样的“纯概念”。

所谓范畴（category），取自《尚书·洪范》九畴之意，是指对于客观事物的不同方面或不同领域进行分析归类而得出的基本概念，概念隶属于范畴，而范畴又通过一定的概念表现出来。例如，黑格尔的《逻辑学》通过对哲学概念进行分析归类，将其划分为存在范畴、本质范畴、概念范畴，但无论是存在范畴、本质范畴还是概念范畴，都是通过一系列概念表现出来的。由此可见，范畴不过是按其不同方面、不同层次、不同领域对于概念作了进一步的归类而已。正因为如此，在一般情况下，概念和范畴往往混用而不加区别。

学生：我发现，在“唯物论”部分，哲学的概念是依次并列出现的，如物质、意识、运动、静止、空间、时间等，而在“辩证法”部分，其主要概念都是成双成对地出现的，如对立与统一、绝对和相对、肯定和否定等，至于我们今天所学的“五对范畴”更是这样。请问它们为什么有这种区别呢？

教师：弄清楚这个问题非常重要。就人们的认识过程来说，首先是通过感性经验获得对于事物外在的存在属性的认知，然后由现象领域进入本质领域，对其内在的本质属性进行分析，最后上升到概念的高度。事物的本质不是一个实体，而是通过种种关系体现出来的一种属性，当然，在这些关系中有外在的关系，有内在的关系。认识的目的是要通过事物的外在关系而把握其内在关系，即事物的本质，如果说认识事物的外在的存在属性可以通过人的感官来直接加以观照的话，那么认识事物的内在的本质属性就只能通过思想的反思来加以把握。而反思是要通过一个中介来进行的，正如一束光通过一个镜面而发生“折射”一样。

现在我们讨论的这“五大范畴”，都属于本质关系的范畴，因而必然以成双成对的形式出现。同时，在这些成对的范畴中，其中必有一个扮演“中介”的作用，通过它而抵达本质的彼岸。例如，现象与本质，其中“现象”即是“中介”，通过它而达到本质；形式与内容，其中“形式”是“中介”，通过它而达到本质的内容；偶然与必然，其中“偶然”是“中介”，通过它达到必然；现实与可能，其中“现实”是“中介”，通过它而达到未来发展的可能，如此等等。

学生：请老师给我们具体地讲解一下“五对范畴”的本质内涵及其辩证关系。

教师：首先说明一下，这五对范畴的排列顺序不是主观随意的，必然遵循人类由浅入深的认知逻辑。现在一些哲学教科书没有完全遵循这种认知逻辑，是需要加以完善的。

人们的认识由存在领域进入本质领域，是一个由现象进入到本质的跳跃。所以，我们首先要探讨的第一对范畴是现象与本质。

所谓现象，是显现在外的能够为我们的感官所直接感知的事物的外表形态。按照康德的说法，现象世界是一种感性的“杂多”，有真有假，有表有里，有深有浅，我们必须通过对这些感性的“杂多”进行由此及彼、由表及里、去粗取精、去伪存真的制作改造等“建构”工夫，才能把握其内在的本质。这里要特别强调的是，事物的本质绝不是一种现成的“纯客观”的存在，它以分散的杂多形式存在于现象之中，必须通过人们的分析抽象才能获得。而且，人们对于本质的认识是一个永无止境的过程，正如列宁所说，人们对事物的认识总是近似的，绝不可能一劳永逸地获得事物的终极本质。

学生：按照人类认识的逻辑，下一对范畴应该是形式与内容吧？

教师：是的，你理解得很对。人们要认识事物的本质，应该从哪里着手呢？无疑，应该从认识事物的形式入手。黑格尔说，一个事物有外在的形式和内在的形式。例如一本书，其外表装帧属于外在的形式，其内在的思想逻辑属于内在的形式。人们通过认识事物的外在的形式进而认识其内在的形式，而认识了事物的内在形式，也就把握了其本质内容。

对于形式与内容这对范畴，重在掌握其辩证关系。一方面，内容决定形式，形式不过是内容的外显；另一方面，形式又不是纯粹消极的存在，它对内容具有积极的能动作用。世界上无所谓“纯形式”和“纯内容”，二者始终相互依存和相互促进，那种离开内容谈形式或离开形式谈内容的偏向是完全错误的。

在现实生活中，我们往往容易犯“割裂论”的错误，要么重形式而轻内容，要么重内容而轻形式。还有一种倾向是把形式仅仅理解为一种外在的东西，而不懂得运用内在的形式去表现其本质的内容，用一种表面化的肤浅的观点去理解形式。实际上，内在的形式才能真正反映和实现其作为本质的内容，也只有这样的形式才是本质内容的自我外显和对象化。例如，一篇文章或著作内在的思想逻辑，一件艺术品内在的理念表达，一首曲调内在的音律组合，一支舞蹈内在的动作设计，等等，这种内在的形式对于表现本质才是至关重要的。

学生：形式与内容之后，是不是应该讲原因和结果吧？

教师：按照人类认识的逻辑，第三对范畴是原因与结果。原因与结果是一种引起和被引起的关系，前者是引起方，后者是被引起方。举凡世间一切事物，皆有所因，亦有所果；既没有无因之果，亦没有无果之因；既有一因多果，亦有一果多因；在此处为果，在彼处为因；因转化为果，果转化为因；因果之链，永远穷竭；整个世界就是一个由纵横交错的因果关系所组成的复杂多变的因果世界。我们认识和改造世界，就是要探明事物多重多样多义的复杂的因果关系，从而认清其本质根源，把握其必然的发展规律。

学生：我知道了，下面自然要过渡到对第四对范畴偶然与必然的讨论了。

教师：的确如此。按照认识的规律，既然开始着手考察复杂的、动态的因果关系，也就意味着进入必然性的领域了。因为一个事物连续不断的因果系列，也就是事物发展的必然性的必然体现。

所谓必然性，是指事物发展过程所存在的那种确定不移的趋势；所谓偶然性，是指事物发展过程中那种可能出现也可能不出现、可能这样出现也可能那样出现的不确实的趋势。没有纯粹的必然性，也没有纯粹的偶然性；必然性存在于偶然性中，并通过偶然性为自己开辟道路。

在这个问题上，我们要防止两种偏向：一是非决定论，即完全否定必然性的存在，认为一切都是偶然的。这种观点往往会导向怀疑论和不可知论。另一种是机械的决定论，即完全否定偶然性的存在，认为一切都是必然的。“这个豌豆荚中有五粒豌豆，而不是四粒或六粒；这条狗的尾巴是五英寸长，一丝一毫不长，也一丝一毫不短……今天清晨4点钟一只跳蚤咬了我一口，而不是3点钟或5点钟，而且是咬在右肩上，而不是咬在左腿上，——这一切都是由一连串不可更改的因果链条，由一种不可动摇的必然性引起的事实。”① 恩格斯指出，这种机械的决定论看似把偶然性抬高为必然性，实则是把必然性降低为纯粹的偶然性。

学生：最后，请老师简单地给我们讲一讲现实与可能这对范畴的辩证关系。

教师：什么是现实？恩格斯在《费尔巴哈论》中对此有明确的论述。他指出，“现

---

① 马克思恩格斯选集（第4卷）[M]. 北京：人民出版社，1995：196-197.

实的”不等于“现存的”，“现实性这种属性仅仅属于那同时是必然的东西。”① 而在事物发展的必然性中，又蕴含着现实和可能的矛盾。

所谓可能，是指存在于现实中的种种潜在的发展趋势。任何事物的发展路线都不可能是单一的和笔直的，它必然会存在多种可能性，最后哪种可能性转化成了现实性，这是由多种因素复合作用的结果。

在现实和可能的关系问题上，我们不能做一个消极的“旁观者”或“看客”，而应该积极地参与到改造自然和社会的实践之中去，充分地发挥自己的主观能动性，在现实发展的多种可能性中选择那种最有利于人类文明发展的可能性，并创造条件促使其向现实转化。

最后，顺便说一下。在20世纪90年代中期之后出版的哲学教材中，有的将辩证法“五对范畴”增加到七对或八对。例如，有的教材增加了“系统与要素”“结构与功能”等，有的增加了“整体与部分”“个别与一般、特殊与普遍”“相对与绝对”等。对这种做法如何看待？我认为，作为学术研究，这种尝试是可以的，我个人在20世纪80年代中期也提出过这样的设想。随着人类认识和科学的发展，辩证法的范畴体系是日益丰富和深化的，但将什么样的概念纳入到哲学教材体系中，则要经历一段较长时间的检验方能确定。

（六）辩证的方法：矛盾思维的运用与思维能力的提升

教师：同学们好！今天我们来探讨辩证思维的方法以及思维能力的提升问题。

学生：请问老师，在多样化的辩证思维方法中，有没有一种占主导地位的思维方法，把握了它也就把握了辩证思维方法的根本和实质？

教师：我们常说，世界观和方法论是一致的，当我们以某种观点去观察世界的时候，这种观点就能够转化为我们分析问题的方法。据此，我们也可以说，作为辩证法实质和核心的对立统一规律即矛盾规律这种世界观，也可以转化为分析问题的根本方法。问题在于，什么是矛盾分析的方法？这种方法究竟有什么特点？这是一个需要探讨的问题。现在，有很多人特别是搞哲学的人，自以为把这个方法搞懂了，其实不然。

毛泽东曾经把矛盾分析的方法用中国式的语言表述为“一分为二”（也可称为合二而一），这是一个非常智慧的做法，易于被中国人所理解和接受，但这需要说明。

---

① 马克思恩格斯选集（第4卷）［M］. 北京：人民出版社，1995：215.

这里的“二”，不是一个并列或差异的概念，而是指“正相反对”的两个方面。例如，一个人的本质里面，“善”与“恶”“正相反对”，“善”与“智”则不构成矛盾关系；一个单位的“成绩”与“问题”“正相反对”，而与“成绩”之外的“不足”并不构成矛盾关系；一个社会的“平等”与“不平等”“正相反对”，而“平等”与“自由”并不构成矛盾关系，如此等等。

把握矛盾方法的这一内涵十分重要。我们只有深入事物内部，在其“内部联系”中找出“正相反对”的两个方面，认识其既对立又统一的关系，才能真正把握其本质属性。例如认识一个人，只有深入到这个人的人性里面，认清其“善”与“恶”的矛盾关系，其善性占几分、恶性又占几分，才能真正识别这个人的本质。

学生：我们通常说，看一个人就看其“德”与“才”是否兼备，组织部门考察一个干部也是这样做的。对此，老师又如何看呢，难道“德”与“才”不能构成一种矛盾关系吗？

教师：如果我们用辩证矛盾的观点来看的话，“德”与“才”并不构成矛盾关系，“德”与“无德”、“才”与“不才”才构成矛盾关系。我们考察一个人的“德”怎么样、“才”怎么样，就要分析二者各自内在的矛盾关系，只有在把“德”与“才”各自的矛盾关系搞清楚之后，才能谈一个人的“德”与“才”的关系问题。当然，在一定的意义上，“德”与“才”也会构成矛盾关系。这就是当“德”与“才”在一个人的身上呈现出不平衡的发展状态——或者德强才弱，或者德弱才强，并且这种状态已经制约这个人的发展时，二者才会构成矛盾。

所以，组织部门在考察一个干部是否德才兼备时，实际上要经过三个具体的认识过程：分析其“德”与“无德”的矛盾关系、“才”与“不才”的矛盾关系以及“德”与“才”是否平衡的矛盾关系。

学生：经老师这么一讲，我对矛盾分析方法的理解就更深刻了。

教师：矛盾分析的方法，或者说一分为二的方法，是我们用辩证的观点分析一切问题的最为根本的方法。它揭示了世界上一切事物存在的一个内在的“秘密”，这就是其所具有的正反二重性，即相反而相成。有善必有恶，有好必有坏，有真必有假，有美必有丑，有喜必有忧，有合必有分，有进必有退，有明必有暗，等等，这些对立面就存在于一个事物之中，而不能把它们分开。当理解和掌握了这种二重性的辩证方法之后，我们的第三只眼睛即辩证法的“法眼”才真正打开了，一旦“法眼”打开，我们就能看到一般常人所看不到的事物的内在的“道”和“理”，从而认清事物的本质。

所以，辩证法的“法眼”也就是我们通常所说的“火眼金睛”吧。

学生：请问老师，除了矛盾思维这个根本方法之外，我们还要掌握哪些辩证思维方法呢？

教师：具体的辩证思维方法很多，下面主要给大家简要地讲一讲归纳与演绎、分析与综合、抽象与具体以及逻辑与历史一致的方法。

归纳是人类思维由个别到一般的方法，演绎则是由一般到个别的方法。

A 天鹅是白的，B 天鹅是白的，C 天鹅是白的……到目前为止所看到的天鹅都是白的，所以，所有的天鹅都是白的。显然，归纳所得出来的结论是建立在有限观察的基础之上的，因而它并不具有必然性，至多具有或然性。我们班的同学都是单身汉，某某是我们班的同学，所以，某某同学是单身汉。这是一个演绎推理，只要大、小前提为真，结论必然为真。稍加分析就可知，归纳推理的结论只有或然性，但可以给我们提供新知识；演绎推理的结论具有必然性，但不能给我们提供新知识。

学生：问题是人类不仅要追求新知识，而且希望获得必然性的知识。这个矛盾如何解决呢？

教师：为了解决这个矛盾，就要借助于分析与综合的方法。人类通过对事物构成要素和方面的分析，找出哪些是主要的东西，哪些是次要的东西，哪些是本质的东西，哪些是非本质的东西，然后在此基础上对其进行综合，从而形成对于事物整体的认识。

恩格斯曾经指出：“我们用世界上的一切归纳法都永远做不到把归纳过程弄清楚。只有对这个过程的分析才能做到这一点。”① 通过分析和综合，我们由现象形态进入到本质的层面，开始认识到事物发展的必然性。

学生：事物的本质是看不见、摸不着的，那么，我们如何通过分析来把握事物的内在本质呢？

教师：当我们提出这个问题的时候，就涉及抽象与具体的方法了。

所谓抽象，就是通过分析在杂多的现象形态中抽取其本质的共同点，舍弃其非本质的属性。所谓具体，有感性的具体和思维的具体之分。感性的具体，是指能够为我们的感官所直接感知的现实对象；思维的具体，是指在抽象的基础上形成的对事物本质的全面认识，按照马克思的说法，“具体之所以具体，因为它是许多规定的综合，因而是多样性的统一。”②

---

① 马克思恩格斯选集（第 4 卷）[M]. 北京：人民出版社，1995：335.

② 马克思恩格斯选集（第 2 卷）[M]. 北京：人民出版社，1995：18.

这里存在着两种思维方法，一是具体——抽象——具体的方法，这是认识事物的一般方法。二是从抽象到具体的方法，这是理论叙述的方法，对于辩证思维而言，我们重点要把握的是从抽象到具体的叙述方法。无疑，当我们进行理论构建时，没有必要把认识过程再重复一遍，而是直接从本质抽象开始，然后通过一系列逻辑中介，达到思维的具体。马克思《资本论》范畴体系的排列，所遵循的就是从抽象上升到具体的方法。

学生：逻辑与历史一致的方法同抽象与具体的方法是什么样的关系呢？请老师给我们讲解一下。

教师：理论建构所遵循的从抽象到具体的方法同逻辑与历史一致的方法在本质又是统一的，这就是说，理论在范畴逻辑上的先后顺序与历史演进的前后次序在本质上是一致的。这里所讲的历史，一是指研究对象本身发展的历史，二是指人类认识对象本身所发生的思想的历史。一般来说，逻辑的进程与历史的发展在根本上应保持一致，但在细节上却是有差别的，因为前者以扬弃的形式舍弃了某些历史的枝蔓和偶然性。正像恩格斯所说的：“历史从哪里开始，思想进程也应当从哪里开始，而思想进程的进一步发展不过是历史过程在抽象的、理论上前后一贯的形式上的反映。”①

最后强调一下，上述四个辩证方法是不可分割地联系在一起的。归纳与演绎中渗透着分析和综合，而分析与综合中又贯穿着抽象与具体，在抽象与具体的逻辑推演中又遵循着逻辑与历史一致的原则。在理论上我们可以把它们分开，但在实际运用中却是相互贯通的。

学生：学习唯物辩证法，最终是为了提高人的思维能力。我们党一贯重视思维素质的培养，提出要通过学习不断增强辩证思维能力、历史思维能力、战略思维能力、底线思维能力和创新思维能力。请问老师您如何看待这种五种思维能力？

教师：第一是辩证思维能力。提高此种能力重在掌握矛盾思维的方法，而且要将其内化，化为己有，使之转化为自己的思维能力。如果把辩证思维方法看做是一种外在的公式和套语，那就会走向反面。

学生：第二是历史思维能力。习近平总书记强调，“历史是最好的教科书”②，“历史的经验值得注意，历史的教训更应引以为戒”。③ 人们也常讲，“学史可以明智”。这

---

① 马克思恩格斯选集（第2卷）[M]. 北京：人民出版社，1995：43.
② 习近平谈治国理政（第1卷）[M]. 北京：外文出版社，2018：405.
③ 习近平谈治国理政（第1卷）[M]. 北京：外文出版社，2018：390.

些都说明了懂得历史的重要性。那么，什么是历史思维，又如何提高历史思维能力呢？

教师：以我的理解来看，所谓历史思维，是指在分析社会现象时要具有历史眼光，透过现实去回溯历史，从中发现其本质的根源和一般的规律。任何事物的发展都有一个历史过程，要认识事物本质，必须从历史着眼，离开历史，我们就不能理解现实。历史是过去的现实，现实是未来的历史，未来是潜在的现实。但历史并不是过去了的存在，更不是消失了的虚无，历史并未死去，它以扬弃的形式存在于现实之中。正如一个人，从婴儿到老年，这个人始终存在，只是在不同的阶段表现为不同的形态。在这个意义上，历史就是现实，现实就是历史。

确立这种历史思维的意义在于考察任何现实问题，都必须透过现实看历史，绕到现实的背后去反思其本质根源和发展规律，将现实视界和历史视界融为一体。这样的思维才具有强大的穿透力和历史感。

学生：第三是战略思维能力。习近平总书记强调，要树立大局意识，善于从大局看问题，放眼世界，放眼未来；善于观大势、谋大事，把握工作主动权。这是否就是战略思维呢？

教师：是的。“战略”首先是一个军事术语，“二战”后被引申到政治、经济、文化以及其他广泛的领域，成为一个广义的概念。广义的战略是指重大的决定全局的谋划，它是制定具体行动路线和方案的总纲和出发点。

在当今全球化的背景下，人类的社会实践已转化为“世界历史性”的活动，特别是互联网技术出现后，人作为一种“类存在物”开始成为一种触手可及的感性现实。因此，我们的思维也应该从那种狭隘的地域性、短期性中摆脱出来，树立全球视野，提升战略思维。如此，我们才不至于落后于时代。

学生：第四是底线思维能力。习近平总书记讲：“凡事从坏处准备，努力争取最好的结果，这样才能有备无患、遇事不慌，牢牢把握主动权。”① 请问老师，这就是底线思维吗？这种思维的哲学意蕴是什么？

教师：是的。概括地说，所谓底线思维，就是在做任何事情的时候，要事先想到最坏的情况，以做到有备无患、未雨绸缪。我理解的这种底线思维的哲学意义在于，不管做什么事情，都要把握好“度”的界线，过犹不及，因而要正确处理好改革过程

---

① 习近平总书记系列重要讲话读本 [M]. 北京：学习出版社，人民出版社，2016：288.

中的因与革、损与益以及进与退、变与常的关系，以此推进现代化的建设持续健康地发展。

学生：第五是创新思维能力。习近平总书记讲：“解决深层次矛盾和问题，根本出路在于创新。”① 请问什么是创新思维，创新思维有什么特点？

教师：所谓创新思维，是指在人类的认识和实践活动中，能够打破常规，提出新的思想、新的观念和新的方法的思维活动。创新思维的最大特点就是其独创性。想人之所未想，言人之所未言，发人之所未发，行人之所未行。

邓小平指出：“一个党，一个国家，一个民族，如果一切从本本出发，思想僵化，迷信盛行，那它就不能前进，它的生机就停止了，就要亡党亡国。”② 因此，坚持解放思想，开拓创新，我们党、我们的事业才有活力，我们的改革才能不断深化。唯创新者进，唯创新者强，唯创新者胜，唯创新者活，这就是创新的重要意义之所在。

三、解疑释惑

（一）哲学是什么

哲学是系统化、理论化的世界观，是对自然知识、社会知识和思维知识的概括和总结，它提供了对于世界以及人与世界关系的全面而深刻的思考。哲学要研究“人与世界的关系”。哲学不是无人身的理性思辨，不是与人相隔膜甚至与人无关的“天外之音”，也不是凌驾于人之上的一种思想的绝对；哲学是属人的世界观，是人从人的角度并用人的“思想的眼睛”去观照这个世界的产物；她不仅是“时代精神的精华”和“人类文明的活的灵魂”，而且是人的精神世界的集中反映和高度凝结。诚如马克思所说，哲学“是自己的时代、自己的人民的产物，人民最精致、最珍贵和看不见的精髓都集中在哲学思想里”。③

（二）物质概念的演进

从古至今，对物质概念的探索经历了三个重要阶段：古代朴素唯物主义的物质概

---

① 习近平关于科技创新论述摘编［M］. 北京：中央文献出版社，2016：3.

② 邓小平文选（第2卷）［M］. 北京：人民出版社，1994：143.

③ 马克思恩格斯全集（第1卷）［M］. 北京：人民出版社，1956：120.

念、近代形而上学唯物主义的物质概念、马克思主义辩证唯物论的物质概念。古代朴素唯物主义将世界本原归于一种特别的物体小颗粒，比如古希腊泰勒斯认为水是本原，赫拉克利特认为火是本原，中国也有气本原，等等，他们大多认为粒子的聚散离合是世界变化的根本原因所在。随着自然科学的发展，形而上学唯物主义登上历史舞台，形而上学唯物主义者认为自然是由永恒的物体所组成的，这些物体在本来空无所有的空间中遍处移动，每个粒子都具有它自己的形状、体积、运动、颜色、气味。他们认为在这种“安排好了的”、固定的宇宙中，一切都是注定好的。既然如此，人类所做的一切都没有任何改变结局的可能，人类的意识与活动的存在又有何意义呢？空虚的猜测与遐想在人们的头脑中蔓延，随着近代核物理的进展，逐渐有人提出物质原本不存在，物质都不过是能量或场或虚空的集中而已，唯物论就这样走到了无所适从的境地。问题呼唤科学的物质概念的诞生，恩格斯指出：物质无非是各种物的总和，而这个概念就是从这一总和中抽象出来的。20 世纪初，列宁对物质概念作了全面的科学的规定：“物质是标志客观实在的哲学范畴，这种客观实在是人通过感觉所感知的，它不依赖于我们的感觉而存在，为我们的感觉所复写、摄影、反映。”① 列宁对物质概念的哲学诠释，把唯物主义对物质的认识推进到了一个新的阶段，其重要意义就在于从哲学基本问题出发，揭示了物质的本质属性即客观实在性，阐明了在物质和精神关系上唯物主义的基本观点，划清了与唯心主义、二元论、不可知论、旧唯物主义的界限，体现了唯物主义和认识论的统一、唯物论与辩证法的统一、唯物辩证的自然观和历史观的统一。是辩证唯物主义物质观的理论基石，是彻底的唯物主义一元论的根本观点，是党的实事求是思想路线的哲学基础。

（三）“人不能两次踏进同一条河流”，还是“人一次也不能踏进同一条河流”

古希腊的赫拉克利特曾提出过一个著名的论断：“人不能两次踏进同一条河流”，他的学生克拉底鲁也提出：“人一次也不能踏进同一条河流”。对于这两种观点，哲学界认为前者承认了相对静止的存在，说明整个世界是绝对运动与相对静止的统一，是正确的；后者否认了相对静止的存在，只承认绝对运动，容易陷入诡辩论的泥潭，是

① 列宁选集（第 2 卷）[M]. 北京：人民出版社，1995：89.

错误的。“人不能两次踏进同一条河流”，是因为当人第二次进入这条河时，是新的水流而不是原来的水流在流淌。这条河是相对静止的，但是水流是持续运动的，因此，这句话意为：一切皆流，无物常驻。宇宙万物没有什么是绝对静止的和不变化的，一切都在运动和变化，世界万物都是绝对运动和相对静止的统一。“人一次也不能踏进同一条河流”意为：事物没有稳定存在的状态，永远处于变化之中，并且没有相对静止的时候。任何事物无时无刻不在发生变化，不可能有片刻的静止和稳定。这正如一条河流，在我们刚刚踏入的一瞬间，它就变成了另外的河流了，所以，我们一次踏进去的就不是同一条河流了。

但有学者提出“人不能两次踏进同一条河流”和“人一次也不能踏进同一条河流”两种说法都是错误的，因为它们都否定了相对静止的存在。持这种观点的学者认为，如果将事物的质变与量变原理（事物的量变是事物在数量上的增减，而事物的质变是一种质态向另一种质态的飞跃，是事物性质的根本变化。事物时时刻刻都在发生量变，而量变就是在为质变做准备）引入这一问题，只要河流不发生质变，那无论任何时候，都不能说踏进的不是“同一条河流”。赫拉克利特把运动和变化都看成是质变，他的头脑中没有量变的概念，所以看不到相对静止。如果把赫拉克利特的这一观点推广开来，世界上所有的事物都没有静止的一刻，那么给事物命名、认识事物就都没有必要了，同时，认识事物也变成了不可能的事情。如果按照学者这一思路——绝对运动与相对静止、物质的质变与量变是同时存在和发生的，因此要叠加起来考察问题，那么，这两个论断的正确与否始终是没有答案的，我们根本无从判断“人不能两次踏进同一条河流”和“人一次也不能踏进同一条河流”的对错。质量的变化，指的是河与水流都在发生质变和量变；绝对运动和相对静止，指的是水流，这本来就是两个问题，不能混为一谈。事实上，赫拉克利特既然强调“人不能两次踏进同一条河流”，就是相对于“人一次也不能踏进同一条河流”而言的，从这个角度上来说，他首先承认了事物的相对静止，不然就会得出“人一次也不能踏进同一条河流”的结论。作者认为克拉克利特没有看到相对静止，实则因为自身将“同一条河流”和“同一水流”混淆了。

赫拉克利特的这一思想充满着辩证法的智慧，对马克思主义辩证唯物主义产生了重要影响。恩格斯高度评价了赫拉克利特的这个思想，他指出，“这种原始的、素朴的、但实质上正确的世界观是古希腊哲学的世界观，而且是由赫拉克利特最先明白地表述出来的：一切都存在而又不存在，因为一切都在流动，都在不断地变化，不断地生成和消逝。”①

四、理论前沿

（一）辩证唯物主义是中国共产党人的世界观和方法论②

2015 年 1 月 23 日，习近平总书记在主持十八届中央政治局第二十次集体学习的讲话中，深刻阐述了辩证唯物主义对于党团结带领人民实现“两个一百年”奋斗目标、实现中华民族伟大复兴的中国梦的重大意义，强调要更加自觉地坚持和运用辩证唯物主义世界观和方法论，增强辩证思维、战略思维能力，努力提高解决我国改革发展基本问题的本领。

第一，学习掌握世界统一于物质、物质决定意识的原理，坚持从客观实际出发制定政策、推动工作。坚持一切从实际出发，既要看到社会主义初级阶段基本国情没有变，这是我们认识当下、规划未来、制定政策、推进事业的客观基点，也要看到我国经济社会发展每个阶段呈现出来的新特点；同时强调意识对物质巨大的反作用，我们党始终把思想建设放在党的建设第一位，就是精神变物质、物质变精神的辩证法。

第二，学习掌握事物矛盾运动的基本原理，不断强化问题意识，积极面对和化解前进中遇到的矛盾。我们强调增强问题意识、坚持问题导向，就是承认矛盾的普遍性、客观性，就是要善于把认识和化解矛盾作为打开工作局面的突破口，当前我国已经进入发展关键期、改革攻坚期、矛盾凸显期，我们面临的矛盾更加复杂，对此我们应该直面矛盾，并运用矛盾相辅相成的特性，在解决矛盾的过程中推动事物发展，还要注意把握好主要矛盾和次要矛盾、矛盾的主要方面和次要方面的关系。

第三，学习掌握唯物辩证法的根本方法，不断增强辩证思维能力，提高驾驭复杂局面、处理复杂问题的本领。当前，我国社会各种利益关系十分复杂，这就要求我们善于处理局部和全局、当前和长远、重点和非重点的关系，在权衡利弊中趋利避害，做出最为有利的战略抉择。我们一方面要加强调查研究，准确把握客观实际，真正掌握规律；另一方面要坚持发展地而不是静止地、全面地而不是片面地、系统地而不是

---

① 马克思恩格斯选集（第 3 卷）［M］. 北京：人民出版社，2012：395.

② 习近平 . 辩证唯物主义是中国共产党人的世界观和方法论［J］. 求是，2019（1）.

零散地、普遍联系地而不是单一孤立地观察事物。

辩证唯物主义是中国共产党人的世界观和方法论，习近平新时代中国特色社会主义思想创造性地运用与发展了矛盾分析法、逻辑与历史相统一等辩证思维方法以及具体问题具体分析、实事求是等工作方法。推动全党学习辩证唯物主义基本原理和方法论，有助于更好地认识国情，更好地认识党和国家事业发展大势，更加能动地推进各项工作。

（二）新时代我国社会主要矛盾的变化

党的十九大报告指出，中国特色社会主义进入新时代，我国社会主要矛盾已经转化为人民日益增长的美好生活需要和不平衡不充分的发展之间的矛盾。这一矛盾转化是以习近平同志为核心的党中央立足国情，对我国发展新形势作出的重大政治判断和理论创新。

从辩证法角度看待主要矛盾的变化，我们要注重三个方面的问题：一是正确把握社会主要矛盾与社会基本矛盾的辩证关系。社会基本矛盾是生产关系与生产力、上层建筑与经济基础之间的矛盾，是社会发展的根本动力，存在于一切社会形态之中，规定社会的性质和基本结构，贯穿于人类社会发展的始终，推动着人类社会由低级到高级的发展。在社会发展的不同阶段，各种矛盾的地位和作用是不平衡的，有且只有一种矛盾在社会基本矛盾的运行过程中居于支配地位，起着规定或影响其他矛盾的作用，这就是社会主要矛盾。社会基本矛盾与社会主要矛盾是辩证统一的关系，基本矛盾是主要矛盾的社会根源，主要矛盾是基本矛盾的具体表现。二是要用科学的发展观看待社会主要矛盾的变化。社会主要矛盾的变化是一个国家生产力发展水平和社会发展阶段的客观反映，是社会发展的必然结果，社会的发展必然会产生出新的矛盾。改革开放 40 年的伟大实践，使我国发生了翻天覆地的变化，社会生产力水平极大提高，人民物质文化生活条件不断改善，人民的需求与社会的供给这一矛盾也出现了新的重大变化。新时代我国社会主要矛盾的转化源于发展，又最终归结于发展，这就要求新时代的中国共产党人必须坚持唯物辩证法的观点，以发展的眼光看待现实问题、以发展的眼光分析社情国情，尊重和正视社会发展客观规律，在深化改革的过程中解决矛盾，在解决矛盾的实践中实现发展。三是在社会主要矛盾的变化中，把握“变”与“不变”的唯物辩证法。唯物辩证法认为，运动包含着“变”与“不变”的辩证统一，即一切事物既有绝对运动的一面，也有相对静止的一面。“变”指的是我国社会的主要矛盾变了；“不变”指的是我国仍处于并将长期处于社会主义初级阶段的基本国情没有变，我国是世界最大发展中国家的国际地位没有变。

（三）运用辩证思维做好精准扶贫

辩证思维能力是唯物辩证法在思维过程中的运用，是指从事物相互联系、相互作用的关系出发，承认矛盾、分析矛盾、解决矛盾，善于抓住关键、找准重点、洞察事物发展规律的能力，具体表现为从对立统一中把握事物及其发展过程，具体问题具体分析，善于抓住事物主要矛盾和矛盾的主要方面。它能够使人更加全面准确地认识和把握事物，真正做到透过现象看本质。

唯物辩证法认为不同的事物有不同的矛盾，强调坚持“两点论”和“重点论”的统一，具体问题具体分析是马克思主义活的灵魂，实事求是马克思主义中国化理论成果的精髓。运用辩证思维做好精准扶贫，即在相互联系的要素以及动态发展的系统中，寻找并遵循工作内在的规律法则，务实求效地推进科学扶贫。

找准症结把准脉，开对药方拔“穷根”。抓住核心、针对目标才能取得更好的工作效果，要学会瞄准重点任务和突出问题精准发力，向“三区三州”等深度贫困地区发起最后的“总攻”，重点解决实现“两不愁三保障”和饮水安全突出问题。习总书记曾在河北阜平县考察时讲，“要搞好规划，扬长避短，不要眉毛胡子一把抓，帮助困难乡亲脱贫致富要有针对性，要一家一家摸情况”；① 在中央扶贫开发工作会议上也强调，“脱贫攻坚要取得实实在在的效果，关键是要找准路子、构建好的体制机制，抓重点、解难点、把握着力点”。②

把发挥人的主体精神与尊重扶贫规律相结合。精准扶贫同任何工作一样都要尊重客观规律，坚持一切从实际出发。深入调研，把握实情，弄清楚“为什么穷”“穷在哪里”“有哪些优势”“哪些自力更生可以克服”等问题，因地制宜，因时制宜，一村一策，一户一策，分类施策，精准施策，充分发挥地方优势，积极运用地方特色，致力于“扶贫对象精准、措施到户精准、项目安排精准、资金使用精准、因村派人（第一书记）精准、脱贫成效精准”，以更大的决心、更明确的思路、更精准的举措、超常规的力度扶真贫、真扶贫。扶贫也要扶智、扶志气，精神上的“穷根”同样需要拔除，

---

① 习近平．在河北省阜平县考察扶贫开发工作时的讲话［M］//做焦裕禄式的县委书记．北京：中央文献出版社，2015：17.

② 习近平．在中央扶贫开发工作会议上的讲话［M］//十八大以来重要文献选编》（下）．北京：中央文献出版社，2018：38.

片面的输血式、补血式、止血式扶贫只能暂时帮助他们解决生活困难，甚至滋生他们的懒惰思维，变成一个对政府救济高度依赖的群体，这绝非扶贫的本意，更重要的是带动每个人要求脱贫、参与脱贫并自主积极脱贫，充分发挥贫困地区人民的主观能动性，寻找机会改变生存条件。

坚持求真务实、真抓实干。习总书记在东西部扶贫协作座谈会上强调，脱贫攻坚工作既不要漏掉真正的贫困人口，也不能把非贫困人口纳入扶贫对象。① 脱贫攻坚进入决胜时期，与初期、中期的全面推进相比，更要紧的是防止松劲懈怠心理，警惕不严、不实、不细问题。扶贫工作者要始终坚持以人民为中心，想民之所想，急民之所急，办民之所需，干民之所盼，以饱满的工作热情和严谨的工作态度做到“求真”和“精准”，坚决杜绝“数字脱贫”“虚假脱贫”，摆脱形式主义、官僚主义等不良作风。

（四）运用正确的思维方式处理重大公共卫生事件

2019年1月，习近平总书记在省部级主要领导干部“坚持底线思维着力防范化解重大风险”专题研讨班开班式上强调，要“提高战略思维、历史思维、辩证思维、创新思维、法治思维、底线思维能力”。2020年新冠疫情突发，这是中华人民共和国成立以来在中国发生的传播速度最快、感染范围最广、防控难度最大的一次重大突发公共卫生事件，六种思维是我们正确认识疫情、科学应对危机、防范化解风险的重要武器。

所谓战略思维，就是高瞻远瞩、总揽全局、运筹帷幄，善于把握事物发展的总体趋势和方向，具有全面的、长远的、根本性的谋划，它在助力打赢疫情防控阻击战中发挥着关键性价值。首先是战略整体部署，疫情出现的初期，战斗主要是在武汉和湖北其他地区进行，但随后逐步扩散至全国，如果仅仅作为一地一城的工作来对待，难以阻隔疫情蔓延，只有放眼全国、“一盘棋”总体统筹，才能最有效地遏制病毒传播，同时“疫情防控不只是医药卫生问题，而是全方位的工作”②。其次是战略重点定位，2020年是全面建成小康社会和“十三五”规划收官之年，面对疫情需要充分平衡各项工作，习近平总书记和党中央始终把人民群众生命安全和身体健康放在第一位，在防疫关键期做出封城、停产、停工、停学等重大决定，在防疫稳定期有力有序推动复工

---

① 习近平．在东西部扶贫协作座谈会上的讲话［N］．人民日报，2016-07-21.

② 习近平．在中央政治局常委会会议研究应对新型冠状病毒肺炎疫情工作时的讲话［N］．人民日报，2020-02-04.

复产，以政策组合拳保障和改善民生，更好统筹疫情防控和经济社会发展。第三是战略举措落实，根据疫情发展趋势，各省市及时启动重大突发公共卫生事件一级响应，根据事态发展的阶段性变化，适时采取相应的对策举措，依托党委领导、政府负责、民主协商、社会协同、公众参与、法治保障的社会治理体制推进各项工作。

所谓历史思维，就是“端起历史规律的望远镜去细心观望”，从现实回望历史，以历史观照现实，善于运用历史眼光认识发展规律、把握前进方向、指导现实工作，它是疫情防控战役中党员干部的必修课。以史为鉴，十七年前抗击非典疫情的经验和教训尤其值得今天借鉴和汲取，比如参照当年北京“小汤山”模式，火速建成火神山和雷神山医院；而武汉“封城”的措施也是源自20世纪成功遏制东北三省鼠疫的历史经验，控制传染源头，切断传播途径，有效控制疫情。历史告知我们的最重要的一点，就是要坚持党和国家的领导，充分发挥中国特色社会主义的制度优势，面对疫情的严峻挑战，以习近平同志为核心的党中央审时度势、综合研判，及时决定成立中央应对疫情工作领导小组，派出中央指导组，使各项工作主攻方向明确、工作重点突出、措施科学有力。

所谓辩证思维，就是从事物相互联系、相互作用的关系出发，分析矛盾、抓住关键、找准重点、洞察事物发展规律，全面、客观、发展地分析事物、解决问题。其一，各地区各部门必须增强大局意识和全局观念，坚决服从中央应对疫情工作领导小组及国务院联防联控机制的指挥，采取举措既要考虑本地区本领域防控需要，也要考虑对重点地区、对全国防控的影响，一个多月里346支医疗队、4.26万名医务人员以及6.5万余件医疗设备从四面八方汇聚武汉、驰援湖北各地即是证明。其二，要处理好疫情防控与民生保障的关系，处理好疫情防控与经济社会发展的关系，处理好救治感染患者与医护人员自身防护的关系，处理好“收官之年”脱贫攻坚战与疫情防控战之间的关系。其三，要抓住治本之策、突出任务以及关键之举，分清轻重缓急，理清先后策略，比如把武汉和湖北作为全国主战场，作为疫情防控的重中之重，加强对武汉和湖北防疫的统一指挥，统筹兼顾其他地区防控工作，集中患者、集中专家、集中资源、集中救治，全面启动医疗物资生产企业复工复产。

所谓创新思维，就是从根本上打破惯性思维，破除思想僵化、形式主义和无所作为，善于因时制宜、知难而进、开拓创新，以敢为人先的锐气实现变革和创新。战胜疫情离不开科技支撑，科学论证病毒来源，尽快查明传染源和传播途径，密切跟踪病毒变异情况，及时研究和完善防控策略和措施；整合科技资源，加快药物和疫苗研发，创新信息发布机制，回应人民关切，等等。所谓法治思维，就是尊法、学法、守法、用法，在法治之下想问题、作决策、办事情，习近平总书记在疫情防控的重要指示中提及强化公共卫生法治保障，强调疫情防控越是到最吃紧的时候，越要坚持依法防控。这次疫情已然暴露出应对重大公共卫生事件的法治之网的漏洞，必须加强对这些漏洞的弥补，尤其是要加强《生物安全法》的出台；还要加大执法力度，提高执法能力，坚持依法执政、依法行政、依法治理，在有法必依、执法必严的氛围中提升公民的环境意识和规则意识，“严厉打击抗拒疫情防控、暴力伤医、制假售假、造谣传谣等破坏疫情防控的违法犯罪行为，保障社会安定有序”。①

所谓底线思维，就是具有居安思危、未雨绸缪的忧患意识，做好最坏的打算，但也向最好处努力，从而做到有备无患、从容不迫，有效防范化解重大风险。疫情防控的底线是把疫情压缩在最小的范围内，最大限度地减轻对人民生命健康造成的危害以及对经济发展产生的阻碍，把情况设定在最为紧急的状态，坚持“宁可十防九空，不可失防万一”，更加周密谨慎、全面系统地制定出防控方案，把各项防控措施落细落实，筑起疫情防控的严密防线。

五、学习测试

（一）单选题

1. 哲学的基本问题是(　　)

A. 物质和运动的关系问题　　B. 主体与客体的关系问题

C. 思维和存在的关系问题　　D. 社会和自然的关系问题

2. 唯物主义和唯心主义的根本区别在于(　　)

A. 前者是劳动人民和先进阶级的哲学，后者是统治阶级的哲学

B. 前者重视实践，后者不重视实践

C. 前者认为存在决定思维，后者认为思维决定存在

D. 前者主张从自然界出发，后者主张从思想观念出发

3. 马克思主义哲学首要的基本的观点是(　　)

---

① 习近平．全面提高依法防控依法治理能力，为疫情防控提供有力法治保障——在中央全面依法治国委员会第三次会议上的讲话［N］．人民日报，2020-02-06.

A. 联系和发展的观点　　B. 革命的批判的观点

C. 实践的观点　　D. 人民群众的观点

4. 人类社会和自然界对立统一的基础是(　　)

A. 地理环境　　B. 劳动

C. 人口的生产和再生产　　D. 物质资料的生产方式

5. 下列反映矛盾是事物发展动力的正确观点是(　　)

A. 矛盾的同一性是事物量变的动力

B. 矛盾的斗争性是事物质变的动力

C. 矛盾的同一性和斗争性的相互作用共同推动事物的发展

D. 内部矛盾和外部矛盾的相互作用是事物发展的动力

6. “居安思危”这句话体现的哲学原理是(　　)

A. 内因和外因相结合推动事物发展

B. 矛盾既具有普遍性又具有特殊性

C. 矛盾双方在一定条件下可以相互转化

D. 事物发展是量变和质变的统一

7. 唐代诗人杜牧诗中说：“灭六国者，六国也，非秦也。族秦者，秦也，非天下也。”这其中蕴含的哲理是(　　)

A. 内因和外因在事物发展中的地位和作用是不相同的

B. 外因是通过内因起作用的

C. 事物的发展是内因和外因共同起作用的结果

D. 内因是事物发展变化的根本原因

8. 在第二次世界大战中，发生过一个因为地图错误而导致惨重损失的事件。1943年11月，美军准备在日本占领太平洋上的小岛塔腊瓦。由于当时美军指挥部使用的是一张100多年前绘制的旧水图，结果美军登陆舰到达塔腊瓦岛海岸时，已淤浅的港湾致使登陆舰不能靠岸，海军陆战队士兵只得涉水登陆，美军部队暴露在日军火力面前，成了日军炮火无情攻击的目标。这张过时的旧水图，使美军付出了伤亡3000多名士兵的高昂代价。这一事例说明(　　)

A. 发挥主观能动性的重要性

B. 美军指挥部瞎指挥是战争失利的重要原因

C. 历史与逻辑一致原理的重要性

D. 调查研究的重要性

9. 毛泽东曾指出，“对情况和问题一定要注意到它们的数量方面，要有基本的数量的分析。任何质量都表现为一定的数量，没有数量也就没有质量。我们有许多同志至今不懂得注意事物的数量方面，不懂得注意基本的统计，主要的百分比，不懂得注意决定事物质量的数量界限，一切都是胸中无‘数’，结果就不能不犯错误。”对事物的量进行研究之所以重要，是因为(　　)

A. 量是事物矛盾特殊性的体现　　B. 事物的量是事物的质的体现

C. 事物的量和质是统一的　　D. 事物的量是事物的度的体现

10. 下列观点中属于客观唯心主义观点的是(　　)

A. “理生万物”“理主动静”“未有此气，已有此理”

B. 我思故我在

C. 人不能两次踏入同一条河流

D. 礼义廉耻，国之四维，四维不张，国乃灭亡

11. 随着科学技术的发展，人类已经制造出诸如醋酸纤维、聚苯乙烯、合成橡胶等自然界原本不存在的化合物，其数量已达数百万种。这一情况说明(　　)

A. 物质世界是人类创造的

B. 人类通过实践将“自在之物”转化为“为我之物”

C. 物质世界依赖于人的意识而存在

D. 人造物质可以脱离天然物质而存在

12. 鲁迅在评《三国演义》时说：“至于写人，亦颇有失，以致欲显刘备之长厚而似伪，状诸葛之多智而近妖。”这一评述所蕴含的哲理是(　　)

A. 要区分事物的两重性　　B. 要把握事物的度

C. 对事物既要肯定，又要否定　　D. 要把事物看做一体

13. 有这样一道数学题：90%×90%×90%×90%×90%≈59%。90 分看似是一个非常不错的成绩，然而，在一项环环相扣的连续不断的工作中，如果每个环节都打一点折扣，最终得出的成绩将不及格。这里蕴含的辩证法原理是(　　)

A. 肯定中包含着否定　　B. 量变引起质变

C. 必然性通过偶然性开辟道路　　D. 可能和现实是相互转化的

14. 在今天这样一个工业文明的时代，传统手工艺仍然有其独特的价值，它不仅可以通过动手重新唤醒人们手脑心的整合协调能力，而且可以强化国人内心深处对于自

身文化传统的守护感和参与感。由此可见(　　)

A. 运动是无条件的、绝对的　　B. 意识是人脑对客观存在的反映

C. 静止是有条件的、相对的　　D. 意识具有目的性和自觉选择性

15. 有研究表明，“暗物质”和“暗能量”约占宇宙物质总质量的96%。科学家预计，如果我们对暗物质和暗能量有了突破性的认识，人类的宇宙观将会发生巨大的改变，人们对时间、空间和物质等的看法也将和过去有所不同。材料蕴含的哲学道理是(　　)

A. 具体科学的进步推动哲学发展

B. 哲学可以锻炼人们的思维能力

C. 哲学为具体科学提供世界观和方法论指导

D. 思维和存在的关系问题是哲学的基本问题

16. 无人驾驶技术将给未来的交通带来深刻变革。2018 年 3 月，某公司的一辆无人驾驶汽车发生交通事故，引发了人们对该技术前景的担忧。不过有专家认为，这并不会从根本上影响无人驾驶技术的研发和应用。这一材料体现的主要哲理是(　　)

A. 要抓住事物的主要矛盾　　B. 要看到矛盾的主要方面

C. 量变是质变的必要准备　　D. 质变是量变的必然结果

17. 一则箴言：“在溪水和岩石的斗争中，胜利的总是溪水，不是因为力量，而是因为坚持。”“坚持就是胜利”的哲理在于(　　)

A. 必然性通过偶然性开辟道路　　B. 肯定中包含着否定的因素

C. 量变必然引起质变　　D. 有其因必有其果

18. 我国数学家华罗庚在一次报告中以“一支粉笔多长为好”为例来讲解他所倡导的优选法。对此，他解释道：“每支粉笔都要丢掉一段一定长的粉笔头，单就这一点来说，愈长愈好。但太长了，使用起来很不方便，而且容易折断。每断一次，必然多浪费一个粉笔头，反而不合适。因而就出现了粉笔多长最合适的问题——这就是一个优选问题。”所谓优选问题，从辩证法的角度看，就是要(　　)

A. 注重量的积累　　B. 保持事物质的稳定性

C. 坚持适度原则　　D. 全面考虑事物属性的多样性

19. 话说：“人闲百病生。”医学研究表明，适度的紧张有益于健康激素的分泌，这种激素能增强身体的免疫力，抵御外界的不良刺激和疾病的侵袭。这说明(　　)

A. 世界上的一切事物都处在变化之中

B. 没有人脑就不可能有人类意识的产生

C. 意识对于人体生理活动具有调节控制作用

D. 物质是能够为人的意识所反映的客观实在

20. 有研究表明，与眼睛相比，耳朵在分辨模式的微弱变化上具有独特的能力，据此发展起来的数据声音化技术，能帮助科学家们检测癌细胞，并探测来自太空的粒子。这蕴含的哲理是(　　)

A. 不同的事物各有其不同的特点

B. 矛盾贯穿每一事物发展过程的始终

C. 同一事物中的不同矛盾有其特殊性

D. 同一事物在不同阶段有不同的矛盾

21. “我们周围的世界是一个人化了的世界”，这个命题的意思是(　　)

A. 人类实践改造了我们周围的自然世界

B. 在人化的世界中意识是决定性因素

C. 自然和社会之间没有什么区别

D. 只有社会现象才是人化的世界

22. 人们只能改变物质运动的具体形式和结果，却不能创造出任何一个物质原子，这表明(　　)

A. 人只是被动地适应世界　　B. 人能够自由地创造世界

C. 人不能改造世界　　D. 人的能动性是有条件的

23. 承认无机物质也有类似于感觉的属性，这就是认为(　　)

A. 感觉是物质现象　　B. 物质和意识没有本质区别

C. 物质也有感觉　　D. 意识与物质的区别不是绝对的

24. 某人得病住院，想吃水果，子女们给他买了苹果、樱桃、梨送去，他说他要吃水果而不是这些苹果等，他犯的错误是(　　)

A. 把个别当作是独立的存在　　B. 把一般当作是独立的存在

C. 认为个别就是一般　　D. 认为一般不是个别

25. 中国古人认为，“和实生物，同则不继”，认为君子应该“和而不同”，这种思想表现了(　　)

A. 差别和矛盾是事物发展的动力　　B. 同一是绝对的同一

C. 否认斗争性的作用　　D. 夸大同一性的作用

（二）多选题

1. 意识和物质的对立只是在非常有限的范围内才有绝对的意义，超出这个范围，其对立便是相对的。这是因为(　　)

A. 意识根源于物质　　B. 意识是物质的反映

C. 意识是物质的固有属性　　D. 意识是物质的存在形式

2. “巧妇难为无米之炊”说明了(　　)

A. 人们主观能动性作用的发挥需要一定的物质条件

B. 意识能动性作用的客观制约

C. 人的意识的创造性

D. 人类活动的受动性

3. 毛泽东在《矛盾论》中指出：“共性个性、绝对相对的道理，是关于事物矛盾的问题的精髓，不懂得它，就等于抛弃了辩证法。”这说明(　　)

A. 共性寓于个性之中，个性不能脱离共性

B. 具体矛盾具体分析，是处理共性个性、绝对相对关系的基本原则

C. 共性个性、绝对相对的道理是重要的理论问题

D. 共性是绝对的，个性是相对的，因而共性是第一位的，个性是第二位的

4. 马克思说：“如果事物是表现形式和事物的本质会直接合二为一，那一切科学都会成为多余的了。”这一观点强调(　　)

A. 任何事物都是现象与本质的统一

B. 现象和本质是有区别的

C. 本质决定现象，现象表现本质

D. 现象和本质的对立说明了科学研究的必要性

5. 从20世纪70年代至今，商务印书馆先后出版了多个版本的《新华字典》，删除了一些旧的词条，增加了一些新的词条，并对若干词条的词义作了修改。例如1971年版对“科举”这个词条的解释是：“从隋唐到清代的封建王朝为维护其反动统治而设的分科考选文武官吏后备人员的制度。”1992年版删去“反动”二字，1998年版又删去“为维护其统治而设”。再如，1971年版在解释了“雉”就是“野鸡”之后，紧接着说“肉可以吃，羽毛可以做装饰品”，1992年版、1998年版也一样，直到2008年版删去了这句话。一本小字典，记载着词语的发展变化，也记录着时代前进的印记。字典词

条释义的变化表明人们的意识(　　)

A. 是客观世界的能动反映

B. 取决于语词含义的改变

C. 随着社会生活变化而变化

D. 需要借助语言这一物质外壳表达出来

6. “要成功，需要朋友，要取得巨大的成功，需要敌人”，这句话说明(　　)

A. 矛盾的同一性在事物发展中的作用

B. 矛盾的斗争性在事物发展中的作用

C. 矛盾的同一性和斗争性共同推动事物向前发展

D. 矛盾阻碍事物的发展

7. 网络安全和信息化对一个国家的很多领域都是牵一发而动全身的，这就需要全面认清我们面临的形势和任务，做到因势而谋，应势而动，顺势而为。这体现的道理是(　　)

A. 联系具有普遍性、客观性，必须从整体和动态中把握事物的联系性

B. 矛盾普遍存在，要善于抓住重点和关键

C. 坚持唯物主义立场，做到一切从实际出发

D. 量变是质变的必要条件

8. 2018年4月，习近平在深入推动长江经济带发展座谈会上强调，新形势下推动长江经济带发展，关键是要正确把握整体推进和重点突破、生态环境保护和经济发展、总体谋划和久久为功、破除旧动能和培育新动能、自我发展和协同发展的关系，坚持共抓大保护、不搞大开发，探索出一条生态优先、绿色发展新路子。这一论断反映的辩证法原理有(　　)

A. “两点论”和“重点论”相结合

B. 矛盾同一性和斗争性既相互联结又相互分离

C. 矛盾的同一性是相对的，矛盾的斗争性是绝对的

D. 主要矛盾和次要矛盾、矛盾的主要方面和次要方面是辩证统一的

9. 中医药理论重视整体诊疗，强调个体化、对症下药、辨证施治等，其中体现的哲学道理是(　　)

A. 事物的矛盾不同，解决矛盾的方法也不相同

B. 在矛盾普遍性原理指导下具体分析矛盾的特殊性

C. 矛盾的主要方面和次要方面交替决定事物的性质

D. 主要矛盾和次要矛盾的相互转化支配着事物的发展变化

10. 在保留周围平房原建筑面貌的基础上，内嵌现代木质结构，将古色古香和现代气息相结合……在旧城改造中，某地通过构建“房中房”和公共空间，在老旧四合院中为居民提供符合现代生活标准的居住条件，同时也实现了对老建筑的保护。这给我们的哲学启示是(　　)

A. 要坚持两点论和重点论的统一

B. 前途是光明的，道路是曲折的

C. 要树立批判精神和创新意识

D. 辩证的否定是联系和发展的环节

11. “沉舟侧畔千帆过，病树前头万木春。”辩证法认为发展的实质是新事物的产生和旧事物灭亡。新生事物必然取代旧事物，从根本上说，是因为(　　)

A. 新生事物产生于旧事物之后，是新出现的事物

B. 新生事物具有新的结构和功能，能适应已经变化了的环境和条件

C. 新生事物是对旧事物的扬弃，并添加了旧事物所不能容纳的新内容

D. 在社会历史领域内，新生事物符合广大人民群众的根本利益和要求

12. 拿破仑说过，中国是一头沉睡的狮子，当这头睡狮醒来时，世界都会为之发抖。习近平主席强调，中国这头狮子已经醒了，但这是一只和平的、可亲的、文明的狮子；实现中国梦给世界带来的是机遇不是威胁，是和平不是动荡，是进步不是倒退。从哲学方法论看，这里强调的是(　　)

A. 以全面的发展的观点看问题，不要“盲人摸象”“刻舟求剑”

B. 以辩证否定的观点看问题，要“吐故纳新”，不要“厚古薄今”

C. 以实践的观点看问题，要“事必躬亲”，不要“纸上谈兵

D. 以对立统一的观点看问题，要“和而不同”，不要“同而不和”

13. 1968 年，斯班瑟发明了胶水新配方，但根据新配方研制的胶水粘不牢东西，人们认为这是不成功的发明。几年后，弗雷应用斯班瑟的发明成功研制了不干胶记事贴，产品行销世界各地。把“不成功”的发明用在合适的地方，成就了成功的创意。这一事例给我们的哲学启示有(　　)

A. 联系是客观的，发明创造要避免改变事物的联系

B. 联系是多样的，发明创造要善于建立事物的新联系

C. 联系是必然的，发明创造要排除事物的偶然性

D. 联系是具体的，发明创造要把握事物联系的条件

14. 在北京的胡同、百工坊博物馆，深藏着很多身怀绝技的手工艺大师，他们不断转变观念，将传统文化体验、国际流行的私人定制等概念引入到工艺品的制作中，为传统手工艺注入了新活力。这些手工艺大师的做法给我们的启示是(　　)

A. 要树立辩证的否定观　　B. 要坚持共性与个性相统一

C. 创新推动社会制度的变革　　D. 矛盾的特殊性寓于普遍性之中

15. 唯心主义哲学是生长在人类认识之树上的一朵不结果实的花，这个命题的意思是(　　)

A. 唯心主义哲学的产生和存在有其深刻的认识根源

B. 唯心主义哲学不全是胡说八道，其中有一定的合理因素

C. 唯心主义哲学在人类认识的曲折发展中是难免的

D. 唯心主义总体上是错误的，不结果实的

16. 下列哪些观点属于客观唯心主义(　　)

A. 道生万物　　B. 一念中有三千世界

C. 理在气先　　D. 世界是绝对观念的外化

17. 下列哪些命题正确地说明了形和神的关系，即人的肉体和精神的关系(　　)

A. 形者神之质，神者形之用　　B. 形神相即，合则两存

C. 形如刃，神如利，神依赖形　　D. 形非神，神非形，形神相离

18. 下面哪些命题属于彻底唯物主义一元论的命题(　　)

A. 自然界的万事万物都是运动着的物质的具体形态

B. 社会现象有自己的特点，但也是统一的物质世界的一个部分

C. 社会运动是一种高级的物质运动形式

D. 意识是物质世界长期演化的结果，归根结底是依赖于物质的

19. 下列命题中包含辩证法思想的有(　　)

A. 千里之行，始于足下　　B. 否极泰来，物极必反

C. 凡是存在的都是要灭亡的　　D. 万物莫不有对

20. 质变量变关系的复杂性体现在(　　)

A. 质变的形式是多种多样的　　B. 量变的形式是多种多样

C. 质变中有量的扩张　　　　D. 量变中包含部分质变

◎ 参考答案

（一）单项选择题

1. C　2. C　3. C　4. B　5. C　6. C　7. D　8. D　9. B　10. A　11. B　12. B　13. B
14. B　15. A　16. B　17. C　18. C　19. C　20. A　21. A　22. D　23. D　24. B　25. A

（二）多项选择题

1. ABC　2. AB　3. ABC　4. ABCD　5. ACD　6. ABC　7. ABC　8. AD　9. AB
10. CD　11. BCD　12. AD　13. BD　14. AB　15. ABCD　16. ACD　17. ABC
18. ABCD　19. ABCD　20. ABCD

（三）讨论与思考

1. 桌子的哲学

哲学家在谈论哲学的时候，往往喜欢指着身边的桌子说事。所以，古今中外，围绕一张桌子，发生了许多有趣的哲学故事。

1710年，英国的大主教贝克莱（1685—1753）写了一本书《人类知识原理》。在这本书中，他以桌子为例，论证了其关于世界上没有离开人而独立的“存在”“物质”“实体”的观点。他说：“我写字用的这张桌子之所以存在，只是因为我看到它，摸着它；我走出书室后，如果还说它存在过，我的意思就是说，我如果还在书室中，我原可以看见它；或者说，有别的精神当下就真看见它。”① 贝克莱的意思是说，所谓存在，就是能被人所感知所认识的对象，那种不能被人思想或是离开人的感觉之外而独立存在的实体，实际上是不存在的。

两个世纪之后，英国逻辑实证主义哲学家罗素于1912写了一本书《哲学问题》。在这本著作中，他开篇就以桌子为例，滔滔不绝地谈他关于独立的桌子实体并不存在的观点。他说，无论是桌子的颜色、纹理、形状、硬度等属性，我们都无法窥见其本来的面目。就说桌子表面的纹理吧，用肉眼看是光滑的，但用显微镜看则呈现出粗糙

① ［英］乔治·贝克莱．人类知识原理［M］．北京：商务印书馆，2010：23.

不平的丘陵深谷，再用高倍的显微镜看桌子的表面又有所不同了。由此可见，桌子的任何一种属性都是我们不能穷尽的，更何况整张桌子。

于是，罗素提出了这样两个问题：

（1）到底有没有一个实在的桌子呢？

（2）如果有，它可能是个什么样的客体呢？

除此之外，还可再思考：（3）如果桌子的客体（或称实体、对象、存在）独立存在的话，我们能否认识这个客体呢？

请以桌子为例，围绕这三个问题进行思考和讨论。

2. 人类意识与人工智能的区别与联系

2016年3月9日到3月15日，谷歌公司基于“深度学习”技术开发的人工智能程序“阿尔法围棋”与韩国九段棋手李世石之间的对战引起了全世界范围内的广泛关注。这一被称作人工智能与人类智慧决战之巅的“人机大战”最终以“阿尔法围棋”4∶1战胜李世石落幕。

请结合本章物质与意识的关系讨论人类意识的独特性，以及人类意识与人工智能的区别与联系。

3. 中医中的辩证法

华佗是我国东汉名医。一次，府吏倪寻和李延两人均头痛发热，一同去请华佗诊治。华佗经过仔细地望色、诊脉，开出两副不同的处方。给倪寻开的是泻药，给李延开的是解表发散药。二人不解：我俩患的是同一症状，为何开的药方却不同呢？是不是华佗弄错了？于是，他们向华佗请教。华佗解释道：倪寻的病是由于饮食过多引起的，病在内，应当服泻药，将积滞泻去，病就好了。李延的病是受凉感冒引起的，病在外，应当吃解表药，风寒之邪随汗而去，头痛也就好了。你们病症相似，但病因相异，所以治之宜殊。二人拜服，回家后各自将药熬好服下，很快都痊愈了。中医是我国宝贵的医学遗产，强调辨证施治。华佗对症下药治头痛发热的故事蕴含着丰富的辩证法思想。

指出材料中所涉及的唯物辩证法基本范畴，并分析其内涵；结合生活实际讨论该如何辩证地看待中医这门学问。

4. 换位思考的哲理

最近，四川省搞了一次“医患换位体验”活动，让医生以患者的身份挂号、排队、看病、拿药……结果，医生跑前跑后，既受累又受气，一名全程体验了“患者”的医生感慨道："医生就像拿着个遥控器，把患者指挥得团团转，当患者确实很苦。"

美国医生爱德华·罗森邦行医 50 年，忽然患上了喉癌，当他重新审视医学、医院和医生时，感慨地说："我站在病床边和躺在病床上所看到的角度完全不同。"他后来在《亲尝我自己的药方》一书中写道："如果我能从头来过的话，我会以完全不同的方式行医，很不幸的是，生命不给人这种重新来过的机会。"

多年前，有位年轻医生患上甲状腺病，中国医学科学院著名头脑外科专家屠规益为他主刀。当手术结束时，屠教授低下身来说："对不起，让您受苦了！"这是屠教授术后经常对病人说的一句话，虽然简短，却让这位年轻医生深感震撼。

著名医学家裘法祖早年从医，曾在老师的带领下，为一名中年妇女进行开腹手术。术后没几天，那名妇女就去世了，经解剖发现，患者的死亡与手术并无关系，当时，裘法祖的老师轻轻说了句"她是 4 个孩子的妈妈"，就是这句简单的话，让裘法祖至今念念不忘，他知道这句话包含了多少情感，懂得了一生的责任有多重大：医生不仅要看到人身上的病，更要看到生病的人。

结合材料讨论：

（1）"医生换位体验"活动中蕴含着何种哲理？

（2）2016 年上半年，大学生魏则西事件和广东省人民医院陈仲伟医生遇害事件又把医患关系推向风口浪尖，师生之间对抗性质的事件也时常见诸报端，依据辩证法的精髓，试讨论该如何对待和处理这些棘手的社会问题。

六、文献导读

1. 马克思：《关于费尔巴哈的提纲》，《马克思恩格斯选集》第 1 卷，人民出版社 2012 年版。

【导读】马克思在《关于费尔巴哈的提纲》（以下简称《提纲》）中，把实践的观点应用于认识论，克服了费尔巴哈唯物主义哲学的消极性和直观性，奠定了辩证唯物论的基础。把实践的观点应用于社会历史，批判了费尔巴哈的唯心史观，奠定了历史唯物论的基础。《提纲》提纲挈领地阐明了辩证唯物主义和历史唯物主义的一些基本原理和马克思主义哲学的特点、历史使命和根本任务，说明了马克思主义哲学的产生是哲学史上伟大的革命变革。学习本章，主要正确地理解坚持马克思主义的实践观点和坚持世界的物质统一性是一致的。

2. 马克思：《资本论》第1卷“第二版跋”，《马克思恩格斯选集》第2卷，人民出版社2012年版。

【导读】马克思通过对持各种观点的学者对其经济学说和《资本论》的评论进行评论，阐明了《资本论》的写作方法正是辩证法，亦即唯物辩证法。主要说明：第一，研究方法和叙述方法的不同。第二，马克思的辩证法与黑格尔的辩证法的根本区别是唯物辩证法。第三，充分肯定和高度评价了黑格尔对辩证法的伟大贡献。第四，阐明了辩证法的批判的革命的本质。

3. 列宁：《谈谈辩证法问题》，《列宁选集》第2卷，人民出版社2012年版。

【导读】《谈谈辩证法问题》论述了对立统一规律是辩证法的实质和核心，是客观世界和人们认识的根本规律。第一次明确提出两种发展观的对立，提出了矛盾着的对立面的统一的相对性和斗争的绝对性，阐明了辩证法就是马克思主义的认识论、唯心主义哲学的认识根源和阶级根源等重要原理，是对马克思主义辩证法的伟大贡献。

4. 列宁：《辩证法的要素》，《列宁选集》第2卷，人民出版社2012年版。

【导读】《辩证法的要素》共十六条。列宁第一次明确提出了对立统一规律是辩证法的实质和核心的思想，它像一条红线一样贯穿十六条要素。在辩证法要素十六条中，除了第一条是讲辩证法的唯物主义基础外，其余十五条都是辩证法的具体内容。其中第4、5、6、9条是讲对立统一规律本身的。第2、8条讲普遍联系原则。第3条讲发展原则。第13~16条讲质量互变、否定之否定规律，内容和形式等范畴，都是事物矛盾展开的表现和结果。第7、10、11、12条讲认识的辩证法，也就是认识的矛盾运动。

5. 毛泽东：《矛盾论》，《毛泽东选集》第1卷，人民出版社1991年版。

【导读】《矛盾论》是毛泽东继《实践论》之后，为了同一目的，即为了克服当时党内存在的严重的教条主义思想而写作的。在《矛盾论》中，毛泽东对对立统一规律的内容及其在唯物辩证法科学体系中的核心地位，作了全面深入系统的阐述和发挥，特别是提出了“这一共性个性、绝对相对的道理，是关于事物矛盾的问题的精髓，不懂得它，就等于抛弃了辩证法”的著名论断。在理论上丰富和发展了马克思主义的唯物辩证法。

6. 毛泽东：《论持久战》，《毛泽东选集》第2卷，人民出版社1991年版。

【导读】在《论持久战》中，毛泽东驳斥了速胜论和亡国论的错误观点，全面分析了抗日战争中中日双方的基本特点，揭示了抗日战争发展的基本规律。在第二部分中，毛泽东着重阐明了怎样进行持久战和怎样争取抗战最后胜利的问题，提出了抗日战争正确的指导方针。毛泽东提出，兵民是胜利之本，人民的团结、军队和人民的进步，充分发挥自觉的能动性，是战胜敌人的最根本的条件。

7. 习近平：《辩证唯物主义是中国共产党人的世界观和方法论》，《求是》2019年第1期。

【导读】 这是习近平总书记在主持十八届中央政治局第二十次集体学习时发表的重要讲话。文章对如何结合当代世界形势和中国实际，认识我们面临的战略机遇期和可能的风险挑战，坚持和运用辩证唯物主义基本原理和方法论进行了深入阐述，具有强烈的现实针对性和宏大的战略前瞻性，为全党学好用好马克思主义哲学特别是辩证唯物主义树立了光辉典范，提供了科学指引，也是回应“马克思主义过时论”的思想利剑。讲话指出我们党要团结带领人民协调推进全面建成小康社会、全面深化改革、全面依法治国、全面从严治党，实现“两个一百年”奋斗目标、实现中华民族伟大复兴的中国梦，必须不断接受马克思主义哲学智慧的滋养，更加自觉地坚持和运用辩证唯物主义世界观和方法论。要学习掌握世界统一于物质、物质决定意识的原理，坚持从客观实际出发制定政策、推动工作；要学习掌握事物矛盾运动的基本原理，不断强化问题意识，积极面对和化解前进中遇到的矛盾；要学习掌握唯物辩证法的根本方法，不断增强辩证思维能力，提高驾驭复杂局面、处理复杂问题的本领；要学习掌握认识和实践辩证关系的原理，坚持实践第一的观点，不断推进实践基础上的理论创新。

第二章
实践与认识及其发展规律

从人如何面对世界的角度来说，人与世界的关系主要包括两个方面：一是认识世界，二是改造世界。人能否认识世界，怎样认识世界？人能否改造世界，怎样改造世界？这是自古以来人们就一直在追问的哲学问题。马克思主义实践观、认识论和价值论也是对这一古老问题的回答。

一、教学基本要求

（一）学习目的

学习马克思主义的实践观、认识观和价值观的基本观点，掌握实践、认识、真理、价值的本质及其相互关系。树立实践第一的观点，把握社会生活的实践本质。全面理解人的认识活动，明确人的认识过程是在实践基础上不断深化的发展过程，把握认识的具体过程及认识的总过程。确立正确的价值观，在改造客观世界的同时改造主观世界，努力实现理论创新和实践创新的良性互动。

（二）学习要求

（1）掌握实践是辩证唯物主义认识论的首要的和基本的观点，明确实践在认识活动中的决定作用。坚持实践第一的观点，不断推进实践基础上的理论创新。

（2）掌握人类认识的本质及其发展规律，了解以实践观点和辩证观点为特征的能动反映论的基本观点。

（3）掌握真理的客观性、绝对性和相对性，了解价值、价值评价和价值观，正确认识真理与价值在实践中的辩证统一关系。

（4）掌握认识世界和改造世界的辩证关系，了解必然和自由及二者的辩证关系。明确认识必然和争取自由是人类认识世界和改造世界的根本目标，是一个历史性过程。

（5）重视理论的作用，增强理论自信，努力在改造客观世界的同时改造主观世界。正确理解、自觉培育和践行社会主义核心价值观，了解马克思主义认识论与党的思想路线的辩证关系，深刻领会“解放思想，实事求是”的理论内涵和重大意义。

（三）主要内容

人类不断致力于对客观世界的追问，目的和动力就在于发现和处理人与世界的关系，让人能够在这个大千世界中更好地生存和发展。人与世界的关系是多方面的，而从人如何面对世界的角度来说，主要包括两个方面：一是认识世界，二是改造世界。从哲学上讲，就是认识、实践及其相互关系问题，就是马克思主义实践观、认识观和价值论要解决的问题。围绕这一主题，本章主要以三节内容进行展开。

第一节，围绕“实践与认识”，重点阐述实践与认识的关系以及认识发展的规律。具体内容包括：第一，实践是人类生存和发展的最基本的活动，是人类能动地改造世界的社会性的物质活动，具有直接现实性、自觉能动性和社会历史性三个基本特征。实践的主体、客体和中介是实践活动的三项基本要素，三者的有机统一构成实践的基本结构。第二，实践决定认识，实践是认识的基础。这种决定作用表现在：实践是认识的来源；实践是认识发展的动力；实践是认识的目的；实践是检验认识真理性的唯一标准。同时，认识对实践具有反作用。第三，辩证唯物主义认识论是能动的反映论。认识是主体在实践基础上对客体的能动反映，是主体以实践为基础对客体能动的、创造性的思维再现。能动的反映是摹写性与创造性的统一。第四，实践与认识的辩证运动，是一个由感性认识到理性认识，又由理性认识到实践的飞跃，是实践、认识、再实践、再认识循环往复以至无穷的辩证发展过程。

第二节，围绕“真理与价值”，重点阐述真理发展的规律以及真理与价值的关系。具体内容包括：第一，真理是标志主观与客观相符合的哲学范畴，是对客观事物及其规律的正确反映。真理的客观性指真理的内容是对客观事物及其规律的正确反映，客观性是真理的本质属性，它决定了真理的一元性，但真理的形式又是主观多元的，通过人的思维表现出来。第二，真理既具有绝对性又具有相对性，它们是同一客观真理的两种属性。真理的绝对性指真理主客观统一的确定性和发展的无限性，真理的相对性指人们在一定条件下对客观事物及其本质和发展规律的正确认识总是有限度的、不完善的。真理永远处在由相对向绝对的转化和发展中，这是真理发展的规律。第三，谬误是同客观事物及其发展规律相违背的认识，是对客观事物本来面目的歪曲反映。真理和谬误是人类认识中的一对永恒矛盾，在确定的对象和范围内，真理与谬误的对立是绝对的。同时它们的对立又是相对的，二者在一定条件下能够相互转化。第四，实践是检验真理的标准，这是由真理的本性和实践的特点决定的。坚持实践是检验真理的唯一标准，还必须正确地理解实践标准的确定性与不确定性，准确把握实践检验真理的辩证发展过程。第五，作为哲学范畴，价值是指在实践基础上形成的主体与客体之间的意义关系。价值具有主体性、客观性、多维性、社会历史性等特点。第六，价值评价是一种关于价值现象的认识活动，价值观是人们关于价值本质的认识以及对人和事物的评价标准、评价原则和评价方法的观点的体系。第七，人的实践活动总是受着真理尺度和价值尺度的制约，任何成功的实践都是真理尺度和价值尺度的辩证统一，是合规律性和目的性的统一。新时代中国特色社会主义的伟大实践，充分体现了真理与价值的辩证统一。

第三节，围绕“认识世界和改造世界”，重点阐述认识世界和改造世界的重要性及其相互关系。具体内容包括：第一，认识世界和改造世界是人类创造历史的两种基本活动。二者相互依赖、相互制约，辩证统一于实践。第二，认识世界的目的是为了改造世界，而改造世界又包括改造客观世界和改造主观世界，二者相辅相成、相互促进、缺一不可。第三，认识世界和改造世界的过程是从必然走向自由的过程。马克思主义认为，自由是指人在活动中通过认识和利用必然所表现出的一种自觉自主的状态。必然性即规律性，指的是不依赖于人的意识而存在的自然和社会发展所固有的客观规律。自由与必然的关系贯穿于人类存在和发展的始终，人们只有在认识必然的基础上才能有自由的活动。第四，一切从实际出发，就是要把客观存在的事物作为观察和处理问题的根本出发点，从发展变化着的客观实际出发，从特定的社会历史条件出发，这是马克思主义认识论的根本要求和具体体现。实事求是是中国共产党思想路线的核心。第五，实践创新为理论创新提供不竭的动力源泉，理论创新为实践创新提供科学的行动指南，要在理论创新和实践创新的良性互动中实现创新发展。

本章的主要内容如下图所示。

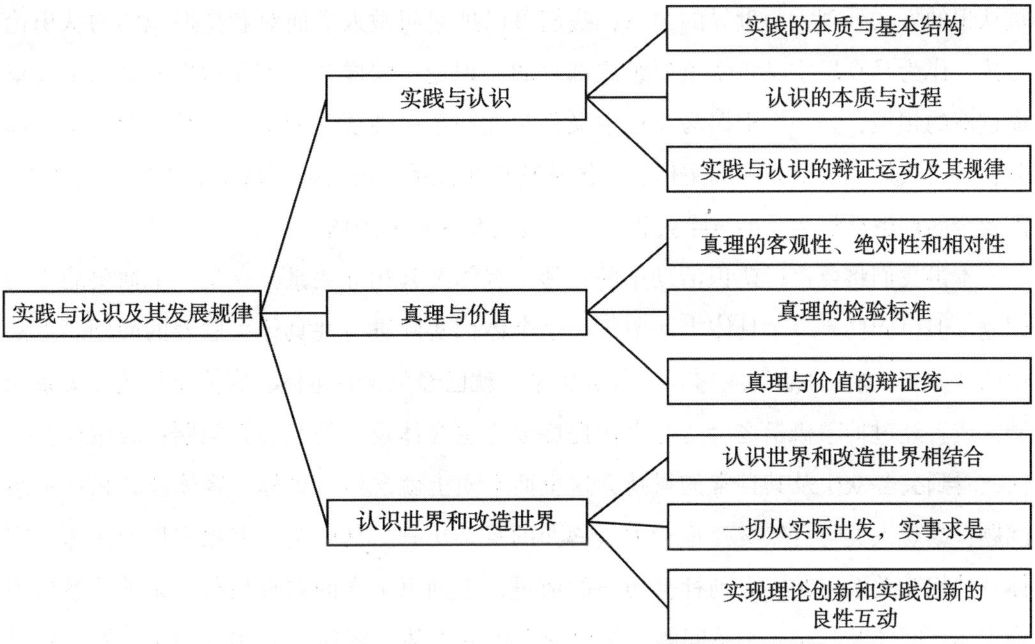

（四）教学重点和难点

1. 科学的实践观
2. 认识和实践的辩证关系
3. 认识的本质及发展规律
4. 真理的客观性、绝对性和相对性
5. 真理与价值的辩证统一
6. 必然和自由及其辩证关系

二、要点精讲

（一）本章导学：人类面对和把握现实的认识论方式

同学们，大家好！今天和大家一起探讨认识论问题，这是在我们了解世界的本质是什么、世界的状况怎么样之后必须进一步了解的人与世界的关系问题。人与世界的关系有多种把握方式，有社会构成性的把握方式，也有认知和观念驯导的把握方式；

有信仰的把握方式，也有理性的把握方式。以主体和客体之间改造与被改造、认识与被认识的方式处理人与世界的关系，我们可以把它叫做人类面对和把握现实的认识论方式。作为马克思主义哲学重要组成部分的认识论，同样是一个显示出马克思主义革命创新的领域，是一个把握马克思主义科学性和革命性统一的基础领域。学习这一部分，需要具体理解认识中的主体、客体及其相互关系，需要把握认识的本质及其特点，需要全面理解认识运动的复杂过程，以及真理及其价值问题。

本讲我们将要探讨认识活动中的主体、客体及其相互关系，这是一个抽象的哲学问题，但也同样是一个具体生活中每一个个体都实际进行并具体关联着的问题。生活中的“我”“你”“他（或它）”及其关系，就已经包含着主体、客体及其相互关系问题，或者经过抽象概括之后就可直接提炼成为主客体及其相互关系问题；观察社会生活，看到芸芸众生及其日常的操持，这里面本质上就含涉着主体、客体及其相互关系问题；纵观人类与自然交互运动力量博弈的复杂历程，其中贯穿着根本性的主体、客体及其相互关系问题；大到社会历史的演进，小到每个人的衣食住行，无不最终呈现为主体、客体及其相互关系问题。认识论上讲的主体、客体及其相互关系问题，就是从诸如具体生活和社会历史中抽象出来的一般性问题。

学生：老师，我是谁，我从哪里来，人是什么，人是哪里来的，是不是在追问主体是什么的问题？

教师：你的思路很好，这个思考直接把我们带到主体是什么、客体又是什么、两者是什么关系等问题上来了。

在回答主体、客体是什么等问题的时候，事实上是需要对“我”是谁、“我怎样看周遭世界”“我看到的世界与你看到的世界是同样的吗”进行思考，当“我”观察、审视和言说他者，判定周遭世界和调整“我”与“我”之外的关系的时候，这个“我”所处的立场、所持有的视角、所进行的话语言说、所作出的行为选择及其活动过程等，不仅支撑着“我”的存在，也显示出“我”在具体关系和复杂情境中的独特性和一定意义上的主导性，这个时候的“我”对于周围的他者或关系而言，就是一个主体。这样的“我”之所以是一个主体，就在于“我”自主地看和言说他者及世界，自主地发动自己的行为，主导着自己与周遭世界的平衡，等等；“我”有目的、有能动性、有意识地谋求自我愿望的实现；“我”在与他人的关系中总是不断确认着“我”的身份和我的影响力，在与周遭世界的多重关系中力争保持自己独特而能动的个性位势。因此，“我”就是一个主体。

学生：老师，你这样解答主体，好像跟教材上说的不太一样？

教师：是的，我首先是要你们学会思考，学会从具体的生活中观察和从感受上言说，这样做是为你们理解哲学上的主体提供一个铺垫。

马克思主义哲学认为，所谓主体，其实就是指具有思维能力，在一定社会历史条件下能动地探索和改造世界的现实的人。这个人是一个通名，他表征着从事实践和认识活动的集合体，他之所以被称作主体，就在于他是以能动性、目的性和意识自觉主导着他对世界的认识和对世界的改造。

学生：老师，个体的人如果没有参与任何社会活动，不具备相应的社会身份，他能不能算作一个主体呢？

教师：这涉及对主体概念内涵和外延的理解。从逻辑上看，主体概念是从主体本质属性上说的，只要具备能动地探索和改造世界或具备有意识地进行实践活动和认识活动的根本属性，就属于主体的范畴；那些具备这种根本属性或本质属性的人，毫无疑问就是一个主体。至于一个人暂时没有参与某种社会活动，在一定阶段相对于特定关系而言没有相应的身份等，这都不能视为这个人作为主体的根本属性或本质属性的缺失。一切人都是相互关联的，是社会关系的总和，因而，表面上孤立的个体的存在，不能否定他在整体上依然是一个主体的事实。

学生：既然如此，那么主体有哪些特征呢？

教师：人是自己的主人，在人与物的关系中，人是主动和主导的方面，是人支配物，而不是物支配人。但这是否就意味着人可以自我界定并赋予自己特定的属性呢？不能这么看。人作为主体，既要具备特定的条件，又要秉承共性特质。从马克思主义观点看，人作为认识主体的主体，必须具备如下本质规定：

第一，社会性。虽然自然性是人的客观条件，人的生存一刻也不能中断从自然界中获取生活资料，要不断地与自然界进行物质和能量交换，把自然界当做自己生命和力量的源泉。但是，只有在由人所结成的社会活动及其发展的过程中，人才有可能作为主体而存在，也只有在社会中，人才可能具有社会性的本质，才能获得主体的地位。

第二，实践性。是指认识的主体具有改造客观世界的能力和活动过程。物质生产劳动实践不仅使人猿相揖别，而且还使人具有人类的语言和意识，使人能够认识世界和改造世界，从而才成为认识的主体。

第三，意识性。是指认识的主体具有主观能动性。它在主体的社会实践中，能够把握事物的规律，不仅能够追塑过去，尤其还能够预见未来，为实践指明方向，因而能为实践开辟前进的道路。

学生：确定人是主体，那么，人之外的其他事物都叫客体吗？在“我”之外的其他人也是客体吗？

教师：与人这个主体相对的世界，是一个客观的世界，但并非都叫做客体。所谓客体，是指进入主体认识和实践范围的那些客观事物，即人的实践和认识活动所指向的那些对象性存在。客观世界是无限的，但客体则是有限的。既然如此，怎样确定客体的存在呢？把握认识的客体，必须抓住以下几个关键特征：

第一，客观性。认识的客体必须是具有实在性的客观存在，换言之，任何认识的客体都要通过一定的物质形态表现出来，自然客体、社会客体等都有它的物质形态和表现方式，即使是主体把某种精神现象作为客体来认识，它虽然是人的精神活动的产物，但也必须通过一定的物质形式和物质载体表现出来，文学虚构的对象离不开虚构它的大脑，也离不开记载它的书籍。宇宙黑洞虽然我们不能具体确知它的具态及表现，但它的客观实在性是不能否认的。即使主体把自身作为客体来认识，也必须首先确认自己的客观实在性。总之，认识的客体是不依赖主体的主观意志为转移的客观存在，是客观物质世界的一部分。

第二，主体相关性。认识的客体不是指一切客观事物，而是指与主体发生关系并成为改造和认识对象的那些客观事物。客观世界是一个无限的世界，人类跟这个无限世界的关系是一个从可触之、半可触之到不可触之的关系，人类主体在这样的关系中，只能做到对有限的并与人类相关的事物进行改造和认识，因此，跟主体相关的客观事物才能叫做客体。

第三，社会历史性。即认识的客体是随着人类社会实践活动范围、水平和程度的变化而变化的，人的认识活动服务于人的实践活动的需要，因此，认识的客体不可能游离于社会历史之外，它必须也必然是适应社会历史的变化而变化的暂时性的对象性存在。

需要指出的是，主观唯心主义把认识客体说成是主观意识或感觉，认为认识就是认识人的主观意识或感觉；客观唯心主义把认识客体说成是客观精神，说认识就是对客观精神的认识。它们的共同点是把认识客体仅仅局限于精神、意识的范围，这种做法的目的就是否认自然和社会的客体性。马克思主义认识论确定认识的主体和客体，必须批判这种唯心主义的主体客体观。

学生：老师，既然有主体又有客体，那么，它们彼此之间是什么关系呢？

教师：在探讨和言说主体与客体的关系之前，我们想想爱尔维修的尴尬：究竟是环境决定人，还是人的观念决定环境？这是爱尔维修1758年在《论精神》一书中遇到的尴尬，也是他面临主体和客体相互关系时的困惑。这个困惑直到87年后，马克思做出了解答，在《关于费尔巴哈的提纲》的第三条中马克思做出了回应，他认为既不能说环境决定人，也不能说人决定环境，环境的改变和人的改变都是由实践决定的，这就超越并解决了爱尔维修的尴尬和困惑。

马克思在这里强调的是，无论主体还是客体都不是自然形成的，即人不是与生俱来就成为自然界的主体，更不是与生俱来就是自发的社会的主体（或主人）。人的主体地位及与主体相应的客体及其地位的确立，都是在人认识自然和社会、改造自然和社会的过程中形成和发展的。人与自然和人与社会关系上的主体与客体的确立，是人类历史步入现代社会的标志。但是，这种主客体的确立及其相互关系的形成，并不是永恒不变的。

从学理上讲，主体与客体之间是对立统一的关系：

首先，从各自的本质规定上看，主体与客体是相互区别、相互对立的关系。这种相互区别和彼此对立不仅在于它们各自具有不同的内涵和特征，而且还在于它们归根结底是一种改造和被改造、认识和被认识的关系，是作为人的认识和改造活动的两极而存在的。

其次，主体与客体又是统一的。这种统一表现在主体与客体既是相互依赖、相互制约的，又是相互转化的。

第一，主体和客体是相互依赖、相互制约的。二者依据实践而确立，相伴相生，相互依存，没有主体就没有客体，同样，没有客体就没有主体。它们彼此相互确定、相互规定，互为存在的前提。主要表现在主体改造客体和客体制约主体的相互关系之中。

第二，主体和客体是相互转化的。包括两个方面：（1）主体向客体的转化，即主体客体化。比如观念、意志、目标等变成现实，对象化为客体的东西；把主体作为研究对象或改造对象，如自我认识、自我评价、自我约束、自我改造等。（2）客体向主体的转化，即客体主体化。客体在主体的实践中被改造成主体的一部分，成为主体自身生命结构和本质力量的构成要素。消费资料的消费，是指作为客体材料对主体生命活动的肯定和维护，客体转化为主体的东西；主体受制于客体的规程，使主体按照客体的属性和律则活动，也是一种客体主体化的表现；主体创造的精神客体对人们情感和认知空间的深刻影响，使主体产生按照精神客体的方式运行的惯式，这也是一种客体主体化的转化过程。

主体与客体之间的关系，其实可以简化为实践关系、认识关系、价值关系：

（1）实践关系，即主体与客体之间的改造与被改造的关系。一方面，主体通过实践活动对客体进行改造，使主体实践目的得以客观化实现出来，在客体中打上主体意志的烙印；另一方面，主体在改造客体的过程中，其自身也得到了改造，不断形成新的观念、新的能力。在主体改造客体的实践过程中，人创造环境，同样环境也创造人。

（2）认识关系，即主体和客体之间的认识和被认识的关系。主体反映客体只有通过主体改造客体的实践活动才能实现。

（3）价值关系，因主体的需要与客体能够满足需要的属性而发生的关系。

学生：老师，既然人类认识活动是一个在区分主体、客体的前提条件下的主体改造客体、客体又反作用主体的过程，那么，怎样从整体上看人类面对和把握现实的认识论方式的基本内容呢？

教师：这个问题其实是马克思主义认识论基本内容的简化表达。换言之，人类面对和把握现实的认识论方式，就是要确定实践对于认识的决定作用，强调实践的观点是马克思主义认识论首要的和基本的观点；突出认识是在实践基础上主体对客体的能动反映这一本质观点，以便与唯心主义先验论和旧唯物主义消极直观的反映论区别开来；全面考察认识活动的诸环节、复杂过程及其规律；把握认识的真理性及其界定标准；整体上阐述清楚认识活动的价值，等等，把马克思主义认识论的核心旨趣转化为具体的思想路线和行动的指南。

（二）认识的本质

教师：我们已经了解认识的主体、客体及其相互关系，认知到人类面对和把握现实的认识论方式的基本内容，现在我们来讨论认识的本质问题。

我们知道，人的立场不同，利益格局不同，思想水平不同，对同样的问题或认知对象往往具有不同的看法和观点，有时候甚至针锋相对，并派生出认知阵营、利益派系和话语割据的分裂局面。在对待认识的本质问题上，亦如此。

学生：老师，我看到一个书上说到后现代主义的利奥塔的观点，他认为，知识的获得不再是通过以往的途径，而是通过悖论推理。通过悖论推理获得的“当前的知识与科学所追求的已不再是共识，精确地说是追求‘不确定性’”。利奥塔解释说，所谓不确定性，正是悖论的实际应用和施行的结果，它一定包括挣扎冲突、半英雄式的竞赛斗争，并且“在悖论逻辑中，重点并非在达成一致的意见，而是要从内部破坏先前‘标准科学’已建立好的基础架构”。换句话说，利奥塔认为，在后现代社会中，各种话语、知识之间不存在可通约的标准，“我们没有必要建立稳固的语言结合体，即便我们建立了语言的结合体，它们的特征也不一定是可以沟通的”。所以，“知识不再以知识本身为最高目的；知识失去了它的‘传统的价值’”，原有的关于规律、本质、本源的带有本体论性质的知识即“元知识”，以及“那种凭借心智训练或个人训练来获得知识的旧式教育，已经时过境迁，而且日渐衰竭”。怎样看待利奥塔的这个说法？

教师：你看书比较前端，利奥塔的确代表了后现代主义的一脉，他关于知识或认识活动的目的的观点显示出他对传统认识论的一个挑战，也显示出他在认识的实质和目的上选边站，在确定性与不确定性的两极之间，他否弃了认识追求确定性的使命，把认识和知识活动看做是谋求不确定性的过程，并认为知识之间不可通约。利奥塔这样的看法，实质是否认人类认识活动有共同的实质，否认知识可传递，并取消了认识和知识的普遍价值。利奥塔代表的是一种后现代主义的认识本质观，是一种封闭性的自说自话，以这样的认识论指导人的认识活动，是不利于促进人类认识进步的。

学生：老师在前面讲到，人的立场不同，思想水平和利益背景不同，必然有观点分歧和观点对立，那么这种情况体现在对认识的本质的看法上，是不是也存在各执己见的现象呢？

教师：是的，不同的哲学阵营对认识的本质问题有不同看法，这些林林总总的看法大体上可以归结为：唯心主义先验论的认识本质观，唯物主义反映论的认识本质观，可知论和不可知论的认识本质观，等等。

学生：什么叫做唯心主义先验论，它有哪些表现形式呢？什么叫做唯物主义反映论，哲学史上有哪些表现形式呢？

教师：我们知道，列宁根据19世纪末和20世纪初物理学领域的重大发现引起的自然科学家的迷茫和哲学世界观的混乱，重新定义了唯物主义的物质观，紧接着，列宁概括出认识论上两条对立的认识路线，其一是从感觉和思想到物的认识路线，其二是从物到感觉和思想的认识路线，前者是一切唯心主义遵循的认识路线，走这条路线的哲学认识论都叫做唯心主义先验论；后者是一切唯物主义遵循的认识路线，走这条路线的哲学认识论都叫做唯物主义反映论。

（1）所谓唯心主义先验论，是指在基本哲学立场上坚持意识第一性物质第二性的原则，坚持走从感觉和思想到物的唯心主义路线，把认识看做是先于物质、先于实践经验的东西，否认认识是人脑对客观世界的反映的认识论。它有两种表现形式：

①主观唯心主义：认为人的认识是主观自生的，是“内心反省”的结果，是心灵的自由创造物。

孔子：对于知识从何而来的问题，他给了两个明确的答案：“生而知之”和“学而知之”。他说：“生而知之者上也，学而知之者次也，困而学之，又其次也，困而不学，民斯为下矣。”“生而知之”是说有一种人，他们的知识是生而具有的，这是上等人。

孟子：“良知”“良能”说。在他看来，善是人的本性，这种本性是天赋的，这种天赋的本性叫“良知”“良能”。他说：“人之所不学而能者，其良能也；所不虑而知者，其良知也。孩提之童，无不知爱其亲者；及其长也，无不知敬其兄也。”孟子讲的“良知”“良能”是一种道德知识，他把是非善恶的道德知识说成是先天的，可以看出他认为知识来源于人自身，来源于人的精神。在此基础上，他提出了一条尽心、知性、知天的认识路线。他说：“尽其心者，知其性也知其性，则知天矣。”由于他认为人的思维能力是与生俱来的，人的善端是人的内心所固有的，所以，人对自己的本性进行自我认识就可以知道天命，认识外部客观世界。他的求知路线，不是向外部世界寻求知识，而是向内心去求知识。

笛卡儿：天赋观念论。他认为知识都是由观念构成的，这些观念共分三类：第一类通过感官从外界得来的，带着个别性和偶然性，而且常常会欺骗人们，因此单凭感性经验不能形成无可怀疑的科学知识。第二类是人们由理性直观得到的，如数学的、形而上学的公理一看就知道，无可怀疑，这类观念是一切科学的基础。第三类是人们凭空虚构的，如飞马、金山之类，没有客观有效性，当然不能成为科学。他认为第二类观念是理性自身固有的天赋观念，只有人类先天就具有的天赋观念才是知识的源泉。

②客观唯心主义：认为人的认识是“理念”或“绝对精神”，或上帝、神等客观精神力量赋予的。

柏拉图：“回忆说”。他认为世界万物都对应着各自的理念，在万物产生之前理念已经存在了。人出生前灵魂在理念世界里就有了关于理念的知识，出生后灵魂由于受到肉体的干扰和污染，暂时忘掉了那些知识，因此必须通过学习，通过对一些具体事物的认识，才能把忘掉的知识重新回忆起来。学习的过程就是回忆的过程。

黑格尔：“绝对观念”。他认为整个世界的发展就是绝对观念的自我运动。

（2）所谓唯物主义反映论，是指在基本哲学立场上坚持物质第一性意识第二性的原则，坚持走从物质到感觉和思想的唯物主义路线，把人的感觉、观念和意识看做是对客观对象的反映的认识论。包括马克思主义以前的旧唯物主义反映论和马克思主义的辩证唯物主义反映论两大类型。下面我们首先通过简要列举古代唯物主义认识论说明反映论的具体表现，稍后再具体谈谈辩证唯物主义反映论。

墨子：认识知识都是后天的，来源于人的感觉，还提出了检验认识是否正确的"三表法"："上本之于古者圣王之事"，"下原察百姓耳目之实"，"观其中国家百姓人民之利"。简言之，一是以古人的历史经验为准则；二是以群众的直接经验为依据；三是以产生的实际社会效果为准绳。"三表法"以间接经验、直接经验和实际效果来检验认识的真伪，是唯物主义经验论的进一步贯彻和发挥。

恩培多克勒："流射说"。认为所有的生成物中都有流射物的存在，当这些流射物通过适当的感觉通道进入人体时，就会形成感觉，进而形成认识。

德谟克利特："影像说"。认为事物都是由原子微粒构成的。外界事物总会发出一种极细微的原子流，在作为媒介的空气上面打下印记。当空气触及人的感觉器官，空气上的印记就打到了人的感觉器官上面，造成了事物的影像。感性认识是由比较粗糙的原子在感官中留下的影像，理性认识是比较精细的原子在心灵中造成的影像。

亚里士多德："蜡块说"。感觉接受的是事物的形式而不是质料，正如蜡块一样，当刻有图纹的金属作用于它的时候，它接受的是印纹而不是金属本身，灵魂有认识的能力，但本身不会产生认识，感觉和思维都是在外部对象作用下发生的。

学生：什么是马克思主义的辩证唯物主义反映论？作为一种反映论，它与旧唯物主义反映论有什么不同吗？

教师：马克思主义的辩证唯物主义反映论是积极的、能动的和革命的反映论，它强调实践是认识的基础，人类认识是在实践基础上主体对客体的能动反映。这种认识论之所以叫做积极的、能动的、革命的反映论，是因为它看到了旧唯物主义反映论把认识看做是简单的照镜子似的反映，为克服旧唯物主义反映论不知道实践的基础作用，不懂得认识过程是包含矛盾的辩证发展过程的局限，引入实践的观点，引入辩证法的观点，从而更加准确地把握到了人类认识活动的本质。

辩证唯物主义反映论强调人类认识活动的实质是在实践基础上主体对客体的能动反映，这种反映首先是有意识有目的的积极能动的反映，是意识性、目的性和能动性主导的认识活动，避免了认识过程的消极性、盲目性和被动性。其次，这种反映又是创造性反映，它能根据客观事物的发展规律，推塑过去，把握当下，预测未来，能够从现象进到本质，能够从局部把握整体，从偶然性把握趋势，从暂时性把握持续性。第三，这种反映又是全面的反映。

（三）认识的复杂性、过程性和规律性

上一节我们通过了解不同哲学阵营在认识立场、认识路线、认识原则上的不同，考察了马克思主义的辩证唯物主义认识论的总体特征和关于认识本质的科学界定，为我们进一步考察实践基础上的认识活动的结构、过程和规律提供了前提条件和科学依据。本节将具体分析认识活动的诸环节、过程及其规律。

学生：老师，你说的认识活动的诸环节指的是什么？是不是高中哲学常识中讲到的感性认识和理性认识呢？

教师：是的，高中阶段所讲到的感性认识和理性认识已经对认识的主要环节做出了概要性的解释，但这不是关于认识环节的系统全面的探讨，实际的认识活动涉及的要素和呈现的结构要复杂得多。即便是你知晓什么叫做感性认识和什么叫做理性认识，也不能表明你对认识的具体结构、认识结构成分之间的关系、认识结构与不同文化语言表达之间的关系有很清晰的认知。而诸如此类的问题，我们可以称为认识的复杂性问题。当然，认识的复杂性不单单存在于认识的构成要素、认识的构成要素之间的关系和认识与文化语言的呈现之中，认识的复杂性也与主体的复杂性、社会进化历程中观念系统和工具系统的复杂性相关联，表现为认识发展过程的复杂性以及认识规律展陈的复杂性等多个方面。

学生：老师，感性认识和理性认识这两个环节，不论是高中还是大学都讲得很清楚了，难道还有什么更复杂的环节没有在教材中讲到吗？

教师：是的，我们的教材既讲清楚了什么是感性认识和什么是理性认识，也讲清楚了二者之间的复杂交织关系，正是通过对感性认识何以是理性认识的基础，理性认识何以是感性认识的深化等问题的厘定，我们才能清晰地把握到感性认识是如何渗透着理性认识，理性认识又是如何渗透着感性认识等复杂关系。这种复杂关系说明，感性认识的感觉、知觉和表象诸环节始终受到感知主体的内在观念、思维方式、价值图景的影响，表现为对感知活动的主导、对感知过程和感知方向的引领、对感知活动多维要素的协调和凝聚、对感知结果的预判，感知活动中的这种内在理念、思维方式、价值图景，其实是作为理性的东西，或者就是一种逐渐累积起来的理性认识对感性认识的渗透，并主导着人的感知活动。不同主体的感知活动和感知结果之所以不一样，

就在于不同主体所禀有的内在观念、思维方式、价值旨趣的不同，导致其在感知的深浅、感知水平、感知可靠性等方面出现界限分明的特点，甚至是决然对立的感知结果。

认识的复杂性不仅仅表现在认识过程的诸要素之间的关系上，也表现在认识构成要素的每个环节上。仅仅拿感觉来说，我们断定任何感觉都是三位一体的，这就是在言说感觉的复杂性，即任何感觉都是三个因素构成的，这就是感觉者、感觉过程、感觉对象三者之间的复杂综合体，没有与感觉对象之间的关联或没有感觉过程，而仅有感觉者，是必然不会产生感觉的，所以，任何感觉都是这三个因素的复杂联结。但即便是我们认识到感觉的这种复杂性，也不等于把握到了感觉复杂性的全部，事实上，感觉除了三位一体的复杂性之外，还有五位一体的复杂性，感觉发生学的复杂性，动力学和功能学的复杂性，等等。

学生：老师，您这样分析太深刻，也太有启发。感觉问题可以这样剖析它的复杂性，那么，作为理性认识的概念是不是也可以做这种复杂性的分析呢？

教师：是的，不仅理性认识本身包含概念、判断和推理三个环节，三者的交织构成了理性认识的复杂整体，而且，作为理性认识之构成要素的每个环节，也是具有复杂性的综合体。以概念为例，概念本身有主观形式、客观内容和对象物的表征性关联三个方面的统一。此外，概念还有确定性、流动性和功能役使性三个方面的统一；概念代表判断的浓缩，是推理的核心元素，也是一个思想体系的关键节点；概念是符号链的关联因素，也是信息指令的核心标量，还是观念体系的伸缩之处所。这样分析概念的复杂性，绝不是对概念进行所指意义的无限延伸，而是具体全面把握概念复杂性的基本要求。

学生：老师，您这样的分析似乎要把我们带到思辨的国度。我们想知道概念与语词之间是什么关系，有哪些复杂性？

教师：刚才的分析绝不是思辨，而是把辩证法的全面性、具体性和过程性运用于分析概念罢了。至于说到概念与语词，这也是概念复杂性问题上的重要内容，我们通过一个例子来分析。

有人说："哲学家是概念王国的主人，主要靠对概念的玄思生活；语言学家则是语词世界的维护者和规范者，靠对语词的考究为生。"这段话表面看是哲学家与语言学家职业的区别，但其中暗含着一个重要的问题，那就是概念与语言的关系问题，那么，概念与语言到底是什么关系呢？

对于这样的问题，我们同学猛一看，可能一下子会无言以对，但仔细分析，还是可以阐述清楚概念与语言的复杂关系的。至少，作出如下要点的说明，是可以帮助我们合理理解概念与语言的基本关系的。

（1）概念与语言是相互依存的：概念是语词的思想内容，语词是概念的语言形式，二者密切不可分。

（2）概念与语言又是相互区别的：①概念与语词并非一一对应。只有实词（名、动、形等）表达概念，虚词（介词、助词）一般不表达概念，而“或”“而且”“如果……那么……”是表达概念的。②同一概念可用不同的语词表达，同一语词也可表达不同的概念。③概念是全人类性的，语词则是民族性的。如汉语中的“我”，英语中的“I”，德语中的“ich”等。

经过这样的厘定，我们对概念与语言关系的复杂性，无疑就有了清晰的思路。

学生：这样说来，不仅认识诸环节之间有复杂的关系，而且认识活动的每个环节也是复杂的。那么，当我们这样认知认识的复杂性的时候，是不是先前的哲学家忽视了这些方面，而没有达到马克思主义认识论的高度呢？

教师：这个问题可以从两方面看，一方面，古代的或先前的哲学家对这个问题有所涉及，有的甚至表述很深奥；另一方面，先前的哲学家毕竟属于旧哲学的范畴，时代局限性和认知局限性使得他们并不能对感性认识和理性认识达到深刻的和规范的探究，更谈不上进到现代认识论的高度，因而不可能与马克思主义认识同日而语。

学生：能不能请老师举几个例子说明古代哲学家对感性认识和理性认识之间的复杂关系的阐释呢？

教师：客观地说，古代哲学家和近代哲学家都有对这个问题的一些粗略和具体的言说。比如，在先秦，墨家已经提出“知”“虑”之分。这是中国哲学史上较早的对人的认识过程所作的相似于感性认识和理性认识的划分。

什么叫做“知”？墨家说：“知，接也。”（《墨子·经上》）认识就是与外界事物相接触。怎么接触？他们说：“惟以五路知。”（《墨子·经说下》）即一切认识必须通过耳、目、鼻、舌、身五种感官才能获得。即使有些知识不是由当前感官的感觉得到，那也是经验积累的结果。《经下》云：“知而不以五路，说在久。”就是这个意思。

什么叫做“虑”？墨家认为，仅仅有感性认识是不够的，人们在感性认识的基础上，还必须“循所闻而得其意”，即把感性认识上升到理性认识。这后一种认识是要依靠心的思虑作用才能获得的，所以他们又说：“虑，求也。”（《墨子·经上》）墨家有时还把这种认识叫做“（智）”。他们说：“（智），明也。”（《墨子·经上》）“（智）

也者，以其知论物，而其知之也著。”（《墨子·经说上》）用人的知识去综论万物，这种“（智）”的认识，无疑当是理性认识。墨家对感性认识和理性认识的论述虽然还比较简单，但其基本思路是非常明晰的。

再比如，荀子把一个完整的认识过程分为“天官薄类”和“心有征知”两个阶段，是一种更明确的关于感性认识和理性认识的划分。

关于天官薄类：“天官”指的是人的感觉器官，“薄”就是接触，“类”指物类。荀子认为，人的认识活动首先从感官接触外物开始。人通过五官感知事物的形状、颜色、声音、味道、冷热轻重，人的五官各有其功能，不能相互代替，在平衡人与周遭事物的关系中发挥着重大的作用。荀子关于“缘天官”的感性活动，突出了接触客观事物和积累经验的重要性。

关于心有征知：荀子指“心”对由天官薄类所积累经验的加工提升和主导作用。在他看来，“缘天官”得来的感觉印象只是初步的认识，还必须把它进一步提高到“征知”的阶段。荀子把思维器官称作“心”，或称作“天君”。他认为“心”有“征知”即验证知识的作用。他说：“心者，形之君也，而神明之主也。”（《荀子·解蔽》）“心”的“征知”作用表现在以下几个方面：

第一，“天君”执掌思维活动，对于执掌感觉活动的“天官”有主宰支配作用。第二，“心”的“征知”能够对复杂条件下人所产生的错觉起匡正作用。第三，“心”的“征知”对于认识上的各种片面性有“兼陈万物而中悬衡”的补偏救弊作用，从而能够全面地辩证地观察、处理事物。第四，理性思维还具有由此及彼、由表及里、由近及远、由已知到未知的逻辑推理作用。

非常宝贵的是，荀子没有把“天官薄类”和“心有征知”两个认识阶段孤立看待，而是辩证地联系起来加以考察。“天官薄类”是“心有征知”的基础，“心有征知”是“天官薄类”的延伸。这就既唯物而又辩证地说明了认识过程中两个阶段的区别和联系，在古代哲学中当属重要的理论贡献。

学生：近代康德提出认识论转向，在哲学史上实现了认识论问题的主体向度的研究，那么，能否说在康德那里可以不讲感性认识和理性认识的复杂关系？

教师：需要说明的是，近代哲学主体转向是从笛卡儿开始的，他的“我思故我在”是主体之思的标志，而康德哲学则通过纯粹理性批判，试图把认识论的问题关注引向主体认知和主体能力上来。作为一个不彻底的不可知论者，虽然康德认为“自在之物”的本质不可知，但他承认自在之物投射出影像，作用于人的感觉器官，人们是能够认知到这些影像的。在感性认识和理性认识的关系上，康德承认二者之间有着复杂的依赖关系，他说：“直观无概念乃盲，概念无直观乃空”，实质上是强调作为感性认识的直观离不开作为理性认识的概念指导，没有概念的指导和规范，直观是盲目的，人的感性认知是没有方向的；但同时，概念要以直观为基础，即以感性认知作为它的具体支撑，否则，概念就是空洞的，没有感性基础，任何概念就成了无源之水无本之木的东西。可以说，以康德等为代表的近代哲学家，不管哲学立场如何，在认识论上都会注意到感性认识和理性认识的关系，只是在最终倾向上，有的倾向于经验论立场，包括唯心主义和唯物主义在内，强调感觉经验（唯心主义主张与物无关的主观感觉或内心活动是至上的，唯物主义主张对外界事物的感觉经验是至上的）高于理性，这一种倾向主要以英国哲学为代表；有的倾向于唯理论，贬低感性认识，强调理性认识的至上地位，这一种倾向主要以欧洲大陆哲学为代表。

学生：老师讲的这些，的确证明了人类认识的复杂性。那么，既然认识活动是复杂的，那么可以断言，人类认识一定是一个需要反复进行的艰辛过程，怎样看待人类认识的过程性呢？

教师：感性认识是认识的初级阶段，获得感性认识不能证明达到了对事物整体和事物本质的认识，人的认识还必须进一步上升到理性认识。这里，人类对事物的感性认识本身就是一个在实践的基础上深入实际调查研究的过程，获取和占有大量的符合实际的感性材料不是一蹴而就的。从感性认识上升到理性认识，是认识活动的基本阶段，也是人的认识活动的基础过程。经历这个过程，仅仅是认识活动的第一次飞跃，这一飞跃显示认识活动的上升过程，即从直接的、具体的、生动的东西的认识上升到间接的、抽象的东西的认识，这种认识是否达到了事物整体、事物内在本质或事物规律，却不是仅靠这个上升过程的完成就能判定的，上升性的认识或由感性认识提炼总结出来的理性认识是不能自己判定或自己声称它就是代表着事物本质和规律的正确的整体性认识。它是否正确，必须由实践主体把它拿回到实践中去作出检验才能判定。并且认识的目的不在于认识本身，而在于认识对实践的指导，这就意味着从感性认识获得的理性认识必须重回实践，这个重新回到实践（理性认识到感性认识）的过程，我们把它叫做认识活动中的第二次飞跃。人类认识就是这样不断地从实践到认识（感性认识到理性认识）、从认识到实践的无限循环往复，显现为认识活动的过程性。强调过程性，其实是还原认识本身的辩证特性，反对把认识看成一次性完成的形而上学观点，反对把已有的观点凝固化和教条化的倾向，反对认识问题上的一劳永逸和墨守成规，不断推动认识发展，为人类实践服务。

学生：认识作为过程存在，原因是什么呢？

教师：认识是一种过程，具有过程性特征，其原因主要有：第一，人类实践是一个永无止境的改造世界和探索世界的活动，不仅具体的实践作为过程存在，而且人类整体实践也是作为过程而存在，为谋取物质生活资料的过程始终是不能停止的，这就决定了人类认识也必然作为过程性的现象存在。第二，由认识自身的环节的展开和认识目标的实现看，人的认识也必须呈现为反复的过程。尤其是由单一的具体的认识目标到系统的综合性的认识目标转化，都不是一蹴而就的，必然要经历一个长期的过程。第三，认识与特定时代人的认知水平和认知能力、与历史境遇中文化的开放状态和社会进步程度等的相互影响关系，制约着认识的状态、水平和效率，使得认识活动不可避免地呈现为过程性。第四，事物分为现象和本质、有限和无限、可触之和不可触之的分别，这使得人类对本质、对无限、对不可触之之物的探究，是一个前赴后继的艰辛过程。第五，直接经验和间接经验的双重把握，使得认识活动呈现出复杂性和长期性。

学生：认识是复杂的，又是一个过程性的现象，怎样在复杂的认识过程中把握其规律呢？

教师：大家从总体上要确立这样几个观念：其一，实践是认识论的首要的和基本的观点；其二，认识是在实践基础上进行的从低级到高级的发展过程；其三，认识的目的在于获得真理，而真理是要用于指导实践为实践服务的；其四，认识论是一种协调主体和客体相互关系的叙事方式，也是实践方式和价值方式的中介系统；其五，认识是对实践能力的再现和确认，也是人们通过实践进入世界的展现和确认历程。

通过以上几个方面的观念的确立，就可以深入地认知和把握认识的规律性：一是实践优先的规律；二是认识辩证发展的规律；三是认识的受制约规律；四是主体能动性的规律；五是认识的效率和价值的规律；六是认识与实践共同推动真理确立和推动真理发展的规律；六是认识推动社会观念进步的规律。这些说法，遵循教材的基本表达，也适当进行了教材内容的深度拓展，有利于我们更好地理解教材上的基本原理。

（四）实践是检验真理的唯一标准

学生：老师，我有一个经常遇到的问题：当别人对我说出对特定事物的本质或规律的看法时，我怎么检验他说的是真理还是谬误？

教师：我们首先要明白，检验我们的认识是否为真，就是检验我们的主观认识与客观实际是否相符以及符合的程度，符合的就是真理，反之则是谬误，符合的程度越高，其真理性越高，反之则错得越远。人们通常运用经验、逻辑、真理等几种标准来检验认识。首先就是经验。比如，天气预报说今天此时此地有雷雨，可是我的眼睛告诉自己，我又被忽悠了一回，又悄悄地减掉一份天气预报的信用额度。

学生：这就是人们通常所说的眼见为实吧。可是，世界上的确此时此刻有地方正雷声阵阵大雨倾盆啊，那天气预报说错了吗？

教师：这句话乍一看没什么毛病，我无法用经验来证伪它，但是与刚才的话相比转换了逻辑条件。刚才说的天气很显然有一个限定的条件，那就是此时此地，而你却将地点从此地转换成世界，就是我们通常说的偷换概念，在逻辑上出现了不一致，违反了同一律，那就不是真理。像这样，我们可以通过逻辑证明来判断某种观点是否自圆其说。所谓逻辑证明，就是指运用已知的正确概念和判断，通过一定的推理，从理论上确定另一个判断的正确性的逻辑方法。但是，我们需要注意，逻辑证明判断的是话语前提与结论的关系是否符合逻辑条件，而不是判断结论是否符合客观实际。

学生：明白了，逻辑证明是从旁佐证观点是否正确，而不能真正验证认识是否为真。有人说，真理可以作为检验认识是否为真的标准，也就是用已经被实践证明了的真理、理论、学说来检验当下的认识是否正确。比如用马克思的剩余价值理论来判断关于今天工人工资的观点。我看有的学术论文就是这样来证明自己的观点的。那真理可以用来证明其他观点是否正确吗？

教师：真理虽然已经被实践证明为真，但是我们曾经明确过一个观点，真理具有相对性，即在特定的条件下这种认识符合特定的客观实际。同时我们还知道，事物是变化发展的，经过一定的量变，其本质会发生变化，与此相应，过去被证明为真的真理今天还是真理吗？这已经被存疑了，因此，不应该被用来证明其他的认识。

学生：那么与此相应，权威也不应该作为标准来检验其他认识。那么检验真理的正确标准到底是什么呢？

教师：真理的本性在于主观与客观相符合。检验主观与客观是否相符，就需要在主观意识与客观事物之间架起桥梁，在主体与客体之间的相互作用过程中来比照或对照它们是否相符。我们前面讲的几种都不能满足这个条件，只有实践才能满足主体、客体及其相互作用这三个要件。

教师：也就是说，要判断人的思维是否具有真理性，必须通过实践来检验。这里的关键是如何理解实践。我们知道，实践是人类能动地改造世界的社会性物质活动。它有三个基本层次，第一层次是作为感官经验的实践，就像毛主席说的："要知道梨子的滋味，你就得亲口尝一尝。"这就是人们通常所说的眼见为实，最直接最快捷地将认识付诸实践来辨别真假。

学生：可是老师，我听说有一种观察渗透理论，不同的知识背景、观察视角和目的，对于同一种观察对象会产生不同的结果，那么，用感官经验来检验认识是否也会产生不一样的结果，如此是否就无从检验了呢？

教师：你说得非常正确，早在1958年，科学哲学家汉森就提出了观察渗透理论，对纯粹客观的观察提出了质疑。感官实践对认识的检验只能被限定在暂时的狭小的确定范围之内，是非常有限的。所以，我们需要深入到更可靠的实践中。第二层次就是科学实验。即在特定环境中设定认识所涉及的相关要素，以获得与认识相符或不符的结果。很多科学理论是在实验室里经过多次验证而被确定为真理的。例如，伽利略通过斜塔实验证明了轻重不同的物体，从同一高度坠落，加速度一样，它们将同时着地，从而推翻了亚里士多德的错误论断。

学生：老师，对自然现象的认识，我们可以通过科学实验来检验，可是对于复杂的社会现象的认识还可以通过实验来检验吗？比如，我想知道我对男（女）朋友的认识该如何检验？

教师：自然科学的实验可以反复进行，而社会现象是不会重复出现的，不可能通过像自然科学那样重复实验来检验，而是通过人们的社会生产生活实践来检验。对于个人认识的真假，孔子有"听其言，观其行"的忠告，对你男（女）朋友的认识，需要在你们特定的交往实践中来检验双方是否合适，是万万不可用实验来检验的。对于社会而言，马克思曾说"人应该在实践中证明自己思维的真理性"。

学生：可是许多实践是非常复杂的、漫长的、多变的，以社会实践来检验认识的真理性会有自然科学那样可公度的确定标准吗？刚刚说到的斜塔实验，一劳永逸地证伪了亚里士多德的理论，所有人不得不服。可对社会现象的认识通过纷繁复杂的社会实践来检验，可以达到这样的效果吗？

教师：社会实践对认识的检验具有不确定性和确定性。所谓不确定性，是指认识和实践的主体和客体都是复杂的、多元的、多变的，认识和实践都受主客观条件的限制，因而，实践对认识的检验就是在特定条件下的检验，是相对的、历史的、有限的。是在总体上证实特定认识与它所反映的客观事物是否相符，而不能一劳永逸地确证。

但是，随着实践长期不断发展，人的认识终究会从各个方面各种程度上得到检验。

学生：我明白了，就像《论持久战》中对中日战争的认识一样，在 1938 年中国全面溃败的状况下，这本书揭示了中日战争的本质和规律，并指出了中国必胜的发展趋势，对这种认识的检验既不能通过感官经验，也不能通过科学实验来检验，只能通过长期的残酷的战争来验证其对错。而历史实践最终也的确证明了其中的观点就是真理。

教师：这里需要注意的是，与何谓真理这一问题相一致，实践对真理的检验，是检验主观意识与客观实际的符合关系，而不是检验客体满足主体需要的满足关系，这种检验是一个事实判断，而不是价值判断。因此，我们日常生活中的实用性就不能用来检验真理性认识。比如我们常见的临时抱佛脚，当有人生重病了，家人遍寻名医不能治好，于是听信隔壁王大婶说的神仙包治百病，就去求神拜佛。哎！突然病情有所好转，管用了，于是就笃定了神仙真的存在。只要有人提出质疑，他能跟你拼命。这是典型的实用论。

学生：是啊，其实我们知道，病情好转有很多种原因，比如先前医治的结果，病人心理的改变，环境的改变，等等，而不能由此就证明是神仙在帮忙。所以，在众多的检验标准中，我们应该牢牢坚持实践的标准，只有这样，我们才能真正地、彻底地、牢固地掌握真理。

（五）真理的魅力：客观与主观、绝对与相对的统一

教师：前面我们学习了认识及其规律。下面我们来讨论讨论认识的结果——真理和谬误。

学生：关于真理是什么，我们在宿舍曾讨论过。有的说，真理就是道理；有的说，圣贤权威的话总被别人引用，因此权威就是真理；有的说，科学揭示了事物的发展规律，因此科学就是真理；有的说，能自圆其说的理就是真理；有的说，不管是什么理，管用的就是真理；还有的说凡是对的认识都是真理。老师，我有点迷糊了，真理到底是什么呢？

教师：“真理”的确与“常识”“道理”“规律”“名言警句”等概念相关，但是我们需要将它们区别开来。常识是我们熟知的东西，但是熟知不等于真知；人无完人，圣贤也有犯错的时候，因此，权威不一定就是真理；管用的是指在实践中实现了其价值目标，是一个价值评价问题，不一定符合事物的本质和规律。在这里我们首先要明白，真理是关于世界是什么这一世界观问题的认识结果，事物的现象、本质和规律是

这一认识的对象。它与价值观人生观所针对的问题不同。

现在我出一个多项选择题，你看看哪些是真理。A. 存在就是被感知；B. 有人打你的右脸，连左脸也转过来由他打；C. 引力波会产生强大的力量；D. 武汉大学是中国最美的大学；E. 龙生龙凤生凤老鼠的儿子会打洞。请选择。

学生：BCD 吧。但不十分确定。

教师：错了。B 是圣经里非常著名的一句话，让人们不要以恶制恶，而要宽以待人。这是对人们行为的规范引导，即告诉人们应该怎么做，所以不属于世界观范畴。D 是一个关于审美的价值评价，表明的是武汉大学的校园风光和人文底蕴满足了人们审美的需要，这表达的是客体属性满足主体需要的满足关系，而不是真理所要求的符合关系。而 E 是一句传唱多年的俏皮谚语，揭示的是生物学上代代遗传的真理。所以，正确答案是 CE。

学生：也就是说，并不是所有的道理、权威或正确的认识都是真理。人生观价值观中的正确认识不属于真理范畴。

教师：非常正确。我们说，真理是标志主观与客观相符合的范畴，是在实践基础上主体思维对客观存在的事物及其规律的正确反映，这种反映表现为主观思维与客观存在的符合、一致或接近。它表示主体的思维观念与客体现象、本质与规律的符合关系。

学生：老师，既然真理是通过一些意识、思维、观念、理论等表现出来的，那么我是不是可以说，真理是主观的，不具有客观性。

教师：你只说对了一半。真理在形式上的确表现为主观思维的样式，然而，不能因此而否定其客观性。真理的客观性是指真理包含了不以人的意志为转移的客观内容。事物的现象、本质及其规律是不以我们的意志为转移的，容不得我们主观地扭曲或掩饰，这一客观属性决定了人们对它的正确反映具有客观性。

学生：那我明白了，就像刚才说的选项 E“龙生龙凤生凤老鼠的儿子会打洞”所揭示的，不管我愿不愿意，承不承认，我的颜值已经由我父母的基因决定了。关于这个问题的正确认识非常关键，看来这辈子只能靠才华吃饭了。

教师：那没问题。真理的魅力正在于它是主观与客观的完美统一。虽然真理的内容是客观的，不以个人意志为转移，但正是主体的意志在特定语境下克服万千困难，以特定的语言揭示了客观的本质和规律。所以，任何真理都被打上了主体深深的烙印。这种烙印一方面表现为个体特定的思维形式，比如说，特定的文字、图表、公式等，另一方面，它表现为特定类的主体普遍通用的意识形式，这些意识在不同个体之间交流而形成共识。比如爱因斯坦提出的引力波理论是1916年在《广义相对论》中用德文发表的，然后，很快被翻译成多种文字，引起广泛关注。经过近100年的怀疑猜测证明，2015年后，LIGO实验室、我们国家紫金山天文台等先后发现了引力波。正如电磁波的发现改变了人们的生产生活方式一样，引力波的发现很可能会掀起人类生活的新革命。正是引力波理论这样的真理与客体的趋近和统一，使得自在的客观世界变成了自觉的人类世界，为我们正确评价和正确实践奠定了基础。

学生：老师，既然真理是主观的，那必然会受到主体的认识水平、思想观念、社会制度等各种因素的影响，而每个人的想法往往都不一样，那我是否可以说真理是相对的多元的，没有统一标准的呢？

教师：不是的，在特定的语境下，真理的主观形式可以多元化，可以有多种表达方式，但其指涉的对象和内容是客观的，这一不以主观意志转移的客观性决定了其确定性、唯一性和绝对性。也就是说在特定语境下，对特定事物本质及其规律的正确认识只可能有一个。就拿引力波理论来说，可以用语言、文字、图像、公式或其他方式来表达，但是其内容是确定的、唯一的、绝对的，即加速下的大质量物体间的相互作用将会扭曲时间和空间，并产生从该源头发出的时空涟漪。

学生：真理的这种绝对性是不是可以理解为，在特定语境下，正如列宁所说，真理哪怕向前一小步，就成了谬误。

教师：正是如此。这种绝对性决定了真理内容的确定性和唯一性。除此之外，它还体现在随着我们认识能力的提高，我们与事物本质及其规律会越来越接近。

学生：如果符合客观事物的认识就是真理，那我们沿着事物的本性去获得真理岂不是一件很容易的事？

教师：其实不然。要知道，在纷繁复杂的现象和众说纷纭的意见中获得真理正如在沙石中淘金，是非常不容易的。人们在认识真理之前，往往凭着经验和各种意见来展开行动，真理与谬误相互交织，甚至被假相层层掩盖。被马克思赞为“英国唯物主义和整个现代实验科学真正始祖”的弗朗西斯·培根，是一位英国哲学家，他在其代表作《新工具》中提出了著名的“四假相说”。他指出，人们要获得真理，需要克服种族假相、洞穴假相、市场假相和剧场假相。要克服这种种假相，可见获得真理的不易。

学生：据说，爱因斯坦在其广义相对论中证明引力波的存在20年后，写了一篇否定引力波存在的论文想投在《物理评论》上发表，被评审专家指出了问题，建议修改后发表，但后来发现是在计算过程中出现了错误，才最终坚持了引力波理论的正确性。

教师：即使获得了真理性认识，在实践中要坚持和践行真理，就更加困难了。坚持真理就是依据事实，遵循规律，将真理付诸实践。著名科学家巴甫洛夫说，事实是科学家的空气。其实对于每个理性的人而言，又何尝不是如此。古代司马迁为李陵说了实话而被施以宫刑，而前几年的彭宇案主审法官，因为依据事实判决彭宇赔偿被他扶起来的老太太而背上骂名。正是因为不容易，所以获得真理和坚持真理才那么难能可贵。

学生：是啊，就像布鲁诺的故事，至今想起来仍然心生敬畏，必须为他点赞。他为了坚持在当时看来是异端邪说，而又最正确的真理——日心说，被宗教法庭逮捕并被判处死刑，行刑前，只要他说一句放弃日心说、坚持地心说，他就可以不被烧死，可是他拒绝了。那一句"在真理面前，我半步也不退让"响彻整个鲜花广场。

教师：其实，今天的小学生都知道日心说是错的，太阳只不过是宇宙无数恒星中的一颗。在布鲁诺的时代，太阳中心说只是对宇宙规律的一个小问题而言的，即在地球与太阳的关系问题上说明了地球围绕太阳旋转，是相对正确的认识。太阳中心说之所以在当时的条件下具有如此魅力，让布鲁诺为此献身，就因为它是绝对性与相对性的统一，其绝对性让布鲁诺坚信不疑，视死如归，其相对性让人们对宇宙的探索开启了新的未知领域。

（六）价值与实践和认识的胶着关系

教师：在把握认识的本质、过程、真理等基本问题之后，我们在认识论领域需要考虑一个核心问题，那就是价值问题，人类为什么要进行实践？人类展开认识活动追求真理是最终的目的吗？我们进行实践创新和理论创新的最基础动因是什么？诸如此类的问题，把我们带到了一个核心性的或统领性的问题上来，这就是价值问题。我们通过教材上相关原理的学习，已经对价值问题有所认知，尤其是价值本身的复杂性、价值与真理的关系的复杂性等问题，是我们学习马克思主义认识论需要着重搞清楚的问题。在我们把握到教材对价值的基本阐述之后，有必要对价值支撑人类实践和人类认识活动作出更具体的思考和诠释。

学生：原来价值与实践之间还有这么复杂的内在关联性，请您先谈一谈价值与实践的关系。

教师：要搞清楚价值与实践的关系，首先要弄明白价值为什么是人的生存实践活动的根本现象。

首先，关于价值本身的内涵问题，是要在把握了多元关系、多重活动和多个意义链的过程中才能言说清楚的问题。（1）主体与客体这一最基本的两极关系，是价值存在的前提和价值现象发生的基础，任何从单一元素言说价值，都不能界定清楚价值的基本含义。（2）主体的需求、愿望、目的性等主观性的精神要素是价值活动的发起者，客体的功能要素是价值活动的承载者，这两方面因素的交互作用使得价值成为了具有活力的不断变化的多向度活动过程。（3）价值是客体对主体的生存意义的建构和意义链的不断扩张。（4）价值是社会秩序和社会结构的支撑和维系，价值冲突意味着社会失序和社会结构的转型或解体。（5）价值作为目的性活动和意义链的扩张，对特定主体通常发挥着积极的肯定的作用，显现为正价值，但有时候对主体也会产生消极的否定性的作用，显现为负价值。

其次，在价值与实践的关系问题上，我们无疑要树立社会生活在本质上是实践的观点，也要树立实践是马克思主义认识论的首要的和基本的观点，在此基础上，我们再来厘定实践与价值的关系。一方面，实践决定着价值关系的形成，决定着价值活动的产生和价值活动的性质及水平，决定着价值对生存品质和社会秩序构建的效率层次。可以说，没有实践，就没有价值关系的生成和价值活动的发生。另一方面，价值关系、价值活动过程、价值的意义扩张，又会不断地印证和固化着实践的现实性及其对主体的内在肯定和维系，不断地规整着实践的方向和实践过程的有序化，不断地增强着自然的人化和人化的自然对实践的持续依赖关系的扩张。通过这两方面关系的提炼和认知，我们强调，不能离开实践谈论价值，也不能离开价值谈论实践。

最后，价值与实践的关系，既体现在个体生存始终的关系，也体现在人类社会历史过程中的多层次、多领域的普遍关系。从个体角度讲，任何个人的价值及其实现都必须通过参与社会化的实践才能显现和完成；个人的任何实践或社会活动，都显现为他的价值追求和生存意义的实现。从特定社会角度看，任何这一社会的分工和它的整体活动，都表现为这个社会获取能量和谋取存续的实践过程，从基本的物质生产到科学研究、政治活动和话语叙事等，无不都是社会实践的展开，这样的多领域和多层次实践，无时不是这个社会的目的追逐和需求实现的过程，即它们都显现为价值活动和价值构建。而社会的关系、社会秩序、社会结构等的形成或转型，作为社会的整体价值格局和价值关系的表现，又是时刻依赖于社会实践的，表现为实践的目的性展开和实践关系建构的扩张过程。

可以说，离开实践与价值的关系，孤立看待实践或孤立研究价值，都不能有效地接近事实真相，不利于我们深刻具体全面地把握实践和把握价值。

学生：老师的讲解使我们认识到实践和价值既是不同的，又是相互依赖的，无价值的实践和不依赖实践的价值都是片面的。那么，认识活动与价值又是什么关系呢？

教师：我们已经知道，人类实践是追求价值实现的实践，人类的价值是通过实践实现出来的意义活动，那么，在实践基础上的认识活动或认识过程本身也必然是一种与价值密切相关的活动，不与价值发生关联的认识活动是徒劳的，也是无意义的。问题在于，人的认识活动与价值活动是同一活动的两个方面吗？还是两种不同的活动？对这样的设问有何意义？

不可否认，人的任何认识活动都无疑是人的价值活动，人从感性认识上升到理性认识，又从理性认识回到实践检验理性认识的真理性，达到对对象本质、规律和运行趋势的把握，达到对客体结构、客体功能、客体存在境遇和客体关联性条件等的把握，达到对客体与主体互动的动力学、效能学、镜像学机制的把握，无不是价值分析、价值评判和价值选择的过程，无不是为价值实现服务的，认识活动秉承着价值的诉求和价值的旨趣，不承载价值目的的认识是无意义的；认识活动越是客观，越是有效，越能达到真理，在认识活动中的价值的主体目的契合性就越能鲜明地凸显出来，价值界定了认识活动客观性的主体相关性，促成了认识活动中真理追求的目的指向。

任何价值分析、评判和选择，若不是基于认识活动、认识的客观性和真理性，那么，价值活动就可能变成偏执性的或不符合实际的幻想性活动。所以，如果说价值分析、评判、选择是认识活动的目的性或主体相关性的维度，那么，认识活动所要求的客观、具体、全面和不断趋近真理的秉性，就成为了价值活动的前提条件和基础性的支撑。

人类不断地认识自然客体，是为获得物质能量的价值评价和价值选择服务的；人类探索社会现象，协调复杂关系，也是一个以客观性的认识活动为基础的价值评判、风险评估和价值选择过程。知识的力量和知识的价值是统一的，认识指向对象并不断地谋求客观和获取真理，在根本上胶着着价值旨趣、价值评判、价值认同和价值选择，价值在根本上支撑着认识过程。二者之间的这种统一关系，体现在我们对科学的认识和评判之中，体现在我们对社会经济、政治、文化的认识和评判之中，体现在我们对人类历史和人类文明的认识、反思和评判之中。一部人类认识史，也是一部人类价值活动记录史，是人类价值评判和价值选择史。

学生： 老师刚才提到正价值和负价值，什么是正价值，什么是负价值，能否举例说明？

教师： 总体上看，人类的一切活动都是价值活动，并具体通过实践和认识活动体现出来。那些在特定境遇中对主体发挥着维系功能，积极促成主体意义的实现，这样的价值一般叫做正价值。而那些具有毁坏功能，不能促成主体意义实现的价值，一般叫做负价值。征服自然的观念导致的对自然资源的滥用，是一种越来越显现为违背自然规律、破坏自然家园的负向价值活动，越来越被看成是一种负价值。事实上，20世纪70年代以来，人们已经十分鲜明地感知到重占有性的生存方式是一种违背人与自然和谐的负价值，必须重新进行价值评价，规避风险，重建重和谐生存的共享发展模式，以新的发展理念推动人类生存质量的提升，推动文明有序永续地进步。当代中国新的发展理念、发展模式和人类命运共同体等思想观念的提出，就是中国共产党评判和扬弃旧的价值思维，重建新的价值观念，必将作为新的价值观念引导我们在新时代构建人人憧憬的幸福社会。

三、解疑释惑

（一）如何理解“实践决定认识，同时认识对实践具有相对独立性”

辩证唯物主义认为，在实践和认识之间，实践是认识的基础，实践在认识活动中起着决定性的作用。其决定作用体现在：第一，实践是认识的来源。认识的内容是在实践活动的基础上产生和发展的。人们只有通过实践实际地改造和变革对象，才能准确把握对象的属性、本质和规律，形成正确的认识，并以这种认识指导人的实践活动。第二，实践是认识发展的动力。实践的需要推动认识的产生和发展，推动人类的科学发现和技术发明，推动人类的思想进步和理论创新。更为重要的是，实践改造了人的主观世界，锻炼和提高了人的认识能力。人们正是在实践的推动下，不断打破认识上的旧框，突破头脑中的旧思想，引起认识上的新飞跃，从而不断有所发现、有所前进。第三，实践是认识的目的。人们通过实践获得认识，不是为认识而认识，其最终目的是为实践服务，指导实践，以满足人们生活和生产的需要。第四，实践是检验认识真理性的唯一标准。真理不是自封的，认识是否具有真理性，既不能从认识本身得到证实，也不能从认识对象中得到回答，只有在实践中才能得到验证。

马克思主义认识论强调实践决定认识，但并不否认认识具有相对独立性。我们既要看到实践的决定作用，也要看到认识对实践的反作用。认识相对独立性的突出表现就是，认识能够反过来指导实践。从总体上看，有以下两种情况：一是正确的认识指导实践会使实践顺利进行，达到预期目的；二是错误的认识指导实践会对实践产生消极乃至破坏性的作用，使实践失败。

因此，就认识的基础和来源而言，马克思主义认识论强调实践对认识的决定作用；就认识的功能和作用而言，马克思主义认识论强调认识对实践具有反作用，强调要用正确的认识指导实践；就实践与认识的关系而言，则强调实践与认识的统一，强调二者的相互作用、相互促进。

（二）如何理解“真理既是绝对的又是相对的”

真理是一个过程。就真理的发展过程以及人们对它的认识和掌握程度来说，真理既具有绝对性，又具有相对性，它们是同一个真理的两种不同属性，这是真理问题上的辩证法。

第一，真理的绝对性是指真理主客观统一的确定性和发展的无限性。它有两个方面的含义：一是指任何真理都标志着主观与客观之间的符合，都包含着不依赖于人和人的意识的客观内容，都与谬误有原则上的界限，这一点是绝对的、无条件的。二是按其本性来说，真理能够正确认识无限发展着的物质世界，认识每前进一步，都是对无限发展着的物质世界的接近，这一点也是绝对的、无条件的。

第二，真理的相对性是指人们在一定条件下对客观事物及其本质和发展规律的正确认识总是有限度的、不完善的。它有两个方面的含义：一是从客观世界的整体来看，任何真理都只是对客观世界的某一阶段、某一部分的正确认识，人类已经达到的认识的广度总是有限度的，因而，认识有待扩展。二是就特定事物而言，任何真理都只是对客观对象一定方面、一定层次和一定程度的正确认识，认识反映事物的深度是有限度的，或者是近似性的。因而，认识有待深化。

第三，真理的绝对性和相对性是辩证统一的关系。一方面，二者相互依存、相互包含。真理的绝对性寓于真理的相对性之中，真理的相对性包含并表现着真理的绝对性。人们对于客观事物及其本质和规律的每一个正确认识，都是在一定范围内、一定程度上、一定条件下的认识，因而是相对的、有局限的；但在这一定范围内、一定程度上、一定条件下，它又是对客观对象的正确反映，永远不能被推翻，因而它又是无条件的、绝对的。另一方面，真理永远处在由相对向绝对的转化和发展中，是从真理的相对性走向绝对性、接近绝对性的过程。任何真理性的认识都是由真理的相对性向绝对性转化过程中的一个环节，这是真理发展的规律。如果割裂二者的辩证关系，就会走向形而上学的真理观，即绝对主义和相对主义。

马克思主义作为客观真理，正是绝对性和相对性的统一。它正确反映了人类社会的发展规律，因而具有绝对性。但马克思主义并没有穷尽对一切事物及其规律的认识，仍需要随着社会实践的发展而发展，因而又具有相对性。马克思主义真理的绝对性要求我们必须坚持以马克思主义为指导思想，马克思主义真理的相对性要求我们必须在实践中丰富和发展马克思主义。

（三）如何理解“凡是真理，对人类必定有价值”

真理对人类有价值，不但必然有，而且必然有最高正价值。真理是对客观事物及其规律的正确的本真的反映，它的价值用一个字概括就是“真”。其具有两重含义：一是对于人类活动总的过程的价值目的而言，真理具有最高的条件、手段和价值；二是对于每一具体过程，特别是科学认识而言，真理具有目的价值。相对的目的价值和绝对的条件价值的统一，是真理价值的辩证运动。

真理在一般意义上有人类价值和对于每一具体主体的具体价值，二者不能一概而论。真理并不是对于一切时代、一切个人的一切目的都有用，它只会给按照真理办事的人带来成功。真理的价值对于不同个别主体来说当然是不同的，正因如此，我们才说真理本身不是价值。真理有什么具体价值，是在真理本身所揭示的客观可能性范围内，由主体的选择所形成的。

对于真理的价值，我们要把具体的中立性和总体的正向性结合起来。真理、科学的价值是随着人类的进步发展，包括人本身的能力、人的社会关系和社会制度的性质的发展而不断变化、扩大和深化的。

归纳而言，真理作为人在实践——认识活动中把握客体、把握世界的客观形式，它的人类价值是充分肯定的。在总体上，真理的存在、地位和本性决定了它的价值，凡是真理必有价值；而在具体的历史的社会发展进程中，真理的价值是通过人的活动而具体地历史地实现和发展的。

四、理论前沿

（一）在实践发展中深化对共产党执政规律等的认识

在党的十九大报告中，习近平总书记指出，我们党“坚持辩证唯物主义和历史唯物主义，紧密结合新的时代条件和实践要求，以全新的视野深化对共产党执政规律、社会主义建设规律、人类社会发展规律的认识，进行艰辛理论探索，取得重大理论创新成果”。①

第一，深化了对共产党执政规律的认识。

习近平总书记指出：“党和人民事业发展到什么阶段，党的建设就要推进到什么阶段。这是加强党的建设必须把握的基本规律。”② 党的十八大以来，以习近平同志为核心的党中央以前所未有的勇气和定力推进全面从严治党，推动新时代全面从严治党取得了历史性、开创性成就。在深刻总结我们党执政 70 多年和改革开放 40 多年党的建设经验的基础上，从多个维度深化了对共产党执政规律的认识。

一是坚持党的领导最根本的是坚持党中央权威和集中统一领导。办好中国的事，关键在党；全面从严治党，核心是加强党的领导。习近平总书记指出：“维护党中央权威和集中统一领导，是我国革命、建设、改革的重要经验，是一个成熟的马克思主义执政党的重大建党原则。”③ 这一经验和原则本质上是共产党执政规律的反映。必须始终坚持关于党的领导“两个最”的重要论断，即“中国特色社会主义最本质的特征是中国共产党领导，中国特色社会主义制度的最大优势是中国共产党领导”。必须充分发挥党的领导核心作用，“党政军民学，东西南北中，党是领导一切的”。党是最高的政治力量，各个领域、各个方面都必须坚定自觉坚持党的领导。必须巩固党的领导核心地位的“四个意识”，要增强政治意识、大局意识、核心意识、看齐意识，切实做到对党忠诚、为党分忧、为党担责、为党尽责。

二是深刻把握党风廉政建设规律，持续推进反腐败斗争。习近平总书记指出：“我们党来自人民、植根人民、服务人民，一旦脱离群众，就会失去生命力。加强作风建

---

① 习近平．决胜全面建成小康社会 夺取新时代中国特色社会主义伟大胜利——在中国共产党第十九次全国代表大会上的报告［M］．北京：人民出版社，2017：18.

② 习近平在庆祝中国共产党成立 95 周年大会上的讲话［N］．人民日报，2016-07-02.

③ 习近平在中共中央政治局民主生活会上的讲话［N］．人民日报，2017-12-27.

设，必须紧紧围绕保持党同人民群众的血肉联系，增强群众观念和群众感情，不断厚植党执政的群众基础。”① 必须坚持以上率下，巩固拓展落实中央八项规定精神成果，继续整治“四风”问题，坚决反对特权思想和特权现象。“人民群众最痛恨腐败现象，腐败是我们党面临的最大威胁。只有以反腐败永远在路上的坚韧和执著，深化标本兼治，保证干部清正、政府清廉、政治清明，才能跳出历史周期率，确保党和国家长治久安。”② 必须坚持一体推进不敢腐、不能腐、不想腐。强化不敢腐的震慑，扎牢不能腐的笼子，增强不想腐的自觉，增强党自我净化、自我完善、自我革新、自我提高能力，使我们党更加坚强、更有力量。

三是坚定理想信念，始终坚持不忘初心、牢记使命。习近平总书记指出：“思想建设是党的基础性建设。革命理想高于天。共产主义远大理想和中国特色社会主义共同理想，是中国共产党人的精神支柱和政治灵魂，也是保持党的团结统一的思想基础。”③ 必须保持全党在理想追求上的政治定力，自觉做共产主义远大理想和中国特色社会主义共同理想的坚定信仰者、忠实实践者。我们党顺应历史发展潮流，回应人民期待，始终坚持不断为人民谋幸福，为民族谋复兴的初心和使命；始终坚持代表中华民族和最广大人民群众的利益；始终坚持以人民为中心的发展思想，把人们对美好生活的向往作为奋斗目标；始终坚持发展依靠人民、发展为了人民、发展成果由人民共享，走共同富裕和共享发展道路，不断保障和改善民生。致力于推进“两学一做”学习教育常态化制度化，在全党开展“不忘初心、牢记使命”主题教育，用党的创新理论武装头脑，推动全党更加自觉地为实现新时代党的历史使命不懈奋斗。

第二，深化了对社会主义建设规律的认识。

党的十八大以来，以习近平同志为总书记的党中央坚持科学社会主义基本原则与中国实际和时代特征相结合，不断推进实践创新、理论创新、制度创新，不断丰富中国特色社会主义的实践特色、理论特色、民族特色、时代特色，在回答“新时代坚持和发展什么样的中国特色社会主义、怎样坚持和发展中国特色社会主义”中不断深化对社会主义建设规律的认识。

---

① 习近平．决胜全面建成小康社会 夺取新时代中国特色社会主义伟大胜利——在中国共产党第十九次全国代表大会上的报告［M］．北京：人民出版社，2017：66.

② 习近平．决胜全面建成小康社会 夺取新时代中国特色社会主义伟大胜利——在中国共产党第十九次全国代表大会上的报告［M］．北京：人民出版社，2017：67.

③ 习近平．决胜全面建成小康社会 夺取新时代中国特色社会主义伟大胜利——在中国共产党第十九次全国代表大会上的报告［M］．北京：人民出版社，2017：63.

一是坚持以人民为中心的发展思想，深化了社会主义本质理论。习近平总书记指出：“人民立场是中国共产党的根本政治立场，是马克思主义政党区别于其他政党的显著标志。”① 他强调，带领人民创造幸福生活，是我们党始终不渝的奋斗目标；要顺应人民群众对美好生活的向往，坚持以人民为中心的发展思想；要让人民群众有更多的获得感，做到发展为了人民、发展依靠人民、发展成果由人民共享；要以促进社会公平正义、增进人民福祉为出发点和落脚点，使改革成果更多更公平惠及全体人民。

二是准确把握基本国情，丰富了社会主义发展阶段理论。习近平总书记多次强调，社会主义初级阶段是当代中国的最大国情、最大实际，是建设中国特色社会主义的“总依据”。同时，也要看到我国经济社会发展每个阶段呈现出来的新特点。立足社会主义初级阶段过程中新的阶段性特征，习近平新时代中国特色社会主义思想准确把握时代矛盾变化，作出了我国社会主要矛盾已经转化为人民日益增长的美好生活需要同不平衡不充分的发展之间的矛盾，提出了新时代坚持和发展中国特色社会主义的总目标、总任务、总体布局、战略布局和发展方向、发展方式、发展动力、战略步骤、外部条件、政治保证等基本问题。

三是立足新的历史方位全面深化改革，提升了社会主义发展动力理论。改革开放只有进行时没有完成时。通过深化改革，使中国特色社会主义在解放和发展社会生产力、解放和增强社会活力、促进人的全面发展上比资本主义更有效率。习近平总书记指出，改革必须坚持正确方向，既不走封闭僵化的老路、也不走改旗易帜的邪路；要把完善和发展中国特色社会主义制度、推进国家治理体系和治理能力现代化作为全面深化改革的总目标，要让制度更加成熟定型，让发展更有质量，让治理更有水平，让人民更有获得感，致力于建成富强民主文明和谐美丽的社会主义现代化强国。

四是推进“五位一体”总体布局和“四个全面”战略布局，贯彻新发展理念，拓展了社会主义发展途径和发展目标理论。习近平总书记多次指出，全面建成小康社会，实现“两个一百年”奋斗目标，要统筹推进“五位一体”总体布局，协调推进“四个全面”战略布局，并且实现“五位一体”和“四个全面”相互促进、统筹联动。要将二者“协调贯彻好，在推动经济发展的基础上，建设社会主义市场经济、民主政治、先进文化、生态文明、和谐社会，协同推进人民富裕、国家强盛、中国美丽”②。同时，党中央总结国内外发展经验教训、分析国内外发展大势，针对我国发展中的突出

---

① 习近平在庆祝中国共产党成立 95 周年大会上的讲话［N］. 人民日报，2016-07-02.
② 习近平在庆祝中国共产党成立 95 周年大会上的讲话［N］. 人民日报，2016-07-02.

矛盾和问题，坚持以新发展理念引领经济发展新常态，加快转变经济发展方式、调整经济结构、提高发展质量和效益，着力推进供给侧结构性改革，推动经济更有效率、更有质量、更加公平、更可持续地发展，不断壮大我国经济实力和综合国力。

第三，深化了对人类社会发展规律的认识。

党的十八大以来，以习近平同志为总书记的党中央提出的一系列治国理政新理念新思想新战略贯穿着马克思主义世界观和方法论，为人类对更好社会制度的探索提供了“中国方案”，从而深化了对人类社会发展规律的认识。

一是阐明人类社会历史发展的必然趋势，提出科学认识两大社会制度关系的新思想。习近平总书记以历史唯物主义的宽广视野观察社会发展趋势，多次指出，马克思恩格斯关于资本主义社会基本矛盾的分析没有过时，关于资本主义必然消亡、社会主义必然胜利的历史唯物主义观点也没有过时，这是社会历史发展不可逆转的总趋势。他还强调：“必须认识到，我们现在的努力以及将来多少代人的持续努力，都是朝着最终实现共产主义这个大目标前进的。同时，必须认识到，实现共产主义是一个非常漫长的历史过程，我们必须立足党在现阶段的奋斗目标，脚踏实地推进我们的事业。”① 这是马克思主义“两个必然”和“两个决不会”的基本原理在当代中国的具体运用和发展。

二是坚持中国发展和人类社会发展的有机统一，提出为人类进步事业共同奋斗的新理念。习近平总书记指出：“为人类不断作出新的更大的贡献，是中国共产党和中国人民早就作出的庄严承诺。”② 以习近平同志为总书记的党中央坚持把中国发展和世界发展有机结合，既坚定不移地走中国特色社会主义道路，又把握历史大势，遵循人类社会发展规律，同时向人类社会提供丰盈鲜活的“中国智慧”“中国经验”“中国方案”。比如，积极参与全球治理体系建设，实施“一带一路”建设，倡议成立亚洲基础设施投资银行，推进金砖国家新开发银行建设等。

三是推动形成人类命运共同体和利益共同体，提出国际秩序新原则和人类社会关系新愿景。习近平总书记指出，在当今世界，各国相互联系、相互依存的程度空前加深，越来越成为你中有我、我中有你的命运共同体。打造人类命运共同体需要坚持四项原则：各国相互尊重、平等相待；坚持合作共赢、共同发展；坚持实现共同、综合、合作、可持续的安全；坚持不同文明兼容并蓄、交流互鉴。致力于推动形成人类命运

---

① 习近平．关于坚持和发展中国特色社会主义的几个问题［N］．人民日报，2019-03-31.

② 习近平在庆祝中国共产党成立 95 周年大会上的讲话［N］．人民日报，2016-07-02.

共同体和利益共同体，向世界传递了对人类文明走向的中国判断，描绘了21世纪国际秩序和人类社会关系的理想愿景。

（二）坚定文化自信，大力培育和践行社会主义核心价值观

党的十八大以来，习近平总书记从理论和实践的结合上，多次反复深刻阐述了培育和践行社会主义核心价值观的重要意义和地位、目标和内容、原则和重点、方法和载体、环境和评价等一系列重要问题，深化了对社会主义核心价值观的认识，是对马克思主义哲学价值、价值判断和价值观理论的创新发展。

理论自觉、文化自信，是一个民族进步的力量；价值先进、思想解放，是一个社会活力的来源。我们一直强调"四个自信"，其中的文化自信是更基础、更广泛、更深厚的自信。"在5000多年文明发展中孕育的中华优秀传统文化，在党和人民伟大斗争中孕育的革命文化和社会主义先进文化，积淀着中华民族最深层的精神追求，代表着中华民族独特的精神标识。我们要弘扬社会主义核心价值观，弘扬以爱国主义为核心的民族精神和以改革创新为核心的时代精神，不断增强全党全国各族人民的精神力量。"① "社会主义核心价值观是当代中国精神的集中体现，凝结着全体人民共同的价值追求。"②它回答了在我国应该建设什么样的国家、建设什么样的社会、培育什么样的公民等重大问题。社会主义核心价值观在培养担当民族复兴大任的时代新人，进行国民教育、精神文明创建、精神文化产品创作生产传播等方面具有强大的引领作用。

国家之魂，文以化之，文以铸之。"我们要立足中国，面向现代化、面向世界、面向未来，巩固马克思主义在意识形态领域的指导地位，发展社会主义先进文化，加强社会主义精神文明建设，把社会主义核心价值观融入社会发展各方面，推动中华优秀传统文化创造性转化、创新性发展，不断提高人民思想觉悟、道德水平、文明素养，不断铸就中华文化新辉煌。"③

（三）坚持解放思想和实事求是有机统一，发展当代中国马克思主义

解放思想、实事求是、与时俱进，是马克思主义活的灵魂，也是习近平新时代中

---

① 习近平在哲学社会科学工作座谈会上的讲话［N］. 人民日报，2016-07-02.

② 习近平．决胜全面建成小康社会 夺取新时代中国特色社会主义伟大胜利——在中国共产党第十九次全国代表大会上的报告［M］. 北京：人民出版社，2017：42.

③ 习近平．在纪念马克思诞辰200周年大会上的讲话［N］. 人民日报，2018-05-05.

国特色社会主义思想活的灵魂。习近平新时代中国特色社会主义思想，植根于坚持和发展中国特色社会主义新的伟大实践，坚持理论指导和实践探索相统一，在各方面的实践中展现出强大真理力量和独特思想魅力。

实事求是，即一切从实际出发，在当代中国，就是一切要从中国特色社会主义进入了新时代这个我国发展新的历史方位出发。“我国社会主要矛盾已经转化为人民日益增长的美好生活需要和不平衡不充分的发展之间的矛盾，但我国仍处于并将长期处于社会主义初级阶段的基本国情没有变，我国是世界最大的发展中国家的国际地位没有变。全党要牢牢把握社会主义初级阶段这个基本国情，牢牢立足社会主义初级阶段这个最大实际。”①

前进道路上，我们必须坚持以马克思列宁主义、毛泽东思想、邓小平理论、“三个代表”重要思想、科学发展观、习近平新时代中国特色社会主义思想为指导，坚持解放思想和实事求是有机统一。发展21世纪马克思主义、当代中国马克思主义，是当代中国共产党人责无旁贷的历史责任。我们要强化问题意识、时代意识、战略意识，用深邃的历史眼光、宽广的国际视野把握事物发展的本质和内在联系，紧密跟踪亿万人民的创造性实践，借鉴吸收人类一切优秀文明成果，不断回答时代和实践给我们提出的新的重大课题，让当代中国马克思主义放射出更加灿烂的真理光芒。

五、学习测试

（一）单选题

1. 前几年我国中部地区遭遇严重旱灾。对这种长时间、大范围的旱灾，我们没能作出准确预测。这件事说明(　　)

A. 世界的不可知性　　B. 人的认识仅仅是对客观事物的直观摩写

C. 认识总是滞后于实践　　D. 认识的能动作用实现的条件性

2. 恩格斯说：“鹰比人看得远得多，但是人的眼睛识别东西远胜于鹰；狗比人具有敏锐得多的嗅觉，但是它连被人当做各种物的特定标志的不同气味的百分之一也辨别不出来。”人的感官的识别能力高于动物，除了人脑及感官发育得更加完善之外，还因

① 习近平．决胜全面建成小康社会 夺取新时代中国特色社会主义伟大胜利——在中国共产党第十九次全国代表大会上的报告［M］. 北京：人民出版社，2017：12.

为(　　)

A. 人不仅有直觉还有想象

B. 人不仅有感觉还有思维

C. 人不仅有生理机能还有心理活动

D. 人不仅有理性还有非理性

3. 一位小男孩问他爸爸："是不是做父亲的总比做儿子的知道得多?"爸爸回答："当然啦!"小男孩问："电灯是谁发明的?"爸爸："是爱迪生。"小男孩又问："那爱迪生的爸爸怎么没有发明电灯?"下列认识论原理中，最适宜解答小男孩疑问的是(　　)

A. 辩证唯物主义关于认识是主体对客体的能动反映的原理

B. 实践是检验真理的唯一标准的原理

C. 实践对认识起决定作用的原理

D. 真理与价值相互引导相互制约的辩证统一的原理

4. 中国工程院院士袁隆平曾结合自己的科研经历，语重心长地对年轻人说："书本知识非常重要，电脑技术也很重要，但在书本电脑里面种不出水稻来，只有在田里才能种出水稻来。"这表明(　　)

A. 理论对实践的指导作用没有正确与错误之分

B. 实践水平的提高有赖于认识水平的提高

C. 实践是人类认识的基础和来源

D. 由实践到认识的第一次飞跃比认识到实践的第二次飞跃更重要

5. 霍金以其"黑洞理论"闻名于世，但他并未因此获得诺贝尔奖。有诺贝尔奖评委会委员认为，原因在于霍金这一理论还没有得到验证，霍金也承认是因为他的黑洞蒸发现象还没有被观测或者被实验所证实。这说明(　　)

A. 真理是具体的有条件的　　B. 实践是认识的目的

C. 认识的真理性必须由实践检验　　D. 世界是可以被认识的

6. 随着互联网技术的广泛普及，各类新型地图产品层出不穷，从事地图服务的单位也由传统的地图出版社向一般出版社、导航电子地图服务提供商、互联网企业等延伸，为此迫切需要对相关法律法规加以修订。材料告诉我们(　　)

A. 实践具有客观物质性　　B. 实践是认识发展的动力

C. 实践可以变观念为现实　　D. 实践是认识的最终目的

7. 2017 年 11 月，我国科学家成功克隆了两只猕猴。很多人都以为这项技术的突破并不大，因为22年前美国已经诞生了克隆羊。但实际上，当初的克隆羊采用的是胚胎分裂技术，而中国科学家采用的则是更为先进的体细胞克隆技术。由此可见（　　）

A. 认识世界的目的是改造世界

B. 经过实践反复检验的真理才不会被推翻

C. 人们对客观事物的认识受到条件的局限

D. 客观事物本质的暴露和展现需要一个过程

8. 著名作家萧伯纳说：“许多伟大的真理开始的时候都被认为是亵渎行为。”由此可见（　　）

A. 真理都是具体的　　B. 价值判断具有社会历史性

C. 真理是有条件的　　D. 价值判断必须遵循客观规律

9. 在认识论中坚持反映的原则（　　）

A. 只是辩证唯物主义的观点　　B. 只是机械唯物主义的观点

C. 是一切唯物主义的观点　　D. 是唯心主义的观点

10. “不登高山，不知天之高也；不临深溪，不知地之厚也”，表明作者强调（　　）

A. 知对行的指导作用　　B. 知行并进

C. 没有知就没有行　　D. 先行后知，重在行

11. 唯物主义认识论和唯心主义认识论的对立是(　　)

A. 反映论和先验论的对立　　B. 能动反映论和先验论的对立

C. 可知论和不可知论的对立　　D. 反映论和不可知论的对立

12. 一切唯物主义的认识论都是（　　）

A. 反映论　　B. 能动的反映论

C. 科学的反映论　　D. 机械的反映论

13. 唯物主义认识论和唯心主义认识论的根本区别在于　（　　）

A. 是否承认世界的本原是物质的

B. 是否承认矛盾是事物发展的动力

C. 是否承认认识是客体在人脑中的反映

D. 是否承认人有认识世界的能力

14. 驳倒不可知论的关键在于　（　　）

A. 把感觉作为认识的起点　　B. 把科学实践观引入认识论

C. 承认本质与现象的统一　　　　D. 指出感性认识和理性认识的辩证关系

15. 辩证唯物主义认识论认为，客体是(　　)

A. 世界上的一切事物

B. 客观存在的一切事物

C. 在人的活动之外存在的一切事物

D. 人的认识活动和实践活动指向的对象

16. 感性认识与理性认识的区别是(　　)

A. 感性认识是可靠的，理性认识是不可靠的

B. 感性认识是对现象的认识，理性认识是对本质的认识

C. 感性认识来源于实践，理性认识来源于书本

D. 感性认识来源于直接经验，理性认识来源于间接经验

17. 认识论上的唯理论的错误在于(　　)

A. 否认理性认识的重要性　　　　B. 否认世界的可知性

C. 否认认识是客观世界的反映　　D. 否认感性认识的重要性

18. 爱因斯坦的相对论指出：主体选择不同的参照系对同一物理事件或物理过程进行时、空度量，所得的结果可能不一样。在认识论上来说是（　　）

A. 真象和假象的区别所造成的　　B. 现象和本质的矛盾所造成的

C. 主体和客体关系的变化所造成的　D. 主观认识的错觉所造成的

19. 检验认识的真理性，就是检验（　　）

A. 主观认识同客观事物及其规律是否符合

B. 主观认识是否清晰明白

C. 主观认识是否和党的方针、政策相一致

D. 认识和理论是否一致

20. 长期以来，画家笔下的马往往是四蹄齐伸、腾空飞奔。然而，高速相机连拍的照片显示，飞奔时的马蹄是交替着地移动的。但是，当画家画出马蹄交替移动的奔马时，有人却批评画得不像。这表明在艺术领域(　　)

A. 认识的发展与认识工具的进步没有直接关系

B. 以往的认识经验阻碍认识的发展

C. 仁者见仁、智者见智，没有客观的评价标准

D. 人们的主观世界对认识的影响更加显著

21. 从确立“两个一百年”奋斗目标到提出“中国梦”，从把握中国经济发展新常态到牢固树立五大发展理念……蕴含鲜明时代内涵的治国理政总体方略与时俱进、不断发展。治国理政总体方略的发展所体现的哲理是(　　)

A. 人类社会是一个不断变化发展的过程

B. 真理反映的对象是客观事物及其规律

C. 真理性的认识随着实践的发展而发展

D. 理论是否正确一定要经过实践的检验

22. 根据认识的发展规律，在认识的“熟知”与“真知”问题上的正确观点是(　　)

A. 熟知即真知　　B. 熟知不等于真知

C. 熟知起源于真知　　D. 熟知必然转化为真知

23. 法国科学家路易·巴斯德说：“在观察事物之际，机遇偏爱有准备的头脑。”这句话强调了(　　)

A. 人们对每一件事都要细心观察

B. 人们在认识事物时要有理性的指导

C. 人们获得感性经验的重要性

D. 人们要充分发挥主观能动性

24. 一种认识是不是真理，要看它(　　)

A. 能否满足人的需要

B. 能否被多数人认可

C. 能否付诸实践

D. 能否在实践中最终取得预期的效果

25. 感性认识的局限性在于它(　　)

A. 只是对事物的外部联系的认识　　B. 是不可靠的

C. 没有客观依据　　D. 是人的感官自生的

26. 承认我们一切认识具有相对性，就会(　　)

A. 陷入诡辩论　　B. 导致怀疑主义

C. 防止相对主义　　D. 防止绝对主义

27. 在下列成对的理论中，属于唯物主义与唯心主义对立的是(　　)

A. 能动反映论与机械反映论的对立

B. 反映论与先验论的对立

C. 可知论与不可知论的对立

D. 唯理论与经验论的对立

28. 对不可知论予以最有力的驳斥的是(　　)

A. 客观真理　　B. 客观事实

C. 社会实践　　D. 客观规律

29. 真理和谬误在一定条件下可以转化的论断是(　　)

A. 辩证唯物主义的观点　　B. 相对主义的观点

C. 诡辩论的观点　　D. 经验论的观点

30. 真理的绝对性是指它的(　　)

A. 永恒性　　B. 客观性

C. 不变性　　D. 终极性

（二）多选题

1. 从前，有一位哲学家拿着一个蜡制的高仿真苹果对学生说：这是一个刚从园子里摘下来的苹果，请大家闻闻香不香。有个学生闻了，说香，其他的闻都没闻，说真香；只有三个没回答，教授走到他们面前，一个说我什么也没闻到，一个摸了一下说：这是什么东西？第三个说：我感冒了，什么也闻不到。这说明(　　)

A. 感性认识与理性认识之间的关系是复杂的

B. 有些非理性因素对认识起着消极作用

C. 唯物主义关于感性认识与理性认识的辩证关系原理并不科学

D. 认识不能被看成一个消极、被动地反映和接受外界对象的机械过程

2. 2014 年，日本方面认为美国某出版公司出版的教科书《传统与机遇：环球视角看过去》中有关“南京大屠杀”“慰安妇”等内容与其立场“有出入”，要求修改。鉴于教科书中的内容和历史事实相符，该书作者明确拒绝了日方的“请求”。由此可见(　　)

A. 尊重历史事实是形成正确价值判断的前提

B. 价值判断因具有主体性而没有客观的评价标准

C. 历史事实随价值判断的改变而发生变化

D. 价值判断和价值选择深受历史观的影响

3. 1971年，迪士尼乐园的路径设计获得了“世界最佳设计”奖，设计师格罗培斯却说：“其实那不是我的设计。”在迪士尼乐园主体工程完工后，格罗培斯暂停修筑乐园里的道路，并在空地上洒上草种。五个月后，乐园里绿草茵茵，草地上被游客踏出了不少宽窄不一的小路。格罗培斯根据这些行人踏出来的小路铺设了人行道，成了“优雅自然、简洁便利、个性突出”的优秀设计。格罗培斯的设计智慧对我们认识和实践活动的启示是(　　)

A. 要从生活实践中获取灵感　　B. 要尊重群众的实际需求

C. 不要对自然事物做任何改变　　D. 要对事物本来面目做直观反映

4. 下列活动中属于人的意识活动的有(　　)

A. 工程师设计图纸　　B. 学生学习知识

C. 遇到强光眨眼　　D. 听到巨响把头转向刺激声源

5. 实践是人类生存和发展的基本活动，它包括三种基本形式。下列属于实践基本形式的有(　　)

A. 农民培育新品种

B. 公安人员侦破刑事案件

C. 大学生到乡镇企业进行社会调查

D. 科学家和工程技术人员进行核试验

6. “没有抽象的真理，真理总是具体的。”这一思想可以理解为(　　)

A. 真理是具体生动的形象

B. 真理体现了主观和客观、认识和实践的具体的、历史的统一

C. 真理不是抽象不变的公式

D. 真理有其适用的具体范围和条件

7. 要正确实现从理性认识到实践的飞跃，必须做到(　　)

A. 要使理论为群众所掌握，化为群众的自觉行动

B. 运用科学的思维方法对感性材料进行加工和创造

C. 把关于事物的认识与主体的需要结合起来，确定行动的目的和计划

D. 要从实际出发，坚持一般理论与具体实际相结合

8. 绝对真理和相对真理是(　　)

A. 任何真理都具有的两重性

B. 两种根本对立的真理

C. 表明正确和谬误二者的对立和统一

D. 相互联系，并能够转化的真理

9. 马克思主义认识论认为，认识的辩证过程是(　　)

A. 从相对真理向绝对真理的发展

B. 从感性认识到理性认识，再从理性认识到实践

C. 实践——认识——实践的无限循环

D. 从抽象到具体再到抽象的上升过程

10. 信息科学在高速发展，但信息安全举步维艰，量子通信是迄今唯一被严格证明为无条件安全的通信方式。十多年来潘建伟团队一直在为此努力并取得重大突破，已经为60周年国庆阅兵等国家重要政治活动提供了信息安全保障。材料说明(　　)

A. 实践是一种直接现实性活动

B. 真理是具体的有条件的

C. 实践是有目的有意识的活动

D. 真理的内容和形式具有客观性

11. 科学家对1994年夏发生的彗星撞击木星的天文现象进行了准确的预报和大量的观察研究，这一事实表明(　　)

A. 世界是可以认识的

B. 人类已能预测一切自然现象

C. 人类对宇宙的认识正在不断深化

D. 人类对宇宙的认识是永无止境的

12. 马克思主义认识论认为，主体与客体关系的内涵包括(　　)

A. 实践关系　　B. 认识关系

C. 价值关系　　D. 审美关系

E. 主从关系

13. 对于同对一棵大树，在木匠眼中是木材，画家看到的是色彩和色调，植物学家看到的是它的形态特征，这是由于(　　)

A. 人的感觉受理性的指导　　B. 人的认识具有能动性

C. 理性认识是感性认识的基础　　D. 已有的认识影响感觉活动

14. 马克思主义认识论与唯心主义认识论的区别在于是否承认(　　)

A. 世界的可知性　　B. 客观事物是认识的对象

C. 认识起源于经验　　D. 社会实践是认识的基础

15. 真理和谬误是(　　)

A. 性质不同的两种认识

B. 绝对对立的两种认识

C. 相比较而存在的两种认识

D. 在一定条件下相互可以转化的两种认识

16. “只要再多走一小步，仿佛是向同方向迈进的一小步，真理便会变成错误。”这句话意味着(　　)

A. 任何真理都不存在绝对的因素

B. 任何真理都有自己适用的条件和范围

C. 真理和谬误是认识过程中的两个阶段

D. 真理和谬误的对立只是在非常有限的领域内才有绝对的意义

17. 一位科学家说：“我们今天生活着的世界，与其说是自然世界，还不如说是人造或人为的世界。在我们的周围，几乎每样东西都刻有人的技能的痕迹。”这段话应理解为(　　)

A. 人造的或人为的世界是唯一存在的世界

B. 人类世界是人的实践活动对象化的结果

C. 科学技术越来越成为人类改造世界的力量

D. 自在自然日益转化为人化自然

18. “真理原来是人造的，是人造出来供人用的，是因为它对人大有用处，所以才给以‘真理’的美名。”这段话的观点是说(　　)

A. 多数人承认的就是真理　　B. 有用的就是真理

C. 符合客观规律的是真理　　D. 能为我主观需要服务的是真理

◎ 参考答案

(一) 单项选择题

1. D　2. B　3. C　4. C　5. C　6. B　7. C　8. B　9. C　10. D　11. A　12. A　13. C

14. B　15. D　16. B　17. D　18. C　19. A　20. D　21. C　22. B　23. B　24. D
25. A　26. D　27. B　28. C　29. A　30. B

（二）多项选择题

1. ABD　2. AD　3. AB　4. AB　5. ABCD　6. BCD　7. ACD　8. AD　9. ABC
10. AC　11. ACD　12. ABCD　13. ABD　14. ABD　15. ACD　16. BD　17. BCD
18. BD

（三）讨论与思考

1. 有一次闻一多给学生上课，他走上讲台，先在黑板上写了一道算术题：2+5=？学生们疑惑不解。然而闻先生却执意要问：2+5=？同学们于是回答："等于7嘛！"闻先生说："不错。在数学领域里2+5=7，这是天经地义的颠扑不破的。但是，在艺术领域里，2+5=10000也是可能的。"他拿出一幅题为《万里驰骋》的图画叫学生们欣赏，只见画面上突出地画了两匹奔马，在这两匹奔马后面，又错落有致、大小不一地画了五匹马，这五匹马后面便是许多影影绰绰的黑点点了。闻先生指着画说："从整个画面的形象看，只有前后七匹马，然而，凡是看过这幅画的人，都会感到这里有万马奔腾，这难道不是2+5=10000吗？"

运用认识论相关原理分析下列问题：

（1）既然在数学领域2+5=7是颠扑不破的，为什么在艺术领域2+5=10000也是可能的？

（2）在认识活动中，正确处理理性与非理性的关系对科学创新有何重要意义？

2. "不同人基于各自不同出发点，纷纷解读汉字"说明了什么？

汉字是世界上使用人数最多的文字。汉字很神奇：迄今为止，自源的、古老的表意字只有汉字绵延数千年，岿然独存，成为表意字的典型代表。汉字很美观：一撇一捺，一折一钩，有时如西岭雪、东吴船，有时似大漠沙、阴山月。横平竖直，方正而不刻板；有棱有角，生动又有内涵。汉字也很有文化：考古研究可以证实的汉字历史，最少有3300多年，难怪有学者说，汉字就是一部文化史。汉字由人而生，是人的见识和智慧的外在表达。中国人的情感，大抵都逃不过汉字的表述。阐释汉字是为了满足好学深思的人进一步深入认识汉字的文化需求。

汉字研究萌芽于汉字阐释。《左传》记载春秋时期楚庄王解析“武”字，表达其对武德的理解。古文字中，“武”字由“止”与“戈”两部分构成，戈是兵器，代表战争。“止戈为武”，意思就是阻止战争才是“武”，这是宝贵的军事思想，也是目前所知最早的汉字阐释。不同的人基于各自不同出发点，纷纷解读汉字。有的是为了思想表达，如楚庄王以解析汉字作为手段，表达其军事思想；有的是为了追溯学术源头，因为汉字既古老又内涵丰富，希望通过最早的字形寻找一个词语最早的意义；还有的是教学需要，希望通过造字的理据辅助汉字教学；更多的是面向大众文化需求，普及汉字文化。当然，有部分学者还在坚守汉字阐释传统，探索新的方法和道路。汉字阐释不仅是汉字理论的试金石，也是古文字考释的终点。

文字是文化发达的产物。汉字中蕴含的文化，既包括汉字创造时凝结在其中的文化，汉字演变过程中积累的文化，也包括不同时代汉字阐释累增的文化。每一个汉字，我们都可以追溯造字时的社会状况、思维方式，讲出有趣的汉字故事。

六、文献导读

1. 恩格斯：《反杜林论》第一编第三、九、十一章，《马克思恩格斯选集》第3卷，人民出版社2012年版。

【导读】《反杜林论》第三章“分类 先验主义”，恩格斯批判了杜林“原则在先”的唯心主义先验论的实质，揭露了杜林陷入唯心主义先验论的根源，论述了从事实出发的辩证唯物主义的反映论的基本原理，论述了人类认识的辩证法。第九章“道德和法 永恒真理”，恩格斯批判了杜林形而上学的永恒真理论和超历史超阶级的道德观，阐述了真理发展的辩证法和道德的历史性、阶级性的基本原理。第十一章“道德和法 自由和必然”，恩格斯揭露和批判了杜林在自由和必然关系上的谬论，阐述了唯物辩证法关于自由和必然的原理。

2. 列宁：《唯物主义和经验批判主义》（节选）第二章第1、4、5、6节，《列宁选集》第2卷，人民出版社2012年版。

【导读】列宁的《唯物主义和经验批判主义》第二章，第1节论述了哲学的基本问题，阐述了认识论的三个结论；第4节论述了真理的客观性，阐述了辩证唯物主义的物质概念；第5节论述了绝对真理和相对真理及其辩证关系；第6节论述了认识论中的实践标准。

3. 毛泽东：《实践论》，《毛泽东选集》第1卷，人民出版社1991年版。

【导读】《实践论》是为了揭露和批判党内存在的教条主义和经验主义，特别是看轻实践的教条主义的错误及其根源而写的。《实践论》极其生动和完整地阐明了马克思主义关于辩证唯物主义认识论的基本原理。毛泽东根据中国革命的丰富经验，创造性地发挥了关于实践在认识过程中的作用、关于革命理论在实际革命斗争中的意义以及关于真理问题等基本原理，是对马克思主义认识论的重大发展。

4. 毛泽东：《人的正确思想是从哪里来的？》，《毛泽东文集》第8卷，人民出版社1999年版。

【导读】《人的正确思想是从哪里来的？》是毛泽东在1963年5月20日中共中央印发的《中共中央关于目前农村工作中若干问题的决定（草案）》（即《前十条》）前面所加写的具有前言性质的一大段内容。毛泽东提出应当对我们的同志进行辩证唯物主义认识论的教育，进一步发展了马克思主义的认识论。

5. 邓小平：《解放思想，实事求是，团结一致向前看》，《邓小平文选》第2卷，人民出版社1994年版。

【导读】邓小平的《解放思想，实事求是，团结一致向前看》讲话分为四个部分：(1) 解放思想是当前的一个重大政治问题。(2) 民主是解放思想的重要条件。(3) 处理遗留问题为的是向前看。(4) 研究新情况，解决新问题。特别强调在实现四个现代化的进程中，对新情况和新问题要有足够的思想准备，加以认真研究。全党同志一定要善于学习马列主义、毛泽东思想，学习经济学、科学技术和管理，还要向实践学习。这篇重要讲话，是党的十一届三中全会的主题报告，是我国进入新的历史时代、实行改革开放的伟大宣言书。

6. 习近平：《青年要自觉践行社会主义核心价值观》，《习近平谈治国理政》，外文出版社2014年版。

【导读】这是2014年5月4日习近平总书记在北京大学师生座谈会上的重要讲话。讲话集中阐述了社会主义核心价值观问题。主要论述了社会主义核心价值观的科学内涵和精神实质及坚守和践行社会主义核心价值观的重要意义。重点论述了青年树立和培育社会主义核心价值观的必要性和重要性及其应当下工夫的着力点。

第三章
人类社会及其发展规律

唯物主义历史观是马克思主义的两个重大发现之一，它解决了长期困扰思想史的一系列“历史之谜”，科学回答了社会发展的规律和根本动力、社会历史的创造者和如何看待历史上杰出人物的作用等重大问题，实现了社会历史观的伟大变革。

一、教学基本要求

（一）学习目的

学习和把握马克思主义唯物史观的基本原理，着重理解社会存在和社会意识的辩证关系、社会基本矛盾运动规律、人类社会发展的动力系统以及人民群众是历史的创造者等基本观点，明确阶级斗争、社会革命、改革、科学技术等因素在社会发展中的作用，正确看待人民群众和个人的历史作用。提高运用历史唯物主义正确认识历史和现实、正确认识社会发展规律的自觉性和能力，坚定“不忘初心，继续前进”，“每一代人都要走好自己的长征路”的理想信念。

（二）学习要求

（1）了解社会存在与社会意识的基本内涵、构成部分，正确把握社会存在和社会意识的辩证关系，科学区分唯物史观和唯心史观。正确认识社会，树立科学的历史观，提高培育和践行社会主义核心价值观的自觉性。

（2）掌握物质生产是人类社会生活存在和发展的基础，科学认识社会基本矛盾运动的规律，理解生产力和生产关系及其相互关系、经济基础和上层建筑及其相互关系、社会形态更替的一般规律及其特殊形式。

（3）掌握社会基本矛盾及其在历史发展中的作用表现，明确社会基本矛盾和主要矛盾的区别与联系，了解社会主要矛盾及其转化的原理与方法论意义。

（4）理解阶级、阶级斗争及其在阶级社会发展中的作用，正确把握革命和改革及其社会作用，运用社会基本矛盾分析法，深刻领会全面深化改革的重要意义。全面认识科学技术及其社会作用，明确科技创新的重要性。

（5）掌握唯物史观关于人民群众是历史创造者的原理，坚持马克思主义群众观点与无产阶级政党的群众路线。辩证地理解个人的历史作用，坚持用历史分析方法和阶级分析方法评价历史人物。

（三）主要内容

社会历史现象扑朔迷离、纷繁复杂，人类社会的本真面目是什么？它是怎样发展的？又为什么能够产生、存在和发展呢？这一系列"历史之谜"在思想史上长期困扰着人们。马克思和恩格斯创立的历史唯物主义实现了社会历史观的伟大变革，为我们提供了正确认识社会现象和社会历史发展规律的思想路线，也为准确把握社会发展的动力因素，准确把握人民群众和杰出人物在历史中的作用提供了科学指导。围绕这一主题，本章主要安排了三节内容进行展开。

围绕"社会基本矛盾及其运动规律"，阐明了社会存在与社会意识的辩证关系、生产力与生产关系的矛盾运动及其规律、经济基础与上层建筑的矛盾运动及其规律以及社会形态更替的一般规律与特殊形式等内容（社会发展规律问题）。具体内容包括：第一，社会存在和社会意识是辩证统一的，社会存在决定社会意识，社会意识是社会存在的反映，并反作用于社会存在，两者的辩证关系原理对于树立科学历史观和指导文化建设具有重要意义。第二，生产力决定生产关系，生产关系对生产力具有能动的反作用，二者相互作用的过程表现为二者的矛盾运动，其中内在、本质、必然的联系就是生产关系一定要适合生产力状况的规律，经济基础与上层建筑的辩证统一关系同理，构成了上层建筑一定要适合经济基础状况的规律。第三，生产力与生产关系矛盾运动的规律和经济基础与上层建筑矛盾运动的规律，是人类社会发展的一般规律，但社会形态更替在遵循这些规律的同时，也会表现出一些特殊形式，社会形态更替具有统一性和多样性、必然性和人们的历史选择性以及前进性与曲折性。

围绕"社会历史发展的动力"，回答了社会基本矛盾和主要矛盾在历史发展中的作用、阶级斗争和社会革命在阶级社会发展中的作用、改革和科学技术的社会作用等问题。具体内容包括：第一，生产力和生产关系、经济基础和上层建筑的矛盾是社会基本矛盾，也是社会历史发展的根本动力；社会主要矛盾是社会基本矛盾的具体体现，它的存在和发展由社会基本矛盾规定和制约，在历史发展过程一定阶段中起主导作用。第二，阶级斗争根源于阶级之间物质利益的根本对立，它是社会基本矛盾在阶级社会中的表现，是阶级社会发展的直接动力，认识阶级社会，分析阶级斗争，要坚持马克思主义的阶级分析方法。第三，社会革命根源于社会基本矛盾的尖锐化，它是阶级斗争发展到一定阶段的产物，对社会发展特别是社会形态的更替起到巨大作用。第四，改革是同一种社会形态发展过程中的量变和部分质变，是推动社会发展的又一重要动力，社会主义改革是社会主义制度的自我完善、自我发展。第五，科学技术革命是推动经济和社会发展的强大杠杆，科学技术是社会发展的重要动力，必须正确把握科学技术的社会作用，正确认识和运用科学技术。

围绕“人民群众在历史发展中的作用”，重点阐述了人民群众和个人在社会历史中的作用。唯物史观与唯心史观的对立，在历史创造者问题上表现为群众史观与英雄史观的对立，群众史观认为人民群众是社会实践的主体和社会历史的创造者，是社会物质财富、精神财富的创造者以及社会变革的决定力量，在社会历史发展过程中起着决定作用；唯物史观关于人民群众是社会历史创造者的原理，要求我们坚持马克思主义群众观点，贯彻党的群众路线。根据个人在历史上作用大小的差别，个人可分为“历史人物”和“普通人物”，无论历史人物在历史上发挥怎样的作用，都要受到社会发展客观规律的制约，评价历史人物时要坚持历史分析方法和阶级分析方法。

本章的主要内容如下图所示。

（四）学习重点和难点

1. 社会存在决定社会意识
2. 物质生产是人类社会生活存在和发展的基础
3. 社会基本矛盾及其分析法
4. 马克思主义的阶级观点和阶级分析法
5. 改革的理论基础和社会作用
6. 科学技术的社会历史作用
7. 人民群众是历史创造者

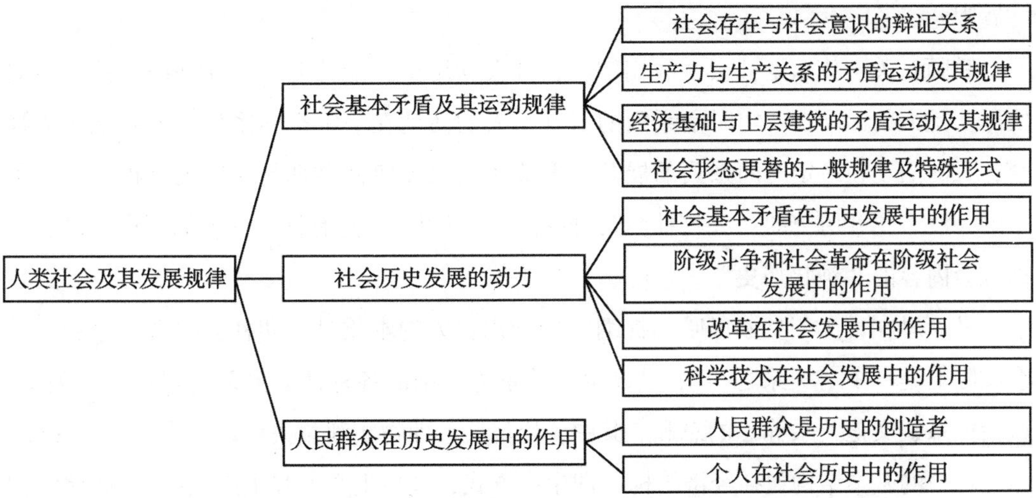

二、要点精讲

（一）本章导学

教师：同学们好！这一章是《马克思主义基本原理概论》的重点章节，要求我们把握历史唯物主义的基本原理，重点掌握马克思主义关于社会存在和社会意识的辩证关系、社会基本矛盾辩证运动的规律、人类社会发展的动力系统以及人民群众是历史的创造者等基本观点，提高运用历史唯物主义的基本立场、观点和方法分析和解决社会问题的能力。

这一章主要阐述的是历史唯物主义的基本原理。历史唯物主义（也称为唯物史观）是马克思的两个伟大发现（唯物史观和剩余价值理论）之一。我们知道，马克思是百科全书式的学者，但是他最伟大的发现有两个：一是创立了唯物史观，科学揭示了人类社会发展的基本规律；二是创立了剩余价值理论，科学揭示了资本主义剥削的秘密，揭示了无产阶级和资产阶级对立的经济根源，由于唯物史观和剩余价值理论的创立，社会主义由空想变为科学。

本章的主题和逻辑是回答以下三方面问题：（1）什么是社会？社会的基本结构是什么？（2）人类社会发展有没有规律？社会发展的规律是什么？（3）社会历史的主体是谁？人民群众和杰出个人在社会历史中的作用如何？

学生：老师能否先给我们解答一下“什么是社会”“社会的基本结构是什么”两个问题呢？

教师：关于什么是社会，我们知道，社会和历史不能分开，相互缠绕。社会历史实际上是人的活动在一定时空系列的展开，人的活动在一定空间系列的展开就构成社会，人的活动在一定时间系列的展开就形成历史。任何社会都是在历史过程中呈现出来的，没有离开历史的“纯粹社会”；同样，任何历史都是有社会内容的历史，没有脱离社会内容的“纯粹历史”。

马克思在《关于费尔巴哈的提纲》中指出：人的本质是一切社会关系的总和。社会实际上是一个“关系之网”，是以生产关系为基础的各种社会关系（包括经济关系、政治关系、文化关系等）的总和。其中，经济关系即物质利益关系是最基本的关系。

社会的基本结构包括经济结构（即生产方式，包括生产力和生产关系）、政治结构（政治上层建筑）、文化结构（思想上层建筑）。

至于第二个方面的问题“人类社会发展有没有规律”，历史决定论（包括唯心主义决定论、机械唯物主义决定论、历史唯物主义决定论）认为社会发展有规律可循，而历史非决定论（如卡尔·波普）则根本否认社会历史的规律性。

学生：那社会发展的规律又是什么呢？

教师：人类社会发展的规律包括基本规律（在所有社会形态起作用的规律，例如：生产关系一定要适合生产力发展状况的规律，上层建筑一定要适合经济基础发展状况的规律）、特殊规律（在某几个社会形态起作用的规律，例如：阶级斗争的规律在奴隶社会、封建社会、资本主义社会形态起作用）、个别规律（在某一个社会形态起作用，例如：在资本主义社会起作用的剩余价值的规律）。

学生：还有第三方面的问题需要老师阐释，请问老师社会历史的主体是谁，人民群众和杰出人物在社会历史中的作用又如何呢？

教师：社会历史的主体无疑是“人”，人又可以分为个体（个体）和群体（人民群众）。按照对于社会历史影响的作用不同，个人又可以分为普通个人和历史人物。积极正面的历史人物（马克思、恩格斯、康德、黑格尔等）称为杰出人物，杰出人物中杰出的政治家（列宁、毛泽东、邓小平、习近平等）则称为革命的领袖人物。杰出人物中杰出的思想家、科学家、艺术家我们一般称为“大师”（思想家）、“泰斗”（科学家）、“大腕”（艺术家）。

在历史创造者问题上，存在着历史唯物主义和历史唯心主义的根本对立，历史唯心主义主张“英雄史观”，认为英雄创造历史，而群众只是“群盲”。例如，黑格尔认为：历史是世界历史人物创造的，人民群众只是世界历史人物创造历史时任意支配的工具。

而历史唯物主义则主张“群众史观”，认为人民群众创造历史，但并不否认个人特别是杰出人物的历史作用。历史唯物主义认为，人类社会的历史是物质资料生产的历史，同时也是人民群众创造的历史（物质资料生产的主体是人民群众，特别是劳动群众）。在马克思恩格斯合著的第一部著作《神圣家族》中，马克思恩格斯就指出：历史的真正发源地不在天上，也不在思辨的云雾中，而在粗糙的物质生产中。并且指出：历史的活动是群众的事业，随着历史活动的深入，必将是群众队伍的扩大。群众并不是消极的非历史性因素，恰恰相反，正是人民群众创造了一切。

学生：好的，明白了，谢谢老师！最后能不能请老师给我们总结下本章的重难点呢？

教师：这一章重点有三个问题：（1）社会存在与社会意识的辩证关系问题，即历史观的基本问题。（2）社会基本矛盾及其历史作用问题，即社会发展的根本动力问题。（3）人民群众和杰出人物在社会历史中的作用问题，即社会历史的主体问题。这三个问题我们在后面的专题教学中将分别重点讲授。

而难点有五个问题：（1）社会历史有无规律？社会规律与自然规律有什么异同？社会历史规律的实现条件与机制是什么？历史的必然性与主体的选择性之间的辩证关系是什么？（2）社会形态更替的统一性与多样性的关系问题，人类社会的三大经济形态与五大社会形态之间的关系；（3）社会革命与社会改革在社会发展中的作用；（4）科学技术在社会历史中的作用以及科技决定论与科技异化论之争；（5）人民群众和杰出人物在社会历史中的作用。

（二）人类生存的舞台：地理环境及其作用

教师：同学们好！大家小时候都听说过“黄鼠狼给鸡拜年——没安好心”这则寓言故事，今天要给黄鼠狼“正名”。实际上，黄鼠狼很少吃鸡（当然偶尔偷吃是有的），它大量吃的是老鼠。据统计，一只黄鼠狼一生之中至少可以吃5000~10000只老鼠，而且黄鼠狼吃老鼠的本领比猫高超得多（现在好多猫不吃老鼠，比如，有的“宠物猫”不吃老鼠，甚至害怕老鼠）。但是，由于长期以来人们对于黄鼠狼有“偏见”，加之可以用黄鼠狼的皮做貂皮大衣（皮草），有的人贪图小利大量捕捉黄鼠狼，其结果是：由于破坏了生物链（生态平衡），在有些地方黄鼠狼越来越少，鼠害泛滥成灾。这就涉及如何看待地理环境的作用、保护生态平衡的重要性问题。

学生：老师您好！地理环境与我们的生活息息相关，那我想问一下到底什么是地理环境呢？

教师：地理环境也称自然环境，它是指与人类生活所处的地理位置相联系的各种自然物质条件的总和，包括地理条件、气候条件、生态环境、自然资源等。

学生：我们都知道地理环境在社会存在和发展中具有重要作用，它是社会存在和发展所必要的物质前提。那么这一作用具体表现有哪些呢？

教师：第一，地理环境是人类生活的舞台，它提供社会生产和生活资料的来源。

我们通常说：人类的一切物质财富和精神财富都是通过劳动取得的，但是，严格说来，这句话还不完全。如果只有劳动而没有劳动对象，没有地理环境，也会“巧妇难为无米之炊”，不能创造出社会的物质财富和精神财富。所以，马克思在《哥达纲领批判》中指出：“劳动不是一切财富的源泉。自然界和劳动一样也是使用价值的源泉，劳动本身不过是一种自然力即人的劳动力的表现。”①

第二，地理环境通过对社会生产的不同影响，对社会的发展起加速或者延缓的影响作用。一般说来，在其他条件大体相同而地理环境不同的情况下，地理环境优越的国家和地区，社会经济发展就快一些，反之就慢一些。例如，我国区域经济发展的不平衡性：东部地区的经济增长明显快于中西部地区。造成地区经济发展不平衡的原因是多方面的，其中地理环境也是重要因素之一，如东部地区（如长江三角洲、珠江三角洲）土壤肥沃、水资源丰富、交通便利等。当然也不能绝对化：地理环境不优越，相反能够激发人们的危机意识、奋发图强意识、创新意识，激发人的主体性。

第三，地理环境能够影响生产部门的布局、产业结构的调整及其发展方向。例如，森林资源丰富的加拿大，木材工业就是国民经济的支柱产业；草原辽阔的澳大利亚，畜牧业就特别发达；而国土狭小、资源缺短缺、四周临海的日本，则凭借自己发达的交通运输条件和高科技，从国外输入原材料进行精加工，形成了独具特色的加工工业（汽车、电脑等机器制造业就是日本的支柱产业）。

第四，地理环境的生态平衡系统维持如何，也是制约社会发展的重要因素。在自然界的生态系统中，如果各种生态要素之间能够进行正常的物质和能量的交换，自然生态要素之间、人与自然之间能够保持协调发展，则有利于社会的发展。反之，如果

---

① 马克思恩格斯选集（第3卷）[M]. 北京：人民出版社，2012：298.

生态平衡系统遭到破坏，则会造成严重的恶果，甚至阻碍社会的发展。

这些年来，由于人类掠夺式开发自然界，破坏自然界，造成了资源短缺、环境污染等“全球问题”的出现，给人类敲响了警钟。恩格斯在《自然辩证法》中特别提醒：“我们不要过分陶醉于我们人类对自然界的胜利。对于每一次这样的胜利，自然界都对我们进行报复。”①

恩格斯还举例指出，由于美索不达米亚、希腊、小亚细亚等地的居民为了得到耕地，毁灭了森林，使这些地区沙漠化，成为不毛之地，从而遭到自然界的无情报复。比如说，2016 年夏天的武汉大洪水使得武汉市内“内涝”严重，比 1998 年还要严重，有一万多辆汽车发动机进水、报废。“内涝”的原因是多方面的：有天灾（短时间高强度降雨），也有人祸（追求短期利益、围湖造房）。据统计，武汉市城区的湖泊由解放初期的 127 个变为现在 38 个。

所以，习近平总书记在党的十九大报告中特别强调：人与自然是生命共同体，人类必须尊重自然、顺应自然、保护自然；强调要加快生态文明体制改革，建设美丽中国。

学生：老师如何看待“地理环境决定论”的说法呢？

教师：地理环境尽管对于社会的存在和发展有重要的影响作用，但不起决定作用，如果片面夸大地理环境的作用，认为地理环境可以决定一切，就会犯“地理环境决定论”的错误。“地理环境决定论”的主要代表人物是法国启蒙思想家孟德斯鸠，孟德斯鸠认为“一个国家的政治法律制度的选择是由民族性格决定的，而民族性格又是由地理环境决定的”；又认为“热带民族和老人一样胆怯；寒带民族则像青年一样勇敢”，所以“热带民族的懦弱往往使他们陷入奴隶地位，而寒带民族的强悍则使他们保持自由的地位。所有这些都是自然原因造成的”。

地理环境决定论显然是错误的。第一，地理环境不能决定社会的性质和社会制度的更替。社会的性质和社会制度的更替主要是由生产力发展水平以及社会基本矛盾决定的。第二，地理环境对于社会生产和社会发展的作用，是通过具体的生产过程发挥出来的。在没有纳入生产过程之前，它只是可能的环境，只有成为劳动对象、劳动手段时，才能在社会生产和社会发展中发挥作用。再优越的地理环境如果不能合理利用，也无法发挥作用。第三，地理环境不仅不是社会发展的决定力量，相反，其作用和影响要受到社会历史条件的制约。社会生产力水平和科学技术水平的高低，社会性质和

① 马克思恩格斯选集（第 4 卷）[M]. 北京：人民出版社，2012：383.

制度的好坏，都直接影响和制约地理环境的状况及其作用的发挥。总之，我们要辩证地看待地理环境在社会发展中的作用。

（三）社会意识的相对独立性与文化自信

教师：各位同学好！这节课我们来讨论社会意识的相对独立性与文化自信问题。

所谓社会意识的相对独立性，是指社会意识一旦产生之后就具有自觉能动的性质和独特的发展道路，它可能在一定时期内同自己赖以存在的现实的社会存在不相适应，因而它对于社会存在具有差别性、对立性和发展的不平衡性。

学生：老师您好！请问社会意识的相对独立性的主要表现有哪些呢？

教师：第一个表现是社会意识发展变化与社会存在发展变化的不完全同步性。这种不完全同步性有两种情况：其一，社会意识往往落后于社会存在。例如，在生产资料所有制的社会主义改造基本完成之后，我们建立了生产资料的社会主义公有制，基本消灭了封建主义的经济基础，但是，封建主义的意识并没有完全消失。比如，封建的等级特权观念、家长制作风、权大于法的思想等，至今在有些人头脑之中还根深蒂固。正如马克思指出的：“一切已死先辈们的传统，像梦魔一样纠缠着活人的头脑。”列宁也指出：“千百万人的习惯势力是一种最可怕的势力。”

其二，先进的社会意识具有超前性、预见性，它能够在一定的程度上科学预见社会的发展趋势，成为社会实践的向导。例如，马克思和恩格斯在自由资本主义时期，通过对资本主义社会基本矛盾的分析，科学预见了资本主义必然灭亡、共产主义必然胜利，得出了“两个必然”（不可避免）的科学结论。又如，在抗日战争进入相持阶段时，毛泽东通过中日之间的力量对比分析，在 1938 年 5 月写了《论持久战》，科学预测了抗日战争发展的三个阶段（战略后退、战略相持、战略反攻）的规律，得出了最后胜利必然是中国的科学结论。

第二个表现是社会意识发展同社会经济发展水平的不平衡性。这种不平衡性也有两种情况：一种是经济上发达的国家和地区，其社会意识不一定是先进的，甚至可能存在精神的垃圾；另外一种情况是：经济上落后的国家和地区，其社会意识不一定是落后的，可能是先进的，甚至可能超过发达国家和地区。例如，18 世纪法国经济发展水平远远赶不上英国，因为英国工业革命完成比较早，到了 18 世纪英国成为世界上头号强国，号称“日不落帝国”，但是，18 世纪英国的哲学思维水平却赶不上法国，当时英国哲学界占统治地位的是贝克莱的主观唯心主义和休谟的不可知论。而法国在 18

世纪却产生了一大批伟大的启蒙思想家（伏尔泰、雨果、孟德斯鸠、卢梭等）和战斗的无神论者（拉美特利、爱尔维修、狄德罗、赫尔巴赫等）。19 世纪德国的经济发展水平远远赶不上英国和法国，但是，在哲学上却产生了康德、黑格尔、费尔巴哈这些哲学大家，甚至产生了哲学史上最先进、最伟大的马克思恩格斯哲学思想。所以，恩格斯指出："经济上落后的国家在哲学上仍然能够演奏第一提琴：18 世纪的法国对英国来说是如此，后来的德国对英法两国来说也是如此。"所谓"第一提琴"，就是演奏时代的主旋律，引领时代潮流。

第三个表现是社会意识的发展具有历史的继承性。这就是说，每一历史时期的社会意识及其各种形式，都同它以前的社会意识形式有某种继承的关系，都是整个人类意识发展链条上的一个环节。例如，在物理学上牛顿与伽利略的关系，大家知道牛顿出名很早，成名之后许多人夸奖他是"天才"，牛顿说：如果我比别人看得更远，那是因为我站在巨人的肩上。没有开普勒、伽利略对于行星的大量观察留下的丰富的思想材料，苹果砸我一万次头我也想不出"万有引力定律"。

同样，在哲学上，如果没有黑格尔和费尔巴哈的哲学贡献，也就没有马克思哲学。马克思之所以伟大，是他善于借鉴吸收他人的成果，特别是批判地吸收了黑格尔辩证法的合理内核和费尔巴哈唯物主义的基本内核，才创立了辩证唯物主义和历史唯物主义。

第四个表现是社会意识各种形式之间相互作用和相互影响，每一种社会意识形态的产生和发展都不是孤立的。它们之间既相互区别又相互联系、相互作用和相互影响。如系统论是美国生物学家贝塔朗菲创立的，本来是生物学的研究方法，现在广泛应用于人文社会科学研究。如社会是一个系统，行政管理是一个系统，武汉大学是一个系统。又如，后现代主义、解构主义方法本来是语言学的方法，通过对话语的解构分析，颠覆话语背后的思维逻辑，现在解构主义方法也广泛应用于人文社会科学领域的研究。

第五个表现是社会意识对社会存在具有能动的反作用，这是社会意识相对独立性最突出的表现。这里有两种基本情况：先进的社会意识对社会存在的发展起积极的促进作用；落后的社会意识对社会存在的发展起消极的阻碍作用，甚至暂时改变社会经济发展的前进方向，造成社会历史发展的严重曲折。

前面一种情况，例如，包括邓小平理论、"三个代表"重要思想、科学发展观、习近平系列重要讲话精神在内的中国特色社会主义理论体系，这样一种先进的社会意识，推动了中国特社会主义建设的发展，在中国特色社会主义理论体系的指导下，中国的改革开放取得了令人瞩目的巨大成就。

后面一种情况，例如，希特勒宣扬的“日耳曼民族至上性”“日耳曼民族是世界上最优秀的民族”这种腐朽的、反动的社会意识，在这种腐朽的、反动的社会意识的支配下，德意志民族将整个世界推向第二次世界大战深渊，给人类带来了巨大的灾难。

学生：结合中国特色社会主义新时代背景，社会意识的相对独立性和反作用又有什么方法论意义呢？

教师：由于社会意识具有相对独立性和巨大的反作用，所以在党的十九大报告中，习近平总书记特别强调坚持社会主义核心价值体系、培育和践行社会主义核心价值观、坚定中国特色社会主义文化自信的极端重要性。习近平总书记强调指出：坚定中国特色社会主义道路自信、理论自信、制度自信，说到底是要坚定文化自信。文化自信是一个国家、一个民族发展中更基本、更深沉、更持久的力量。

所谓“更基本”，指的是文化的地位更基本、更稳固，强调的是文化地位的稳定性。文化甚至可以渗透到人的潜意识当中，形成一种集体无意识，从而自觉不自觉地影响和作用于人的思想和行为。所谓“更深沉”，指的是文化的影响程度更深，强调的是文化影响程度的深刻性。文化是一个国家、一个民族的生产方式和生活方式的长期传承和深沉积淀，它既传承过去，又支配现在，还影响未来。所谓“更持久”，指的是文化的作用更持久，强调的是文化影响时间长远性。

相对于物质、制度的影响作用来说，文化的作用在时间上更持久。因为物质层面（器物）的东西是经常改变的，一个民族、一个国家经济的发展速度是很容易变化的，制度更新和变化也比较快，但是文化是经过长期历史传承沉淀下来的，是很难改变的，正如香港歌星张明敏在《我的中国心》歌曲中所唱到的，“洋装虽然穿在身，我心依然是中国心”。

文化自信实际上体现的是一种文化心理认同，文化心理认同包括理性的认知、情感的认同，最后上升为一种价值信仰。只有依靠文化心理的认同即文化自信，才能使道路自信、理论自信和制度自信更加稳固、更加坚定，才能真正渗透到人们的理性、情感和信仰之中。从而真正将中国特色社会主义的经济发展优势转化为话语优势。

（四）社会发展的正能量有哪些：社会发展的动力系统

教师：同学们好！今年我们讲的主题是“社会发展的动力系统”。“动力”也叫“正能量”，它是相对“阻力”“负能量”来说的，社会发展的动力是多方面的。社会基本矛盾、阶级斗争、社会革命、社会改革、科学技术以及人民群众共同构成了推动社会发展的动力系统。

学生：老师您好！您能分别解释一下它们的作用吗？

教师：首先，社会基本矛盾即生产关系和生产力、上层建筑和经济基础之间的矛盾，它规定并反映了社会基本结构的性质和基本面貌，是推动社会发展的根本动力。其次，在阶级社会里，社会基本矛盾表现在阶级关系上，就是阶级矛盾和阶级斗争，阶级斗争是阶级社会发展的直接动力。再次，社会基本矛盾解决的基本方式有两种：社会革命和社会改革。社会革命是实现社会形态更替的决定性手段和重要环节；社会改革是同一社会形态自我完善、自我发展的重要途径。复次，科学技术是推动社会发展的重要杠杆，在当代，科学技术越来越成为第一生产力。最后，社会历史的主体是人，人民群众是推动社会历史发展的主体力量。

学生：为什么说社会基本矛盾是社会发展的根本动力呢？

教师：矛盾是推动事物发展的动力，社会领域也不例外。生产力和生产关系、经济基础和上层建筑的矛盾是社会基本矛盾，这两对矛盾贯穿于人类社会发展过程的始终，并规定了社会过程中各种社会形态、社会制度的基本性质。社会基本矛盾制约着社会其他矛盾的存在和发展，决定社会历史的一般进程，推动社会向前发展。社会基本矛盾运动形成了人类社会发展的基本规律——生产关系一定要适合生产力发展状况的规律，上层建筑一定要适合经济基础发展状况的规律。

学生：您能继续谈谈阶级斗争是什么以及它产生的作用有什么表现吗？

教师：阶级斗争是指两个在经济利益上根本对立的、敌对的社会集团、社会势力之间的冲突与对抗。在根本经济利益一致基础上的不同社会阶级和阶层之间的矛盾和冲突，我们称为人民内部矛盾，而不叫阶级斗争。

阶级斗争的历史作用表现在：先进的、革命的阶级反对落后的、腐朽的、反动阶级的阶级斗争，是阶级社会发展的直接动力。因为在阶级社会里，社会基本矛盾表现在阶级关系上就是阶级矛盾和阶级斗争，只有通过阶级斗争，才能推翻维护旧的生产关系的旧的上层建筑，建立新的生产关系和上层建筑，建立新的社会形态，从而解放和发展生产力，推动人类社会前进发展。人类社会五大社会形态更替充分说明了这一点。

另外，阶级斗争的作用还表现在同一社会形态的量变过程中。例如，中国封建社会的农民起义和农民战争，尽管最终结果都是成为封建统治阶级改朝换代的工具，但是，每次农民起义和农民战争都在不同程度上打击了地主阶级的统治，动摇其统治的基础，迫使统治阶级对于生产关系进行某种程度上的改良和调整，从而或多或少地推动了生产力的发展和社会的进步。例如，秦末农民大起义之后产生的汉初“文景之治”、隋末农民大起义之后产生的唐初“贞观之治”、明末农民大起义产生的清初“康乾盛世”，充分说明了这一点。

历史上处于上升时期的新兴地主阶级和资产阶级曾经扮演过革命的角色，对生产力发展和社会进步起过重要的推动作用，但由于剥削者固有的阶级局限性，他们斗争的目的是用一种剥削制度取代另一种剥削制度，因而，此种斗争的革命性和进步性是有限的。以往剥削阶级的革命都是解放自己的“自私的革命”，他们是受苦的媳妇熬成了婆，熬成了婆之后又来折腾自己的媳妇。

无产阶级不同于历史上的其他一切阶级，它是人类历史上最先进、最富有革命彻底性、最有前途的阶级。无产阶级反对资产阶级的斗争，是以消灭私有制和一切剥削制度、解放全人类为最终目的的斗争，其历史进步作用是其他阶级斗争不可比拟的。无产阶级只有解放全人类，才能最终解放自己（无产阶级是要彻底解构、否定这个“婆婆”——私有制和一切剥削制度）。

学生：社会基本矛盾是社会发展的根本动力，而解决社会基本矛盾有两种基本方式——社会革命和社会改革，那么什么是社会革命和社会改革，它们又分别有什么历史作用呢？

教师：所谓社会革命，是先进的革命阶级用暴力推翻反动统治阶级的统治，用新的社会制度代替旧的社会制度，解放生产力，推动社会前进发展。社会革命是通过社会形态的更替来实现，国家政权从反动阶级手里转移到革命阶级手里，是实现社会形态变革的首要的基本的标志。

所谓社会改革，是在不改变社会基本经济、政治、文化制度的前提下，对于生产关系不适合生产力发展的环节和部分、上层建筑不适合经济基础发展的环节和部分进行自我调整和自我完善，改革是通过社会体制机制的创新和完善来实现。

究竟是革命好还是改革好，不能一概而论，而要视具体历史情况而定。例如，戊戌变法和辛亥革命。

第二个问题，社会革命在社会发展中的重要作用表现在：首先，社会革命是实现社会形态更替的重要手段和决定性环节。当旧的生产关系严重阻碍生产力，旧的上层建筑又极力维护旧的经济基础时，必须通过社会革命这一手段来摧毁或扫除历史前进的障碍。其次，社会革命能充分发挥人民群众创造历史的积极性和伟大作用。由于社会革命代表了广大人民群众的根本利益，所以能够充分激发他们的革命热情和聪明才智。最后，无产阶级革命将会为消除阶级对抗，并充分利用全人类的文明成果，促进社会全面进步而创造条件。

改革是推动社会发展的又一重要动力。改革就是要用新体制取代旧体制，使生产关系适应生产力的发展，使上层建筑适应经济基础的发展。从用新体制代替旧体制并解放生产力这个意义上说，改革也是一场革命。我国经过 40 多年改革开放，不断破除束缚经济社会发展的传统的计划经济体制和旧机制，初步建立起社会主义市场经济体制，推动了我国经济和社会的全面进步和人的全面发展，使中国特色社会主义事业充满了生机和活力。目前中国成为世界第二大经济体，日益走近世界舞台的中央。

学生：如何看待科学技术在社会发展中的作用呢？

教师：科学技术是推动社会发展的重要杠杆，科学技术特别是科学技术革命是"在历史上起推动作用的革命力量"。马克思对科学技术的伟大历史作用作过精辟而形象的概括，认为科学是"历史的有力的杠杆"，是"最高意义上的革命力量"①，充分肯定了科学技术的历史作用。

社会基本矛盾、阶级斗争、社会革命和社会改革以及科学技术，在社会发展过程中是同时起作用的。而社会历史发展不是无主体的盲目发展过程，社会历史的主体是人，人民群众是推动社会历史发展的主体力量。总之，社会发展是一个复杂的动力系统，是合规律性与合目的性的辩证统一。

（五）革命与改革：社会变革的两种基本方式

教师：同学、各位朋友，大家好！今天我们来探讨变革社会的两种基本方式——革命和改革的问题。首先我们来谈谈革命问题，马克思有一句名言："革命是历史的火车头"，说明了革命在推动历史前进过程中的重大作用。

学生：老师，能解释一下革命的具体内涵吗？

教师："革命"一词有广义和狭义之分。广义的革命，包括社会生活中一切推动社会生产力发展、推动社会进步的根本性变革，如产业革命、科技革命、教育革命、文化革命等，这些都是在革命的广义上使用的概念。我们这里是在狭义上使用的，"革命"一词的本义是指政治革命，即革命阶级推翻反动阶级的政治统治，建立新的社会

---

① 马克思恩格斯全集（第 19 卷）[M]. 北京：人民出版社，1963：372.

制度所造成的社会形态的质的飞跃。换句话说，革命的实质就是革命阶级推翻反动阶级的统治，用先进的社会制度去代替腐朽的社会制度，解放被束缚的生产力。国家政权从反动阶级手里转移到革命阶级手里，是实现社会形态变革的首要的、基本的标志。

学生：老师，您能谈谈革命为什么会发生以及革命如何推动历史前进吗？

教师：问题提得好！革命为什么发生的问题，就是探讨革命发生的根源和条件。在《〈政治经济学批判〉序言》中，马克思指出：“社会的物质生产力发展到一定阶段，便同它们一直在其中运动的现存生产关系或财产关系（这只是生产关系的法律用语）发生矛盾。于是这些关系便由生产力的发展形式变成生产力的桎梏。那时社会革命的时代就到来了。”也就是说社会革命的深层根源在于社会基本矛盾的尖锐化，在于生产关系一定要适合生产力状况这一客观规律的要求。社会革命根源于社会基本矛盾的尖锐化。生产力的发展和旧的生产关系、经济基础的发展和旧的上层建筑之间出现矛盾冲突，是社会革命爆发的根本原因。

具体来说，阶级斗争发展到一定程度，必然导致革命。社会革命是阶级斗争的最高形式。翻开历史的日历，反动的统治阶级绝不会自动退出历史舞台，他们总是千方百计镇压被统治阶级的反抗以维护自己的统治。对于被统治阶级来说，不革命就不能改变自己受剥削受压迫的命运。

社会革命是在一定的形势和条件下发生的。它的爆发既要具备一定的客观条件，如经济条件和政治条件，又要具备一定的主观条件，如革命阶级的觉悟程度、组织程度和群众的发动程度等。

第二个问题，革命何以能够推动历史前进，实际上就是探讨革命的功能问题。总的来说，革命的主要功能在于推翻反动阶级的统治，变革旧的生产关系，用新的社会制度代替旧的社会制度，为生产力的发展扫清障碍，解放生产力，推动社会发展。

具体来说，革命对社会发展起作用表现在：首先，社会革命是实现社会形态更替的重要手段和决定性环节。其次，社会革命能充分发挥人民群众创造历史的积极性和伟大作用，并且还能够极大地教育和锻炼包括革命阶级在内的广大人民群众。最后，无产阶级革命将为消除阶级对抗，并充分利用全人类的文明成果促进社会全面进步而创造条件。

学生：最近有人提出“告别革命”命题，我们应该如何看待呢？

教师：总体而言，这是一种改良主义的论调。马克思主义重视革命的伟大作用，同时也不否认改良作为革命的一种补充手段对争取劳动者境况的改善所起的作用。马克思主义不拒绝改良，但反对改良主义。因为改良主义主张用改良代替社会革命。

学生：改革开放是决定当代中国命运的关键抉择，是时代强音。在我国历史上，改革的事例很多，最为有名的成功案例当属商鞅变法（改革），当然最终以失败收场的就更多，世界历史上也有很多有名的改革案例，如梭伦改革、明治维新等，所以，改革事关国运。老师能简单陈述一下“改革”的含义吗？

教师：改革是统治阶级在维持其统治的条件下，以维护社会的根本制度为前提和目标，对现存社会制度所进行的自我调整和自我完善。通过将它与革命进行比较，可以更明确理解其含义。

学生：那么改革的根源又是什么呢？

教师：同革命一样，改革的发动也根源于社会基本矛盾的运动。社会基本矛盾运动的结果，不仅表现为通过革命实现一种新的社会制度取代旧的社会制度，而且表现为通过改革实现社会制度的自我调整和完善。如果说革命是社会发展的质的变化，改革则是同一种社会形态发展过程中的量变，是推动社会发展的又一重要动力。

学生：现在改革越来越接地气了，教育改革、医疗等是我们每一个人都关心的问题，希望这些问题能够倒逼改革更有成效。

教师：是的，改革进入深水区，进入攻坚战阶段，改革需要我们每一个人的关心、支持、参与，做改革的促进派。

学生：我国社会主义改革与以往改革、资本主义改革有区别吗？

教师：恩格斯指出：“我认为，所谓‘社会主义社会’不是一种一成不变的东西，而应当和任何其他社会制度一样，把它看成是经常变化和改革的社会。”我国社会主义改革是社会主义制度的自我完善、自我发展，其目的是解放生产力，发展生产力，促进社会的全面进步，最终促进每一个人的自由全面发展。改革开放是决定当代中国命运的关键抉择，是发展中国特色社会主义、实现中华民族伟大复兴的必由之路。

综上所述，革命是对原有社会制度进行的根本变革，对原有社会的统治阶级的利益造成根本性变革，因而统治阶级必然给革命制造障碍，必然想千方设百计避免或扼杀革命。而对于被统治被压迫阶级而言，正如恩格斯所说：“革命就是一部分人用枪杆、刺刀、大炮，即用非常权威的手段强迫另一部分人接受自己的意志。”

至于方式问题，革命之所以采用暴力方式进行，并非因为革命者钟爱暴力或革命必须使用暴力，而是在面对顽固势力的拼死阻挠的情况下，为取得革命的胜利而不得不采取的手段，正如列宁所说：“反动阶级通常都是自己首先使用暴力，发动内战，

‘把刺刀提到议事日程上来’。”马克思主义者在强调革命暴力形式的同时，并没有否认通过和平手段取得革命胜利的可能性，正如恩格斯所言：“阶级之间战争的进行，并不取决于是否采取真正的军事行动，它并不是永远都要用街垒和刺刀来进行。”当革命力量占有极大优势，利用和平手段也可以实现社会性质转变的情况下，革命者是愿意采用和平手段的。

与被统治阶级发起对社会制度进行质的改变的革命不同，改革是统治阶级主动发起的旨在维护统治阶级利益，对现有社会体制和制度进行局部的量的变革；改革是在现有体制框架内的改进，其措施和幅度不会超出现有的社会性质。在社会发展历程中，改革具有巨大作用，成功的改革会推动社会发展进步，改革失败则可能造成国家灭亡和社会倒退。

20世纪可以说是革命与改革的世纪，该世纪的前半段是革命的时期，俄国十月革命开其端绪，继之以中国革命、广大亚非拉殖民地半殖民地人民的革命，一百多个国家的人民走上了民族独立解放的道路。20世纪后半段可以称为改革时期，通过改革开放，以中国为首的社会主义国家综合实力显著提高，拓展了发展中国家走向现代化的途径，给世界上那些既希望加快发展又希望保持自身独立性的国家和民族提供了全新选择，为解决人类问题贡献了中国智慧和中国方案。当然，改革只有进行时，没有完成时，永远在路上。

（六）造福还是造孽：科学技术在社会发展中的作用

教师：同学们好！近几年，人工智能（AI）方兴未艾，Alphago悉数击败李世石、柯洁等世界围棋冠军，引发舆论广泛关注；有人担心机器人会夺走人类的饭碗，甚至控制人类。如何看待科学技术在社会发展中的作用呢？这涉及我们如何看待技术决定论问题。

学生：老师您好！我上网搜集了一些资料，发现技术决定论是20世纪70年代以来一股逐渐引起广泛社会反响的思潮。其萌芽可以追溯到三百多年以前，早在17世纪，英国的弗兰西斯·培根就把技术进步看做人类精神进步的主要促进因素；18世纪法国启蒙思想家孔多塞把技术看做社会进步的重要指标；到了19世纪，马克思则把技术置于社会的中心位置来加以考察。

教师：是的。所谓“技术决定论”，就是认为技术是对人类社会发展起决定作用的理论，它认为技术可以解释和解决人类社会发展中遇到的一切问题。该理论有两个要点：其一，技术是独立于社会之外的因素，它的进化发展是自主的；其二，技术是社会发展的决定性因素，技术发展决定社会变迁。

学生：技术决定论是不是分为几个不同种类呢？

教师：是的。根据对于技术发展前景的态度，可以将技术决定论区分为技术乐观主义和技术悲观主义。前者相信技术是解决一切人类问题并且能给人类带来更大幸福的可靠保障；后者则认为技术在本质上就具有非人道的价值取向，现代技术会给人类社会及其文化带来灭顶之灾。

随着科技负面效应日益显现，技术乐观主义者有所减少，而技术悲观主义的人数则有所上升。看到 Alphago 击败了众多顶尖围棋高手，一些人就担心机器人会超越人类，甚至会控制人类；看到克隆羊、克隆猴，就担心克隆技术的运用会威胁到人类自身，这些都是技术悲观主义的典型例子。

学生：既然马克思把技术置于社会的中心位置来加以考察，那马克思主义是技术决定论吗？

教师：这是个好问题！很多技术决定论者把马克思奉为鼻祖，他们经常引用马克思的一句名言："手推磨产生的是封建主为首的社会，蒸汽磨产生的是工业资本家为首的社会。"但是，我们要说马克思不是技术决定论者，马克思主义也不是技术决定论。

学生：那么，马克思主义在技术与社会关系问题上持有什么样的观点呢？

教师：马克思主义认为，社会与技术既保持着各自的相对自主性，同时，二者之间又存在着复杂的双向互动。因此，在技术与社会关系问题上，不能孤立地看待其中任何一方，而应该把技术与社会看成是一个动态整体。也就是说，社会和技术处于经济、政治、文化、社会、生态等要素间的整体性互动和进化之中。就此而言，单独强调技术对社会的决定作用是不全面的，也是不正确的。

学生：能具体分析一下技术决定论错在哪儿吗？

教师：具体来说，主要错在以下三个方面：

第一，方法论上的片面性和简单化。在评价技术的影响及其后果的时候，技术乐观主义只看到了技术对社会所产生的积极影响和结果，忽视或无视技术对社会所带来的消极影响和结果，因而对技术发展前景抱有简单的美好期待。技术悲观主义则看到了太多技术负面影响和结果，从而对技术发展前景感到悲观、恐惧，甚至认为应该限制技术的发展。二者都是非辩证的。

第二，夸大了技术自主性，没有看到技术与社会之间是双向互动关系。技术表面上看起来是自主的，实际上，社会对技术创新及其运用有着举足轻重的影响。其一，在整体上，社会需要制约着技术进步的节奏和方向，恩格斯说的一句话很形象，“社会上一旦有技术上的需要，则这种需要更能比 10 所大学把科学推向前进”。其二，社会文化环境和制度决定着技术发挥作用的方式。比如，举世闻名的中国古代四大发明，在西欧帮助催生了现代资本主义制度，而在原发地中国，其对社会变迁的推动作用却相当有限。其三，当今世界科技发展及其运用仍然受到社会制度（特别是资本积累逻辑）的制约。大规模杀伤性武器、环境污染、生态失衡，这些都与资本主义制度有着密切关系，是社会制度规约技术作用方向的鲜活例证。

第三，“技术决定论”暗藏着一个理论陷阱。由于近代科学技术是在资本主义形成过程中孕育、发展和繁荣起来的，因此，从表面上看，似乎资本主义的民主政治和市场经济能够最好地适应、激发、促进科技的发展，这样“技术决定论”就存在帮助论证资本主义制度合法性的嫌疑。

教师：请同学思考一下，如何正确看待技术的社会功能呢？

学生：从历史和现实结合的角度来看，每一次科学技术的发展进步，都在不同程度上引起生产方式、生活方式和思维方式的深刻变化和社会的巨大进步。例如，现在的“新四大发明”不仅改变了中国人的生活，而且就像古代的“四大发明”一样，正在发挥着世界性影响。

教师：正确看待科学技术的社会功能，要坚持以下几点：

第一，要坚持唯物辩证的方法论立场。技术与社会是双向互动的，技术既具有相对独立性、价值负荷以及推动社会进步的功能，但它也受到社会制度和环境的规约、刺激与塑造。全国高铁网的建成改变了中国人的出行模式，并推动了中国经济社会发展，这是技术对社会进步推动作用的体现；近年来，我国科技研发资金投入屡创新高，新的科技成果层出不穷，除了“新四大发明”之外，还有“天眼”“大飞机”“歼 20”等，夺人眼球、催人奋进，这是社会进步对科技促进作用的体现。

第二，要认识到社会制度对于科学技术社会功能发挥的规约和限制。科技正面社会功能的发挥，首要的就是要有合理的社会制度来保障科技的正确运用，使科技始终为人类造福。在当今世界，特别要警惕由于资本的盲目逐利而对科技的非人道利用或被资产阶级用作剥削压迫人民的工具。

第三，要坚持对待科学技术的正确原则理念。一是正确处理人与自然的关系，自然不是人无止境索取和利用的对象，而是人类的伙伴；二是可控性原则，一些新的科技发明和创造，在没有充分认识其运作机制和后果，或者尚未进行无害化处理的情况下，不宜轻易利用，如不可降解塑料、转基因食品和克隆技术；三是法治化原则，现代科学技术应全方位纳入法治轨道；四是人类尊严原则，科学技术的运用推广，归根结底是为了人类谋幸福和保障人的尊严。

做到了这几点，就可以确保技术的发展及其运用不会“出格”。

学生：现代科学技术真是发展得越来越快，人们还没有很好地适应既有科技成果，新的科技成果就已经扑面而来，恐惧和退避没有出路，需要的是更大的包容能力，更强的学习和适应能力。

教师：现今方兴未艾的人工智能革命，像以往人类历史上发生的历次技术革命一样，正在或即将改变我们的生产方式、生活方式甚至思维方式。但是无需过分担忧恐惧。只要我们不断推进社会制度合理化变革，始终把握住技术运用的正确方向，使之始终为人类的美好生活服务，所有的担心必然将灰飞烟灭，技术终将为人类的尊严和幸福服务。技术决定不了我们人类的命运，决定人类命运的是我们人类自身。这节课就讲到这里，谢谢大家！

（七）时势造英雄还是英雄造时势：人民群众和杰出人物的历史作用

教师：同学们好！今天我们来讨论一下人民群众和杰出人物在历史上的作用问题。

学生：老师您好！“谁是历史的创造者，怎样看待人民群众和杰出人物的历史作用?”这是在社会认识史上长期困扰人们的难题。老师，您能先解释下什么是人民群众吗?

教师：人民群众有质和量两种规定性。从量上讲，人民群众是指社会居民中的绝大多数，而不是少数人；从质上说，人民群众是指一切对社会历史发展起推动作用的人，而不是起阻碍作用的人。凡是顺乎社会历史发展的潮流，代表先进的阶级、阶层和社会集团的利益，对社会历史的发展起推动作用的阶级、阶层和社会集团，都是人民群众。当然，人民群众是一个历史范畴，在不同的历史条件下，其内涵和外延都有所不同。

学生：我们通常讲“人民群众是社会物质财富的创造者”和“社会变革的决定力量”，这个很好理解。因为毕竟物质资料的生产是人类社会赖以存在和发展的基础，而物质资料生产的主体是人民群众，特别是广大的劳动人民群众。而且人民群众的“民心向背”形成社会历史的潮流，“民心不可违”，“得民心者得天下，失民心者失天下”，“水可载舟，亦可覆舟”。那为什么说“人民群众是社会精神财富的创造者”呢？社会的精神财富不是“才子佳人”创造的吗？

教师：“人民群众是社会精神财富的创造者”可以从两个方面来理解。

首先，人民群众创造的物质财富为社会的精神生产提供了物质前提、物质条件和物质保证。其次，人民群众中的许多劳动者还直接从事社会精神财富的创造。例如，中国最早的一部诗歌总集——《诗经》，就是古代中国人民的集体智慧的结晶；阿拉伯世界的《天方夜谭》，也是古代阿拉伯人民的集体智慧的成果。

学生：历史唯物主义主张人民群众是历史的创造者，并不否认个人特别是杰出人物的历史作用。但我们经常有一个疑问，历史人物、杰出人物、领袖人物之间到底怎么区别？

教师：按照个人对历史影响作用的大小，可以区分为普通个人和历史人物。历史人物是指在历史发展过程中起过重大作用的人物，在历史人物中，按其对历史影响作用的性质即是否促进历史发展，又可区分为杰出的历史人物和反动的历史人物。

杰出的历史人物（名垂青史），是指那些反映时代要求，代表进步阶级或阶层利益，对历史发展起显著促进作用的代表人物。其中包括杰出的政治家、思想家、科学家、艺术家，等等。反动的历史人物（遗臭万年），是指那些逆历史潮流而动，对历史发展起阻碍作用的著名人物。杰出人物中的杰出政治家则是革命的领袖人物。

学生：那么杰出人物在历史上到底起到了什么作用呢？

教师：杰出人物的历史作用主要体现在以下四个方面：

第一，先进阶级的政治代表人物所提出的先进思想，是社会革命的先导，他们在革命斗争中起着倡导者和发起人的作用。例如，马克思主义是无产阶级革命运动的思想理论先导。

第二，先进阶级的政治代表人物是广大群众和先进阶级进行革命斗争的组织者和领导者，他们在革命斗争中起着核心和中流砥柱的作用。例如，毛泽东就是中国新民主主义革命的核心和中流砥柱。

第三，有些占统治地位的剥削阶级的政治代表人物，在特定的历史条件下，由于反映了社会历史发展的潮流和趋势，他们所采取的某些措施也对历史的发展起某种推动作用。例如，商鞅、王安石的变法，尽管是为了维护地主阶级；美国联邦党人制定的美国宪法，尽管是为了维护资产阶级的利益，但是在当时，客观上推动了历史的进步。

第四，杰出的思想家、科学家和艺术家的创造性的劳动，对于人类科学文化的发展，对于人民群众思想道德水平的提高，从而对于历史的进步，有重要的推动作用。

学生： 既然杰出人物有如此巨大的历史作用，那是不是能说“英雄创造历史”“英雄造时势”呢？

教师： 不是。历史上的一切杰出人物，无论其历史功勋多么卓著，都不是社会历史的决定力量。

首先，杰出人物的出现及其历史作用是历史的产物。杰出人物之所以出现以及之所以发挥巨大的历史作用，是因为他们反映了历史发展的潮流和趋势，这就是“时势造英雄”，而不是“英雄造时势”。例如，毛泽东的出现就既是必然的，又是偶然的。一方面，中国革命迫切需要像毛泽东这样的伟大历史人物来领导，没有毛泽东也会创造一个“毛泽东”来，这是必然的；另一方面，中国革命恰恰是由毛泽东而不是由其他历史人物来领导，这对于历史的必然性来说又是偶然的；但是，偶然性的背后隐藏着必然性，因为毛泽东的性格、气质、才能、经验最适合担当中国革命的领袖。

其次，杰出人物是在群众斗争的实践中产生的，伟大的群众斗争的实践造就了伟大的历史人物。杰出人物要发挥积极的历史作用，就必须代表人民群众的利益和要求，要集中群众的智慧和经验，只有这样才能得到群众的拥护和支持。否则，即使有卓越的才能，也会英雄无用武之地，甚至被时代所抛弃。总之，是时势造英雄，而不是英雄造时势。

三、解疑释惑

（一）社会存在和社会意识的辩证关系

社会存在与社会意识的关系问题，是社会历史观的基本问题，正确认识这一问题是解决其他社会历史观问题的基础和前提。“不是意识决定生活，而是生活决定意识”①，马克思主义唯物史观认为社会存在和社会意识是辩证统一的，社会存在决定社会意识，社会意识是社会存在的反映，并反作用于社会存在。

社会存在是社会意识内容的客观来源，社会意识根源于社会存在，是对社会物质生活过程及其条件（以实践为基础的不断变化发展的现实世界）的主观反映，是人们

---

① 马克思恩格斯文集（第1卷）[M]. 北京：人民出版社，2009：525.

进行社会物质交往的产物。社会意识产生的基础是人类的社会实践，实践的能动性决定了社会意识反映社会存在的能动性。

但社会意识并非消极被动地受制于社会存在，它既依赖于社会存在，又有其相对独立性，即社会意识在从根本上受到社会存在决定的同时，还具有自己特有的发展形式和规律。主要表现在：一是社会意识与社会存在发展的不完全同步性和不平衡性，意识发展水平可能先于经济发展水平，也可能滞后于经济发展水平。二是社会意识内部各种形式之间的相互影响及各自具有的历史继承性。三是社会意识对社会存在能动的反作用，这是社会意识相对独立性的突出表现；先进的社会意识反映了社会发展的趋势和要求，对社会发展起着积极的促进作用，反之落后的社会意识对社会发展起着消极的阻碍作用。

（二）为什么说物质资料的生产方式是社会发展的决定力量?

物质资料的生产方式，通常简称为生产方式，是指人们为获取物质生活资料而进行的生产活动的方式，它是生产力和生产关系的统一体，是社会存在和发展的基础及决定力量。

首先，物质生产活动及其生产方式是人类社会赖以存在和发展的基础，是人类其他一切活动的首要前提。人们要从事政治、科学、艺术等活动，首先要吃、喝、住、穿，能够生活；为了能够生活，就需要有食物、住房、衣服等生活资料，为了获得这些生活资料，就必须从事物质生产。马克思说过，“任何一个民族，如果停止劳动，不用说一年，就是几个星期，也要灭亡”,① 人类要想生存下去，必须进行物质生产。

其次，物质生产活动及生产方式决定着社会的结构、性质和面貌，制约着人们的经济生活、政治生活和精神生活等全部社会生活。不同社会形态之所以互相区别，根本原因就在于它们有着不同的生产方式；一个社会处在什么样的发展阶段，它的社会制度、阶级结构以及思想文化状况如何，人们的社会关系、生活方式怎样，等等，归根结底取决于生产方式，有什么样的生产方式，就有什么样的社会形态。比如，进入信息科技时代，人们的劳动方式由机械自动化走向智能自动化、由局部自动化走向系统管理自动化，社会经济结构特别是产业结构发生变革，科技人员和管理人员的比例日益增长；劳动生产率的提高，使人们自由支配的闲暇时间增多，获取和传递信息更加便利，为人们的日常学习和交往提供了更多机会。

---

① 马克思恩格斯文集（第10卷）[M]. 北京：人民出版社，2009：289.

最后，物质生产活动及生产方式的变化发展决定整个社会历史的变化发展，决定社会形态从低级向高级的更替和发展。根据社会基本矛盾及其运动规律，随着生产方式的变革，整个庞大的上层建筑（政治法律制度、意识形态等）也会或快或慢地发生变革，从而推动着社会形态的变革。人类社会从原始社会向奴隶社会、封建社会、资本主义社会和社会主义社会的转变，以及将来进入共产主义社会，都是生产方式发展和变革的结果。

（三）改革和革命的联系与区别是什么？

联系：（1）两者都根源于生产力与生产关系、经济基础与上层建筑的基本矛盾。（2）都是历史唯物主义的重要范畴，都是通过某种手段和措施来改变与生产力不相适应的生产关系、与经济基础不相适应的上层建筑，都是旨在解决社会基本矛盾、促进生产力发展、推动社会进步的历史运动形式和有效方法途径。（3）在一定社会形态总的量变过程中，当社会基本矛盾发展到一定程度但又尚未激化到引起社会革命的程度时，就需要依靠改革的途径或手段。（4）全局性的、深层次的改革对社会的生产关系和上层建筑有深层的触动和调整，甚至会影响到一定社会的发展方向，在一定意义上也称为“革命”或“社会革命”，这种概念的用法不是从社会形态更替的本来意义来说的，而是就这种改革的深刻性和对社会广泛而深远的影响而言的。

区别：（1）从含义和程度来看：广义的社会革命是指在社会基本矛盾运动基础上的社会生活的全面变革，狭义的社会革命主要是指社会形态的变更；其实质是革命阶级推翻反动阶级的统治（国家政权从一个阶级转移到另一个阶级手中），用新的社会制度取代旧的社会制度，把生产力从已不能容纳它的旧的生产关系中解放出来，从而推动社会发展，这是一种社会制度的根本质变，适用于解决现存的社会基本制度问题。改革是在不改变社会基本制度的前提下，对生产关系和上层建筑的某些方面和环节进行局部的或根本性的变革，这是同一种社会形态发展过程中的量变和部分质变，适用于解决现存的社会体制存在的问题。（2）从目的和主体来看：革命是由被统治阶级发起的，目的是夺取并建立新的政权，改变旧的生产关系，实现社会的根本改造；改革则是由统治阶级发起的，目的是通过社会制度的自我完善和发展，更好地维护和巩固自我的统治地位。（3）从方式和力量来看：革命不是一种和平的进化过程，而是一种激烈的社会变动，必须通过暴力和流血的手段打碎旧的国家机器，通过自下而上的武装斗争、暴力革命实现国家政权的转移，而改革往往采取一种自上而下的、缓和的方式。

四、理论前沿

（一）始终坚持“以人民为中心”

在第十四届精神文明建设“五个一工程”表彰座谈会上，习近平总书记强调，希望广大文艺工作者坚持以人民为中心的创作导向，坚定人民信心振奋人民精神；党的十九大报告中提到“人民”的地方有203次之多，“与人民同呼吸、共命运、心连心”“坚持人民当家作主”“以人民安全为宗旨”“保持党同人民群众的血肉联系”“实现全体人民共同富裕”等重要论断频繁出现在报告中，其中“坚持以人民为中心”这一思想贯穿报告的始终，成为我们党最重要的发展理念，习总书记也将其作为中国特色社会主义的一个基本方略进行了系统论述；在改革开放四十周年大会上，习总书记再次提出“必须坚持以人民为中心，不断实现人民对美好生活的向往”，“为中国人民谋幸福，为中华民族谋复兴，是中国共产党人的初心和使命”……坚持以人民为中心，是习近平新时代中国特色社会主义思想的重要内容，是贯穿于十八大以来党和国家的全部理论和实践中的灵魂要义，在新的历史条件下创造性地运用和发展了唯物史观关于人民群众创造历史的基本原理。

坚持以人民为中心的思想，进一步凸显了马克思主义的人民性，鲜明回答了“依靠谁发展、为了谁发展”这一发展中的根本问题，站在时代和历史的高度，总结和概括了人民群众在中国特色社会主义实践中的伟大创造作用和重要主体地位，充分反映和顺应了人民群众的根本利益诉求。根据马克思主义唯物史观，人民群众是历史发展和社会变革的决定力量，是物质财富和精神财富的创造主体，习近平总书记也指出，“人民是创造历史的动力，我们共产党人任何时候都不要忘记这个历史唯物主义最基本的道理”。① 人民群众作为社会主义国家的主人、社会主义事业的建设者以及社会主义改革的参与者，决定着党和国家的前途命运，必须始终坚持人民主体地位，尊重人民首创精神，紧紧依靠群众，密切联系群众，充分调动群众的积极性、主动性、创造性，让一切创造社会财富的源泉充分涌流。

在这次抗击疫情中，我们看到了我国制度优势中人民力量所起的决定作用，从城

---

① 习近平．决胜全面建成小康社会　夺取新时代中国特色社会主义伟大胜利——在中国共产党第十九次全国代表大会上的报告［N］．新华网，2017-10-27.

市到乡村，从机关到企业，从社区到校园，从军队到地方，在党的号召下14亿人民团结一心、众志成城，群策群力、守望相助，汇聚起了疫情防控的硬核力量，书写了令世界瞩目的伟大“中国抗疫故事”。习总书记在同波兰总统杜达通话时说：“战胜这次疫情，给我们力量和信心的是中国人民。人民才是真正的英雄。只要紧紧依靠人民，我们就一定能够战胜一切艰难险阻，实现中华民族伟大复兴。”

（二）牢牢掌握党对意识形态工作的领导权

习近平总书记在党的十九大报告中明确提出“牢牢掌握意识形态工作领导权”，并作出了一系列战略部署；2018年8月，在全国宣传思想工作会议上他再次强调“坚持党对意识形态工作的领导权”，为进一步做好新形势下党的意识形态工作指明了方向。基于党领导意识形态工作长期积累的宝贵经验，以及对意识形态工作规律的认识和把握，我们认识到必须把意识形态工作领导权牢牢掌握在手中，不断巩固马克思主义在意识形态领域的指导地位，为新时代坚持和发展中国特色社会主义、实现中华民族伟大复兴的中国梦提供思想保证和精神动力。

唯物史观认为，由社会存在决定的社会意识具有反作用，由经济基础决定的上层建筑也具有反作用，统治阶级通过国家政权和意识形态的力量，排除异己势力及其思想，力图将社会特别是经济关系控制在“秩序”的范围之内，维护自己在经济基础的统治地位和根本利益，作为上层建筑重要组成部分的意识形态在特定条件下甚至具有决定意义。马克思指出，“如果从观念上来考察，那么一定的意识形式的解体足以使整个时代覆灭”,① 苏联解体的重要原因就在于思想领域的混乱，尤其是意识形态的激烈斗争。

上层建筑为自己的经济基础的形成、确立、维护、巩固服务，当上层建筑为适合生产力发展要求的经济基础服务时，就成为推动社会发展的进步力量，意识形态亦是如此，它与基于特定世界观和历史观建立的政治信仰、民族信仰、道德信仰息息相关，在国家经济发展、政党政治建设、社会改革治理等领域中发挥着至关重要的作用。习总书记明确提出，“意识形态关乎旗帜、关乎道路、关乎国家政治安全，能否做好意识形态工作，事关党的前途命运，事关国家长治久安，事关民族凝聚力和向心力。”② 经济建设是党的中心工作，意识形态工作是党的一项极端重要的工作，我们必须高度重视做好党的意识形态工作，切实加强党对意识形态工作的全面领导，牢固树立“四个

① 马克思恩格斯全集（第31卷）［M］. 北京：中共中央马列编译局，1998：88.

② 习近平新时代中国特色社会主义思想三十讲［M］. 北京：学习出版社，2018：212.

意识”，始终坚定“四个自信”，不断推动社会主义意识形态建设。

党的十九届四中全会把坚持马克思主义在意识形态领域的指导地位作为一项根本制度明确提出和全面部署，这是中国特色社会主义制度在意识形态和文化领域的具体体现。马克思主义是社会主义意识形态的核心，面对国际意识形态“西化”和“分化”战略挑战以及国内巩固社会主义经济基础的客观要求，必须坚持马克思主义在意识形态领域的主导性和话语权，确保主流意识形态的政治方向，增强社会主义意识形态的凝聚力和引领力，用习近平新时代中国特色社会主义思想武装头脑、指导实践。

意识形态是反映并服务于经济基础的社会意识，是属于上层建筑的社会意识，社会存在与社会意识的辩证关系原理、经济基础与上层建筑的辩证关系原理必然是其作用的依据。经济基础是上层建筑赖以产生、存在和发展的物质基础，上层建筑由经济基础决定，有什么样的经济基础就有什么样的上层建筑，经济基础的变更必然引起上层建筑的调整或变革，并决定其发展的方向，总之上层建筑一定要适合经济基础状况，其反作用也必须取决于和服从于经济基础的性质和客观要求。因而，意识形态是物质生活的升华产物，以现实条件尤其是经济基础状况为发展变化的遵循。社会主义意识形态建设必须紧密联系不断变化着的实际，将实践作为思想体系的重要来源与检验标准，在实践的不断校正中无限趋近先进和科学，根据更新的“问题域”不断探索和创新马克思主义的当代叙述体系，确保意识形态的科学性和实效性。中国特色社会主义发展建设的新时代，习近平同志坚持问题导向，详细阐释了意识形态领域中旗帜、目标、政治模式、话语权、核心价值观等方面的内容，通过与时代相契合、以现实为依据的社会主义意识形态建设工作，将意识形态具体化为方针政策，内化到发展的目标和方式中，为团结奋斗筑牢共同思想基础。

社会主义意识形态满足人民群众需求的能力决定了其吸引力和合聚力，社会主义意识形态建设必须以人民根本利益的实现为出发点和归宿，必须反映和表达群众政党合理的利益要求，比如法治公平、共同富裕、社会保障、行政为民等。同时由于社会主义意识形态与人民群众之间是双向互动关系，我们应该不断推进马克思主义大众化，通过马克思主义通俗化的宣传普及以及对人民呼声的积极回应，使得马克思主义走到人民心中去，变成人民群众的思想共识、精神动力以及改造客观世界的强大武器。

（三）正确认识经济发展和环境保护的关系

自然地理环境是人类社会生存和发展永恒的、必要的条件，是人们生活和生产的自然基础。首先，自然地理环境提供了社会生活和生产资料的来源，离开一定的自然条件，人们就不可能进行生活和生产；其次，自然地理环境的优劣对劳动生产率的提高产生积极或消极的影响，并对社会发展起促进或延缓的作用。同时，自然环境的作用要受社会发展状况的制约，特别是受物质资料生产方式的制约。

自然地理环境和经济社会发展相互联系、相互制约、相互作用，自然生态平衡对社会生活起着重要作用，合理地利用自然资源，保护生态平衡，是社会得以正常发展的必要条件。当今世界出现的生态、环境、人口、资源等全球危机问题，并不单纯是自然系统内平衡关系的破坏，实际上也是人与自然关系的严重失衡，坚持人与自然的和谐共生，建设生态文明，是中华民族永续发展的千年大计。

党的十八大将生态文明建设列入“五位一体”总体布局；党的十九大报告把“坚持人与自然和谐共生”纳入新时代坚持和发展中国特色社会主义的基本方略，提出“加快生态文明体制改革，建设美丽中国”；党的十九届四中全会对“坚持和完善生态文明制度体系，促进人与自然和谐共生”作出了进一步安排部署……党和国家始终把生态环境保护摆在突出位置，树立和践行“绿水青山就是金山银山”“像保护眼睛一样保护生态环境，像对待生命一样对待生态环境”等理念，将最严格的生态保护制度落到实处，坚定走生产发展、生活富裕、生态良好的文明发展道路，建设美丽中国，为人民创造良好生态生活环境，为全球生态安全作出贡献。

习近平总书记在参加贵州代表团审议时指出，“绿水青山和金山银山决不是对立的……保护生态环境就是保护生产力，改善生态环境就是发展生产力，让绿水青山充分发挥经济社会效益，不是要把它破坏了，而是要把它保护得更好。”经济发展和环境保护是相辅相成、辩证统一的关系，最终可以实现有机融合、良性互动。一方面，高质量发展必须是绿色、可持续的发展，要坚持贯彻新发展理念，推动形成绿色生产方式和生活方式，推动产业结构调整和转型升级，进一步完善环境保护体制机制；同时，要找准绿水青山和金山银山之间的转化路径，将生态优势转化为产业优势、经济优势、发展优势，促进经济发展和环境保护的协调兼顾。另一方面，必须加大环境治理力度，完善生态文明制度体系，坚决打赢蓝天、碧水、净土保卫战，促使环境质量不断提升，为经济发展提供更大空间。

(四) 依靠改革应对变局、开拓新局，扭住关键鼓励探索、突出实效①

2020 年 6 月 30 日，习近平总书记在中央全面深化改革委员会第十四次会议上发表

① 习近平主持召开中央全面深化改革委员会第十四次会议［N］. 新华网，2020-06-30.

重要讲话，深刻阐明了深化改革在党和国家事业发展全局中的重要作用，根据当前国际国内形势发生的新变化，对全面深化改革提出了新要求，为以改革思维和举措统筹推进各领域工作指明了着力点和重要方向。

讲话强调，胜利完成“十三五”规划主要目标任务、决胜脱贫攻坚、全面建成小康社会，乘势而上开启全面建设社会主义现代化国家新征程，必须发挥好改革的突破和先导作用，依靠改革应对变局、开拓新局，坚持目标引领和问题导向，既善于积势蓄势谋势，又善于识变求变应变，紧紧扭住关键，积极鼓励探索，突出改革实效，推动改革更好地服务经济社会发展大局。

会议指出，要坚持和完善基本经济制度，坚持社会主义市场经济改革方向，推动国有企业改革；要加快推进新一代信息技术和制造业融合发展，以供给侧结构性改革为主线，以智能制造为主攻方向，加快制造业生产方式和企业形态根本性变革；要深化医疗卫生体制改革，优化医药卫生资源配置，提升医疗卫生服务水平，重塑医药卫生管理和服务模式，对近期一些地方在疫情防控中出现的突出问题，要抓紧从体制机制上想办法、补漏洞，坚决防止疫情反弹……总之，要把抓好党的十八届三中全会以来部署改革任务的落实同完成“十三五”规划主要目标任务、决胜脱贫攻坚、全面建成小康社会结合起来，把统筹推进常态化疫情防控和经济社会发展工作贯通起来，有针对性地部署推进关键性改革，更加注重制度和治理体系建设，更多地解决深层次体制机制问题。

改革是在一定程度上解决社会基本矛盾、促进生产力发展、推动社会进步的有效途径和手段，社会主义改革是社会主义制度的自我完善和发展。全面深化改革的新阶段，我们要以更大的勇气和更强的意志全力推进改革创新，根据时势变化完善改革举措，凝聚改革共识，进一步破除体制性障碍、结构性矛盾和机制性梗阻，使改革更好地推进发展，让发展更好地回应改革。

五、学习测试

（一）单项选择题

1. 社会存在又称社会物质生活条件，下列不属于社会存在的选项是(　　)

A. 地理环境　　　　B. 物质生产方式

C. 科学技术　　D. 人口因素

2. 在意识形态中处于核心地位的是(　　)

A. 艺术　　B. 宗教

C. 科学　　D. 政治法律思想

3. 关于社会物质生活条件的作用和地位，下列说法正确的选项是(　　)

A. 自然条件是最基本最重要的

B. 人口因素是最重要的，因为人力资源是第一资源

C. 社会生产方式是最具决定性的因素

D. 自然条件和人口因素两个都是最重要的，因为它们都是基本前提条件

4. 判断社会进步的最高标准是(　　)

A. 儒家思想　　B. 社会主义核心价值观

C. 社会生产力　　D. 社会经济发展总量

5. 在整个上层建筑中，最核心的部分是(　　)

A. 政治法律制度　　B. 政党组织

C. 国家政权　　D. 宗教思想

6. 党的十九大指出，中国特色社会主义进入了新时代，我国社会主要矛盾已经转化为(　　)

A. 人民日益增长的物质文化生活需要同落后的社会生产之间的矛盾

B. 人民日益增长的美好生活需要和不平衡不充分的发展之间的矛盾

C. 生产力同生产关系之间的矛盾

D. 上层建筑同经济基础之间的矛盾

7. 对于改革在社会发展中的地位和作用，马克思主义的观点是(　　)

A. 改革是社会形态发展过程中的量变和部分质变，是社会发展的重要动力

B. 可以在任何条件下适用，可以起到革命所不能起的作用

C. 所花的代价最少，是解决社会矛盾的理想的万能钥匙

D. 所花的代价小，足以替代任何革命

8. 自然存在与社会存在的区分和统一的基础是(　　)

A. 自然地理环境　　B. 人口因素

C. 劳动实践　　D. 人的自然属性

9. 区分社会经济时代的客观依据是(　　)

A. 生产工具　　B. 生产关系

C. 上层建筑　　D. 社会制度

10. 社会意识的相对独立性突出表现在（　　）

A. 社会意识与社会存在发展的不完全同步性和不平衡性

B. 社会意识各自具有自己的历史继承性

C. 社会意识对社会存在具有能动的反作用

D. 社会文化之间的互补性和互动性

11. 社会历史观的基本问题是(　　)

A. 生产力与生产关系的关系问题

B. 经济基础与上层建筑的关系问题

C. 物质文明与精神文明的关系问题

D. 社会存在与社会意识的关系问题

12. 社会形态是一个自然历史过程，这是指(　　)

A. 社会发展和自然界之间的演化是毫无区别的物质过程

B. 社会发展和自然界一样是自发的演化过程

C. 社会发展和自然界一样是一个有规律的辩证发展过程

D. 人类活动和动物界的活动是一样的

13. 生产力是人类社会发展过程中的物质力量，它体现的是(　　)

A. 人与自然界之间的关系　　B. 人与人之间的关系

C. 人与生产工具之间的关系　　D. 物与物之间的关系

14. 生产关系是社会生产过程中的基本社会关系，它体现的是(　　)

A. 人与自然界之间的关系　　B. 人与人之间的物质利益关系

C. 物与物之间的关系　　D. 人与生产资料之间的关系

15. 社会形态是（　　）

A. 经济基础和上层建筑的统一　　B. 生产力与生产关系的统一

C. 社会存在与社会意识的统一　　D. 经济形态和意识形态的统一

16. 上层建筑是指(　　)

A. 社会意识形态

B. 政治法律制度

C. 国家政权

D. 建立在一定经济基础之上的政治法律制度设施和相应的社会意识形态

17. 关于社会基本矛盾和社会主要矛盾，下列表述不正确的是(　　)

A. 社会基本矛盾是贯穿于人类社会始终的矛盾

B. 社会主要矛盾是社会基本矛盾的具体体现

C. 社会主要矛盾和社会基本矛盾不是同一个概念，也不是同层次的矛盾

D. 社会主要矛盾和社会基本矛盾可以完全一致

18. 关于阶级斗争作用的说法，下列不正确的是(　　).

A. 阶级斗争是阶级社会发展的直接动力

B. 阶级斗争的作用既可以发生在社会形态的更替中，又可以发生在同一社会形态的量变过程中

C. 阶级斗争的作用要受社会条件的制约

D. 阶级斗争不论在什么条件下都始终是社会发展的推动力，要天天讲

19. 英雄史观的理论出发点是(　　)

A. 社会意识具有能动的反作用

B. 社会意识决定社会存在

C. 人是人类历史的主体，是人自己创造了自己的历史

D. 英雄人物的作用远比普通人物的作用大

20. 历史唯物主义与历史学的关系是(　　)

A. 整体和部分的关系　　B. 指导与被指导的关系

C. 抽象和具体的关系　　D. 两门没有任何关系的并列学科

21. 唯心史观的根本缺陷在于(　　)

A. 不懂得社会存在决定社会意识，把社会历史看成是精神发展史

B. 相信古人天人感应的学说

C. 迷信英雄人物

D. 信奉宗教

22. 群众观点和群众路线的理论基础是(　　)

A. 水能载舟，亦能覆舟的古训　　B. 人民群众是历史创造者的原理

C. 人心向背的常识　　D. 社会存在决定社会意识的观点

23. 关于一个国家的国体，下列不正确理解的是( )

A. 国体是指社会各阶级在国家中的地位

B. 国体决定政体，国体是内容，政体是形式

C. 国体指国家的阶级本质，亦即国家的性质

D. 人民代表大会制度是我国的国体

24. 关于观念上层建筑和政治上层建筑两者关系的描述不正确的是( )

A. 政治上层建筑是在观念上层建筑的指导下建立的，是统治阶级意志的体现

B. 在整个上层建筑中，政治上层建筑居于主导地位

C. 政治上层建筑决定观念上层建筑

D. 政治上层建筑反作用于观念上层建筑，与观念上层建筑相适应

25. 生产力是一个复杂的系统，在它的构成要素中最活跃的是哪一个( )

A. 生产资料　　B. 生产工具

C. 劳动者　　D. 劳动对象

26. 下列关于国家的说法，不符合马克思主义观点的是( )

A. 国家是一个历史概念，它是人类社会发展到一定阶段的产物

B. 国家的实质是一个阶级统治推翻另一个阶级的暴力工具

C. 只有阶级消亡了，国家才会消亡，但这将是一个长期的历史过程

D. 国家是通过社会契约形成的，或是通过“君权神授”得来的

(二) 多选题

1. 社会意识可以分为社会心理和社会意识形式，下列属于社会意识形式的是( )

A. 政治思想　　B. 艺术

C. 哲学　　D. 自然科学

2 下列属于意识形态的有( )

A. 艺术　　B. 自然科学

C. 习俗　　D. 宗教

3. 关于阶级和阶级斗争，正确的理解是( )

A. 阶级是一个经济范畴

B. 阶级是一个历史范畴

C. 阶级斗争是阶级利益根本冲突的对抗阶级之间的对立和斗争

D. 阶级斗争是贯穿于阶级社会全部发展过程中的客观必然现象

4. 作为一个阶级推翻另一个阶级的社会革命，它是(　　)

A. 用新的社会制度代替旧的社会制度

B. 根源于社会基本矛盾的尖锐化

C. 需要一定的主观条件和客观条件才能爆发

D. 社会历史发展的“火车头”

5. 对于科技革命的社会作用，正确的理解是(　　)

A. 它是“最高意义上的革命”

B. 能引起生产方式、生活方式和思想方式的变化

C. 科技革命的作用受社会制度的影响

D. 科技革命将最终取代社会革命

6. 关于人的本质的观点正确的有(　　)

A. 人的本质不是单个人所固有的抽象物

B. 人的本质是理性

C. 人的本质是自由，共产主义社会就是自由人的联合体

D. 人的本质属性在于其社会性

7. 对于人民群众的理解，下列属于历史唯物主义的观点有(　　)

A. 人民群众是社会历史实践的主体，在创造历史中起决定性的作用

B. 人民群众创造历史的作用是与社会基本矛盾运动推动社会前进的过程相一致的

C. 人民群众在创造历史中起决定性作用的说法与生产力是社会发展的根本动力的说法是相冲突的

D. 既然人民群众是历史的创造者，那就是承认了人民群众可以随心所欲地创造历史

8. 下列对于个人在历史中所起作用的理解，属于历史唯物主义的观点有(　　)

A. 一部中国历史，就是历代帝王将相的历史，是他们创造了整个中国的历史

B. 英雄人物和人民群众一起共同创造了历史，人民群众离开了英雄人物将一事无成

C. 个人可以创造他们个人的历史，但是不能简单地创造人类社会的历史，他

们离不开人民群众的支持，个人的历史不等于社会整体的历史

D. 个人即使参与创造历史也要遵循社会规律

9. “人们自己创造自己的历史，但是他们并不是随心所欲地创造，并不是在他们自己选定的条件下创造，而是在直接碰到的、既定的、从过去承继下来的条件下创造。”① 这段话蕴含和体现了哪些观点(　　)

A. 人民群众创造历史的活动要受社会历史条件的制约

B. 社会主体在创造历史的活动中，不仅有能动性，而且有受动性

C. 人是社会的主体

D. 这些社会历史条件具有客观性

10. “按照他们所受的教育和个人的地位来说，他们可能和小店主相隔天壤。使他们成为小资产者代表人物的是下面这样一种情况：他们的思想不能越出小资产者的生活所越不出的界限，因此他们在理论上得出的任务和解决办法，也就是小资产者的物质利益和社会地位在实际生活上引导他们得出的任务和解决办法。一般说来，一个阶级的政治代表和著作代表同他们所代表的阶级之间的关系，都是这样。”②。这段话蕴含和体现了哪些观点(　　)

A. 一个理论的阶级属性可以和创立者本人实际的阶级出身不一致

B. 社会存在决定社会意识，是人们的生活决定人们的意识

C. 律师家庭出身的马克思和资本家出身的恩格斯提出的马克思主义理论代表了工人阶级的利益，所以不能说人们的生活决定人们的意识

D. 马克思和恩格斯的阶级出身与他们理论所代表的阶级属性不一致，所以对历史人物的所谓阶级分析方法是不适用的

11. 下列哪些属于社会意识(　　)

A. 班集体的荣誉感　　　　B. 对祖国的归属感

C. 同学张某对王某的思念　　　　D. 同学李某对白某的嫉妒

12. “我们自己创造着我们的历史，但是第一，我们是在十分确定的前提和条件下创造的。其中经济的前提和条件归根到底是决定性的。但是政治等的前提和条件，甚

---

① 马克思恩格斯选集（第1卷）[M]. 北京：人民出版社，1995：585.

② 马克思恩格斯选集（第1卷）[M]. 北京：人民出版社，1995：614.

至那萦回于人们头脑中的传统，也起着一定的作用，虽然不是决定性的作用。”① 这段话说明（　　）

A. 经济原因是归根结底的原因，但不是唯一的原因

B. 经济原因可以说明社会生活中的一切现象

C. 政治原因可以是某些具体事件的直接原因

D. 传统思想因素可以是某些具体事件的直接原因

13. 科学技术在社会发展中有重要的作用，下列描述科学技术作用的正确观点有(　　)

A. 科学技术首先表现为一种知识形态的潜在的生产力

B. 科学技术必须和生产力的实体要素相结合才能转化为现实的生产力

C. 在现代生产中，脑力劳动者的数量和质量日益具有决定性的意义

D. 科学技术是第一生产力，这说明生产力越来越是一种精神动力，这种精神动力将成为社会发展的根本动力

◎ 参考答案

（一）单项选择题

1. C　2. D　3. C　4. C　5. C　6. B　7. A　8. C　9. A　10. C　11. D　12. C　13. A　14. B　15. A　16. D　17. D　18. D　19. B　20. B　21. A　22. B　23. D　24. C　25. C　26. D

（二）多项选择题

1. ABCD　2. AD　3. ABCD　4. ABCD　5. ABC　6. AD　7. AB　8. CD　9. ABCD　10. AB　11. ABCD　12. ACD　13. ABC

（三）讨论与思考

防控新冠肺炎疫情的斗争体现了哪些中国制度优势？

“新冠肺炎疫情发生后，党中央高度重视，迅速作出部署，全面加强对疫情防控的

① 马克思恩格斯选集（第1卷）[M]. 北京：人民出版社，1995：696.

集中统一领导。1月7日，我主持召开中央政治局常委会会议时，就对做好疫情防控工作提出了要求。1月20日，我专门就疫情防控工作作出指示，要求各级党委和政府及有关部门把人民群众生命安全和身体健康放在第一位，采取切实有效措施，坚决遏制疫情蔓延势头。大年初一，我主持召开中央政治局常委会会议，对疫情防控工作进行再研究、再部署、再动员，决定成立中央应对疫情工作领导小组，派出中央指导组，要求国务院联防联控机制充分发挥协调作用。之后，我又先后主持召开3次中央政治局常委会会议、1次中央政治局会议，专题研究疫情防控工作和复工复产工作。2月10日，我到北京市调研指导疫情防控工作，视频连线湖北和武汉抗疫前线，听取前方中央指导组、湖北指挥部工作汇报。我还主持召开中央全面依法治国委员会、中央网络安全和信息化委员会、中央全面深化改革委员会、中央外事工作委员会等会议，从不同角度对做好疫情防控工作提出要求。”“我时刻关注着疫情防控工作，每天都作出口头指示和批示。中央应对疫情工作领导小组及时研究部署工作，中央指导组积极开展工作，国务院联防联控机制加强统筹协调，各级党委和政府积极作为，同时间赛跑，与病魔较量，形成了抗击病魔的强大合力。”“打胜仗首先要有正确战略策略。党中央审时度势、综合研判，及时提出坚定信心、同舟共济、科学防治、精准施策的总要求，明确了坚决遏制疫情蔓延势头、坚决打赢疫情防控阻击战的总目标。我们依法将新冠肺炎纳入乙类传染病、采取甲类措施严格管理。我们把坚持全国一盘棋、统筹各方面力量支持疫情防控作为重要保障，把控制传染源、切断传播途径作为关键着力点，加强对疫情防控工作的统一领导、统一指挥、统一行动，打响了疫情防控的人民战争、总体战、阻击战。我们提出早发现、早报告、早隔离、早治疗的防控要求和集中患者、集中专家、集中资源、集中救治的救治要求，把提高收治率和治愈率、降低感染率和病亡率作为突出任务来抓。我们立足地区特点和疫情形势因应施策，把武汉和湖北作为全国主战场，对其他省份加强分类指导，严守‘四道防线’，步步推进、层层深入，形成了全面动员、全面部署、全面加强疫情防控的战略格局。”①

六、文献导读

1. 马克思、恩格斯：《德意志意识形态》（节选）第一卷第一章，《马克思恩格斯

① 习近平．在统筹推进新冠肺炎疫情防控和经济社会发展工作部署会议上的讲话［N］. 2020-02-23.

选集》第 1 卷，人民出版社 2012 年版。

【导读】《德意志意识形态》中心思想是全面系统地制定唯物史观的理论体系，批判唯心史观，从理论上论证科学共产主义思想。第一卷第一章的主要内容阐明：(1) 唯物史观的基本前提。(2) 分工及其在历史发展中的作用。(3) 生产力与生产关系的辩证关系。(4) 经济基础与上层建筑的辩证关系。(5) 阶级和阶级斗争。(6) 社会存在决定社会意识。(7) 社会形态和意识形态理论。(8) 共产主义的历史必然性。

2. 马克思：《〈政治经济学批判〉序言》，《马克思恩格斯选集》第 2 卷，人民出版社 2012 年版。

【导读】马克思的《〈政治经济学批判〉序言》阐述了他的学术历程，特别是研究政治经济学的艰苦探索的历程，论述了他和恩格斯共同创立的唯物史观的基本观点和实质，对历史唯物主义基本原理作了经典性的概括和表述。它是我们学习和研究马克思主义发展史特别是历史唯物主义的重要文献，具有独特的科学价值和理论意义。

3. 列宁：《国家与革命》第一章、第五章，《列宁选集》第 3 卷，人民出版社 2012 年版。

【导读】列宁的《国家与革命》是系统阐述国家与革命问题的重要文献。第一章论述阶级社会和国家问题，主要阐述了：(1) 国家是阶级矛盾不可调和的产物。(2) 特殊的武装队伍、监狱等。(3) 国家是剥削被压迫阶级的工具。(4) 国家“自行消亡”和暴力革命。第五章论述国家消亡的经济基础，主要阐述了：(1) 马克思如何提出问题。(2) 从资本主义到共产主义的过渡。(3) 共产主义社会的第一阶段。(4) 共产主义社会的高级阶段。

4. 列宁：《共产主义运动中的“左派”幼稚病》（节选），《列宁选集》第 4 卷，人民出版社 2012 年版。

【导读】该著作主要论述了马克思主义关于党的学说。列宁总结了布尔什维克党领导俄国三次革命的经验和十月革命后巩固无产阶级专政的经验，教育和引导西欧各国年轻的共产党结合本国革命的具体实践，正确地吸取布尔什维克党的成功经验，用马克思主义理论和策略思想武装党，纠正“左派”幼稚病，建设一个真正的马克思主义政党，以迎接新的革命高潮。

5. 毛泽东：《关心群众生活，注意工作方法》，《毛泽东选集》第 1 卷，人民出版社 1991 年版。

【导读】 该文深刻阐述了“一切为了群众，一切依靠群众”的马克思主义的群众观点，阐明了中国共产党全心全意为群众谋利益的根本宗旨，揭示了关心群众生活、注意工作方法和完成革命任务之间的辩证关系。全文主要论述了进行革命战争和关心群众生活的关系，阐明了注意工作方法是实现革命任务的重要保证的观点。

6. 习近平：《学习马克思主义基本理论是共产党人的必修课》，《求是》2019 年第 22 期。

【导读】《共产党宣言》的问世是人类思想史上的一个伟大事件，是第一次全面阐述科学社会主义原理的伟大著作。《共产党宣言》深刻阐述了马克思主义的科学世界观，深刻阐述了马克思主义政党的先进品格，深刻阐述了马克思主义政党的政治立场，深刻阐述了马克思主义政党的崇高理想，深刻阐述了马克思主义的革命纲领，深刻阐述了马克思主义政党的国际主义精神。《共产党宣言》是一部科学洞见人类社会发展规律的经典著作，是一部充满斗争精神、批判精神、革命精神的经典著作，是一部秉持人民立场、为人民大众谋利益、为全人类谋解放的经典著作。马克思主义理论的科学性和革命性源于辩证唯物主义和历史唯物主义的科学世界观和方法论，为我们认识世界、改造世界提供了强大思想武器，为世界社会主义指明了正确前进方向。

7. 习近平：《为建设世界科技强国而奋斗——在全国科技创新大会、两院院士大会、中国科协第九次全国代表大会上的讲话》，《人民日报》（2016 年 5 月 31 日）

【导读】《讲话》阐述了科技创新和科学普及的重要意义，提出了中国科技事业的发展目标以及科技创新的五大要求，对科学家和科研学术机构也作出了新要求。强调新时期、新形势、新任务下我们要在科技创新方面有新理念、新设计、新战略，实现“两个一百年”奋斗目标，实现中华民族伟大复兴的中国梦，必须坚持走中国特色自主创新道路，深入实施创新驱动发展战略，加快各领域科技创新，掌握全球科技竞争先机，向着世界科技强国全力迈进。

8. 习近平：《在庆祝改革开放 40 周年大会上的讲话》，《人民日报》（2018 年 12 月 19 日）

【导读】《讲话》对改革开放的背景和原因作了“四个基于”的阐释，对改革开放的历史地位和历史意义作了“一次伟大觉醒”“两个关键一招”“三大里程碑”“三个伟大飞跃”的概括和界定，提炼了四十年改革开放实践的“三个历史结论”，总结了改革开放 40 年来党和国家事业取得的伟大成就和宝贵经验，高度赞扬了中国人民为改革开放和社会主义现代化建设作出的杰出贡献，郑重宣示了改革开放只有进行时没有完成时、将改革开放进行到底的信心和决心，明确提出了坚定不移全面深化改革、扩大对外开放、不断把新时代改革开放继续推向前进的目标要求。

第四章
资本主义的本质及规律

马克思主义不仅揭示了人类社会发展的一般规律，而且揭示了资本主义社会发展的特殊规律。马克思的劳动价值论和剩余价值论，科学揭示了资本主义生产方式的本质和资本主义剥削的秘密，为我们透视资本主义政治和文化的本质、把握资本主义的历史命运奠定了坚实的基础。

一、教学基本要求

(一) 学习目的

学习马克思主义政治经济学的基本原理和方法论，运用马克思主义的立场、观点、方法，准确认识资本主义的本质和规律。深刻理解马克思的劳动价值论和剩余价值论，正确把握社会化大生产和商品经济运动的一般规律，学习了解资本主义政治制度和意识形态的特点和本质。准确认识资本主义社会的基本矛盾，明确人类历史发展的大趋势，树立坚定的共产主义理想信念。

(二) 学习要求

(1) 掌握马克思的劳动价值理论及其意义。通过对商品关系的深刻分析，明确商品的二因素和劳动的二重性及其关系，深刻认识商品价值质和量的规定性及其变化规律、价值形式发展的四个阶段与货币的起源，充分把握以私有制为基础的商品经济的基本矛盾、基本规律及其作用。

(2) 掌握马克思的剩余价值理论及其意义。学会分析剩余价值的生产、流通以及分配过程，深刻理解剩余价值的运动规律及其作用；明确可变资本与不变资本、超额剩余价值、资本的技术构成、价值构成和有机构成、固定资本与流动资本等概念的内涵；认识商品经济和社会化生产的一般规律，包括资本循环周转规律、社会再生产规律、积累规律等。

（3）了解资本的原始积累及其在资本主义生产方式形成中的作用，把握资本主义所有制的含义与本质，认识资本主义经济危机的特征、原因和表现，明确资本主义基本矛盾。

（4）辩证对待资本主义政治制度和意识形态，从经济、政治、意识形态的统一上整体认识和把握资本主义制度及其本质，深刻认识资本主义及其人类社会发展规律，更好地回答经济全球化及我国经济发展的理论和实践问题，增强走历史必由之路的自觉性。

（三）学习内容

马克思主义运用唯物史观不仅揭示了商品经济发展和社会化生产的一般规律，更重要的是发现了剩余价值产生的秘密，深刻揭露了资本主义生产关系的剥削本质，阐明了资产阶级与无产阶级之间阶级斗争的经济根源，指出了资本主义社会为社会主义社会所代替的历史必然性。由于唯物史观和剩余价值的发现，社会主义由空想变为科学，这些对我们深刻认识资本主义和社会主义都具有重要的意义。围绕这一主题，本章主要安排了三节内容进行展开：

围绕“商品经济和价值规律”，主要阐述了马克思的劳动价值论及其意义，剖析了以私有制为基础的简单商品经济的内在矛盾及其运动规律，为揭示资本主义本质提供了出发点。具体内容包括：第一，商品经济是以交换为目的而进行生产的经济形式，社会分工的存在、生产资料和劳动产品属于不同所有者是其产生的社会历史条件。第二，商品的二因素与劳动的二重性：商品是用来交换、能满足人的某种需要的劳动产品，具有使用价值和价值两个因素或两种属性，使用价值是指商品能满足人们某种需要的有用性，是商品的自然属性，使用价值构成社会财富的物质内容。价值是凝结在商品中的无差别人类劳动，是商品所特有的社会属性。商品的使用价值和价值之间是对立统一的关系，一方面相互排斥、不可兼得，另一方面商品必须同时具有两个因素，使用价值是价值的物质承担者，价值寓于使用价值之中。商品的二因素是由劳动的二重性，即具体劳动与抽象劳动决定的，两者同样是对立统一的关系，一方面它们不是各自独立存在的两种劳动或两次劳动，而是商品生产者的同一劳动过程不可分割的两个方面；另一方面具体劳动和抽象劳动分别创造商品的使用价值与价值，反映劳动的自然属性和社会属性。第三，商品价值量的决定：商品的价值包括质的规定与量的规定两个方面，其价值量由生产商品所耗费的劳动量或社会必要劳动时间决定，与生产商品所耗费的劳动时间成正比，与劳动生产力成反比。第四，价值形式的发展与货币的产生：商品价值形式的演化经历了四个阶段，即简单的或偶然的价值形式、总和的或扩大的价值形式、一般价值形式和货币形式，这也表明了价值的本质以及货币产生的历史过程。货币是在长期交换过程中形成的固定充当一般等价物的特殊商品，具有价值尺度、流通手段、贮藏手段、支付手段和世界货币五种基本职能，它的出现使得商品内在的使用价值和价值的矛盾发展成外在的商品和货币的矛盾。第五，价值规律及其作用：价值规律是商品生产和商品交换（商品经济）的基本规律，其主要内容是商品的价值量由生产商品的社会必要劳动时间决定，商品交换以价值量为基础，按照等价交换的原则进行；其表现形式是受供求关系影响，商品价格围绕价值上下波动。价值规律是在市场配置资源的过程中体现它的客观要求与作用的，它能够自发调节生产资料与劳动力在社会各生产部门之间的分配比例，自发刺激社会生产力的发展，自发调节社会收入的分配，但同时也会产生社会资源浪费、收入两极分化、阻碍技术进步等消极后果。第六，商品经济的基本矛盾：私人劳动和社会劳动的矛盾构成私有制商品经济的基本矛盾，它决定着商品经济的本质与发展过程，决定着商品经济的其他一切矛盾及其发展趋势，决定着商品生产者的命运。第七，马克思劳动价值论的意义：劳动价值论扬弃了英国古典政治经济学的观点，揭示了商品经济的基本矛盾和一般规律，为剩余价值论的创立奠定了基础，为理解社会主义市场经济提供了指导，具有重要的理论和实践意义，我们必须根据变化了的实践不断深化对马克思劳动价值论的认识。

围绕“资本主义经济制度的本质”，分析了资本的原始积累及其在资本主义生产方式形成中的作用，重点阐明了马克思的剩余价值论及其意义，指出了资本主义的基本矛盾以及资本主义经济危机的特点和原因。具体内容包括：第一，随着社会生产力的提高特别是商品经济的迅速发展，封建生产关系与生产力的矛盾日益突出，资本主义生产关系产生萌芽；新兴资产阶级通过暴力剥夺农民土地以及掠夺货币财富（殖民掠夺）进行资本的原始积累，为资本主义的迅速发展创造了条件；资产阶级政治统治的建立和资本主义生产方式支配地位的形成，标志着资本主义制度的最终确立。第二，剩余价值产生前提：资本主义经济制度是以资本主义私有制和雇佣劳动为基础的一种剥削制度，它的形成是以劳动力成为商品为前提的，劳动力成为商品有两个基本条件，标志着简单商品生产发展到资本主义商品生产的新阶段。劳动力商品也具有价值和使用价值，但它们都具有不同于普通商品的特点，其价值的最低界限由生活必需的生活资料的价值决定；而使用价值具有成为价值源泉的特殊属性，能够创造出比本身价值更大的价值，也就是能得到一个增殖的价值，即剩余价值，同时购买劳动力的货币也就变成了资本。第三，资本主义所有制是生产资料归资本家所有的一种私有制形式，它是雇佣劳动赖以存在的基础，其本质是资本与雇佣劳动之间的剥削与被剥削关系。第四，剩余价值的产生：生产剩余价值（剩余价值规律）是资本主义生产方式的绝对规律，资本主义生产过程是劳动过程和价值增殖过程的统一，价值增殖过程是指超过劳动力价值的补偿这个一定点（劳动力创造的价值刚好补偿资本加所预付的劳动力价值）而延长了的价值形成过程，是资本主义生产过程的主要方面；剩余价值是工人所创造的、被资本家无偿占有的、超过劳动力价值的那部分价值，雇佣劳动者的剩余劳动是它的唯一源泉，绝对剩余价值的生产和相对剩余价值的生产是剩余价值生产的两种基本方法，两者在资本主义发展的不同阶段起着不同的作用。根据生产资料和劳动力两部分资本在剩余价值生产中所起的不同作用，可以将资本对应分为不变资本与可变资本，只有可变资本雇佣的劳动者才能创造剩余价值，资本家对工人的剥削程度即剩余价值率可以用剩余价值与可变资本的比率、剩余劳动（时间）与必要劳动（时间）的比率来表示。第五，剩余价值的积累：资本积累即剩余价值的资本化，剩余价值是资本积累的源泉，而资本积累又是资本主义扩大再生产的源泉，资本家不断利用无偿占有的工人创造的剩余价值来扩大自己的资本规模（追加购买生产资料和劳动力以扩大再生产），进一步加强对工人的剥削与统治。马克思关于资本积累的学说揭露了社会财富占有两极分化的原因以及资本主义失业现象的本质，阐明了资本主义制度必然走向灭亡的历史命运。随着资本积累而产生的失业是由资本追逐剩余价值引起资本有机构成的提高所导致的，资本有机构成或价值构成即不变资本与可变资本的比例（C：V），在生产技术水平不断提高和资本规模日益增大的条件下，不变资本增多，可变资本比重下降，资本对劳动力的需求日益减少，从而出现相对过剩人口。第六，剩余价值的流通：资本必须不断循环运动才能增殖，产业资本的连续循环要经历购买、生产、售卖三个阶段，是流通过程和生产过程的统一，也是它的三种循环形式的统一，货币资本、生产资本和商品资本三种产业资本的职能形式必须在空间上并存、在时间上继起；不断反复的资本循环叫做资本的周转，要加快资本周转速度，获得更多的剩余价值，就要缩短资本周转时间，加快流动资本的周转速度。同个别资本一样，社会总资本的再生产和流通也具有规律性，社会再生产的核心问题是社会总产品的实现问题，即社会总产品的价值补偿和实物补偿问题，也就是说社会再生产的顺利进行要求生产中所耗费的资本在价值上得到补偿（卖出商品赢得货币），同时要求实际生产过程中所耗费的生产资料与消费资料得到实物的替换（再次购买原材料），而只有生产资料和消费资料的两大部类内部各个产业部门之间和两大部类之间保持一定比例才能达到要求。第七，剩余价值的分配：把剩余价值看做全部垫付资本的产物或增加额，剩余价值便取得了利润的形态，剩余价值转化为利润，掩盖了剩余价值与可变资本的关系，即剩余价值的真正来源。利润转化为平均利润，是剩余价值规律和竞争规律作用的必然结果，体现着不同部门的资本家集团要求按照等量资本获得等量利润的原则来瓜分剩余价值的关系，进一步掩盖了资本主义的剥削关系。第八，生产社会化和生产资料资本主义私人占有之间的矛盾是资本主义的基本矛盾，这是生产力和生产关系之间的矛盾在资本主义社会的具体体现，也是资本主义经济危机爆发的根本原因，资本主义基本矛盾运动的阶段性决定了资本主义经济危机具有周期性。

阐述了“资本主义政治制度和意识形态”的本质和特点。资本主义政治制度作为上层建筑，是建立在资本主义经济基础之上的，同时它又反映资本主义社会的经济关系和政治上占统治地位的资产阶级的要求，为保护、巩固和发展资本主义经济基础提供政治保障。资本主义国家本质上是资产阶级进行阶级统治的工具，是阶级利益的集中体现，它的职能有对内和对外两个基本方面；资本主义的民主制度本质上是资产阶级进行政治统治和社会管理的手段和方式，是为资产阶级专政服务的。资本主义意识形态是资产阶级在长期的反对封建专制主义和与宗教神学的斗争中逐步形成的，作为资本主义社会条件下的观念上层建筑，它也是为资本主义的经济基础服务的，是资产阶级的阶级意识的集中体现。我们应该辩证看待资本主义的政治制度和意识形态，参考和借鉴其积极的进步作用，批判和摒弃阶级和历史的局限性。

本章主要内容如下图所示。

（四）学习重点和难点

1. 私有制基础上商品经济的基本矛盾
2. 劳动价值论及其意义

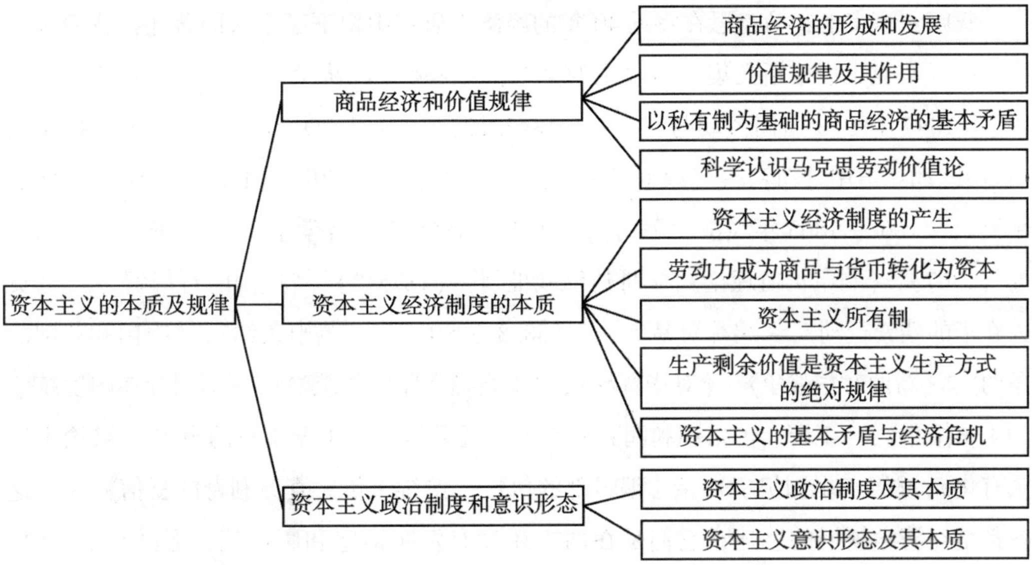

3. 资本原始积累
4. 剩余价值论及其意义
5. 资本主义基本矛盾与经济危机
6. 资本主义政治制度的特点和本质
7. 资本主义意识形态的特点和本质

二、要点精讲

（一）本章导学：马克思的经济学思想

教师：同学们好！我们知道，马克思主义主要包括哲学、政治经济学、科学社会主义三大部分，你们所使用的教材第1~3章是马克思主义哲学的主要内容，今天开始，我们学习第二模块：政治经济学。今天这第一讲里，我将从总体上介绍马克思的经济学思想，包括四个方面：马克思的经济学著作、政治经济学的研究对象、马克思经济学的理论体系及教材的框架。

学生：老师您好！提起马克思的经济学著述，人们首先想到的是《资本论》。1867年问世的《资本论》是马克思主义最厚重、最丰富的著作，被誉为“工人阶级的圣经”，但马克思的经济学成就远不止这些。老师您能给我们介绍一些其他的著作吗？

教师：事实上，马克思在将近 40 年的经济学研究中留下了丰富的著述，我们来看中文版《马克思恩格斯文集》所收录的文章：《1844 年经济学哲学手稿》，《哲学的贫困》（1847. 1），《雇佣劳动与资本》（1847. 12），《关于自由贸易的演说》（1848），《法国的动产信用公司》，《〈政治经济学批判〉序言》（1859），《1857—1858 年经济学手稿》，《1861—1863 年经济学手稿》，《1863—1865 年经济学手稿》，《资本论》第一卷（1867），《剩余价值理论》，《哥达纲领批判》（1875. 2），《俄国的对华贸易》，《英人在华的残暴行动》，《鸦片贸易史》（1858. 8. 3—9. 3），《英中条约》，《中国和英国的条约》，《新的对华战争》，《对华贸易》，《不列颠在印度的统治》，《不列颠在印度统治的未来结果》，《工资、价格和利润》（1865），《委员会关于继承权的报告》，《论土地国有化》，《给〈祖国纪事〉杂志编辑部的信》，《给维·伊·查苏利奇的复信》……这些都是经济学领域的著述，它们是在西方还没有发明钢笔和圆珠笔，更没有电脑时，马克思用鹅毛笔手写完成的。马克思毕生忘我工作，经常每天工作 16 个小时。他在给友人的信中谈到，为了《资本论》的写作，“我一直在坟墓的边缘徘徊。因此，我不得不利用我还能工作的每时每刻来完成我的著作”。面对如此巨大的思想理论财富，怎能不令人肃然起敬？

学生：老师，请问马克思是什么时候、为什么研究政治经济学的呢？

教师：政治经济学既不是马克思首创，也不是马克思主义的专用语，1776 年，亚当·斯密发表了《国富论》，构建了政治经济学体系，大卫·李嘉图则是英国古典政治经济学的完成者。

马克思不是经济学科班出身，他说“我的专业本来是法律，但我只是把它排在哲学和历史之次当作辅助学科来研究”，“1842—1843 年间，我作为《莱茵报》的编辑，第一次遇到要对所谓物质利益发表意见的难事”，这“是促使我研究经济问题的最初动因”。

马克思主义政治经济学的创立和发展是时代变化、实践发展的要求。马克思主义经济学创立于 19 世纪 40—60 年代，当时生产的社会化和生产资料资本主义私人占有的矛盾日益尖锐发展，社会关系特别是阶级关系发生了新的变化，一系列社会阶级发展新问题需要作出解答，马克思恩格斯投身于当时的社会实践，敏锐地捕捉到这些问题，并毕生从事艰苦卓绝的科学研究。

学生：马克思和恩格斯的问题意识的确值得我们学习，那请问马克思主义政治经济学研究的出发点和研究对象分别是什么呢？

教师：物质资料生产是政治经济学研究的出发点，因为物质资料生产是人类社会存在和发展的基础。物质资料顺利进行，需要三个基本要素——人的劳动、劳动资料、劳动对象，物质资料生产过程是劳动过程和社会过程两方面的统一，劳动过程反映人与自然的关系，表现为生产力；社会生产过程反映人与人之间的关系，表现为生产关系。生产力和生产关系的辩证统一构成社会的生产方式。

通常人们认为经济学就是研究物、研究财富问题，但是，马克思明确指出其经济学的旨趣。“我要在本书研究的，是资本主义生产方式以及和它相适应的生产关系和交换关系。”① 生产关系有不同的类型，马克思主义政治经济学对生产关系的研究，包括经济制度和经济体制以及两者的结合方式。

马克思在1859年6月发表的《〈政治经济学批判〉序言》中，明确指出其经济学研究的任务：“本书的最终目的就是揭示现代社会的经济运动规律。”②

学生：对资本主义的解剖，以什么作为研究的切入点呢？是从某一个具体的国家着手，还是从一个特定的行业、一个特定的群体开始？

教师：马克思研究资本主义是从商品开始的。

学生：这又是为什么呢？

教师：因为资本主义生产关系的产生和资本主义生产方式形成的过程，与商品经济的发展有着密不可分的关系。具体来看：第一，资本主义制度下的社会财富表现为庞大的商品堆积，单个商品表现为社会财富的元素形式和资本主义经济的细胞，通过对商品的剖析，可以为揭示资本主义这个复杂有机体的构造奠定基础。第二，从社会经济发展的历史进程来看，资本主义生产方式是在封建社会后期，商品经济有了相当程度的发展的基础上产生的。可见，无论从逻辑的分析，还是从历史的进程来看，研究资本主义本质，都要以商品作为出发点。

学生：明白了，谢谢老师！最后您能给我们介绍下本章的核心内容吗？

教师：第四章浓缩了《资本论》第1~3卷的内容，包括劳动价值论和剩余价值理论，是马克思经济学理论的集中阐释。马克思经济学思想有三个特点：第一次从一切社会关系中划分出生产关系，指出它是一切社会关系中最根本、最本质的关系；第一次明确指出政治经济学所要研究的不是物，而是物掩盖下的人与人的关系（阶级关

---

① 马克思恩格斯文集（第5卷）[M]. 北京：人民出版社，2012：8.

② 马克思恩格斯文集（第5卷）[M]. 北京：人民出版社，2012：10.

系）；第一次发现了劳动二重性，建立了科学的劳动价值论，并在此基础上创立了剩余价值学说。

（二）劳动价值论基础：商品二因素和劳动二重性

教师：同学们好！今天我们学习第四章第二讲“劳动价值论基础：商品二因素和劳动二重性”。马克思对生产关系的揭示是从商品开始的，关于商品大家有什么观察呢？

学生：生活在现代社会，商品无处不在。我们衣食住行用的物品，不论实体店买还是网购，那些物品有一个共同的名字——商品。

教师：是的。

学生：那是不是任意物品就是商品？

教师：不是，物品与商品之间不能画等号，一个物品成为商品需要特定的条件。物品成为商品的第一个条件——对人有用，作为商品必须能满足人们的某种需要，要有使用价值。不同的物品有不同的用途：面包可以果腹、房屋能遮风避雨、音乐能够陶冶性情，至于互联网的用处，不用我说你可以罗列好多条。这些不同的用途虽然受人的影响，但决定权不掌握在人的手里，有用性是由物品的自然属性所决定，也就是说是物品自身物理的、化学的、生物的等属性决定了“面包可以吃而木头不能吃”。

学生：无用之物没人要，不会成为商品，这是我们生活中的常识。那相反的情况呢，有使用价值的物品就一定是商品吗？

教师：不一定。譬如，阳光空气人人都离不开，它们的使用价值很大，却没有价格，商店里没有阳光空气出售。为什么呢？

学生：因为它们是自然之物。但是，自然之物就不能成为商品吗？农夫山泉也是自然之物呀。

教师：你记得农夫山泉的广告语吗？

学生：记得，“我们不生产水，我们是大自然的搬运工”。

教师：对，“搬运工”三个字揭示出物品成为商品的第二个条件——劳动产品。泉水从水源地到消费者手中，要经过勘探、建厂、装罐、质检、运输、销售等许多环节，在每一个环节，都有人们劳动的付出；而我们享受的阳光空气纯属自然馈赠，并没有经过任何人的劳动，因而不是商品。

学生：满足了上面两个条件，有使用价值的劳动产品就一定是商品吗？

教师：也不一定。例如，农夫人辛辛苦苦搬运的水，如果只是他们自己喝或送给别人喝的，都不是商品。只有通过交换、通过市场卖给别人的，才是商品。这就是物品成为商品的第三个条件——通过交换的方式把有用的劳动产品转让给他人。

满足上述三个条件的物品就是商品。至此，我们可以得出商品的定义：商品是用来交换、能满足人们某种需要的劳动产品。

学生：商品是用于交换的劳动产品，那交换的比例怎么决定的呢？

教师：回答这个问题，我们要从一个被经济学家反复提起的故事说起，虽然老套，但却常读常新。说是在以物易物的时代，牧民张三和铁匠李四在市场相遇了，张三看中李四的斧头，李四也相中了张三的羊，他们愿意互通有无，丰富各自的生活。

我们来看他们人生第一单交易的定价过程：

牧民张三：1 只羊换 10 把斧头。

铁匠李四：10 只羊换 1 把斧头。

……

最终以 1 只羊换 2 把斧头成交，1∶2 就是两种商品的交换价值。这个比例不是第三方规定的，而是张三李四讨价还价的结果。交易中人人心里都有杆秤。他们虽然不太了解对方的产品是怎么做出来的，但他们都清楚自己的：牧民张三觉得一把草一瓢水，费一年半载的心血养大一只羊不容易；铁匠李四觉得自己酷暑寒冬光膀子抡锤叮叮当当也遭了不少罪，他们都是基于自己的付出量而估算对方产品所值，通过讨价还价方式寻找不同使用价值的公约数。这个公约数就是价值，即商品中所凝结的人类劳动，是人类脑力和体力的耗费，通俗讲就是心血。

在 1 只羊换 2 把斧头的例子中，两种商品交换的背后，是牧民与铁匠二者劳动的交换，体现的是人与人的关系，因此我们说，价值是商品所特有的社会属性，价值在本质上体现了生产者之间的一定的社会关系。

学生：现在，我基本清楚了，不是任何物品都是商品，只有具备使用价值和价值两个因素的物品才是商品。老师，如何理解商品的价值和使用价值的对立统一关系？

教师：使用价值和价值统一性的表现：作为商品，二因素缺一不可，一件物品没有使用价值或没有价值，都不能成为商品。使用价值和价值对立性是说：对于任何商品所有者来说，二因素不可兼得，任何人不可能同时拥有商品的使用价值和价值，无一例外。生产者要赚钱、获得商品价值，就必须为他人提供商品或服务，让渡商品的使用价值；相应地，消费者要得到商品的使用价值，就必须掏钱支付商品的价值。天下没有免费的午餐。

学生：商品的使用价值和价值两个因素又是由什么决定的呢？

教师：商品是用于交换的劳动产品，商品二因素的奥秘只能从生产商品的劳动中去寻找答案，生产商品的劳动具有二重性，是具体劳动和抽象劳动的统一。我们仍然沿用刚才的例子，你能否说说铁匠和牧民的劳动有哪些相同与不同之处吗？

学生：我觉得他们的劳动是不一样的，表现在他们的劳动目的、劳动对象、劳动工具、操作方法、劳动成果等都不同。相同之处我不太清楚。

教师：很好，那些差异是一方面，在经济学上，把这种生产一定使用价值的具体形式的劳动叫具体劳动，正是不同的具体劳动创造出不同的使用价值来。当然我们也要注意到，具体劳动不能凭空创造使用价值，正所谓巧妇难为无米之炊。使用价值是自然物质和劳动两个要素的结合。17 世纪英国学者配第有句名言，“劳动是财富之父，土地是财富之母”，说的就是这个意思，这里所讲的“土地”，泛指自然物质。

另一方面，牧民和铁匠的劳动又有共性的一面。不管劳动的具体形式如何不同，铁匠、牧民在产品中都付出了各自的心血，都有人类劳动力的支出，这是他们劳动同质的一面。经济学上把这种撇开一切具体形式的、无差别的一般人类劳动叫做抽象劳动，它是人的体力和脑力的消耗。正是这种同质的抽象劳动形成商品的价值，在价值中不包含任何自然物质原子，作为价值源泉的抽象劳动反映着一定的社会经济关系，它是商品经济特有的历史范畴。

生产商品的劳动既是具体劳动，又是抽象劳动，这就是生产商品的劳动二重性。

学生：原来如此。那劳动二重性之间也是对立统一的关系吗？

教师：是的。一方面，具体劳动和抽象劳动是统一的。具体劳动和抽象劳动不是各自独立存在的两种劳动或两次劳动，它们在时间上和空间上是统一的，是商品生产者的同一劳动过程的不可分割的两个方面。这里提醒大家防范两种错误：一种是认为人们先进行抽象劳动后进行具体劳动，另一种是社会上有些人专司抽象劳动，另外一些人从事具体劳动。这两种认识都是错的。

另一方面，具体劳动和抽象劳动又是有差别（有矛盾）的。生产各种商品的具体劳动在质上是不同的；而生产各种商品的抽象劳动在质上是相同的，只存在量的差别。具体劳动所反映的是人与自然的关系，它是劳动的自然属性，而抽象劳动所反映的是商品生产者的社会关系，它是劳动的社会属性。

具体劳动和抽象劳动是同一劳动的两种规定。任何一种劳动，一方面是特殊的具体劳动，另一方面又是一般的抽象劳动，这就是劳动二重性。

学生：我明白了，具体劳动生产使用价值，抽象劳动创造价值。正是劳动二重性决定了商品二因素。

教师：对的。我们今天学习的劳动二重性学说，是由马克思首先提出并科学论证的，具有重要的意义。第一，解决了古典政治经济学在劳动价值论方面的重大缺陷，从根本上论证了价值的本质，把劳动价值论建立在完全科学的基础之上。第二，劳动二重性理论为剩余价值理论奠定了科学基础。我们后面将要学习资本主义的生产、流通、分配、消费、资本积累等内容，都要运用到劳动二重性理论。所以，马克思称劳动二重性理论是“理解政治经济学的枢纽”。

（三）商品经济的基本规律：价值规律及其应用

教师：同学们好！今天我们学习第四章第三节“商品经济的基本规律：价值规律及其应用”。这一讲的内容有三个方面：价值规律的内容与表现、价值规律的作用、价值规律的应用。

学生：老师好！首先您能给我们阐释一下价值规律的内容与表现吗？

教师：规律的主要内容和客观要求是：商品的价值量由生产商品的社会必要劳动时间决定，商品交换以价值量为基础，按照等价交换的原则进行。价值规律是商品生产和商品交换的基本规律，它贯穿于商品经济的全部过程，既支配商品生产，又支配商品流通。

在商品经济中，价值规律的表现形式是，商品的价格围绕商品的价值自发波动。由于供求关系变动的影响，商品价格总是时而高于价值，时而低于价值，不停地围绕价值这个中心上下波动。正如马克思所说：“价格和价值量之间的量的不一致的可能性，或者价格偏离价值量的可能性，已经包含在价格形式本身中。但这并不是这种形式的缺点，相反地，却使这种形式成为这样一种生产方式的适当形式，在这种生产方式下，规则只能作为没有规则性的盲目起作用的平均数规律来为自己开辟道路。”

学生：那请问价值规律又有哪些作用呢？

教师：价值规律是在市场配置资源的过程中体现它的客观要求和作用的。价值规律的作用表现在：

第一，调节作用。价值规律自发地调节生产资料和劳动力在社会各生产部门之间的分配比例。不论社会制度如何，为了进行生产和再生产，生产资料和劳动力在各个生产部门之间的分配都应该遵循一定的比例，否则就会造成某些部门发展过快，浪费社会资源，或某些部门发展过慢，不能满足社会生产和消费的需要。在商品经济条件下，按比例合理分配社会劳动的客观要求，是通过价值规律的自发作用实现的。

第二，激励作用。价值规律自发地刺激社会生产力的发展。在商品经济条件下，商品是按照由社会必要劳动时间所决定的社会价值进行交换的。那些劳动生产率较高、个别劳动时间低于社会必要劳动时间，从而商品的个别价值低于社会价值的生产者，就可以获得较多的收入，在竞争中处于有利地位；反之，就只能获得较少的收入，在竞争中处于不利地位。商品生产者为了获得较多的利益，并在竞争中获胜，必然要不断改进技术，提高劳动生产率，从而推动社会生产力的发展。

第三，分化作用。价值规律自发地调节社会收入的分配。在实际的生产活动中，生产同种商品的各个生产者，由于生产条件和技术水平不同，生产中实际耗费的劳动时间也不一样。那些生产条件好、技术水平高的生产者，生产商品的个别劳动耗费较少，仍按照较高的社会价值出卖，因而可以获得较多的收入。相反，那些生产条件差、技术水平低的商品生产者，生产同种商品的个别劳动耗费较多，但还要按照社会价值出卖，结果不仅无利可图，甚至可能亏本或破产。这样，就调节了社会收入在不同商品生产者之间的分配。

价值规律可以调节余缺，威力巨大。当然，价值规律作用的发挥是有条件的，最重要的就是让价格能反映市场稀缺程度，让价格随供求变化而涨落；若是人为干预、管控物价，价值规律的作用就难以发挥。

学生：好的，明白了。关于价值规律的应用，您能再给我们举一个案例以增进理解吗？

教师：通过德国“二战”后的价格管理这段历史，我们可以看到人们尊重、应用价值规律的效果。“二战”后西德的经济情况非常糟糕，物资匮乏、恶性通胀、价格管制，你看两个数字就知道，1947 年的货币发行量是 1936 年货币发行量的五倍，也就是这十年间，货币发行量涨了五倍。但是生活指数呢？1948 年的生活指数仅仅是 1938 年的生活指数的 30%，钱多了五倍，生活指数降到了原来的 1/3。可以想见，价格管制是多么地严重。

学生：为什么要管制呢？从什么时候开始价格管制的呢？

教师：管制是从希特勒开始的。他 1933 年上台，1936 年开始实施价格管制，希望通过价格管制，便宜地买到他需要的商品。盟军接管以后延续了希特勒所实施的价格管制，原因是当时物资非常稀缺。人们普遍认为，在物资非常稀缺的情况下，如果不管控价格，价格一定飞涨，人们会受不了。当时德国马克已经不值钱了，票子多、东西少、价格又被管制，在这样的环境中，人们就只能进行物物交换，拿着自己为数不多的财物，走几十里地换一点点粮食。这种现象比比皆是。12 年的价格管控，使得经济几乎是死水一潭，如何破解呢？时任德国财长的艾哈德（Ludwig Wilhelm Erhard）是哈耶克的粉丝，他相信价格的作用，就着手进行改革。

他的改革总结起来有两点：第一是抓紧货币，第二是放开价格。首先抓紧货币，由于旧的德国马克贬值严重，不值钱，他就用新的德国马克取而代之，而新的德国马克再也不乱发，这使得马克能够坚挺，为大众所接受。其次放开价格，艾哈德有一天突然在电台里宣布，全国范围内解除所有的物价管制。第二天，接管德国的盟军司令克雷（Lucius Clay）就跑来找艾哈德算账。克雷说："我听说你放松了这个国家的物价管制？"艾哈德回答："我没有放松这个国家的物价管制，我是完全废除了这个国家的物价管制。"克雷说："我所有的经济助手都告诉我，你的做法是错的！"艾哈德回答："我所有的经济助手也告诉我，这是错的。但我就是这么做了，怎么了？"更为戏剧性的是，在德国解除了价格管制之后的一夜之间，十多年没有出现在橱窗里面的商品出现了，人们停止囤积，开始交易。当然也开始生产，开始供货了，德国的市场经济就这样滚动起来了。解除价格管制让商品在一夜之间重回商店橱窗，也是德国"二战"后重新崛起的一个非常重要的原因，它采用了市场经济的办法，尊重价值规律。

这段历史，被拍成一部非常优秀的纪录片，名叫《制高点：世界经济之战》，很值得一看，有兴趣的同学可以找来看看。

（四）劳动价值论与效用价值论：一个比较

教师：同学们好！今天我们要谈的是劳动价值论和效用价值论的问题。提起价值，大家能想到的是什么？

学生：在日常生活中，我觉得价值是指某种物品的价格，某件事情的作用或者意义，比如，我们经常说："这件古董具有很高价值"，"开展这个活动很有价值"，或者说"我们要让人生过得有价值"。

教师：可是，从马克思主义经济理论的角度来看，价值是有其特定含义的，它是指凝结在商品中的无差异人类劳动。

学生：劳动？

教师：对。你觉得商品最大的特点是什么呢？

学生：嗯，我想一想，商品都是可以用来交换的。

教师：对，商品为什么能够相互交换呢？

学生：那一定是因为不同的商品里有着某种相同性质的东西吧，否则怎么能交换呢？

教师：你说的一点都没错，商品都是由人类劳动创造出来的，之所以商品能够交换，就在于人们通过劳动创造出商品，也正是在这个意义上，我们把凝结在商品中的人类劳动称为“价值”，这也是马克思主义政治经济学对“价值”的特有界定方法。

学生：可是这里有一个问题，商品可以相互交换，还有一个原因是它们可以满足人们的某种需求啊。

教师：你提出的问题很好，在“价值”的决定因素上，一直存在着两种观点，一是劳动价值论，二是效用价值论。

学生：劳动价值论我从字面上就能猜到大致意思，那什么是效用价值论呢？

教师：别急，我们一个一个地解释。劳动价值论刚才我们已经讲过了，马克思主义政治经济学认为，商品的价值是由劳动创造的，这种劳动还必须是社会必要的劳动时间，而不能是个别劳动者所付出的劳动。

学生：为什么不能是个别劳动者的劳动呢？

教师：如果每个劳动者提供的劳动都能够作为衡量商品价值的标准，那么就会出现无数个标准。因此，决定商品价值的社会必要劳动，是指在社会平均的劳动条件、劳动强度和熟练程度前提下生产商品所付出的劳动。用这个平均的标准来测度价值，能够避免“劳动者的劳动效率越低，生产出的商品价值却更大”这种不合理的现象。

学生：好的，我明白了。那什么是效用价值论呢？

教师：效用价值论是西方经济学的价值论，主要观点是商品价值是由商品能够满足人们某种需要的“效用”决定的。比如说，食品之所以有价值，是因为它能够满足人们补充能量和营养的需要。

学生：嗯，似乎也很有道理哦。

教师：是的，从现象上来看的确有一定合理性。但我问你一个问题，摆在我们面前的这瓶水，按照效用价值论的观点，价值是多少呢？

学生：我想肯定很低吧，这瓶水能够解决我们口渴的需要，可是我现在一点都不渴啊。

教师：但是，如果我们现在在沙漠中旅行，天气炎热，摆在我们眼前的这瓶水，价值又是多少呢？

学生：那肯定很高吧，因为那时我们都会很需要喝水。

教师：问题就出在这里，效用价值论用人们的主观感受来决定商品价值，殊不知人们的主观感受在不同的时间、地点都是截然不同的，这就会造成价值决定上的混乱。

学生：可是，在平时和沙漠旅行中，水的出售价格会有很大差别，劳动价值论又是怎么解释的呢？

教师：劳动价值论认为这瓶水的价值是由生产这瓶水的社会必要劳动决定的，在平时和沙漠旅行中，这瓶水的价值都是相同的，出售价格上的差别，是因为在沙漠旅行中，水的供给很少，而对水的需求很大，供求不平衡导致价值远远偏离了水的正常价值。这种现象非但没有否定劳动价值论，反而进一步证明了劳动价值论的正确性。

学生：对啊，这样一说我就更明白了。

教师：当然，效用价值论也并非一无是处，"效用"实际上揭示了商品的另一种属性，也就是它的"使用价值"——商品能够满足人们某种需要的属性。

学生：也就是说，商品拥有价值和使用价值双重属性。

教师：是的。今天我们比较了劳动价值论和效用价值论，实际上大家还可以找更多的例子来比较两者的差别。好的，我们今天的讨论就到这儿。

（五）劳动力商品

教师：同学们好！今天我们要讲的主题是"劳动力商品"，本次课的内容包括两个部分，分别是资本总公式的矛盾以及劳动力是如何成为商品的。

大家知道，在现实生活中存在着两种流通过程，一是商品流通，二是资本流通。在商品流通过程中，买者和卖者遵循等价交换的原则，这表现为公式"W-G-W"的两端都是W，是相等的。但是，资本流通过程就不同的，所谓资本流通过程，是指货币持有者把货币投入经营活动，并最终获得更多的货币的过程，表现在公式"G-W-G"中，流通过程结束时的G要大于流通开始时的G。

学生：老师好！按照价值规律，商品必须等价交换，任何一方都不会获得价值增殖，而资本流通明显违背了价值规律，这该如何解释呢？

教师：对此马克思说，无论怎样颠来倒去，结果都是一样，如果是等价交换，不产生剩余价值，如果是非等价物交换，也不产生剩余价值。马克思提出了一个看似矛盾的论断：秘密既在流通过程，又不在流通过程。

学生：如何理解这句话呢？

教师：我们发现要破解这个矛盾，就不能仅仅局限在流通过程，而是要深入经济生活中的另一个过程——生产过程。货币所有者必须在流通中购买到一种特殊的商品，这种商品能够在生产过程中创造出比它自身价值更大的价值。

学生：那么，这种商品是什么呢？

教师：只能是人本身，也就是劳动力。为了让劳动力成为商品，必须满足两个历史条件，一是劳动者成为法律上的自由人，二是劳动者丧失了其他生产资料，除了劳动力之外，一无所有。讽刺的是，新兴的资产阶级为了让劳动力成为商品，不惜使用一切手段创造了以上两个历史条件，美国南北战争就是一个典型的例子。这场战争的名义是解放黑奴，然而达到的却是创造出让劳动力成为商品的历史条件。讲到这里，不知大家有没有对资产阶级提出的自由和民主口号有了新的认识？

（六）资本剥削的奥秘：剩余价值是如何生产出来的

教师：同学们好！今天我们要谈的是剩余价值生产的问题。在上节课我们谈到了资本总公式的矛盾，这里资本流通的两端在价值上是不等的。

学生：所以您说这里似乎违背了价值规律。

教师：是的，价值规律要求必须是等价交换，而资本流通的两端却是不等的。表现在劳动力市场，即虽然遵循的是“等价交换原则”，然而一方面资本家获得了大量利润，另一方面工人却陷入了贫困。

学生：所以我们就不能仅仅从流通过程来解释问题了。

教师：是的，也正因为这个原因，马克思在这里指出：“秘密既在流通领域，又不在流通领域。”也就是说，要解决资本总公式违背价值规律却又现实存在的矛盾，就不能仅仅停留在劳动力的买卖环节，而要深入到生产过程中去分析问题。

学生：生产过程？

教师：是的，生产过程。我们可以举个例子，在一家生产纯棉衬衫的工厂，工人目前每天工作 5 小时，每小时劳动创造 5 元价值，能制造 5 件衬衫，每件衬衫可以卖到 30 元。在这里，资本家的支出包括三项，一是 5 小时耗费的棉花 5 千克，价值 100 元，二是纱锭一个，价值 20 元，三是付给工人工资，5 小时共 30 元。你可以帮我判断一下资本家有没有赚钱吗？

学生： 我来想一下，嗯，资本家好像没有赚到钱。因为衬衫出售可以获得 150 元，而资本家的支出也正好是 150 元。

教师： 是的。但这种情况在现实中会长期存在下去吗？

学生： 应该是不会的吧。

教师： 好的，我们现在假设，资本家要求工人把每天的工作时间延长到 10 个小时。你现在可以再帮我算一下吗？

学生： 嗯，这时候资本家的支出是 270 元，而出售衬衫可以获得 300 元了。咦？怎么多出了 30 元？

教师： 是的，多出的 30 元自然被资本家无偿占有了。因为他支付给工人的工资仍然是 30 元，并没有因为劳动时间的延长而增加。

学生： 那这里的 30 元，就是指剩余价值吗？

教师： 一点没错。可以发现，剩余价值就是指工人创造的价值与劳动力价值之间的差额，或者说，剩余价值是指工人劳动创造的价值和他所获取的工资之间的差额，而这个差额被资本家无偿占有了。

学生： 哦，现在我明白那句话的含义了，要解释资本总公式的矛盾，不能仅仅局限在流通领域，还要深入生产领域去分析，剩余价值是在生产过程中由工人创造的。

教师： 你理解得很好。剩余价值被资本家无偿占有，前提是资本家在劳动力市场上购买到劳动力，在生产资料市场上购买到生产资料，并在商品市场上将产品成功销售出去，这样，才能最终占有剩余价值。

学生： 那么，工人为了减少被无偿占有的剩余价值，肯定会争取减少劳动时间吧？

教师： 是的，我们把工人生产劳动力价值的时间称为必要劳动时间，把生产剩余价值的劳动时间称为剩余劳动时间。工人为了争取正常、合理的劳动时间，曾进行了不懈的斗争。你知道国际劳动节的来历吗？

学生： 嗯，是为了纪念 1886 年美国工人运动而设立的。

教师： 是的，1886 年 5 月 1 日，芝加哥的二十万名工人为争取实行八小时工作制而举行大罢工，并最终获得了胜利。为纪念这次伟大的工人运动，1889 年 7 月，在恩格斯组织召开的第二国际成立大会上，宣布将每年的五月一日定为国际劳动节。

学生： 哦，原来是这样啊。

教师： 是的。今天我们一起探讨了剩余价值的生产，也解开了资本家与工人之间贫富差距的秘密。

（七）资本循环与周转：价值实现的条件

教师：同学们好！今天我们要谈的是资本循环和周转的问题。大家经常去过超市买东西，超市就是一个典型的“流通场所”。

学生：那什么是流通呢？

教师：所谓流通就是指商品销售和价值实现的过程。

学生：我记得前面我们谈到过生产的问题。

教师：是的，生产过程创造出价值，但这还不够，生产出来的产品还需要在流通中实现价值。而且，资本为了实现持续的价值增殖，也必须不断地进行资本循环和周转。

学生：这就是我们所说的，资本的增殖过程既离不开流通过程，又不仅仅在流通过程中产生。

教师：是的。资本循环和周转我们要分四个环节来谈。在这里，我要先介绍从抽象到具体的分析方法，这也是马克思主义重要的哲学方法。

学生：嗯，那什么是从抽象到具体呢？

教师：我们知道，现实生活中我们面临着很多企业，每个企业都拥有独立的单个资本，单个资本都在不断地循环和周转，而企业与企业之间存在着紧密的经济关系，因此，单个资本的循环和周转也是联系在一起的。

学生：企业之间是怎么形成经济关系的呢？

教师：企业之间的经济关系主要是“投入—产出”关系，譬如，生产汽车的企业，需要向钢铁企业、轮胎企业、电子企业购买原材料和零部件。

学生：那我们把单个资本加总起来，不就可以知道社会总资本是怎样循环和周转的吗？

教师：问题就出在这里，社会总资本不等于单个资本的简单加总，因为社会生产要求单个企业的生产活动保持适当的比例结构，也就是说，企业与企业之间，单个资本之间，都需要按照一定的比例结构开展生产活动。汽车企业开展生产需要购买的钢铁、轮胎、电子零部件等，在数量上都是遵循一定的比例要求的。

学生：面对这种复杂的情况，我们如何进行分析呢？

教师：这就是我前面讲到的从抽象到具体的分析方法，在分析资本循环和周转的时候，我们首先从单个资本的一次周转开始分析，也就是从单个资本的循环开始分析。

学生： 企业资本循环是一个怎样的过程呢？

教师： 从企业购买原材料和劳动力开始，把这些生产要素投入生产，生产出产品后再进行销售，收回资本。

学生： 这就是一个完整的资本循环过程？

教师： 是的。

学生： 接下来再分析单个资本的多次周转？

教师： 是的，因为单个资本的循环和周转是一种理论上的抽象，必须从抽象出发，逐步增加规定性，才能达到现实生活。第三步，我们会分析多个资本的多次周转。最后，我们分析社会总资本的多次周转，也就是经济周期问题。这样就从抽象回到具体，从理论回到现实了。

学生： 虽然现实经济生活中都是社会总资本多次周转，但我们的分析是从最简单的情况出发的。

教师： 是的。

学生： 好的，我似乎有些明白了。

教师： 让我们从抽象开始，启动思考之旅吧。

三、解疑释惑

（一）如何理解商品二因素的矛盾来自劳动二重性的矛盾，归根结底来源于私人劳动和社会劳动之间的矛盾

商品是用来交换的、能满足人们某种需要的劳动产品，具有使用价值和价值两个因素或两种属性，是使用价值和价值的矛盾统一体。使用价值是指商品能满足人们某种需要的有用性，反映的是人与自然之间的物质关系，是商品的自然属性；价值是凝结在商品中无差别的一般人类劳动，体现的是商品生产者之间一定的社会关系，是商品所特有的社会属性；使用价值和价值是对立统一的关系，一方面相互排斥、不可兼得，要获得商品的价值就必须放弃商品的使用价值，要得到使用价值就不能得到价值，另一方面统一于商品之中。商品是劳动产品，生产商品的劳动分为具体劳动和抽象劳动，正是劳动的二重性决定了商品的二因素，商品二因素的矛盾来自劳动二重性的矛盾。具体劳动是指生产一定使用价值的具体形式的劳动，抽象劳动是无差别的一般人

类劳动，它们是同一劳动过程的两种规定，但分别反映了劳动的不同属性，具体劳动创造商品的使用价值，是劳动的自然属性，抽象劳动形成商品的价值，是劳动的社会属性。

在以私有制为基础的商品经济中，商品生产者的劳动具有两重性——私人性质和社会性质。私人劳动和社会劳动的矛盾构成私有制商品经济的基本矛盾，这一矛盾贯穿商品经济发展过程的始终，决定着商品经济的各种内在矛盾及其发展趋势。

商品二因素即使用价值和价值之间的矛盾，是由劳动二重性即生产商品的具体劳动和抽象劳动之间的矛盾决定的。在商品交换过程中，生产商品使用价值的具体劳动是不能直接进行量的比较的，只有将具体劳动还原为抽象劳动，也就是从具体劳动中抽象出无差别的一般人类劳动，才能进行量的比较，而具体劳动能否还原为抽象劳动，在根本上取决于私人劳动和社会劳动能否实现统一。商品生产者的私人劳动生产的产品如果与社会的需求不相适应，这种私人劳动就不会被承认为社会劳动，它作为具体劳动的有用性质也就不会为社会所承认，因而不能还原为抽象劳动，这意味着商品的价值不能实现，商品的使用价值和价值之间的矛盾没有得到解决，反之亦然。

（二）剩余价值生产的两种基本方法

资本家提高对工人的剥削程度（获取剩余价值）的方法是多种多样的，最基本的方法有两种，即绝对剩余价值的生产和相对剩余价值的生产。

绝对剩余价值是指在必要劳动时间不变的条件下，由于延长工作日的长度和提高劳动强度而生产的剩余价值。在资本主义制度下，工人的工作日包括必要劳动时间和剩余劳动时间两个部分，在必要劳动时间既定的条件下，工作日越长，剩余劳动时间越长；而提高工人劳动强度迫使他们更加紧张地工作，在同样的劳动时间内比以前消耗更多的脑力和体力，同样能榨取更多的剩余价值。

相对剩余价值是指在工作日长度不变的条件下，通过缩短必要劳动时间而相对延长剩余劳动时间所生产的剩余价值，缩短必要劳动时间是通过全社会劳动生产率的提高实现的。个别资本家为追逐超额剩余价值改进技术、改善管理，其他企业争先效仿，从而整个社会各个生产部门的劳动生产率普遍提高，用于补偿劳动力再生产所需要的生活资料的价值降低，用于补偿劳动力价值的必要劳动时间减少，因此剩余劳动时间相对延长，整个资本家阶级普遍获得更多的相对剩余价值。

绝对剩余价值生产和相对剩余价值生产在本质上是一致的，只是在资本主义发展的不同阶段起着不同的作用。在资本主义发展的初期，资本家主要依靠绝对剩余价值生产来提高剥削程度；随着生产技术条件的不断改进和工人阶级反抗资本家延长工作日的斗争力量的增强，相对剩余价值生产的作用就日益突出了。

（三）如何理解“生产自动化条件下，科学和技术成为独立的剩余价值源泉”的观点

这种观点是错误的。

剩余价值是雇佣工人剩余劳动的凝结。劳动力商品的使用价值是价值的源泉，能够创造出比本身价值更大的价值，也就是说货币所有者购买到劳动之后，在消费它的过程中，能得到一个增殖的价值，即剩余价值，同时购买劳动力的货币也就变成了资本。资本主义生产过程的主要方面——价值增殖过程是剩余价值的生产过程，所谓价值增殖过程就是超过劳动力价值的补偿这个一定点（劳动者创造的价值刚好补偿资本家预付的劳动力价值）而延长了的价值形成过程，剩余价值是这个过程中雇佣工人所创造的、被资本家无偿占有的、超过劳动力价值的那部分价值。通过延长工作日的长度、提高劳动强度、缩短必要劳动时间而相对延长剩余劳动时间等方式，即绝对剩余价值的生产和相对剩余价值的生产，可以提高对工人的剥削程度，获取更多剩余价值。

资本主义国家在经历了第三次科技革命之后，电子计算机、数控机床自动化装置在生产中得到了较为普遍的应用，机器大工业发展到自动化阶段。工业机器人的开发和利用代替了工人大量的体力劳动和部分脑力劳动，自动化生产线的广泛使用使得直接从事生产操作的工人大大减少，出现了少数“无人工厂”，科学技术的地位迅速提升，发挥着日益重要和突出的作用，甚至有完全取代工人劳动的趋向。资产阶级经济学家根据这些情况，宣称科学和技术成为独立的剩余价值源泉，马克思的剩余价值学说已不适用于现代资本主义了。

生产自动化只是意味着剩余价值生产所使用的生产工具更加先进，并不代表科学技术取代劳动成为剩余价值源泉。一方面，无论是机器人、自动化生产线，还是“无人工厂”，它们本质上仍然是物化劳动或不变资本的实物形式，在它们参加产品的生产时，只是把原有的价值转移到产品中去，而不创造新价值，更不能创造剩余价值。另一方面，在生产自动化条件下，直接从事生产劳动的工人相对减少，而从事科研、设计、技术和管理劳动的人员日益增加，“总体工人”中脑力劳动者的比重不断增大；劳动的复杂程度和强度日益提高，从而成为生产力特别高的劳动，在其他条件不变的情

况下，这种劳动会创造出更多的价值和剩余价值。

总之，这种说法是错误的，资本主义国家的生产自动化是人类社会科学技术进步的结晶，是资本家获取高额剩余价值的手段，而雇佣工人的剩余劳动仍然是这种剩余价值的唯一源泉。

（四）为什么说资本要实现连续循环，资本的不同职能形式的循环必须在空间上并存、在时间上继起

产业资本的循环运动正常进行，必须具备两个基本前提条件：一是产业资本的三种职能形式必须在空间上同时并存，即产业资本必须按照一定比例同时并存于货币资本、生产资本和商品资本三种形式中（分割成三个部分）。也就是说边采购、边生产、边销售，只有这样，当生产资本转化为商品资本时，又有货币资本转化为生产资本，资本连续循环和再生产得以不断进行。二是产业资本的三种职能形式必须在时间上继起，即必须保持时间上的依次连续性。货币资本、生产资本、商品资本必须顺利进行各自的环节，依次完成职能形式的转换，无论哪种职能形式的资本，在各自的某一个转化环节中断，产业资本就无法实现连续循环。比如，当商品资本不能转化为货币资本时，就会出现商品积压、货币资金短缺的状况，从而无法购买生产资料和劳动力，无法继续进行生产。三种形式的循环在空间上的并存性与在时间上的继起性表明，产业资本的连续循环是流通过程与生产过程的统一，也是它的三种循环形式的统一。

（五）如何理解“资本是带来剩余价值的价值”，资本的特殊性和一般性是什么

（1）马克思通过对劳动力商品的特点和资本总公式的矛盾的分析，阐明资本家用货币购买的是雇佣工人的劳动力商品，劳动力商品的使用价值是劳动，劳动本身并不是商品，劳动力商品的使用价值具有成为价值源泉的特殊属性，它的实际使用本身就是劳动的物化，从而创造了剩余价值，使货币转化为资本。在资本主义社会里，资本总是表现为一定的物，如货币、机器、商品等，但这些物本身并不是资本，只有这些物被用来从事以获取剩余价值为目的的生产活动，也就是成为带来剩余价值的手段时它才成为资本。所以资本不是物，而是一种生产关系，是一定的、社会的、属于一定历史社会形态的生产关系。

马克思的分析揭示了剩余价值的真正来源，阐明了资本的实质，揭露了资本拜物

教产生的秘密，为科学认识资本主义经济制度的本质提供了有力的理论武器。

（2）资本的特殊性就在于其本质是物的外壳掩盖下的一种资本对雇佣劳动的剥削关系。资本的一般性即“资本所共有的规定性”，可以概括为：①资本的功能在于增殖，它是一种能带来剩余价值的价值，利用资本进行商品生产、经营等活动，其目的是为了获得利润或利息；②资本是在运动中增殖的，资本必须不断地、周而复始地循环，才能不断地带来剩余价值；③资本的生产过程是以劳动力市场的建立为前提的，投资者通过购买生产资料和劳动力并使得两者结合，从而实现价值增殖。

四、理论前沿

（一）坚持和发展中国特色社会主义政治经济学

“面对极其复杂的国内外经济形势，面对纷繁多样的经济现象，学习马克思主义政治经济学基本原理和方法论，有利于我们掌握科学的经济分析方法，认识经济运动过程，把握社会经济发展规律，提高驾驭社会主义市场经济能力，更好地回答我国经济发展的理论和实践问题。”① 2020年，《求是》刊发了《不断开拓当代中国马克思主义政治经济学新境界》，这是习近平总书记2015年11月23日主持十八届中央政治局就马克思主义政治经济学基本原理和方法论进行第二十八次集体学习时的讲话（第16期）。

讲话首先强调了学习马克思主义政治经济学的重要性，“马克思主义政治经济学是马克思主义的重要组成部分，也是我们坚持和发展马克思主义的必修课……现在，各种经济学理论五花八门，但我们政治经济学的根本只能是马克思主义政治经济学，而不能是别的什么经济理论”，② 马克思主义政治经济学揭示了人类社会特别是资本主义社会的经济运动规律，通过更加深入的理解与学习可以更好把握经济发展规律，提高领导我国经济发展能力和水平；还对马克思主义政治经济学或《资本论》过时论进行了反驳，资本主义固有的基本矛盾仍然存在，包括金融危机在内的各种社会问题与矛盾反而激起了西方学者重新研究的热潮。然后，总结了在对马克思主义政治经济学的学习、研究、运用上党取得的重要成果，包括毛泽东同志在新民主主义时期和社会主义建设探索时期提出的独创性观点，改革开放以来当代中国马克思主义政治经济学的

---

① 习近平．不断开拓当代中国马克思主义政治经济学新境界［N］．求是，2020-08-16（16）．

② 习近平．不断开拓当代中国马克思主义政治经济学新境界［N］．求是，2020-08-16（16）．

一些理论成果，等等。最后，提出了要将马克思主义政治经济学基本原理和方法论与我国经济发展实际充分结合，立足发展实践作出科学理论回答，面对新情况新问题，揭示新特点新规律，不断开拓当代中国马克思主义政治经济学新境界，并作出了坚持以人民为中心的发展思想、坚持新的发展理念、坚持和完善社会主义基本经济制度、坚持和完善社会主义基本分配制度、坚持社会主义市场经济改革方向、坚持对外开放基本国策七点要求。

在危机中育新机、于变局中开新局。党的十八大以来，中国特色社会主义经济建设取得了举世瞩目的辉煌成就，以习近平同志为核心的党中央坚持观大势、谋全局、干实事，成功驾驭了我国经济发展大局，系统回答了新时代中国特色社会主义经济发展的一系列重大问题，把马克思主义政治经济学的基本原理同中国特色社会主义的实践相结合，形成了习近平新时代中国特色社会主义经济思想，创新并丰富了中国特色社会主义政治经济学理论，坚持和发展了当代马克思主义政治经济学。比如，明确马克思主义政治经济学的根本立场——坚持以人民为中心的发展思想；坚持中国特色社会主义政治经济学的五大原则——解放和发展生产力原则，共同富裕原则，发展社会主义市场经济原则，公有制为主体、多种所有制经济共同发展原则，对外开放原则；提出经济发展新常态的论断，树立创新、协调、绿色、开放、共享五大发展新理念，推动供给侧结构性改革、经济体制改革，促进新型工业化、信息化、城镇化、农业现代化相互协调，统筹考虑和综合运用国际国内两个市场、国际国内两种资源，等等。

(二)《资本论》依然放射着真理的光芒

2016年5月17日，习近平同志在哲学社会科学工作座谈会上指出：“有人说，马克思主义政治经济学过时了，《资本论》过时了。这个说法是武断的。”①《资本论》并没有过时，依然值得我们深入学习、研究和思考。

首先，在《资本论》中，马克思深刻分析和论证了资本主义的本质及规律、资本主义的运行过程和内在矛盾、资本主义经济危机产生的根源与必然性，这些分析理论不仅得到了印证，而且具有较强的现实借鉴意义。在2008年国际金融危机爆发后，《资本论》在一些西方国家又成为畅销书；2013年联合国教科文组织因《资本论》“在世界范围内对社会运动有巨大的影响”，而将其第一卷列入《世界记忆名录》；2017年也有一些西方国家举行了《资本论》第一卷出版150周年的纪念活动，德国《商报》

① 习近平．在哲学社会科学工作座谈会上的讲话［N］．新华网，2016-05-18.

曾发表《资本论及其剩余价值》一文，其中写道："直到今天，谁想了解为什么资本主义一再产生危机，他就绕不过这部著作。"……《资本论》在西方国家几度掀起研究热潮，成为解决资本主义社会现实问题的一剂良药。

其次，《资本论》所揭示的社会化大生产和商品经济运动的一般规律，对于发展社会主义市场经济具有指导意义，也有助于构建中国特色社会主义政治经济学。马克思在《资本论》第一版的序言中写道："我要在本书研究的，是资本主义的生产方式以及和它相适应的生产关系和交换关系"，① 而资本主义经济研究是从商品、货币开始的，因为"商品流通是资本的起点，商品生产和发达的商品流通，即贸易，是资本产生的历史前提"。② 资本主义经济关系和社会主义经济关系都需要通过商品市场关系实现，马恩所讲的商品的生产与流通、市场与货币关系等，是现在仍然适用的商品经济关系和必须遵循的市场经济规律。比如，马克思形成了自己的劳动价值论，充分肯定劳动在创造财富中的作用，商品的二因素由劳动的二重性决定，具体劳动创造商品的使用价值，抽象劳动形成商品的价值。而使用价值和价值是对立统一的关系，商品生产者为了取得价值才关心使用价值，因为只有成功让渡使用价值才能取得价值，才能将商品转换为货币。这告诉我们：一方面，生产端或供给端很重要，能创造出消费的材料和对象；另一方面，生产的商品要经过市场的检验，要能够卖出去变成价值，才能顺利推动经济发展，而这需要充分考虑消费端的需求。供给侧结构性改革着眼于提高供给质量、扩大有效供给，用改革的办法推进结构调整，提高供给结构对需求变化的适应性和灵活性，更好满足广大人民群众的需求正是印证了这一原理。再如，马克思认为，商品的价值由生产该商品的必要劳动时间决定，在商品按照社会必要劳动时间出售的情况下，各个商品生产者会竭尽全力降低个别劳动时间以获取更多的利润，而降低个别劳动时间的有效途径是创新，尤其变革物质生产技术。价值规律是商品经济的基本规律，可以自发调节生产资料和劳动力在社会各生产部门的分配比例，自发刺激社会生产力的发展，自发调节社会收入的分配，但也会产生一些消极后果，这启示我们要充分处理好"两只手"的关系，在发挥市场在资源配置中的决定性作用的同时，也要加强政府的宏观调控。

另外，《资本论》揭示了资本积累导致的社会财富占有两极分化、相对过剩人口的形成，阐明了资本主义经济不可克服的内在矛盾，特别是生产社会化与资本主义私有

---

① 马克思．资本论（第1卷）[M]．郭大力，王亚南，译．上海：上海三联书店，2012：2.

② 马克思．资本论（第1卷）[M]．郭大力，王亚南，译．上海：上海三联书店，2012：85.

制的基本矛盾及其带来的周期性经济危机，指出了资本主义制度必然灭亡、社会主义制度必然胜利的历史发展趋势，这些理论都蕴含着资本主义经济制度向社会主义经济制度转化的客观要求，有利于增强我们对中国特色社会主义的道路自信、理论自信、制度自信和文化自信。

五、学习测试

(一) 单选题

1. 在资本主义制度下，资本家与劳动者之间的关系是( )

A. 平等互利的关系　　B. 互利互惠的关系

C. 劳动雇佣资本的关系　　D. 资本雇佣劳动的关系

2. 私有制基础上商品经济的基本矛盾是( )

A. 使用价值和价值的矛盾　　B. 具体劳动和抽象劳动的矛盾

C. 私人劳动和社会劳动的矛盾　　D. 脑力劳动和体力劳动的矛盾

3. 资本主义所有制的实质是( )

A. 资本家无偿占有雇佣工人的剩余价值

B. 劳资双方既对立又统一

C. 雇佣工人丝毫不占有自己的劳动价值

D. 劳资双方既排斥又依靠

4. 资本主义生产过程的主要方面是( )

A. 劳动过程　　B. 价值增殖过程

C. 价值形成过程　　D. 价值实现过程

5. 资本主义生产的实质是( )

A. 社会化大生产　　B. 国际化大生产

C. 剩余价值生产　　D. 现代商品生产

6. 资本家获得相对剩余价值是( )

A. 工作日绝对延长的结果　　B. 工人工资低于劳动力价值的结果

C. 劳动力供过于求的结果　　D. 技术进步和生产率提高的结果

7. 资本积累与资本主义扩大再生产的关系是( )

A. 资本积累是扩大再生产的重要源泉

B. 扩大再生产是资本积累的重要源泉

C. 资本积累本身就是扩大再生产

D. 扩大再生产与资本积累无内在联系

8. 产业资本在其循环运动中所采取的三种职能形式是(　　)

A. 固定资本、流动资本、货币资本　B. 不变资本、可变资本、商品资本

C. 产业资本、商业资本、借贷资本　D. 货币资本、生产资本、商品资本

9. 在资本积累过程中，实现个别资本增大的形式是(　　)

A. 资本循环和资本周转　B. 资本积聚和资本集中

C. 资本积累和资本集中　D. 资本生产和资本流通

10. 资本主义经济危机爆发的根本原因是(　　)

A. 资本主义的基本矛盾　B. 消费力下降

C. 边际消费倾向下降　D. 流动性偏好

11. 资本主义经济危机的本质特征是(　　)

A. 生产不足　B. 生产相对过剩

C. 消费不足　D. 失业增加

12. 区分不变资本与可变资本的依据是(　　)

A. 资本在剩余价值实现中所起的不同作用

B. 资本的价值周转方式的不同

C. 资本在剩余价值生产中所起的不同作用

D. 资本的价值补偿方式的不同

13. 剩余价值率是(　　)

A. 不变资本与可变资本之比　B. 剩余价值与预付资本之比

C. 可变资本与不变资本之比　D. 剩余价值和可变资本之比

14. 资本主义工资的本质是(　　)

A. 劳动的价值或价格　B. 抽象劳动的价值或价格

C. 劳动力的价值或价格　D. 脑力劳动的价值或价格

15. 《资本论》(德文版) 第一卷于1867年9月在汉堡出版，其影响力历经150多年风雨而不衰，至今对我们分析、理解现实经济问题依然具有很强的指导意义。马克思主义政治经济学的理论十分丰富，其中“理解政治经济学的枢纽”的理论是(　　)

A. 价值规律理论　　B. 商品二因素理论

C. 劳动二重性理论　　D. 剩余价值理论

16. 马克思一贯反对离开所有制关系空谈“公平分配”“平等权利”。在《资本论》第三卷中专设一章，即“分配关系和生产关系”，阐明了分配关系是生产关系的背面。在资本主义经济中，利润是(　　)

A. 资本所有权的实现形式

B. 土地所有权的实现形式

C. 工人所有的劳动力的价值的实现形式

D. 商品所有权的实现形式

17. 企业由于提高劳动生产率而使商品的个别价值低于社会价值的差额是(　　)

A. 绝对剩余价值　　B. 相对剩余价值

C. 超额剩余价值　　D. 利息

18. 随着利润转化为平均利润，价值规律作用的形式发生了变化。表现为市场价格的变动(　　)

A. 以价值为中心　　B. 以生产价格为中心

C. 以成本价格为中心　　D. 以平均利润为中心

19. 个别劳动的社会性质，通过(　　)

A. 商品的有用性来体现　　B. 商品的广告传播来体现

C. 商品的交换来体现　　D. 商品质量的鉴定来体现

20. 资本家普遍获得相对剩余价值是(　　)

A. 单个资本家采用先进技术降低商品个别价值的结果

B. 单个资本家压低劳动力价值缩短工人必要劳动时间的结果

C. 资本家延长工人劳动时间增加工人剩余劳动时间的结果

D. 各个资本家追求超额剩余价值的结果

21. 资本主义经济危机周期性的物质基础是(　　)

A. 生产的日益社会化　　B. 大规模的固定资本更新

C. 国内有效需求的扩大　　D. 生产集中程度的提高

22. 资本主义再生产过程的实质是(　　)

A. 劳动过程和价值形成过程的统一

B. 劳动过程和价值增殖过程的统一

C. 物质资料再生产与资本主义生产关系再生产的统一

D. 物质资料再生产与劳动力再生产的统一

23. 马克思指出："如果物没有用，那么其中包含的劳动也就没有用，不能算作劳动，因此不形成价值。"这句话说明(　　)

A. 价值的存在与物的有用性互为前提

B. 价值的存在以物的有用性为前提

C. 物的有用性表明它一定具有价值

D. 物的有用性与价值成正比

24. 考察社会总资本再生产的核心问题是(　　)

A. 价值如何增殖　　B. 价值和剩余价值的形成

C. 剩余价值的实现　　D. 社会总产品的实现

25. 利润转化为平均利润，价值转化为生产价格的是(　　)

A. 资本积累的结果　　B. 资本有机构成提高的结果

C. 部门内部各企业相互竞争的结果　　D. 各部门资本家之间相互竞争的结果

26. 马克思通过对资本主义生产中价值增殖过程的分析，把雇佣工人的劳动时间分为(　　)

A. 生产使用价值的时间和生产价值的时间

B. 转移旧价值的时间和创造新价值的时间

C. 生产生产资料价值的时间和生产剩余价值的时间

D. 再生产劳动力价值的时间和生产剩余价值的时间

27. 劳动力成为商品是货币转化为资本的前提条件，这是因为(　　)

A. 资本家购买的是劳动力的价值

B. 劳动力商品具有价值和使用价值

C. 货币所有者购买的劳动力能够带来剩余价值

D. 劳动力自身的价值能够在消费过程中转移到新的商品中去

28. 在资本主义社会里，资本家雇佣工人进行劳动并支付相应的工资。资本主义工资的本质是(　　)

A. 工人所获得的资本家的预付资本　B. 工人劳动力的价值或价格

C. 工人所创造的剩余价值的一部分　D. 工人全部劳动的报酬

29. 2011 年 9 月以来美国爆发的"占领华尔街"抗议活动中，示威者打出"我们

是99%”的标语，向极富阶级表示不满。标语所显示的美国社会财富占有的两极分化，是资本主义制度下(　　)

A. 劳资冲突的集中体现　　B. 生产社会化的必然产物

C. 资本积累的必然结果　　D. 虚拟资本泡沫化的恶果

30. 马克思把商品转换成货币称为“商品的惊险的跳跃”，“这个跳跃如果不成功，摔坏的不是商品，但一定是商品占有者”。这是因为只有商品变为货币(　　)

A. 货币才能转化为资本　　B. 价值才能转化为使用价值

C. 抽象劳动才能转化为具体劳动　　D. 私人劳动才能转化为社会劳动

31.《资本论》中有这样的表述：“对上衣来说，无论是裁缝自己穿还是他的顾客穿，都是一样的。”这是因为无论谁穿(　　)

A. 上衣都起到着使用价值的作用　　B. 上衣都起到着价值的作用

C. 上衣都是抽象劳动的结果　　D. 上衣都是社会劳动的结果

32. 社会生产是连续不断进行的，这种连续不断重复的生产就是再生产。每次经济危机发生期间，总有许多企业或因产品积压、或因订单缺乏等致使其无法继续进行再生产而被迫倒闭。那些因产品积压而倒闭的企业主要是由于无法实现其生产过程中的(　　)

A. 劳动补偿　　B. 价值补偿

C. 实物补偿　　D. 增殖补偿

33. 商品内在的使用价值和价值的矛盾，其最完备的外在表现是(　　)

A. 商品与商品的对立　　B. 具体劳动与抽象劳动的对立

C. 私人劳动与社会劳动的对立　　D. 商品与货币的对立

34. 一切商品对所有者是非使用价值，对非所有者是使用价值。这句话的含义是(　　)

A. 使用价值是商品的主导因素

B. 商品是二因素的对立统一

C. 商品对不同的人具有不同的意义

D. 这一论断否定了商品的使用价值因素

(二) 多选题

1. 资本原始积累的主要途径有(　　)

A. 用暴力手段剥夺农民的土地　B. 用暴力手段掠夺小生产者的工厂
C. 用暴力手段掠夺货币财富　D. 用暴力手段掠夺商人的财富

2. 商品的市场价格发生变化(　　)
A. 与货币的价值量变化无关　B. 与商品的价值量变化有关
C. 与商品的生产价格变化无关　D. 与商品的供求变化有关

3. 利润率表示全部预付资本的增殖程度，提高利润率的途径有(　　)
A. 提高剩余价值率　B. 提高资本有机构成
C. 加快资本周转速度　D. 节省不变资本

4. 商品经济得以产生的历史条件有(　　)
A. 私有制的出现
B. 社会生产力的发展和社会分工的出现
C. 剩余产品的出现
D. 生产资料和劳动产品属于不同的所有者

5. 把资本区分为不变资本和可变资本的意义是(　　)
A. 进一步揭示了剩余价值产生的源泉
B. 进一步揭示了剩余价值实现的原因
C. 可以确定资本家对工人的剥削程度
D. 可以确定资本的年增殖程度

6. 资本主义国家的职能包括(　　)
A. 对内实行政治统治　B. 进行社会管理
C. 进行国际交往　D. 维护国家安全及利益

7. 资本主义政治制度包括(　　)
A. 民主与法制　B. 政权组织形式
C. 选举制度　D. 政党制度

8. 全面地认识资本主义制度下资本的本质，对资本应理解为(　　)
A. 资本是带来剩余价值的价值
B. 资本体现资本家雇佣工人的阶级关系
C. 资本是一个历史范畴
D. 资本不是静止物，而是一种运动

9. 纺织厂的资本家购买的用于生产的棉花属于(　　)

A. 不变资本　　　　B. 固定资本

C. 可变资本　　　　D. 流动资本

10. 有一幅广告幽默画，画的是几个行人在看一家饭店外贴的告示，上面写着：“快进来吃饭吧，否则你我都得挨饿。”这幅广告画的寓意有(　　)

A. 生产者和消费者是相互依存的

B. 生产关系本质上是人与人之间的物质利益关系

C. 生产和消费具有直接的同一性

D. 商品交换活动背后隐藏着人与人的关系

11. 利润转化为平均利润的过程，同时也是(　　)

A. 资本有机构成提高的过程

B. 价值转化为生产价格的过程

C. 资本在不同部门之间发生转移的过程

D. 资本家集团重新瓜分剩余价值的过程

12. 马克思主义政治经济学对资本构成的理解是(　　)

A. 资本的技术构成是由生产的技术水平所决定的生产资料和劳动力之间的比例

B. 资本的价值构成是不变资本和可变资本这两部分资本价值之间的比例

C. 资本的有机构成是由资本的技术构成决定并反映技术构成变化的资本价值构成的构成

D. 在资本主义生产过程中，资本有机构成的提高是一般趋势

13. 为了追逐最大化的利润，资本家总是想方设法地进行资本积累，而资本积累的源泉是剩余价值。一般而言，资本积累规模的大小取决于(　　)

A. 资本家对工人的剥削程度　　　　B. 劳动生产率的高低

C. 资本家垫付资本的大小　　　　D. 所用资本与所费资本之间的差额

14. 马克思指出，所谓资本原始积累“只不过是生产者和生产资料分离的历史过程。这个过程所以表现为‘原始的’，因为它形成资本以及与之相适应的生产方式的前史”，资本原始积累的主要途径有(　　)

A. 用资本手段获取市场暴利　　　　B. 用剥削手段榨取剩余价值

C. 用野蛮手段进行殖民掠夺　　　　D. 用暴力手段剥夺农民土地

15. 当今世界正处在新科技革命和产业革命的交汇点，以机器人技术为代表的科技

产业发展十分迅速。机器人在生产过程中的广泛使用，使资本有机构成不断提高。然而就一般意义而言，资本有机构成的提高实际上是(　　)

A. 一个社会增长财富和消除贫困的根本途径

B. 不以人的意志为转移的一般趋势

C. 社会产生相对过剩人口的一个重要原因

D. 由资本的本性决定的

16. 在资本积累过程中，实现个别资本增大的形式是(　　)

A. 资本循环　　B. 资本积聚

C. 资本周转　　D. 资本集中

17. 价值规律发挥作用的表现形式有(　　)

A. 价格围绕价值上下波动　　B. 价格围绕交换价值上下波动

C. 价格围绕成本价格上下波动　　D. 市场价格围绕生产价格上下波动

18. 在其他条件不变的情况下，资本有机构成的提高会导致(　　)

A. 相对过剩人口的形成　　B. 利润率的提高

C. 可变资本在总资本中的比例降低　D. 资本周转速度的减缓

19. 产业资本循环经历不同阶段采取的相应职能形式是(　　)

A. 货币资本　　B. 固定资本

C. 生产资本　　D. 商品资本

20. 马克思的劳动价值论(　　)

A. 是对古典政治经济学劳动价值论的批判、继承和发展

B. 是剩余价值理论的基础

C. 为揭示资本主义生产方式的本质奠定了理论基础

D. 是随时代和实践的发展而不断发展的科学理论

21. 随着利润转化为平均利润(　　)

A. 价值便转化为生产价格

B. 全社会的平均利润总额与剩余价值总额不相等

C. 有些部门获得的利润高于本部门生产的剩余价值

D. 有些部门获得的利润低于本部门生产的剩余价值

22. 资本主义再生产过程的实质是(　　)

A. 劳动过程和价值形成过程的统一

B. 劳动过程和价值增殖过程的统一

C. 物质资料再生产与资本主义生产关系再生产的统一

D. 物质资料再生产与劳动力再生产的统一

23. 全球互联网贸易额不断增长，电子商务的发展对加快资本周转速度起着重要作用，体现在缩短(　　)

A. 资本由货币资本转化为生产资本的时间

B. 资本由商品资本转化为货币资本的时间

C. 原材料的储备时间

D. 劳动者加工劳动对象的时间

24. 同一劳动在同一时间内，当部门劳动生产率提高时会使(　　)

A. 单位商品的价值量降低　　B. 商品的使用价值量增加

C. 单位商品的价值量不变　　D. 单位商品的价值量提高

25. 劳动力是任何社会生产的基本要素，在特定的社会发展阶段和特定的历史条件下，劳动力作为一种特殊商品，其价值的构成包括(　　)

A. 维持劳动者自身生存所必需的生活资料的价值

B. 劳动者在必要时间内创造的价值

C. 劳动者繁育后代所必需的生活资料的价值

D. 培养和训练劳动者所需要的费用

26. 人们往往将汉语中的“价”“值”二字与金银财宝等联系起来，而这两字的偏旁却都是“人”，示意价值在“人”。马克思劳动价值论通过商品交换的物与物的关系，揭示了商品价值的科学内涵，其主要观点有(　　)

A. 劳动是社会财富的唯一源泉

B. 具体劳动是商品价值的实体

C. 价值是凝结在商品中的一般人类劳动

D. 价值在本质上体现了生产者之间的社会关系

27. 美国导演迈克尔·穆尔在他的最新纪录片《资本主义：一个爱情故事》问世以后，一直颇受关注。“资本主义”为何与“爱情故事”联系起来呢？穆尔解释说，这是一种“贪欲之爱”，喜爱财富的人不仅爱他们自己的钱，也爱你口袋中的钱……很多人不敢说出它的名字，真见鬼，就说出来吧。这就是“资本主义”。将金钱的“贪欲”与资本主义连为一体，是因为(　　)

A. 资本家就是人格化的资本

B. 赚钱体现了人的天然本性

C. 资本的生命在于不断运动和不断增值

D. 追逐剩余价值是资本主义生产方式的绝对规律

28. 1918 年，马寅初在一次演讲时，有一位老农问他：“马教授，请问什么是经济学?”马寅初笑着说：“我给这位朋友讲个故事吧：有个赶考的书生到旅店投宿，拿出十两银子，挑了该旅店标价十两银子的最好房间，店主立刻用它到隔壁的米店付了欠单，米店老板转身去屠夫处还了肉钱，屠夫马上去付清了赊欠的饲料款，饲料商赶紧到旅店还了房钱。就这样，十两银子又到了店主的手里。这时书生来说，房间不合适，要回银子就走了。你看，店主一文钱也没赚到，大家却把债务都还清了，所以，钱的流通越快越好，这就是经济学。”在这个故事中，货币所发挥的职能有(　　)

A. 支付手段　　　　B. 流通手段

C. 价值尺度　　　　D. 贮藏手段

29. 马克思指出：“资本主义积累不断地并且同它的能力和规模成比例地生产出相对的，即超过资本增强的平均需要的，因而是过剩的或追加的工人人口。”“过剩的工人人口是积累或资本主义基础上的财富发展的必然产物，但是这种过剩人口反过来又成为资本主义积累的杠杆，甚至成为资本主义生产方式存在的一个条件。”上述论断表明(　　)

A. 资本主义生产周期性特征需要有相对过剩的人口规律与之相适应

B. 资本主义社会过剩人口之所以是相对的，是因为它不为资本价值增殖所需要

C. 资本主义积累必然导致工人人口的供给相对于资本的需要而过剩

D. 资本主义积累使得资本主义社会的人口失业规模呈现越来越大的趋势

30. 马克思说：“一切现实的危机的最终原因始终是：群众贫穷和群众的消费受到限制，而与此相对立，资本主义生产却竭力发展生产力，好像只有社会的绝对的消费能力才是生产力发展的界限。”这段论述表明(　　)

A. 经济危机的发生与群众的贫穷及其消费能力受到限制有关

B. 经济危机的发生根本上在于资本主义的基本矛盾

C. 资本积累与无限扩大生产也是经济危机发生的原因

D. 社会的绝对的消费能力导致了经济危机的发生

◎ 参考答案

（一）单项选择题

1. D 2. C 3. A 4. B 5. C 6. D 7. A 8. D 9. B 10. A 11. B 12. C 13. D
14. C 15. C 16. A 17. C 18. B 19. C 20. D 21. B 22. C 23. B 24. D
25. D 26. D 27. C 28. B 29. C 30. D 31. A 32. B 33. D 34. B

（二）多项选择题

1. AC 2. BD 3. ACD 4. BD 5. AC 6. ABCD 7. ABCD 8. ABCD 9. AD
10. ABCD 11. BCD 12. ABCD 13. ABCD 14. CD 15. BCD 16. BD 17. AD
18. AC 19. ACD 20. ABCD 21. ACD 22. BC 23. AB 24. AB 25. ACD
26. CD 27. ACD 28. ABC 29. BCD 30. ABC

（三）讨论与思考

1. 资本家提高劳动生产率、提高资本有机构成，在剥削率不变情况下，单位资本利率是下降的，但资本家还是努力去提高资本有机构成，作为人格化资本的资本家这种行为是不是与资本的本性产生了矛盾，资本家脑子“进水”了吗？

2. 美股大跌近3000点，全球经济危机又来了吗？

2020年3月15日，美联储的突然降息并未挽回美股近期颓势。昨夜，16日标普500指数开盘跌超7%，触发本月第三次熔断，也是史上第四次熔断，美股暂停交易15分钟。随后一直在低位运行，尾盘，美国三大股指再度向下，截至收盘，道指收跌约3000点，跌近13%，创史上最大下跌点数，以及1987年以来最大单日跌幅。巴菲特在3月8日之前89年仅见过一次熔断，不过这8天，他竟然见到3次。这才是真正的“活久见”。在美股暴跌的情况下，全球市场均无法独善其身，昨夜，巴西IBOVESPA指数盘中下跌12.5%，再度触发熔断。加拿大S&P/TSX指数大跌12%，触发熔断。而欧洲方面，英国富时100指数、法国CAC40指数和德国DAX指数跌幅收窄，截至收盘，三大股指分别跌了4.01%、5.75%和5.31%。

2008年国际金融危机至今，12年过去了，美国欧洲主要靠量化宽松和超低利率，导致资产价格泡沫、债务杠杆上升、居民财富差距拉大、社会撕裂、政治观点极端化、贸易保护主义盛行。美国面临股市泡沫、企业债务杠杆、金融机构风险、社会撕裂四大危机，欧洲、亚洲等也面临同样的问题。

全球金融危机为什么一再发生？根源是什么？

六、文献导读

1. 马克思：《资本论》第1卷，第一章“商品”第1、2、3、4节，第二章“交换过程”，第三章“货币或商品流通”第1节，第四章“货币转化为资本”第3节，第五章“劳动过程和价值增殖过程”，第六章“不变资本和可变资本”，第七章“剩余价值率”第1节，第十四章“绝对剩余价值和相对剩余价值”，第十七章“劳动力的价值或价格转化为工资”，第二十二章“剩余价值转化为资本”第1、4节，第二十三章“资本主义积累的一般规律”第1、2、3、4节，第二十四章“所谓原始积累”，《马克思恩格斯选集》第2卷，人民出版社2012年版。

【导读】《资本论》第一卷共七篇二十五章。按其内容可分为三部分。第一篇（第一至三章）构成第一部分，马克思揭示了商品经济的基本规律——价值规律，创立了科学的劳动价值论。第二至六篇（第四至二十章）形成第二部分，是第一卷的主要内容。马克思分析了资本的生产过程，创立了剩余价值理论，揭示了资本主义的基本经济规律——剩余价值规律。第三部分是第七篇（第二十一至二十五章），主要阐明剩余价值怎样转化为资本以及最初的资本是怎样积累起来的，马克思创立了资本积累理论。

2. 恩格斯：《家庭、私有制和国家的起源》（九），《马克思恩格斯选集》第4卷，人民出版社2012年版。

【导读】恩格斯的《家庭、私有制和国家的起源》“（九）野蛮时代和文明时代”，主要阐明了随着人类社会从野蛮时代向文明时代的过渡，氏族制度经过一定的发展阶段而被国家所代替。恩格斯阐明了国家的起源、本质和特征，进而阐明了文明时代的本质及其为共产主义时代所代替的必然性。

3. 恩格斯：《反杜林论》第三编《社会主义》，第二章“理论”，《马克思恩格斯选集》第3卷，人民出版社2012年版。

【导读】恩格斯《反杜林论》第三编《社会主义》的“理论”章，阐述了科学社会主义产生的社会经济根源，分析了资本主义生产方式的基本矛盾，揭示了资本主义必然灭亡和社会主义必然胜利的客观规律以及无产阶级的历史使命，阐明了科学社会主义的基本原理。

第五章
资本主义的发展及其趋势

第二次世界大战后，资本主义经历了一个繁荣发展的时期，经济和社会生活出现了一些新的变化。近些年来，资本主义世界又发生了以金融危机为标志的经济和社会性危机。认识垄断资本主义的特征，了解经济全球化的过程，剖析当代资本主义新变化，对于认识资本主义的历史发展过程和地位有着重要的意义。

一、教学基本要求

（一）学习目的

了解资本主义从自由竞争发展到垄断的进程，科学认识国家垄断资本主义和经济全球化的本质，正确认识第二次世界大战后资本主义经济政治发生的新变化及 2008 年国际金融危机以来资本主义的矛盾与冲突，辩证把握资本主义的历史地位及其为社会主义所代替的历史必然性，坚定资本主义必然灭亡、社会主义必然胜利的信念，同时也要认识到整个历史过程的长期性和曲折性。

（二）学习要求

（1）掌握私人垄断资本主义的形成以及特点，认识到由自由竞争引起的生产集中和资本集中发展到一定阶段必然会引起垄断，这是资本主义发展的客观规律。

（2）掌握国家垄断资本主义的特点和实质，认识到其形成和发展不是偶然的，而是资本主义基本矛盾进一步尖锐化的必然结果。在肯定国家垄断资本主义带来的积极作用的同时，科学把握其实质，明确其历史趋势。

(3) 把握经济全球化的含义、表现和动因，了解经济全球化的二重性影响和发展的历史大势。结合我国改革开放背景，深刻领会“对外开放”的理论内涵及带来的历史性变革和世界性贡献。

(4) 正确理解当代资本主义的新变化及实质，深刻认识资本主义的历史地位及其为社会主义所代替的历史必然性，坚定资本主义必然灭亡和社会主义必然胜利的信念。

(三) 学习内容

资本主义社会有一个产生、发展和走向衰亡的过程。资本主义的发展经历了自由竞争和垄断两大阶段，国家垄断资本主义是第二次世界大战以后垄断资本主义发展的新形式。随着科学技术的进步、生产社会化和资本国际化程度的不断提高，垄断资本主义经济又不断向国际范围扩展。近些年来，伴随着经济全球化进程的加速，资本主义世界又发生了以金融危机为标志的经济和社会性危机。认识垄断资本主义的特征，了解经济全球化的过程，剖析当代资本主义新变化，对于我们正确把握资本主义发展的历史趋势具有重要意义。围绕这一主题，本章主要以三节内容进行展开：

围绕“垄断资本主义的形成与发展”，主要阐述私人垄断资本主义和国家垄断资本主义的产生、特征和实质，以及经济全球化的发展进程和影响。具体内容包括：第一，私人垄断资本主义的形成。在资本主义生产发展和生产规模不断扩大过程中，伴随着生产和资本的不断集中。少数大企业为获取高额利润而相互联合，对一个或几个部门商品的生产、销售和价格进行操纵和控制，使垄断得以形成。垄断的出现标志着自由竞争资本主义进入到垄断资本主义发展阶段。垄断下竞争的特点：垄断并不能消除竞争，反而使竞争更加复杂和激烈。一是垄断没有消除产生竞争的经济条件，二是垄断必须依靠竞争来维持，三是社会生产是复杂多样的，任何垄断组织都不可能把包罗万象的社会生产都包下来。垄断条件下的竞争在竞争目的、竞争手段和竞争范围上具有新特点：金融资本与金融寡头。金融资本是由工业垄断资本和银行垄断资本融合在一起而形成的一种垄断资本。在金融资本形成的基础上，产生了金融寡头。金融寡头是指操纵国民经济命脉，并在实际上控制国家政权的少数垄断资本家或垄断资本家集团。他们支配大量的社会财富，控制整个国家的经济命脉和上层建筑，是垄断资本主义国家事实上的统治者。金融寡头通过“参与制”实现在经济领域中的统治，通过同政府的“个人联合”实现对国家机器的控制。第二，国家垄断资本主义的形成与实质。国家垄断资本主义是国家政权与私人垄断资本融合在一起的垄断资本主义，是垄断资本主义生产关系在自身范围内的部分质变，它标志着资本主义发展进入新的阶段。其形成和发展是科技进步和生产社会化程度进一步提高的产物，是资本主义基本矛盾进一步尖锐化的必然结果。国家垄断资本主义在一定程度上促进了生产力的发展。但它的出现并没有根本改变垄断资本主义的性质，它虽然有多种不同的具体形式，其实质都是私人垄断资本利用国家机器来为其发展服务的手段。第三，金融垄断资本的发展与垄断资本的国际扩张。20世纪70年代起，由于资本主义发展不平衡的加深和国际货币体系内在矛盾的激化，布雷顿森林体系崩溃，金融自由化和金融创新驱动金融垄断资本迅速发展，二者推动资本主义经济的金融化程度不断提高。金融垄断资本的发展，一方面促进了资本主义经济的发展，另一方面也造成了经济过度虚拟化，导致金融危机频繁发生，不仅给资本主义经济，也给全球经济带来灾难。与此同时，垄断资本为了谋求高额利润，必然要将其统治实力扩展到国外，建立国际垄断统治。垄断资本通过借贷资本输出、生产资本输出、商品资本输出三种基本形式向世界范围扩展，并通过跨国公司这一国际垄断组织形式予以实现。第四，经济全球化及其后果。经济全球化是指在生产不断发展、科技加速进步、社会分工和国际分工不断深化、生产的社会化和国际化程度不断提高的情况下，世界各国、各地区的经济活动越来越超出某一国家和地区的范围而相互联系、相互依赖的过程。在经济全球化进程中，社会分工得以在更大的范围内进行，资金、技术等生产要素可以在国际范围流动和配置，由此可以带来巨大的分工利益，推动世界生产力的发展。经济全球化体现了社会化生产的要求，不仅发达国家从中受益，一些发展中国家在参与经济全球化进程中也得到了快速发展。经济全球化是一把“双刃剑”，它在促进经济发展的同时也带来了一些负面影响。但不能就此把经济全球化一棍子打死，而是要适应和引导好经济全球化，消解经济全球化的负面影响。面对国际范围内保护主义倾向抬头、国际经贸规则制定出现政治化的风险挑战，要以共同构建人类命运共同体的理念引领经济全球化，使经济全球化朝着更加开放、包容、普惠、平衡、共赢的方向发展，让不同国家、不同阶层、不同人群共享经济全球化的好处。

围绕“正确认识当代资本主义的新变化”，主要阐述第二次世界大战后资本主义变化的新特点，新变化产生的原因和实质，以及2008年国际金融危机以来资本主义的矛盾与冲突。具体内容包括：第一，“二战”后资本主义经济政治发生的新变化主要表现在：其一，生产资料所有制方面——国家所有制与法人资本所有制成为资本所有制的新形式。其二，劳资关系和分配关系方面——资本家开始采取一些缓和劳资关系的激励制度，促使工人自觉地服从资本家的意志。其三，社会阶层和阶级结构方面——资本家的地位和作用发生很大变化，高级职业经理成为大公司经营活动的实际控制者，知识型和服务型劳动者的数量不断增加，劳动方式发生了新变化。其四，经济调节机制和经济危机状态方面——由"二战"后的国家对经济进行全面干预到20世纪70年代的强化市场调节、弱化政府干预。其五，政治制度方面——出现多元化的趋势，公民权利有所扩大。第二，资本主义发生新变化的原因在于：科学技术革命和生产力的发展，工人阶级争取自身权利和利益的斗争，社会主义制度初步优越性的彰显，以及主张改良主义的政党对资本主义制度的改革。第三，当代资本主义发生的变化从根本上说是人类社会发展一般规律和资本主义经济规律作用的结果，其变化是在资本主义制度基本框架内的变化，并不意味着资本主义生产关系的根本性质发生了变化。第四，由美国次贷危机引发的2008年国际金融危机导致西方国家经济发展"失调"、政治体制"失灵"、社会融合机制"失效"，显示了资本主义的深层矛盾与冲突。

围绕"资本主义的历史地位和发展趋势"，分析资本主义的历史进步性和自身的局限性，阐明资本主义被社会主义所取代是历史发展的基本趋势。具体内容包括：第一，资本主义的历史地位。与封建社会相比，资本主义无疑显示了巨大的历史进步性。其一，资本主义将科学技术转变为强大的生产力；其二，资本追求剩余价值的内在动力和竞争的外在压力推动了社会生产力的迅速发展；其三，资本主义的意识形态和政治制度作为上层建筑，在战胜封建社会自给自足的小生产的生产方式，保护、促进和完善资本主义生产方式方面起着重要作用，从而推动了社会生产力的发展，促进了社会进步。但历史进步性并不能掩盖其自身的局限性，表现在：其一，资本主义基本矛盾阻碍社会生产力的发展；其二，资本主义制度下财富占有两极分化，引发经济危机；其三，资本家阶级支配和控制资本主义经济和政治的发展和运行，不断激化社会矛盾和冲突。这些局限性在资本主义生产方式范围内是不可能根本消除的，它决定了资本主义生产方式的历史过渡性。第二，从人类社会发展的长河看，资本主义终究要被社会主义所取代，这是历史发展的基本趋势。资本主义的内在矛盾决定了资本主义被社会主义所代替的必然性。然而，社会主义代替资本主义又是一个长期的历史过程。资本主义必然为社会主义所代替，并不意味着资本主义社会将在短期内自行消亡。资本主义制度目前还能为生产力的发展提供一定的空间。它向社会主义的转变会触及资产阶级的根本利益，必然会遭到阻挠和反抗，因而资本主义向社会主义的过渡必然是一个复杂的、长期的历史过程。

本章的主要内容如下图所示：

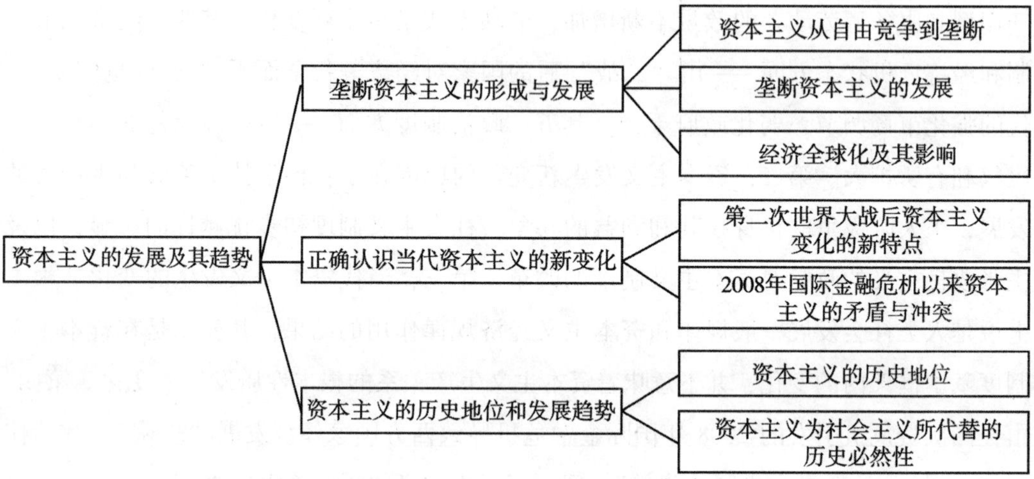

(四) 教学重点和难点

1. 国家垄断资本主义的实质和特点
2. 经济全球化的表现及影响
3. 当代资本主义的新变化及实质
4. 资本主义为社会主义所代替的历史必然性

二、要点精讲

(一) 本章导学

教师：学习完前面的历史唯物主义，我们明白了这样一个事实：同以往任何一个社会一样，资本主义社会经历了产生、发展的过程，也必将有一个逐步衰退、为新社会所代替的过程。这是不以人的意志为转移的社会发展规律所决定的。

学生：但是，第二次世界大战以后资本主义又发生了一些新变化。因此，有人说资本主义还在发展，还具有活力，是“垂而不死”，列宁当年所说的“资本主义是垂死的资本主义”这一论断已经过时了。

教师：资本主义真的是“垂而不死”吗？我们应当怎样看待这种“垂而不死”论呢？这就是我们学习这一章所应当回答和解决的问题。

其实这个问题由来已久，我首先简单地介绍一下。一般来说，我们把19世纪70年代以前的资本主义称为自由竞争的资本主义。这个阶段最重要的特征就是自由竞争，从前面第四章中所讲到的剩余价值的生产、流通、分配等内容你们都能够体会到竞争规律的作用。巴尔扎克曾经入木三分地刻画了资本家之间的相互竞争关系，他说：不是你踩在别人的头上，就是被别人踩在脚下；不是你吃掉别人，就是被别人吃掉。由自由竞争到生产集中再到垄断，垄断资本主义最终形成了，这个时间大致在19世纪末20世纪初。

关于垄断资本主义，列宁在《帝国主义是资本主义的最高阶段》一文中研究和总结了这一时期资本主义发展的新材料，论证了帝国主义的五大基本经济特征，指出了帝国主义是资本主义的特殊阶段。这个特殊性表现在三个方面：“第一，帝国主义是垄断的资本主义；第二，帝国主义是寄生的或腐朽的资本主义；第三，帝国主义是垂死的资本主义。”由于帝国主义最深厚的经济基础是垄断，因此就产生了帝国主义的腐朽性；也正是由于帝国主义是腐朽的资本主义，它就必然地走向死亡，所以是垂死的资本主义。然而，时至今日，面对资本主义还在发展，还具有较强活力的现实，有的人说列宁当年说的“资本主义是垂死的资本主义”的论断过时了，资本主义是“垂而不死”。

学生：我知道，列宁所概括的时期，也就是19世纪末20世纪初的30来年，这正是资本主义迅速发展的时期。

教师：是的，列宁对这一时期资本主义的迅速发展给予了充分注意。在列宁看来，绝不能因为帝国主义有可能在一个时期内迅速地发展，就否定它的腐朽和停滞；也不能因为帝国主义有腐朽和停滞的趋势，又排除它在一定时期内有发展的可能性。“二战”后资本主义新的发展说明，列宁关于帝国主义的论断是完全正确的。资本主义在一定时期和一定范围内生产和技术的迅速发展是完全可以理解的。

学生：到了20世纪80年代，我国开始实行全面的改革开放，建设社会主义市场经济；与此同时，在资本主义比较发达的欧洲国家，“民主社会主义”“福利国家”却悄然兴起。在这样的背景下，社会主义与资本主义“趋同论”在全世界都有很大影响力。老师，我们该如何看待这种现象呢？

教师：“趋同论”最先出现于俄国采取具有积极意义的退却策略，也就是“新经济政策”后，对革命只抱朴素感情的人认为它“为资产阶级、为小工业的发展以及为资本主义关系的发展敞开大门”。这是把“趋同”看成是社会主义往资本主义趋同。与此相反，也存在将资本主义看成往社会主义趋同的思想，比如美国经济学家约瑟夫·熊彼特在《资本主义、社会主义与民主》这本书中宣称：“在资本主义范围内的逐步社会主义化不仅是可能的，甚至是最明显的可以指望的事情。”他还预言，资本主义的发展终究会自行消亡，取而代之的将是某种方式的公共管理制度或社会主义。“趋同论”的最终提出者是荷兰社会党人、著名经济学家丁伯根，他不仅把生物学的“趋同”概念引进来说明社会主义和资本主义的关系，而且对趋同理论作了充分的论证。他认为在相同的国际环境下，两种对立的制度会相互同化，而产生一种“最佳秩序”的经济体制，在这种经济体制的影响下，最终它们的制度会走向趋同。

学生：但是，20世纪80年代末90年代初，随着日本籍美国政治学家弗朗西斯·福山一篇题为《历史的终结？》的文章发表，是否意味着风向标转向了呢？

教师：的确，福山在文中断言，民主制将“成为全世界最终的政府形式”。而随着几个月后柏林墙的骤然倒塌，他随即在这篇文章的基础上加以扩充，删去了原标题的问号，于1992年出版了《历史的终结及最后之人》。在其后20多年的时间里，福山始终坚信：自由民主和市场经济是普适的，资本主义自由民主制度将是人类历史的终极政体。但是，2015年9月日本著名政论杂志《中央公论》刊登了福山的演讲和对他的访谈（题为《日本要直面中国世纪》），这篇文章经过中文摘译写成报道，在新华网上发布，已被几百个网站转载。这篇报道说福山最近发生了“思想巨变”：这位日裔美国政治学家终于被中国的独特发展模式所折服，要重新考虑那个使他出名的“历史终结论”。文章强调，福山特别肯定了“中国模式”的优越性，认为它会受到更多国家的钟情，并指出：“客观事实证明，西方自由民主可能并非人类历史进化的终点。随着中国崛起，所谓‘历史终结论’有待进一步推敲和完善。”尽管有学者（刘擎）批评这篇网上报道是对福山的某些言论作了脱离语境的选择性编译，产生了某种误导倾向，但是它再一次将资本主义和社会主义制度的斗争中最后谁战胜谁这个关乎人类社会发展的重大问题引入了人们的视线。

学生：哦，我听明白了，关于资本主义和社会主义两种制度的命运之争经历了列宁的“垂死的”资本主义、丁伯根的“趋同论”到福山的“历史的终结”及其后的“思想转变”这样几个阶段。

教师：值得一提的是，福山当初坚信，人类社会的发展史，就是一部“以自由民主制度为方向的人类普遍史”，自由民主制度是“人类意识形态发展的终点”和“人类最后一种统治形式”。然而，时至今日，福山由当初的坚信变得有点不自信，其中一个很重要的原因就是当代资本主义自身发生了一些新的变化。如何看待资本主义在当代的发展，如何把握资本主义发展的历史趋势，需要我们做出科学回答。好了，本章的导学我们就聊到这儿。

（二）经济全球化及其本质

教师：今天我们一起聊聊经济全球化的话题。

学生：生活中我们有很多用品是国外的品牌，而我们中国制造对外国人的影响也非常大。老师，这就是经济全球化的一个表现吧。

教师：是的。“经济全球化”这个词，据说最早是由特·莱维于1985年提出的，但至今没有一个公认的定义。国际货币基金组织在1997年5月发表的一份报告中指出：“经济全球化是指跨国商品与服务贸易及资本流动规模和形式的增加，以及技术的广泛迅速传播使世界各国经济的相互依赖性增强。”而经济合作与发展组织认为，“经济全球化可以被看作一种过程，在这个过程中，经济、市场、技术与通信形式都越来越具有全球特征，民族性和地方性在减少。”

学生：我是从三个方面来理解经济全球化的：首先，最明显的一点就是世界各国之间的经济联系和相互依存度在不断加强；其次，正因为各国之间的关系日益复杂，所以各种国际经济协调组织也越来越多，它们对世界经济的协调和约束作用也越来越强；最后，这种协调和约束自然离不开一定的经济规则，这就使得各国国内的经济规则的共同点也在不断增多。

教师：是的，经济全球化是指在生产不断发展、科技加速进步、社会分工和国际分工不断深化、生产的社会化和国际化程度不断提高的情况下，世界各国、各地区的经济活动越来越超出一国和地区的范围而相互联系、相互依赖的过程。

那么，经济全球化有哪些表现呢？

学生：我们经常可以看到类似下面的情况：一种新式赛车在日本筹集资金，在意大利设计，在德国生产零配件，在法国组装，其所使用的先进电子元件由美国研制出来并享有专利；或者，一种人造卫星由澳大利亚出资，在美国设计，在法国制造并组装，用俄罗斯的运载火箭发射升空。在全球性的生产网络中，生产某些高新技术产品不再由某个国家单独完成，而是多个国家协作完成。

教师：这两个例子都告诉我们，经济全球化首先表现为国际分工进一步深化，即国际水平分工逐渐取代国际垂直分工成为占主导地位的分工形式，这种分工以资本、技术、管理技能等生产要素的跨国流动为前提，以跨国界组织生产为核心，以全球化生产体系的形成和建立为标志，它使世界各国的生产活动不再孤立地进行，而是成为全球生产体系的有机组成部分。

经济全球化还表现为贸易全球化。这方面的例子，我们可以信手拈来。

学生：是的，我感受最深的就是每年的“双十一”，全国人民都在疯狂抢购，而它现在不再是我国人民的专利，已经扩展到全球，目前已覆盖了220个国家和地区。

教师：贸易全球化是指商品和劳务在全球范围内的自由流动。具体表现为：国际贸易金额出现大幅增长；货物贸易比重日益下降，服务贸易比重不断上升；国际贸易在广度和深度上的发展，使越来越多国家被纳入到全球贸易体系之中。可以说，一个广泛而深入的全球贸易网络为市场机制在全球发挥功能创造了条件。

经济全球化还表现为金融全球化。金融全球化是指世界各国、各地区在金融业务、金融政策等方面相互协调、相互渗透、相互竞争不断加强，使全球金融市场更加开放、金融体系更加融合、金融交易更加自由的过程。金融全球化不是孤立的，它伴随生产和贸易全球化而流动；金融全球化也不是盲目的，它总是流向利润高的地方。过去30年，国际资本流动规模扩大并且波动性加强。2008年全球金融海啸导致多个发达国家金融体系出现冻结，全球资本流动规模从历史高位跌落谷底。当前国际资本市场仍处于向正常水平回归的阶段。

经济全球化的最后一个表现就是企业生产经营全球化。

学生：您指的是跨国公司吧。我们生活中就有很多，像可口可乐、微软、阿迪达斯、耐克、大众汽车、中国石化等。

教师：这些跨国公司在全球范围内建立分支机构，借助母公司与分支机构之间各种形式的联系，实行跨国投资和生产的过程就是企业生产经营全球化。正是这些跨国公司，促进了资金、技术、人力、商品等在全球范围内的流动和配置，为经济全球化提供了强有力的载体。

那么，我们该如何理解经济全球化的本质呢？

学生：英国文学家狄更斯曾这样描述工业革命发生后的世界——“这是最好的时代，也是最坏的时代”。今天，我们也生活在一个矛盾的世界之中。

教师：是的，一方面，物质财富不断积累，科技进步日新月异，人类文明发展到历史最高水平。另一方面，世界又处在动荡不安、风险积聚之中。发展鸿沟扩大，保护主义抬头，“逆全球化”思潮涌动，军事冲突时有发生，恐怖主义、难民危机、气候变化等威胁持续蔓延。

学生：老师，我们该如何看待当前国际上出现的这种“逆全球化”思潮呢？

教师：之所以当前出现“逆全球化”思潮，究其根本，有以下几个原因：

一是，全球增长动能不足，经济治理滞后。

二是，全球发展失衡，难以满足人们对美好生活的期待，尤其是分配机制有失公平。

三是，各国失业问题凸显。由于全球产业链、价值链的分工布局，全球生产和外包体系建立，劳动密集型制造业主要分布在广大发展中国家，导致欧美发达国家制造业部门的失业工人增加，成为反全球化的主要群体。

最后一个原因是，国家民族主义回潮。国与国之间最根本、最核心的关系是利益关系，全球化作为一种国家主权的让渡，从经济角度去国家化，会引起本国政府的不满，使得政治整体趋向保守、经济整体趋于内向。

学生：面对“反全球化”思潮全球扩散的新现象，是开放还是保守，是合作还是封闭，是变革还是守旧？经济全球化发展到了一个关键时期，我们必须做出抉择。

教师：对此，习近平主席在亚太经合组织领导人非正式会议上明确提出，“经济全球化进入阶段性调整期，质疑者有之，徘徊者有之。应该看到，经济全球化符合生产力发展要求，符合各方利益，是大势所趋。”在达沃斯论坛的主旨演讲中他进一步指出，“历史地看，经济全球化是社会生产力发展的客观要求和科技进步的必然结果，不是哪些人、哪些国家人为造出来的。”“困扰世界的很多问题，并不是经济全球化造成的。”“把困扰世界的问题简单归咎于经济全球化，既不符合事实，也无助于问题解决。”正如“世界经济的大海，你要还是不要，都在那儿，是回避不了的。想人为切断各国经济的资金流、技术流、产品流、产业流、人员流，让世界经济的大海退回到一个一个孤立的小湖泊、小河流，是不可能的，也是不符合历史潮流的”。

学生：我明白了。习近平主席演讲中的这段话，生动阐述了当今世界已经是一个你中有我、我中有你的人类命运共同体，经济全球化是大势所趋。

教师：是的，从本质上讲，经济全球化是生产力发展和社会化大生产的客观要求和必然结果。

（三）经济全球化的走向

教师：正如上一节分析指出，经济全球化的过程是生产社会化程度不断提高的过程。在经济全球化进程中，社会分工得以在更大的范围内进行，资金、技术等生产要素可以在国际社会流动和优化配置，由此带来巨大的分工利益，推动世界生产力的发展。

学生：经济全球化体现了社会化生产的要求，不仅发达国家从中受益，一些发展中国家在参与经济全球化进程中也得到了快速发展。

教师：经济全球化对发展中国家的积极作用主要表现在以下几个方面：一是为发展中国家提供先进技术和管理经验。经济全球化使技术、管理等生产要素在全球范围内自由流动和优化配置，发展中国家可以利用这一机会引进先进技术和管理经验，提升企业的竞争力，推动产业结构优化，缩短与发达国家的差距。二是为发展中国家提供更多的就业机会。发展中国家在经济全球化的过程中通过吸引外资在本国投资，扩大了劳动者就业，发挥了发展中国家丰富的劳动力资源优势。三是推动发展中国家国际贸易发展。发展中国家可以利用不断扩大的国际市场 解决国内产品销售问题，以对外贸易拉动本国经济的发展。此外，经济全球化还促进发展中国家跨国公司的发展。发展中国家借助投资自由化和比较优势组建大型跨国公司，积极参与经济全球化进程，增强经济竞争力，从中获取了更大利益。

学生：但是，经济全球化又是一个充满矛盾的进程，它在促进经济发展的同时也带来了一些负面影响。我感触比较大的就是我们女生所用的护肤品，不少同学使用外国产品，各种海外代购席卷而来，甚至有的化妆品店都不销售国内产品。各种国外的品牌和产品充斥国内市场，导致很多民族品牌逐渐消失，这对我国的化妆品行业产生了巨大的冲击。

教师：的确，经济全球化也是一把“双刃剑”。它带来的第一个负面影响是发达国家与发展中国家在经济全球化过程中的地位和收益不平等、不平衡。长期以来，发达资本主义国家主导经济全球化进程，制定贸易和竞争规则，控制一些国际组织，成为经济全球化的主要受益者。而一些发展中国家由于发展资金匮乏、债务负担沉重、贸易条件恶化、金融风险增加以及技术水平落后等，总体上处于更为不利的地位。正如西班牙学者埃斯特万·巴伦蒂在《两种全球化》一书中指出，当今世界正在经历“两种全球化”，即富裕国家的全球化与贫穷国家的全球化。其次是加剧了发展中国家的资源短缺和环境污染恶化。在经济全球化进程中，发达国家由于产业链优化升级，不断把高污染高能耗产业向发展中国家转移，从而加剧了发展中国家在经济增长的同时出现的资源短缺和环境恶化。科学家已经证明，历史上 80%以上的温室气体排放来自发达国家，气候变化的结果是发达国家造成的。此外，由于经济全球化加深了世界的经济联系和相互依赖，在有效的全球性经济协调机制没有建立起来的情况下，世界上的某一国家或地区爆发的危机将会迅速传导至全球，增加全球经济发展的不稳定性和经济风险。

学生：如此看来，经济全球化还真是让人喜忧参半。在这种利弊共存的情况下，我们该如何应对当前的经济全球化整体形势呢？

教师：对此，习近平总书记明确指出："经济全球化确实带来了新问题，但我们不能就此把经济全球化一棍子打死，而是要适应和引导好经济全球化，消解经济全球化的负面影响，让它更好惠及每个国家、每个民族。""人类历史告诉我们，有问题不可怕，可怕的是不敢直面问题，找不到解决问题的思路。面对经济全球化带来的机遇和挑战，正确的选择是，充分利用一切机遇，合作应对一切挑战，引导好经济全球化走向。"在世界经济亟待走出困境的关键时刻，习近平总书记的讲话向全世界表达了中国坚定不移推进经济全球化的决心，也向世人表明，引导好经济全球化走向，已经时不我待。

学生：老师，那么我们该如何引领经济全球化进程？经济全球化将会走向何方呢？

教师：面对经济全球化发展的历史必然性，面对国际范围内保护主义倾向抬头、国际经贸规则制定出现政治化的风险挑战，应该认识到，经济全球化不是一部分国家的独角戏，而是世界各国、各民族共同实现发展的大舞台。面对不同国家在生产方式、发展水平、文化背景等方面的差异，要以共同构建人类命运共同体的理念引领经济全球化，使经济全球化朝着更加开放、包容、普惠、平衡、共赢的方向发展，让不同国家、不同阶层、不同人群共享经济全球化的好处。

学生：推动经济全球化朝着更加开放、包容、普惠、平衡、共赢的方向发展，这是习近平总书记在达沃斯和日内瓦演讲中反复强调的"中国方案"，也是中国向世界发出的携手共建繁荣世界的诚挚邀约。

教师：是的，为解决当前经济全球化存在的问题，我们提供了"中国方案"，打造了"四个模式"：

坚持创新驱动，打造富有活力的增长模式；

坚持协同联动，打造开放共赢的合作模式；

坚持与时俱进，打造公正合理的治理模式；

坚持公平包容，打造平衡普惠的发展模式。

以上这“四种模式”是习近平总书记基于对经济全球化本质的精准把握，是针对目前经济全球化中的深层次问题而提出的，指向性十分明确。只有这样，才能消解经济全球化的负面影响，让经济全球化的正面效应更多地释放出来，实现经济全球化进程再平衡，让不同国家、不同阶层、不同人群共享经济全球化的好处。

学生：老师，用“四个模式”推动、引领经济全球化朝着更加开放、包容、普惠、平衡、共赢的方向发展，不仅彰显了中国的责任担当，更充分展现了以习近平为核心的党中央为推动构建人类命运共同体贡献的中国智慧与中国方案。那么，如何理解经济全球化开放、包容、普惠 、平衡、共赢的这五个方面呢？

教师：开放的经济全球化，就是不搞排他性安排，防止治理机制封闭化和规则碎片化。坚决反对保护主义，为各国发展营造更大的市场和空间。

包容的经济全球化，就是坚持公平包容，消除贫困和饥饿，推动可持续发展，增强经济的包容性。

普惠的经济全球化，就是让增长和发展惠及所有国家和人民，国家不分大小、强弱、贫富，都是国际社会平等成员，理应平等参与决策、享受权利、履行义务。

平衡的经济全球化，就是要着力解决贫困、失业、收入差距拉大问题，使全球经济发展更加平衡，促进社会公平正义，实现人与自然、人与社会和谐。

共赢的经济全球化，就是全球经济治理体系应该以利益共享共赢为目标，打造全球经济增长和发展共赢链，让发展成果由各国人民共同分享。

改革开放以来，我国充分利用经济全球化带来的机遇，在谋求自身发展、受益于经济全球化的同时，也拉动了世界经济增长，推动了全球治理水平的提高。根据国际货币基金组织的估算，2016 年中国经济增长对世界经济增长的贡献率为 39%，在全球经济预计 3.1%的增长率中，中国贡献了 1.2 个百分点，是美日欧贡献之和的两倍。

学生：中国是经济全球化的受益者，更是贡献者。

教师：世界好，中国才能好；中国好，世界才更好。

（四）经济失调：2008 年金融危机及其实质

教师：各位同学，大家好！今天我们通过分析 2008 年美国金融危机的原因及其实质，来了解当代资本主义经济的新变化。第一个问题，我们分析一下 2008 年美国金融危机的爆发及其根源。

学生：老师，什么是金融危机呢？

教师：金融危机，是指金融领域发生的，如金融资产、金融机构、金融市场的危机，具体表现为金融资产价格大幅下跌，引起金融机构倒闭或濒临倒闭，如银行倒闭，或某个金融市场，如股市或债市暴跌等。金融危机会导致人们对未来经济的悲观预期、投资和生产的减少、经济总量与经济规模大幅缩减、企业大量倒闭、失业率提高、社会普遍的经济萧条、经济增长受到打击，甚至伴随着社会动荡或国家政治层面的动荡。

学生：那与经济危机的后果近似，经济危机与金融危机有什么区别呢？

教师：金融主要指与货币和信用相关的各种活动，它直接影响投资和生产，金融与经济两者联系紧密。但是，两者还是存在很大不同的，"经济危机"的范围比"金融危机"更广泛，它包括"消费""生产"和"金融"等，一切经济领域的需求和供给相关矛盾导致的危机。

学生：即一切经济活动中的有效需求不足，生产相对过剩。

教师：对。金融危机，就是指与货币、资本相关的活动出现了某种持续性的矛盾，比如，票据兑现中出现的信用危机、买卖脱节造成的货币危机、贷款无法偿还导致的违约等，可以简单理解为货币信用的供给过剩，现实货币支付能力不足。2008 年美国金融危机，就是由于美国房地产业贷款者没有能力支付和偿还信用贷款而产生的次贷危机直接导致的。

学生：老师，那什么是次贷危机呢？

教师：次贷危机就是次级抵押贷款的危机，次贷就是次级抵押贷款，是与优、高等级抵押贷款相对应的一种高风险、高收益贷款，指一些贷款机构向信用程度较差和收入不高的借款人提供的贷款。与传统意义上的标准抵押贷款的区别在于，次级抵押贷款对贷款者的信用记录和还款能力要求不高，贷款利率相应地比一般抵押贷款高很多。因此，很多次级抵押贷款人无力偿还，违约率高，资金链条中断，这样次贷危机就出现了。

学生：嗯嗯，明白了，我们国家办信用卡和住房贷款，都要审查年龄、职业、收入等，看还款能力，就是与次贷对应的优级抵押贷款。那资本主义国家为什么发行次贷产品呢？

教师：是啊，资本家为什么要把钱贷给偿还能力差的劳动者呢？这就是我们接下来要分析的问题——金融危机的根源。那么，我问问你，资本主义的基本矛盾是什么？

学生：资本主义基本矛盾，即生产的社会化和生产资料资本主义私人占有之间的矛盾。

教师：那么，资本主义基本矛盾在经济领域的两个具体表现呢？

学生：个别企业内部生产的有组织性与整个社会生产的无政府状态之间的矛盾；社会生产无限扩大的趋势和劳动人民有支付能力的需求相对缩小之间的矛盾。

教师：对，一方面，劳动人民有支付能力的需求不足。劳动人民实际工资停滞以及家庭实际收入增长乏力，严重制约着个人消费的增长，在这种环境下，解决消费能力欠缺的途径，就是通过抵押住房、次级抵押贷款让劳动人民获得消费现金来消化生产过剩、缓解有效需求不足，再简单点说，就是让人民透支未来的钱来消费今天的产品。

另一方面，生产资料私有制导致资本家在外在的竞争压力和内在的逐利动机下，不断进行资本积累。资本积累是什么第四章讲过，还记得吗？

学生：就是剩余价值的资本化。

教师：对。早期资本积累是通过扩大再生产实现，当代资本家发现制造信用和金融产品其资本积累、价值增殖速度更快，高于实体经济的增殖速度，于是，资本家通过创造大量金融产品和金融衍生品，促使其虚拟资本增殖速度远远超过实体经济资本增殖的速度。次贷等金融产品就是为了满足资本家价值增殖和因为资本积累导致的两极分化、劳动人民有效需求不足而产生的。

学生：因此，2008 年金融危机的爆发，其直接原因是次贷危机，根源依然是资本主义生产资料私有制与生产日益社会化不相适应，资本主义基本矛盾引起整个社会的无政府状态和两极分化，最终导致金融危机的爆发。

教师：对的。但是，在此我们要解释一下，金融及金融创新本身不是一无是处，它能促进经济发展、就业等，只不过反对由于资本家贪婪逐利导致虚拟资本的相对过剩和货币的相对不足。下面，我们讲第二个问题：当代资本主义经济发展的新特点。

这场金融危机由美国传导到全球，导致西方国家经济发展失调，反映了西方资本主义经济模式的弊端，显现出当代资本主义经济发展的新特点。

第一个特点是：金融化，去工业化和产业空心化日趋严重。

2008 年，美国的第三产业在国民经济体系中的比重已经超过 80%，第三产业当中 70%是直接或间接的金融，而且这些金融基本上都是金融理财业务；英国工业在国民经济中的比例仅约 21%，以金融为主导的服务业产值则超过 70%。资本收益率远超经济增长率，占 GDP 的比例由 2004 年的 4%上升到 2008 年的 8%，造成国内物质生产与非物质生产之间的比例关系严重失衡，工业萎缩、劳动人民就业和收入减少。

学生：老师，那我们国家现在为什么还要优化经济结构，大力发展第三产业呢？

第三产业的发展和去工业化本身不是坏事，它可能反映技术进步和劳动生产率的提高。但这只是问题的积极一面，同时还有消极的一面。即制造业萎缩，失去了工业基础，就不可能有一个繁荣的服务性社会，也不可能有技术进步，意味着社会经济基础的削弱。因此，美国奥巴马退任之前，提出要“再工业化”，特朗普提出要回归实体经济，现在大打贸易战，都是美国希望通过重大科技创新来武装他们的产业体系，重振美国制造业，打击中国制造业。

教师：当代资本主义经济发展的第二个特点是：虚拟经济与实体经济严重脱节。

学生：这个我大概知道一点，虚拟经济就是股票、期货、债券等，实体经济就是工农业等产品的生产，对吧？

教师：基本上是对的，实体经济是指物质的、精神的产品和服务的生产、流通等经济活动。包括农业、工业、服务业等物质生产和教育、文化、艺术等精神产品的生产和服务。比如：粮食、服装、物流业等物质产品的生产，文学和影视作品等精神产品的生产。实体经济始终是人类社会赖以生存和发展的基础。虚拟经济主要是指以票券方式，持有权益并交易权益所形成的经济活动，简单地说虚拟经济就是直接以钱生钱的活动，较为集中于银行、股票、期货、债券等金融业、房地产业等，债券和股票等金融工具不是物质产品，它们的“价值”是由它们未来的收益派生的，金融工具和金融衍生工具发展到一定程度，导致虚拟经济的价格变化脱离了实物本身的价值及其运动规律。

学生：老师，明白了，我国曾经发生的“蒜你狠”“姜你军”、天价兰花、普洱茶等事件，就是大蒜、生姜等价格远远超过本身价值，把其当作虚拟经济来炒了，因此，习近平主席说“房子不是用来炒的而是用来住的”，就是避免虚拟经济过度发展。

教师：对，从20世纪80年代开始，发达资本主义国家推进信贷和金融创新，金融杠杆化、次贷产品等金融衍生品品类繁多，数量巨大，引起虚拟经济泡沫式增长，房子股票被当作资本家流动的ATM提款机。

下面我们接着讲第三个特点：财政严重债务化，债务危机频繁爆发。

学生：这个我也大致知道一点：美国是最大债务国，中国是最大债权国。

教师：是的。国际金融协会数据显示，2018年第一季度全球债务总额增长了8万亿美元，再创历史新高，达到247万亿美元，高于2017年12月31日的238万亿美元。美国政府债务与国内生产总值的比率已激增至101%；加拿大、法国和瑞士的非金融企业债务目前也创下历史新高，分别超过49%、46%和30%。美国债务增长最令人担忧，因为该国除了以更快速度增加债务之外，政府随意印制法定货币并且不断加息，导致借贷成本上升，并有可能导致违约激增。美财长却说：不怕，有人买单，外国投资者将继续购买美国债券。这也反映了美元的霸权主义。

那么，当代资本主义经济发展的第四个特点又是什么呢？就是两极分化和社会对立加剧。

以美国为例，美国两极分化加剧：美国学者 Kathryn J Edin 在 2015 年出版的 $ 2. 00 *a Day*：*Living on Almost Nothing in America* 一书中指出，在 1996 年美国大约有 150 万个极度贫困的家庭，每天靠 2 美元生活，而到 2015 年这种极度贫困的家庭数量已经增加到 300 万个。根据美国劳工联合会—产业工会联合会公布的《高管薪酬观察》来看，2015 年 500 家公司首席执行官的平均年薪为 1240 万美元。美国首席执行官的平均工资和普通员工的平均工资之比，1965 年为 24 倍，1979 年为 35 倍，1989 年为 71 倍，1999 年上升为 299 倍。美国工资收入的两极化，再加上资本的投资效益，使得美国收入前 1%的人的收入占了美国全民总收入的 20%，最贫困的 40%的人的收入仅占总收入的 10. 1%。美国所有家庭中的前 0. 1%家庭的财富差不多是后 90%家庭的财富总和，这个财富的鸿沟无不让人感到震惊。

社会两极分化严重、经济长期疲软，导致底层国民对现状极度失望，对未来丧失信心，社会对立加剧。2016 年的美国大选，就是美国社会对立趋势的反映，希拉里和特朗普这两位候选人在竞选中，个人攻击达到了前所未有的程度，不同选民之间的对峙和冲突也是空前激烈，选民间的暴力冲突时有所闻。2017 年 1 月 16 日，中金网的一篇报道《奥巴马：美国两党对立程度“令人吃惊”》写道：“即将卸任的奥巴马认为，党派对立的根源在于社会不同人群之间的对立。”

学生：怪不得前美联储主席格林斯潘撰文指出：“有一天，人们回首今日，可能会把美国当前的金融危机，评为‘二战’结束以来最严重的危机。”

教师：嗯嗯，就是这样的。

（五）“民主陷阱”：西方政治体制失灵

教师：各位同学，大家好！今天我们讲述的主题是西方民主的陷阱及其政治体制的失灵。先看看一段小视频。

由这段视频我们可以看出，西方标榜的民主选举制度，更像是一场选举秀，而不是对治国理政人才的选举。今天我们就全面分析一下西方民主制度的陷阱及弊端。

教师：民主制诞生于公元前509年的古希腊雅典城邦。“民主”一词源于希腊，指的是在一定的阶级范围内，按照平等和少数服从多数原则来共同管理国家事务的国家制度。在民主体制下，人民拥有超越立法者和政府的最高主权。在西方，人类史通常被理解为一部西方自由民主制度在全世界逐渐扩散普及的历史。西方认为，多党执政、三权分立和民主选举代表了自由民主政治体制，是唯一的民主政治，可以确保选举获胜者具备专业的社会治理能力、强烈的责任感，能有效代表选民利益。美国通常以其民主为标榜，来干涉指责他国内政。那么，我们就来看看西方政治体制的种种弊端。

第一个弊端：西式选举往往难以选贤。

学生：老师，西方选举不是选民自由投票吗，选民为什么不选出善于治国理政的能人呢？

教师：问得好，我们就以习近平主席和特朗普总统两人的履历，来比较两国领导人的治国理政能力。

习近平：1969—1976年，担任陕西延川梁家河党支部书记，1983—1985年，担任河北正定县委书记，1985—1996年，在厦门市、宁德任职11年，之后分别担任福建、上海、浙江等省、市的副书记或书记。总结他的履历，治村6年、治县3年、治省11年，治理过三个1亿人口以上的大省市，2007—2012年，在中央政治局工作5年，经过层层选拔和历练，培养了治理能力。

特朗普：1968年从宾夕法尼亚大学沃顿商学院毕业后，进入他父亲的房地产公司工作，并在1971年开始掌管公司运营，正式进军商界。特朗普在过去20年间，分别支持过共和党和民主党各主要总统竞选者。2015年6月，特朗普以共和党竞选者身份，正式参加2016年美国总统选举。此前，特朗普没有担任过任何公共职务，没有任何政治治理的锻炼，也就是说他是一个政治素人。

学生：那美国民众为什么选他而不选希拉里呢？

教师：这个问题我们放在最后面再说，先讲西式民主的第一个弊端。西方选举制度是作秀导向，谁有演讲能力，能提出漂亮、响亮的口号，甚至长得潇洒帅气，就能博得选民好感，而不是因为其实际执政经验和能力。

学生：所以说，奥巴马当初也没有多少执政经验，他的帅气外表、招牌式微笑、会打篮球都为他当选帮了不少忙，而不是他的治国理政能力使其当选。

教师：对啊。下面看西方民主政治的第二个弊端：政党利益可能凌驾于国家利益之上，否决政治盛行。

教师：三权分立、两党执政，是美国民主制度的重要特征，也是其吹嘘和标榜的重要部分。那么，分权和分党是否有助于高效民主呢？恰恰相反，两党代表不同人群的利益，执政方案也大相径庭，否决政治盛行。比如：自 2017 年 1 月特朗普正式执掌白宫开始，特朗普政府出台了一系列“反建制”的国际国内政策，首先，推翻奥巴马政府时期通过的《平价医保法案》，致使惠及美国大多数公民的医保法案付诸东流；不顾日本、澳大利亚、越南等国反对，执意退出 TPP 协定（跨太平洋伙伴关系协定）；枉顾国际社会发展趋势和国际道义，退出应对全球气候变化的《巴黎协定》和联合国教科文组织，则是赤裸裸的民族利己主义。美国重大政策翻烙饼式转向，左右两股力量持续互搏，导致大量政治资源空耗，也阻碍了广大公民对政治秩序的认同。

学生：老师，我明白了，你方唱罢我登场，政策的朝令夕改，使得很多政策都难以贯彻落实。

教师：对。多党执政、三权分立制度的本意，是为了避免一方权力过度集中，可是近些年来，该制度反而成了弗朗西斯·福山所谓的“否决政治”，即当一个国家陷入某种政治状态时，一派政治力量做出的任何决策，都会遭到其他政治力量不合情理的否决。否决政治导致美国任何立法程序都难以顺利推进，政治机器无法有效运转。

好，我们再看西方民主政治的第三个弊端：“民主陷阱”阻碍国家治理。

学生：老师，为什么将西方民主称为“民主陷阱”？

教师：首先得肯定西方民主的优点，通过三权分立、多党执政等，各方利益集团和各种组织争取自身利益，彼此攻讦，一定程度上制约着政府及其领导人干坏事。但是，这种民主存在很大缺陷，民主的形式和程序大于它的实质和内容，是消极不作为的民主，阻碍了国家政府为人民做好事。例如：英国政府计划修建高速铁路，既能改善基础设施，又能提振经济。但却由于少数铁路沿线居民极力阻挠，导致项目一拖再拖，最后推到要 2017 年动工、2032 年建成，成为一项“可望而不可即”的工程。少部分人的利益或非理性的民意裹挟、绑架社会公益，阻碍社会治理和建设。因此，我们称其为“民主陷阱”。

学生：那么我们国家呢，我国民主制度的高效性体现在哪？

教师：我国的民主制度主要是人民代表大会制度，最高权力机关是全国人民代表大会。

学生：可是，网上很多评论说人大似乎只是举举手的部门而已，您看，不管十二

五、十三五规划，包括港珠澳大桥等决议，只要提交给人大的方案几乎没有被否决的，那么，怎么可以看出人大体现人民的意愿呢？

教师：很好，很有深度的问题。人民代表大会制度没有任何攻讦和吵吵嚷嚷，所有议案基本通过。但是，我国人大议案表决前做了大量工作，调查民意、征集议案、党派协商等，一旦制定，受人大、政协、监察机构的制约执行，是事前协商、事后制衡的民主。这种事前协商、事后制衡就是对民意的充分尊重。

教师：接着，我们看资本主义政治体制的最后一个弊端：传统精英政治走向衰落。

前面你问过，美国民众为什么不选希拉里而选政治素人特朗普，为什么呢？2008年金融危机以来，经济长期疲软，底层国民对现状极度失望，对传统主流政治精英丧失信心。人民在想，选举一个不同于以往的民粹主义总统试试，或许可以改善现状。因此，精英主义代表希拉里落选，民粹主义代表特朗普当选。

概括起来，西方民主选举制度表现出四个弊端，精英主义被民粹主义取代，当选人治理能力受到质疑，否决政治和无为政府盛行。归纳其根源，都是由资本主义民主制度的实质决定的，资本主义是金钱操纵的民主，人民具有法律意义的平等而非事实上的平等，其多党执政只是以民主的假象维护资产阶级统治的工具，本质上是为资产阶级专政服务的。过去几十年来，美国选举庞大的资金主要由大财团提供，一旦当选，当然必须代表这些资金雄厚的大集团的利益，政府所实施的各项政策，与大多数普通民众的相关需求是脱节的。

“西方政治体制的缺陷，从未像今天这样清晰地展现给世人”，这是2016年美国总统大选日当天，新加坡《海峡时报》的评论。

好的，我们今天关于西方民主政治的陷阱的话题就聊到这。

（六）辩证透析：资本主义的历史地位

教师：这一讲我们的内容是如何辩证地看待资本主义的历史地位，即如何看待资本主义的历史进步性和其必然灭亡的历史趋势。

很多人根据对马克思的“两个必然”的理解，认为马克思对资本主义是彻底否定的态度，其实不然。马克思恩格斯对待资本主义并没有像资产阶级学者那样，拼命地为资产阶级辩护，也没有像空想社会主义那样，一味地诅咒、痛骂和猛烈地抨击与批判，而是对资本主义的历史地位进行了客观的评价，资本主义作为人类历史的一种过渡社会形态，既有历史进步性，也存在着被未来共产主义所取代的历史必然性。第一个问题，我们看看资本主义的历史进步性。

教师：前面唯物史观我们说过，衡量社会进步的标准是什么，还记得吗？

学生：生产力标准和人文价值标准。

教师：对，下面我们就分别以这两个标准来看看资本主义社会给人类历史带来的进步。资本主义历史进步性的第一个表现是：资本主义将科学技术转变为强大的生产力。

学生：老师，这个地方我不是很明白，难道封建社会没有将科技转化为生产力吗？

教师：资本主义以前是自给自足的小生产，是以生产资料的分散为条件的，它不仅排斥协作和分工，而且排斥对生产力的社会化广泛运用和社会生产力的自由发展。

学生：嗯嗯，明白了。比如说，我们封建社会一个家传秘方，三代五代靠它吃饱喝足，这就是排斥技术的创新与社会化传播？

教师：是的。资本主义是社会化大生产，是以社会分工为前提的商品经济社会，而商品经济的进一步发展，又必然反过来推动社会分工的更大发展，社会分工越细，专业化水平越高，这就为科学技术的产生和应用提供空间。

这是资本主义历史进步性的第一个表现，下面我们看看资本主义历史进步性的第二个表现：资本追求剩余价值的内在动力和竞争的外在压力，推动了社会生产力的迅速发展。前面第四章我们讲过，商品价值由什么决定？

学生：是由社会必要劳动时间决定的。

教师：那一个资本家想要竞争力更强，赚钱更多，会怎么做呢？

学生：提高劳动生产率，使自己的劳动时间少于社会必要劳动时间。

教师：对，由于内在赚钱的动力和外在竞争的压力，促使资本家不断改进生产技术、改善经营管理、提高劳动生产率，推动资本主义科技和生产力迅速发展。

马克思说过：“资产阶级在它不到一百年的阶级统治中，所创造的生产力，比过去一切时代，创造的全部生产力总和，还要多，还要大。自然力的征服、机器的采用，化学在工业和农业中的应用，轮船的行驶，铁路的通行，电报的使用，整个大陆的开垦，河川的通航，仿佛用法术，从地下呼唤出来的大量人口——过去哪一个世纪，能够料想到有这样的生产力，潜伏在社会劳动里呢。”

这是以生产力标准看待资本主义的历史进步性，下面，我们从价值标准——人的解放方面看资本主义的贡献。

学生：马克思说：资本来到人间，从头到脚，每个毛孔都流着血和肮脏的东西，怎么还说资本主义推动人的进步呢？

教师：我们得从历史角度看，对比之前的社会，资本主义对人的发展是有极大促进作用的。这就是我们说的资本主义历史进步性的第三个表现：资本主义的意识形态和政治制度推崇自由、民主、平等，推动了人的解放。

我们比较一下封建社会和资本主义社会人的发展状况。

在封建社会：分封制、宗法制，天子、诸侯、卿大夫、士，层层分封、等级森严，三纲五常，等等，严重束缚了广大人民群众的自由。

在资本主义社会：一是社会分工促进了劳动人民劳动能力的发展，劳动能力的发展本身就是人的进步的一个重要体现；二是资本主义推崇自由、民主、平等，劳动者在生产过程中的地位发生了根本的改变，摆脱了人身依附关系，从人的依赖关系转变为物的依赖关系。

学生：老师，我们不是说资本主义是法律上的自由平等掩盖事实上的自由平等吗，这个应该如何解释？

教师：这就是我们要分析的辩证看待资本主义的第二个方面：资本主义的历史局限性及其历史趋势。

我们依然从社会发展的根本判断标准，即生产力标准和人文价值标准，来看看资本主义的局限性及其历史趋势。第一点：资本主义基本矛盾阻碍社会生产力的发展。人类社会和资本主义的基本矛盾分别是什么，还记得吗？

学生：人类社会基本矛盾是生产力和生产关系、经济基础和上层建筑之间的矛盾。资本主义社会的基本矛盾是生产社会化和生产资料私人占有之间的矛盾。

教师：对，资本主义私有制使社会化大生产所要求的比例关系难以实现，整个社会生产难以协调和可持续进行。资本主义基本矛盾，表现在生产上，是个别企业生产的有组织性和整个社会生产的无政府状态之间的对立，资本主义周期性经济危机正是这个基本矛盾发展的结果。资本的逐利性，导致资本家不断进行资本积累，使社会生产的规模不断扩大，生产的社会化程度提高，生产过程的管理也日益社会化，而资本主义生产关系的私有制不能适应社会化大生产发展的需要，必将走向被生产资料公有制社会取代的历史命运。

学生：这是从生产力方面看资本主义的局限性，在人的解放方面呢？资本主义国家如美国，不是一直提倡自由平等和人权解放吗？

教师：好，下面我们来看资本主义自由平等的虚伪性。这就是我们要讲的资本主义历史局限性的第二点：资本主义基本矛盾，对广大劳动人民的剥削，培养了自身的“掘墓人”。

一方面，生产资料私有制下不可能有事实上的平等。资本主义私有制导致财富占有的两极分化，劳动人民没有以物质生活为基础和保障的自由，只是法律词汇、形式上的自由，同样，生产资料私有制决定了劳动人民和资产阶级地位和分配关系上的不平等。

学生：我想起来了，马克思曾经这样描述过，“原来的货币占有者，作为资本家，昂首前行；劳动力占有者，作为他的工人，尾随于后。一个笑容满面，雄心勃勃；一个战战兢兢，畏缩不前，像在市场上出卖了自己的皮一样，只有一个前途——让人家来鞣。”

教师：对的。另一方面，资产阶级培养了自身的“掘墓人”——无产阶级。随着资本主义基本矛盾的激化，工人阶级和资产阶级的对立和斗争加剧，工人阶级队伍日益壮大，并且工人阶级在社会化的大生产中，培养了严格的组织性纪律性，他们成为与资产阶级对立的阶级，最终将推翻资产阶级的统治。

概括地说，马克思主义唯物史观指明了人类社会发展的客观规律，剩余价值学说揭示了资本主义的弊端和未来社会发展的方向，马克思主义科学理论与资产阶级的残酷剥削促进了无产阶级的觉醒，这些为资本主义灭亡和未来共产主义社会的创立奠定了理论依据、依靠力量和方向指引。正因为如此，马克思恩格斯预言“资产阶级的灭亡和无产阶级的胜利是同样不可避免的”。但是，对资本主义的历史地位我们要辩证认识，其最终灭亡的趋势并不否认资本主义作为历史发展一定阶段的产物，具有一定的历史进步性。

三、解疑释惑

（一）经济全球化的实质是什么，从何表现

经济全球化是指在生产不断发展、科技加速进步、社会分工和国际分工不断深化、生产的社会化和国际化程度不断提高的情况下，世界各国、各地区的经济活动越来越超出一国和地区的范围而相互联系、相互依赖的过程。其实质是发达资本主义国家占优势、占主导，在不对等的国际经济关系中，发达资本主义国家享有极大的经济利益。

其主要表现是：经济全球化过程中的多数规则由发达资本主义国家制定，并由其主导进程，进而控制一些国际组织，因此它们势必会首先从中受益，发达资本主义国家的经济通过经济全球化可以得到迅速增长。而一些发展中国家由于发展资金匮乏、债务负担沉重、贸易条件恶化以及技术水平落后等，总体上处于更为不利的地位。

但也必须认识到，虽然经济全球化目前是由资本主义国家主导的，但它确实极大地推动了世界生产力的发展，促进了商品和资本流动、科技和文明进步以及各国人民交往。经济全球化的发展具有历史必然性，它体现了社会化生产的要求，不仅发达国家从中受益，很多发展中国家在参与进程中也得到了快速发展。同时应看到，在经济全球化进程中，发展中国家为改变自身在世界经济格局中的不利地位，不断在进行着争取建立国际经济新秩序的斗争。

（二）为什么说当代资本主义出现的新变化并未改变其实质

当代资本主义出现的新变化，不可否认是人类历史进步的表现。列宁曾经说过："任何一个马克思主义者都不会忘记，资本主义比封建主义进步，而帝国主义又比垄断前的资本主义进步。"①同样，战后垄断资本主义的发展肯定比战前更加进步。然而，当代资本主义发生的新变化并没有，也不可能改变资本主义生产关系的实质。

第一，没有改变资本主义私有制的经济基础。股份制经济没有改变企业私有的性质，虽然股份资本提高了资本社会化的程度，但股份制不过是由多个私人资本共同所有的企业制度，其性质主要取决于控股权掌握在谁手中。国家资本所有制也没有改变资本主义私有制的基础。就其性质而言，它仍然是资本主义形式，体现的是总资本家剥削雇佣劳动者的关系，主要职能在于为私人垄断资本的发展提供服务和保障。总之，生产资料所有制的变化只是让资本占有的社会性提高了，但资本在社会经济关系中的支配地位并没有根本改变。

第二，没有改变资本主义剥削的实质以及工人阶级受雇佣的阶级地位。虽然发达资本主义国家工人阶级的生产和生活条件得到很大改善，但准确反映资本家剥削工人程度的剩余价值率却在不断上升。资本追逐剩余价值的本性并未改变，改变的只是获取剩余价值的方式和方法。资本与新型的劳工阶层之间的支配与反支配、剥削与反剥削的斗争依旧在进行。另外，当代资本主义国家民主政治统治形式虽有所完善，但资产阶级民主政治始终是与资本主义私有制联系在一起的，工人阶级在经济上处于无权

---

① 列宁选集（第2卷）[M]. 北京：人民出版社，1995：770.

和受剥削地位，在政治上也就无法真正与资产阶级享受平等地位和平等权利。

第三，没有改变资本主义的基本矛盾。生产社会化与生产资料私人占有之间的矛盾是资本主义自身无法解决的。资本主义虽一再进行生产关系的调整，但这种调整始终是在资本主义生产方式的基本框架内进行的，它可以在一定程度上缓和矛盾，但不可能从根本上消除矛盾。当一种矛盾得到缓解时，另一种矛盾又会尖锐起来，总之无法长时间维持平稳状态。资本主义周期性的经济危机就是其基本矛盾集中爆发的体现。

（三）如何理解“社会主义代替资本主义是一个必然但长期的历史过程”

从人类社会发展的长河看，资本主义终究要被社会主义所取代，这是历史发展的基本趋势。资本主义的内在矛盾决定了资本主义必然被社会主义所代替。第一，资本主义基本矛盾“包含着现代的一切冲突的萌芽”，资本主义生产方式越是占统治地位，越是发展，社会化生产和资本主义占有的不相容性，也必然越加鲜明地表现出来。第二，资本积累推动着资本主义基本矛盾不断激化，并最终否定资本主义自身。从资本主义积累过程来看，资本主义基本矛盾在资本积累过程中不断发展，如果说资本主义的原始积累使资本主义生产方式得以形成，那么资本的不断积累则为否定资本主义制度自身准备了物质条件。第三，国家垄断资本主义是资本社会化的更高形式，将成为社会主义的前奏。第四，资本主义社会存在着资产阶级和无产阶级两大阶级之间的矛盾和斗争。随着资本主义经济的巨大发展，资产阶级由生产力的解放者变成阻碍者，资本主义在造就了社会化大生产的同时，也产生了推动和运用这一先进生产力的无产阶级。

资本主义必然为社会主义所代替，并不意味着资本主义社会将在短期内自行消亡，资本主义制度目前还能为生产力的发展提供一定的空间。它向社会主义的转变会触及资产阶级的根本利益，必然会遭到阻挠和反抗，因而资本主义向社会主义的过渡必然是一个复杂的、长期的历史过程。首先，任何社会形态的存在都有相对稳定性，从产生到衰亡都要经过相当长的时间跨度。社会主义代替资本主义是对剥削制度的废除，不能期望在短时期内完成，而需要一个长期的过程。其次，资本主义发展的不平衡性决定了过渡的长期性。从世界范围来看，资本主义向社会主义过渡必将是一个从一些国家逐步向更多国家扩展的相当长的历史过程。最后，当代资本主义的发展还显示出生产关系对生产力容纳的空间，说明资本主义为社会主义所代替尚需长期的过程。

然而必须明确，尽管资本主义在全世界被社会主义所取代是一个相当长的历史过程，并且这个过程可能出现各种各样的曲折，但资本主义为社会主义所取代的总趋势是必然的历史走向，对此我们必须要有清醒的认识和坚定的信心。

四、理论前沿

（一）认清资本主义困境，增强中国特色社会主义自觉

习近平总书记在主持第十八届中央政治局第 43 次集体学习时指出："尽管我们所处的时代同马克思所处的时代相比发生了巨大而深刻的变化，但从世界社会主义 500 年的大视野来看，我们依然处在马克思主义所指明的历史时代。这是我们对马克思主义保持坚定信心、对社会主义保持必胜信念的科学根据。"①这一论断揭示了当今世界所处的历史方位。

冷战结束以后，西方世界凭借全球性霸权力量，实现了前所未有的全球市场的扩张，取得了空前繁荣，也埋下了深刻的祸根。2008 年国际金融危机以来西方世界普遍出现的困境，是资本逻辑驱动的必然结果，尽管在经济、政治、社会和文化等方面的困境具体表现有所不同，但根源都在于西方的经济社会发展与国际扩张本质上是一种资本主导的过程，而资本主导的逻辑也决定了西方的自我调节的限度，资本主义的基本矛盾将始终存在并不断加深，因而也难以摆脱周期性危机的困境。习总书记也曾在讲话中说道："就从国际金融危机看，许多西方国家经济持续低迷、两极分化加剧、社会矛盾加深，说明资本主义固有的生产社会化和生产资料私人占有之间的矛盾依然存在，但表现形式、存在特点有所不同。"②

认清资本主义困境，是为了增强中国特色社会主义自觉，更好地走好自己的路。近代中国历史发展进程表明，资本主义的生产方式和政治方案无法实现中华民族救亡图存、走向复兴的历史重任，这个重任历史性地落在了无产阶级及其政党身上，因而"只有社会主义才能救中国"成为历史必然。回溯历史可以发现，正是因为选择了社会主义的救国兴国方案，中国才得以冲破了资本主义世界霸权体系的掳掠钳制，并按照社会主义的方式对传统中国进行了最彻底的革命性重塑，从而为走向现代化奠定了充分的基础，也才有了中国特色社会主义。如此，只有进一步强化中国特色社会主义的

---

① 习近平谈治国理政（第 2 卷）［M］．北京：外文出版社，2017：66.

② 习近平．在哲学社会科学工作座谈会上的讲话［N］．人民日报，2016-05-19.

自觉，才能更好地保持中国发展的独立自主性，才不至于落入资本主义世界的霸权体系。

同时要指出的是，指明资本主义困境也并不能使我们沾沾自喜。我们既要坚定自觉与自信，坚定坚持“两个必然”，又要深刻认识资本主义社会的自我调节能力，科学把握“两个决不会”。“我们要深刻认识资本主义社会的自我调节能力，充分估计到西方发达国家在经济科技军事方面长期占据优势的客观现实，认真做好两种社会制度长期合作和斗争的各方面准备。在相当长时期内，初级阶段的社会主义还必须同生产力更发达的资本主义长期合作和斗争，还必须认真学习和借鉴资本主义创造的有益文明成果，甚至必须面对被人们用西方发达国家的长处来比较我国社会主义发展中的不足并加以指责的现实。我们必须有很强大的战略定力，坚决抵制抛弃社会主义的各种错误主张，自觉纠正超越阶段的错误观念。最重要的，还是要集中精力办好自己的事情，不断壮大我们的综合国力，不断改善我们人民的生活，不断建设对资本主义具有优越性的社会主义，不断为我们赢得主动、赢得优势、赢得未来打下更加坚实的基础。”①

（二）推动以合作共赢为核心的新型国际关系，共建创新包容的开放型世界经济

当今世界正在经历新一轮大发展大变革大调整，各国经济社会发展联系日益密切，全球治理体系和国际秩序变革加速推进。同时，世界经济深刻调整，保护主义、单边主义抬头，经济全球化遭遇波折，多边主义和自由贸易体制受到冲击，不稳定不确定因素依然很多，风险挑战加剧。现实需要我们从纷繁复杂的局势中把握规律、认清大势，坚定开放合作信心，共同应对风险挑战。

习近平总书记在首届中国国际进口博览会开幕式上的主旨演讲中指出，经济全球化是不可逆转的历史大势，为世界经济发展提供了强劲动力。经济全球化的发展是不以人的意志为转移的，它是社会生产力发展的客观要求和科技进步的必然结果。“人类可以认识、顺应、运用历史规律，但无法阻止历史规律发生作用。历史大势必将浩荡前行。面对世界经济格局的深刻变化，为了共同建设一个更加美好的世界，各国都应该拿出更大勇气，积极推动开放合作，实现共同发展。”②

---

① 习近平．关于坚持和发展中国特色社会主义的几个问题［N］．人民日报，2019-03-31.

② 习近平．共建创新包容的开放型世界经济——在首届中国国际进口博览会开幕式上的主旨演讲［N］．人民日报，2018-11-06.

习总书记在演讲中提出了以下三个坚持：

第一，各国应该坚持开放融通，拓展互利合作空间。开放带来进步，封闭必然落后。国际贸易和投资等经贸往来，植根于各国优势互补、互通有无的需要。各国应该坚持开放的政策取向，旗帜鲜明反对保护主义、单边主义，提升多边和双边开放水平，推动各国经济联动融通，共同建设开放型世界经济。各国应该加强宏观经济政策协调，减少负面外溢效应，合力促进世界经济增长。各国应该推动构建公正、合理、透明的国际经贸规则体系，推进贸易和投资自由化便利化，促进全球经济进一步开放、交流、融合。

第二，各国应该坚持创新引领，加快新旧动能转换。创新是第一动力。只有敢于创新、勇于变革，才能突破世界经济发展瓶颈。在休戚与共的地球村，共享创新成果，是国际社会的一致呼声和现实选择。各国应该把握新一轮科技革命和产业变革带来的机遇，加强数字经济、人工智能、纳米技术等前沿领域合作，共同打造新技术、新产业、新业态、新模式。

第三，各国应该坚持包容普惠，推动各国共同发展。“一花独放不是春，百花齐放春满园”。追求幸福生活是各国人民共同愿望。人类社会要持续进步，各国就应该坚持要开放不要封闭，要合作不要对抗，要共赢不要独占。在经济全球化深入发展的今天，弱肉强食、赢者通吃是一条越走越窄的死胡同，包容普惠、互利共赢才是越走越宽的人间正道。各国应该超越差异和分歧，发挥各自优势，推动包容发展，携手应对全人类共同面临的风险和挑战，落实2030年可持续发展议程，减少全球发展不平衡，推动经济全球化朝着更加开放、包容、普惠、平衡、共赢的方向发展，让各国人民共享经济全球化和世界经济增长成果。

五、学习测试

（一）单选题

1. 现代资本主义的经济实质和重要经济基础是(　　)

A. 垄断　　　B. 剥削

C. 国家调节　　　D. 对外掠夺

2. 要达到共赢和共存的经济全球化，关键是(　　)

A. 实现和平与发展的时代主题　　B. 扩大国家关系的民主化

C. 发展世界政治多极化　　D. 建立公正合理的国际经济新秩序

3. 垄断价格形成后，价值规律改变了(　　)

A. 内容　　B. 作用

C. 表现形式　　D. 作用后果

4. 金融寡头实现其经济上统治的主要途径是(　　)

A. “参与制”　　B. 公私合营

C. 建立垄断银行　　D. 相互联合

5. 国家垄断资本主义的产生和发展，从根本上说是(　　)

A. 国内市场竞争的结果

B. 国际竞争激化的结果

C. 垄断统治加强的结果

D. 生产社会化和资本主义私人占有制之间矛盾发展的结果

6. 金融资本是由(　　)

A. 产业资本和商业资本融合或混合成长而成的

B. 银行资本和工业资本融合或混合成长而成的

C. 垄断的银行资本和垄断的工业资本融合或混合成长而成的

D. 垄断的银行资本和中小银行资本融合或混合成长而成的

7. 国家垄断资本主义对经济的干预和调节是代表和维护(　　)

A. 极少数金融寡头的经济利益　　B. 国有企业的经济利益

C. 中小资本家的经济利益　　D. 垄断资产阶级的整体利益和长远利益

8. 资本主义再生产周期性的物质基础是(　　)

A. 物质资料生产　　B. 生产社会化

C. 固定资本更新　　D. 资本主义私有制

9. 垄断时期垄断的银行资本 (　　)

A. 只和中小资本有固定的联系　　B. 只和大企业有短期联系

C. 是经济生活中的万能垄断者　　D. 是存贷款的普通中介人

10. “个人联合”是金融寡头实现其在(　　)

A. 政治上统治的主要方式　　B. 经济上统治的主要方式

C. 生产中统治的主要方式　　D. 流通中统治的主要方式

11. 资本主义国家中的国有经济，即(　　)

A. 国有资本和私人资本在企业内部的结合

B. 国有资本和私人资本在企业外部的结合

C. 国家直接掌握的垄断资本

D. 国家控制的中小资本

12. 垄断资本主义经济(　　)

A. 只有迅速发展趋势，没有停滞趋势

B. 只有停滞趋势，没有迅速发展趋势

C. 停滞和发展并存，但没有迅速发展趋势

D. 既有迅速发展趋势，也有停滞趋势

13. 垄断资本主义为向社会主义过渡准备了物质条件，这主要是指(　　)

A. 生产全面社会化　　B. 产品的商品化

C. 产品的市场化　　D. 市场的计划化

14. 国家垄断资本主义的产生，意味着(　　)

A. 资本主义制度已发生了根本性质的变化

B. 资本主义生产关系在自身范围内的部分质变

C. 从根本上消除资本主义的基本矛盾

D. 资本主义经济危机将不再存在

15. 垄断价格是垄断组织在销售或购买商品时，凭借其垄断地位规定的、旨在保证最大限度利润的市场价格。其公式是(　　)

A. 垄断价格=成本价格+垄断利润

B. 垄断价格=成本价格+平均利润+垄断利润

C. 垄断价格=成本价格+垄断高价+垄断利润

D. 垄断价格=垄断高价+垄断低价+垄断利润

16. 垄断资本主义国家的工人持有垄断企业的小额股票，在现实社会中(　　)

A. 人人都成为有产者

B. 工人成为企业的主人

C. 垄断资产阶级失去了生产资料所有权

D. 工人的雇佣劳动地位并未改变

17. 新殖民主义的主要特征是(　　)

A. 对发展中国家实行军事占领

B. 打着援助旗号对发展中国家进行控制和剥削

C. 垄断资本主义国家瓜分世界领土

D. 使发展中国家成为垄断资本主义国家的附属国

18. 从历史发展的角度看，资本主义社会资本所有制是不断演进和变化的，当今资本主义社会居主导地位的资本所有制形式是(　　)

A. 垄断资本私人所有制　　B. 法人资本所有制

C. 私人股份资本所有制　　D. 私人资本所有制

19. 与第二次世界大战前的资本主义相比，当代资本主义在许多方面已经并正在发生着深刻的变化。正确分析这些新变化发生的原因，有利于我们科学而全面地认识当代资本主义社会。导致当代资本主义新变化发生的根本推动力量是(　　)

A. 改良主义政党对资本主义制度的改革

B. 工人阶级争取自身权利的斗争

C. 科学技术革命和生产力的发展

D. 社会主义制度的优越性对资本主义的影响

20. 20 世纪 70 年代以来，西方资本主义国家的金融资本急剧膨胀，这一方面促进了资本主义的发展，另一方面也造成了经济过度虚拟化，致使金融危机频繁发生。西方资本主义金融资本快速发展壮大的重要制度条件是(　　)

A. 去工业化与大力发展现代服务业 B. 技术创新与大力发展互联网金融

C. 全面私有化与放松金融监管　　D. 金融自由化与金融创新

(二) 多选题

1. 社会主义取代资本主义之所以必然是一个长期曲折的过程，原因有(　　)

A. 从一个短时期看，资本主义的生产关系在一定程度上和一定范围内还能继续容纳资本主义生产力的发展

B. 任何社会形态的存在都有相对稳定性

C. 社会主义优越性的充分发挥，需要一个相当长的历史过程

D. 资本主义发展的不平衡性

2. 资本主义生产社会化的主要表现是(　　)

A. 资本的社会化　　B. 生产资料使用的社会化

C. 生产过程的社会化　　　　　　D. 产品的社会化

3. 马克思把股份资本看做是“通向一种新的生产方式的单纯过渡点”，这说明(　　)

A. 资本主义股份制经济已包含社会主义新生产方式的成分

B. 资本主义股份制经济比非股份制经济更能缓和资本主义的基本矛盾

C. 资本主义股份制经济比非股份制经济更能适应社会化大生产的要求

D. 资本主义股份制经济还不能完全克服资本主义的基本矛盾

4. 垄断资本主义国家输出资本的目的在于(　　)

A. 为大量过剩资本寻找出路　　　　B. 垄断重要原料来源

C. 占领可靠的商品销售市场　　　　D. 占领有利的投资场所

5. 私人垄断资本主义向国家垄断资本主义过渡(　　)

A. 是资本主义生产社会化发展的要求

B. 是资本主义基本矛盾发展的必然结果

C. 是资本主义生产关系发生根本变化的标志

D. 能够在一定程度上促进资本主义的发展

6. 垄断资本主义阶段生产和技术能在一定程度上迅速发展的原因包括(　　)

A. 生产力自身发展规律的作用　　　B. 生产关系的局部调整

C. 社会制度的根本转变　　　　　　D. 国内竞争的推动

7. 资本主义国家对经济的调控方式，大体可分为(　　)

A. 直接调节和控制　　　　　　　　B. 间接调节和控制

C. 国家直接投资　　　　　　　　　D. 国家与私人资本在企业外部结合

8. 资本主义国家建立国有经济的途径是(　　)

A. 资产阶级国家利用财政收入投资建立新企业

B. 通过国有化将私人企业变成国有企业

C. 国家掌握一个企业的控股权

D. 国家与私人资本共同投资建立新企业

9. “二战”后资本主义政治制度也在逐步发生变化，这种变化的主要趋势表现为(　　)

A. 公民权利逐步扩大趋势　　　　　B. 公民民主出现“泛化”趋势

C. 民主政治出现多元化趋势　　　　D. 管理出现民主化趋势

10. 垄断资本主义的基本经济特征包括(　　)

A. 垄断组织在经济生活中起决定作用

B. 资本输出有了特别重要的意义

C. 在金融资本的基础上形成金融寡头的统治

D. 垄断使竞争趋于缓和

11. 伴随着生产力发展，科技进步及阶级关系调整，当代资本主义社会的劳资关系和分配关系发生了很大变化。其中资本家及其代理人为缓和劳资关系所采取的激励制度有(　　)

A. 职工参与决策制度　　B. 职工终身雇佣制度

C. 职工选举管理制度　　D. 职工持股制度

12. 第二次世界大战结束以来，随着国家垄断资本主义的形成和发展，资产阶级国家对经济进行的干预明显加强，从而使得资本主义社会的经济调节机制发生了显著变化。与这种变化相适应，经济危机形态也发生了很大变化。其主要表现是(　　)

A. 金融危机频发，全球经济屡受打击

B. 两极分化和社会对立加剧

C. 去工业化和产业空心化严重，产业竞争力下降

D. 经济高度金融化，虚拟经济与实体经济严重脱节

13. 国家垄断资本主义是国家政权和私人垄断资本融合在一起的垄断资本主义。第二次世界大战结束以来，在国家垄断资本主义获得充分发展的同时，资本主义国家通过宏观调节和微观规制，对生产、流通、分配和消费各个环节的干预也更加深入。其中，微观规制的类型主要有(　　)

A. 社会经济规制　　B. 公共事业规制

C. 公众生活规制　　D. 反托拉斯法

14. 经济全球化意味着世界各国、各地区的经济活动越来越超出某一国家和地区的范围而相互联系、相互依赖，其表现在(　　)

A. 国际分工进一步深化　　B. 贸易全球化

C. 金融全球化　　D. 企业生产经营全球化

15. 20 世纪 80 年代末 90 年代以来，经济全球化迅猛发展，动因有(　　)

A. 科技的进步和生产力的发展　　B. 跨国公司的发展

C. 各国经济体制的变革　　D. 全球治理的趋同

16. 经济全球化对发展中国家有积极作用，表现在(　　)

A. 为发展中国家提供先进技术和管理经验

B. 为发展中国家提供更多的就业机会

C. 推动发展中国家国际贸易发展

D. 促进发展中国家跨国公司的发展

17. 第二次世界大战后，资本主义经济政治都发生了新变化，主要原因有(　　)

A. 科学技术革命和生产力的发展　　B. 工人阶级争取自身权益的斗争

C. 社会主义制度的影响　　D. 改良主义政党对资本主义制度的改革

18. 在2008年国际金融危机的影响下，西方国家出现了各种问题，主要有(　　)

A. 经济发展“失调”　　B. 政治体制“失灵”

C. 社会融合机制“失效”　　D. 暴恐事件增加

◎ 参考答案

（一）单项选择题

1. A　2. D　3. C　4. A　5. D　6. C　7. D　8. C　9. C　10. A　11. C　12. D　13. A　14. B　15. B　16. D　17. B　18. B　19. C　20. D

（二）多项选择题

1. ABCD　2. BCD　3. BCD　4. ABCD　5. ABD　6. ABD　7. AB　8. AB　9. ABC　10. ABC　11. ABD　12. ABCD　13. ABCD　14. ABCD　15. ABC　16. ABCD　17. ABCD　18. ABC

（三）讨论与思考

1. “全球治理赤字”下的经济全球化何去何从?

材料1　2020年3月23日，世界卫生组织发布第63期新冠肺炎疫情简报。简报显示，截至欧洲中部时间23日10时（北京时间23日17时），各国共报告新冠肺炎确诊病例332930例，新增40788例；死亡14510例，新增1727例。中国以外新冠肺炎确诊病例为251329例。世卫组织总干事谭德塞在当天的记者会上说，各国向世卫组织报告的确诊病例超过30万例，几乎所有国家都受到影响。新冠肺炎大流行呈加速传播趋势，从报告首个病例到第10万个病例用了67天，从10万增长到20万用了11天，从20万到30万病例仅用了4天。谭德塞表示，人类不是统计数字的囚徒，不是无助的旁观者，仍然可以改变大流行的传播曲线，最为关键的是采取“防守加进攻”的策略。要求民众待在家里、保持社交距离等措施是延缓新冠病毒传播的重要途径，为应对疫情争取了时间。但这只是防守策略，要战胜疫情，必须以有力、精准的策略，对所有疑似病例进行检测，隔离治疗每一个确诊病例，追踪、隔离每一个密切接触者。（人民网，2020年3月24日）

材料2 早在2017年，习近平主席在日内瓦访问世界卫生组织时提出，中国欢迎世界卫生组织积极参与“一带一路”建设，共建“健康丝绸之路”。时任世界卫生组织总干事陈冯富珍回应称，世界卫生组织赞赏中国在全球卫生安全和卫生治理领域的领导能力，愿加强同中方在“一带一路”框架下合作。中国同世卫组织签署《中华人民共和国政府和世界卫生组织关于“一带一路”卫生领域合作的谅解备忘录》，促进与“一带一路”沿线国家等重点合作伙伴开展合作，携手打造“健康丝绸之路”。意大利是七国集团中首个与中国签署“一带一路”谅解备忘录的国家，中意共建“一带一路”原本就有良好合作基础。中意在抗击新冠肺炎疫情的战斗中团结合作，书写了共建“健康丝绸之路”的感人一页。（《人民日报》，2020年3月24日）

请思考经济全球化时代下，世界各国如何更好地合作来解决全球治理问题？

2. 如何正确认识资本主义国家的公平正义？

材料1 新冠肺炎病毒不分国界，不分种族，也无视社会阶层，但这并不意味着社会阶层不存在。当前疫情在美国加速扩散，大量无家可归者进退无所，更罔谈享有基本的卫生服务，成为疫情之下最脆弱的群体。

2020年3月18日，美国总统特朗普签署了一项新冠病毒救助法案。内容包括免费开展新冠病毒检测等措施，保险公司将免除检测费用的自付部分。但美国国会预算办公室的数据显示，美国约有3000万人买不起任何商业保险。高额的医疗费用，让他们根本无法支付病毒检测的费用，更别提确诊后的治疗，一旦生病只能听天由命。全美第五大保险公司——信诺（Cigna）的前任新闻发言人波特（Wendell Potter）一针见血地指出：美国的医保体系是为精英打造的。政客们总是吹嘘，我们有世界上最好的医疗制度、医术最精湛的医生和最先进的医疗设备。

材料2 近日，美国一些娱乐明星、政界名人、NBA运动员优先检测新冠病毒，甚至没病、没症状也做检测的现象被舆论诟病。因为检测试剂盒严重不足，这种“富人优先”在美国社会引发巨大争议。特朗普总统在面对媒体逼问时“完美地”回应道：“也许这就是人生。这种情况确实会发生。”他甚至都不愿意掩饰他对于此种不公的漠不关心。

虽然美国一直宣称自己是自由、平等、民主的国度，其政府的权力来自人民，最终属于人民，但事实上，大行其道的美国金钱政治由来已久。曾帮助美国第25任总统威廉·麦金莱赢得大选的美国著名实业家马克·汉纳就说过：“要赢得选举，需要两个东西：第一是金钱，第二我就记不得了。”已逝的加州政治家杰西·安若也曾说过：“金钱是政治的母乳。”

公平正义是人类社会的共同追求，也是衡量社会文明的重要尺度。而底层人士的生活境遇，往往才决定了一个国家的文明高度。

根据材料说明资本主义国家公平正义的本质。

六、文献导读

1. 马克思：《资本论》第3卷，第十五章“规律的内部矛盾的展开”，第二十七章“信用在资本主义生产中的作用”，《马克思恩格斯选集》第2卷，人民出版社2012年版。

【导读】第十五章“规律的内部矛盾的展开”，阐明了利润率趋向下降规律内在矛盾的展开，这一规律的内在矛盾也是整个资本主义生产的内在矛盾。指出了资本主义经济危机发生的必然性和资本主义生产方式的历史暂时性。

第二十七章“信用在资本主义生产中的作用”，论述了信用的产生和信用在资本主义生产中的作用，以及银行资本如何成为虚拟资本活动的中心。通过对资本主义生产中的信用制、股份制的性质和作用的论述，揭示了自由资本主义向垄断资本主义过渡的历史趋势。

2. 列宁：《帝国主义是资本主义的最高阶段》，《列宁选集》第2卷，人民出版社2012年版。

【导读】列宁的《帝国主义是资本主义的最高阶段》（简称《帝国主义论》），从经济上概括了帝国主义的五个基本经济特征，深刻揭示和论证了帝国主义的经济实质和各种矛盾的根源。从政治上提出并论证了帝国主义是资本主义的最后阶段和特殊历史阶段，作出了帝国主义是无产阶级社会革命前夜的总结论。第一次建立了关于帝国主义的理论体系。

3. 江泽民：《江泽民主席在联合国千年首脑会议分组讨论会上发言》，《人民日报海外版》2000 年 9 月 8 日。

【导读】江泽民在联合国千年首脑会议上的发言，阐述了对国际形势的看法，提出和平与发展是世界各国人民的共同愿望和我们这个时代的主题，必须建立公正合理的国际政治经济新秩序，提出了建立以互信、互利、平等、合作为核心的新安全观的主张，提出了在国际事务中要提倡和贯彻民主原则，阐述了中国始终不渝地奉行独立自主的和平外交政策。

4. 习近平：《共担时代责任 共促全球发展——在世界经济论坛 2017 年年会开幕式上的主旨演讲》（2017 年 1 月 17 日，达沃斯），《人民日报》2017 年 1 月 18 日。

【导读】习近平在演讲中深刻阐述了经济全球化是社会生产力发展的客观要求和科技进步的必然结果，要承认经济全球化是一把“双刃剑”，它带来机遇和发展的同时也确实带来了新问题。对此，习近平强调要充分利用一切机遇，坚定不移推进经济全球化，引导好经济全球化走向，打造富有活力的增长模式、开放共赢的合作模式、公正合理的治理模式、平衡普惠的发展模式，牢固树立人类命运共同体意识，共同担当，同舟共济，共促全球发展。

第六章
社会主义的发展及其规律

从16世纪初期兴起的社会主义思潮，迄今已经有五百年的历史。在这500年的历史岁月中，社会主义经历了从空想到科学、从理想到现实、从一国到多国的发展，也经历了从东欧剧变到中国特色社会主义蓬勃兴起的过程。深入总结社会主义运动的历史经验，对认识和理解中国特色社会主义自信有着重要意义。

一、教学基本要求

（一）学习目的

深入总结社会主义运动的历史经验，我们对世界社会主义事业的发展充满信心。把握科学社会主义一般原则，认识经济文化相对落后国家建设社会主义的必然性和长期性，明确社会主义发展道路的多样性。从理论上把握社会主义在实践探索中开拓前进的发展规律，正确看待中国特色社会主义实践探索对于世界社会主义事业的深远意义。

（二）学习要求

（1）总体上掌握社会主义从空想到科学、从理想到现实、从一国到多国的发展过程。

（2）了解第一国际和巴黎公社的伟大创举及其意义，了解十月革命的世界历史意义，它建立了世界上第一个人民当家作主的社会主义国家，实现了社会主义从理想到现实的伟大飞跃。

（3）掌握科学社会主义的一般原则及方法，准确把握科学社会主义在马克思主义理论体系中的核心地位，并深刻认识中国特色社会主义对科学社会主义基本原则的坚持和发展。

(4) 理解俄、中等经济文化相对落后的国家建设社会主义的艰巨性和长期性，了解社会主义发展道路的多样性，了解社会主义在实践探索中曲折前进及其原因。并在此基础上深刻认识坚定社会主义理想信念、以开拓奋进的精神开辟社会主义事业发展新未来的重要意义。

(三) 主要内容

社会主义是人类社会历史发展的产物，是人类必然走向的社会历史形态。科学社会主义作为无产阶级和全人类解放的学说，是马克思和恩格斯的伟大创造。从 16 世纪初期兴起的社会主义思潮算起，社会主义到现在已经有五百年的历史。在这漫长的历史岁月中，社会主义经历了从空想到科学、从理想到现实、从一国到多国的发展，也经历了从东欧剧变到中国特色社会主义蓬勃兴起的过程。其中既有辉煌的成就，也有严重的挫折；既对人类作出了巨大的历史贡献，也留下了极为丰富的历史经验和深刻教训。立足 21 世纪中国的历史发展阶段，学习掌握科学社会主义一般原则，深入总结社会主义运动的历史经验，以昂扬奋进的姿态推进社会主义事业走向光明未来。围绕这一主题，本章内容有：

围绕“社会主义五百年的历史进程”，主要阐述了社会主义从空想到科学、从理想到实践和从一国实践到多国实践的发展过程。具体内容包括：(1) 社会主义从空想到科学。空想社会主义产生于 16 世纪初期，到 19 世纪上半叶达到巅峰。19 世纪初期以圣西门、傅立叶、欧文为代表的空想社会主义是科学社会主义的直接思想来源。空想社会主义虽然“提供了启发工人觉悟的极为宝贵的材料”，但并不是科学的思想体系。马克思恩格斯适应社会的需要，在新的历史条件下创立了唯物史观和剩余价值学说，为实现社会主义从空想到科学的飞跃，奠定了坚实的理论基础。(2) 社会主义从理想到现实。科学社会主义自产生之后，逐步与工人运动相结合，指导无产阶级政党的革命斗争，并在这个过程中不断完善和发展。在这种理论与实践的互动中，社会主义从理想变为现实。具体过程表现有：1864 年，国际工人协会（第一国际）诞生，促进了马克思主义的传播和与国际工人运动的结合，初步确立了马克思主义在工人运动中的指导地位。1871 年，巴黎公社革命爆发，这场革命是第一国际精神的产儿，是无产阶级夺取政权的第一次伟大尝试。1917 年，列宁领导的十月革命取得胜利，实现了社会主义从理想到现实的伟大飞跃。它从根本上推翻了人剥削人、人压迫人的制度，建立起世界上第一个人民当家作主的社会主义国家。此后，社会主义作为一种崭新的社会形态和社会制度登上历史舞台，引领着人类社会的发展方向。（3）社会主义在苏联一国的实践。列宁领导的苏维埃俄国对社会主义道路的探索，大体上经历了三个时期：进一步巩固苏维埃政权时期，外国武装干涉和国内战争时期即战时共产主义时期，由战时共产主义转变为新经济政策时期。列宁逝世后，在斯大林的领导下建设社会主义的过程中，形成了苏联模式。第四，社会主义发展到多国。“二战”结束后，社会主义在世界范围内获得大发展，先后有一批国家走上社会主义道路。社会主义在20世纪取得了举世瞩目的辉煌成就，但在发展中也发生了东欧剧变、苏联解体的严重曲折。第五，社会主义在中国焕发出强大生机活力。俄国十月革命的胜利给中国人民送来了马克思列宁主义，中国共产党历经几个阶段的艰苦斗争，成功把中国特色社会主义推向21世纪，向世界展示了社会主义的巨大优越性和生命力。

围绕“科学社会主义一般原则”，主要阐述了科学社会主义一般原则的内容及如何正确把握原则的方法。具体内容包括：（1）科学社会主义一般原则是社会主义事业发展规律的集中体现，是马克思主义政党领导人民进行社会主义革命、建设、改革的基本遵循。其主要内容分为九点：第一，人类社会发展规律和资本主义基本矛盾是“资本主义必然灭亡、社会主义必然胜利”的根本依据。第二，无产阶级是最先进最革命的阶级，肩负着推翻资本主义旧世界、建立社会主义和共产主义新世界的历史使命。第三，无产阶级革命是无产阶级进行斗争的最高形式，以建立无产阶级专政的国家为目的。第四，社会主义社会要在生产资料公有制基础上组织生产，以满足全体社会成员的需要为生产的根本目的。第五，要对社会生产进行有计划的指导和调节，实行按劳分配原则。第六，要合乎自然规律改造和利用自然，努力实现人与自然的和谐共生。第七，必须坚持科学的理论指导，大力发展社会主义先进文化。第八，无产阶级政党是无产阶级的先锋队，社会主义事业必须始终坚持无产阶级政党的领导。第九，社会主义社会要大力解放和发展生产力，逐步消灭剥削和消除两极分化，实现共同富裕和社会全面进步，并最终向共产主义社会过渡。（2）正确把握科学社会主义的基本原则。第一，必须始终坚持科学社会主义一般原则，反对任何背离科学社会主义一般原则的错误倾向。第二，要善于把科学社会主义一般原则与本国实际相结合，创造性地回答和解决革命、建设、改革中的重大问题。第三，紧跟时代和实践的发展，在不断总结新鲜经验中进一步丰富和发展科学社会主义一般原则。中国特色社会主义正是科学社会主义理论逻辑与中国社会发展历史逻辑的辩证统一。

围绕“在实践中探索现实社会主义的发展规律”，通过对十月革命以来社会主义实践探索的回顾，深入阐述了对一系列重要理论问题的新认识。内容包括：(1) 由于经济文化相对落后，率先进入社会主义社会的俄国、中国以及其他国家不可避免地遇到了一系列困难与问题，使这些国家的社会主义建设不能不具有长期性。(2) 社会主义的发展道路具有多样性的特点。这是因为：第一，各个国家的生产力发展状况和社会发展阶段决定了社会主义发展道路具有不同的特点。第二，历史文化传统的差异性是造成不同国家社会主义发展道路多样性的重要条件。第三，时代和实践的不断发展，是造成社会主义发展道路多样性的现实原因。(3) 无产阶级政党要努力探索适合本国国情的社会主义发展道路，必须坚持对待马克思主义的科学态度，必须从当时当地的历史条件出发，坚持“走自己的路”，必须充分吸收人类一切文明成果。(4) 社会主义在实践探索中开拓前进，这是社会主义事业发展的必然要求。社会主义是亿万人民群众的伟大实践，是一个不断探索的过程，探索中会出现某种曲折，但并不改变社会主义的前进趋势，我们要以自信担当、开拓奋进的姿态走向社会主义的光明未来。

本章的主要内容如下图所示：

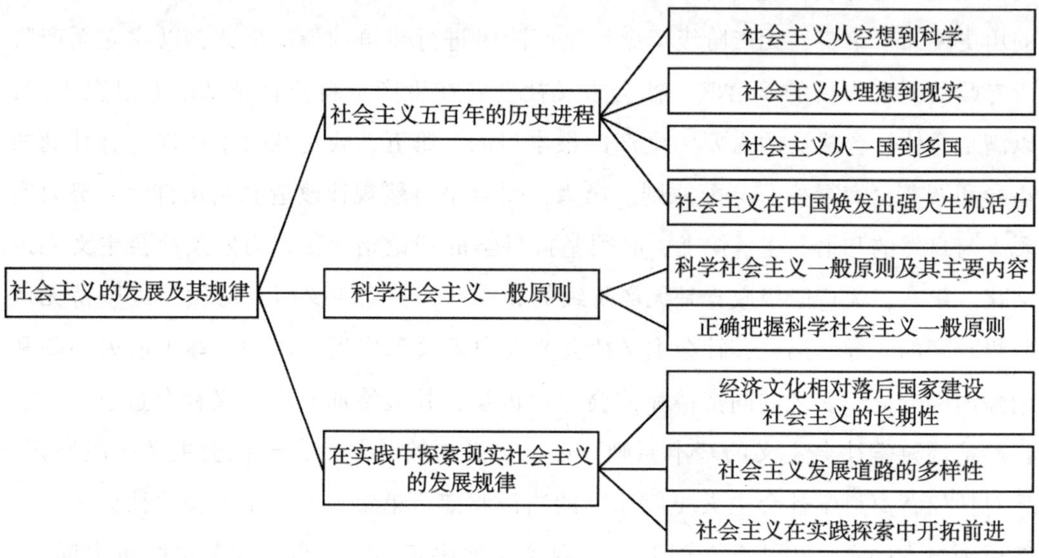

（四）学习重点和难点

1. 社会主义五百年历史进程
2. 科学社会主义对空想社会主义的历史超越
3. 科学社会主义的一般原则和把握方法
4. 经济文化相对落后国家建设社会主义的长期性
5. 社会主义发展道路的多样性
6. 社会主义在实践中开拓前进

二、要点精讲

（一）本章导学：从爱因斯坦的“Why Socialism？”说起

说到爱因斯坦，大家都知道他是著名的物理学家、现代物理学奠基人，开创了狭义相对论、广义相对论、宇宙学和统一场论四个物理学的研究领域。1921 年获得诺贝尔物理学奖，1999 年 12 月 26 日被美国《时代周刊》评选为“世纪伟人”，2002 年他在英国路透社组织评选的“千年伟人”中排名第一，马克思排名第二。

优秀的物理学家往往是哲学家和思想家。爱因斯坦不仅在研究客观物质世界方面有顶级成就，而且对人类社会发展也有深刻看法。爱因斯坦是一个有社会主义思想的人。俄国十月革命后，爱因斯坦说：“我尊敬列宁，因为他是一位有完全自我牺牲精神，全心全意为实现社会正义而献身的人。”1929—1933 年世界资本主义经济大危机发生后，爱因斯坦认为，造成这次经济大危机的根源，就在于资本主义完全放任自流的经济制度下生产技术的迅速发展必然导致工人的大量失业，以及由此出现购买力下降、消费不足、企业银行倒闭；爱因斯坦爱好和平，反对战争，“二战”期间在美国参加了左派组织的反战和平集会；1949 年 5 月他为美国的马克思主义刊物《每月评论》创刊号写过一篇文章“Why Socialism?”，表达了他对人类为什么要走向社会主义的思考。由于爱因斯坦的政治态度左倾，所以他在美国期间一直被 FBI 怀疑是苏联间谍。FBI 长期监视爱因斯坦及其家人，甚至连爱因斯坦丢弃的垃圾也要翻一翻。

爱因斯坦的“Why Socialism?”这篇文章标题提出了一个问题，那就是社会主义为什么会出现。爱因斯坦在文章中主要表达了这样几个思想：首先，批判资本主义生产方式造成资本主义社会的全面危机，包括工人失业、贫困与经济危机，私人资本的寡头政治，私人资本家直接或间接地控制情报和知识的主要来源，人们做了“唯我论的俘虏”，社会意识与社会责任逐渐衰退，健全的人格难以养成，资本主义的最大祸害是对个人的摧残，等等。其次，明确提出要消灭资本主义制度的严重祸害，“只有一条道路，那就是建立社会主义经济，同时配上一套以社会目标为方向的教育制度”。他希望的社会主义经济是这样的：“在这样一种经济制度里，生产手段归社会本身所有，并且有计划地加以利用。计划经济按社会的需要而调节生产，它应当把工作分配给一切能工作的人，并且应当保障每一个人，无论男女老幼，都能生活。”他希望社会主义制度下对个人的教育，除了要发挥他本人天赋的才能，还应当努力发展他对整个人类的责任感，以代替资本主义社会对权力和名利的赞扬。其三，表达他对社会主义民主政治的思考。他说：“社会主义的建成，需要解决这样一些极端困难的社会——政治问题：鉴于政治权力和经济权力的高度集中，怎样才有可能防止行政人员变成权力无限和傲慢自负呢？怎样能够使个人的权利得到保障，同时对于行政权力能够确保有一种民主的平衡力量呢？”可以说，爱因斯坦在文章中回答了文章题目提出的问题，他的答案是：由于资本主义制度存在巨大弊端，所以要有一个有利于人的自由和全面发展的制度来取代它。

说到这里，爱因斯坦的形象在你的心目是否有点变化？是不是感觉爱因斯坦的观点与马克思恩格斯的很相似？

爱因斯坦在文章中通过批判资本主义，说明了社会主义“应该”到来，这是人类进步发展的需要。也说明社会主义的价值就在于克服资本主义的弊端，创造一个美好的社会。然而，社会主义是因为人的需要才产生的吗？

其实，在爱因斯坦之前，已经有很多思想家在批判资本主义弊端的基础上，设想过资本主义的替代物——一个美好的社会主义社会。从1516年托马斯·莫尔的《乌托邦》，到托马斯·康帕内拉的《太阳城》，再到19世纪的三大空社会主义思想家，从法国的蒲鲁东主义，到德国的“真正社会主义”、英国的费边社会主义……

可以说，社会主义学说如同一个庞大的家族，里面有很多流派。它们在批判资本主义上有相同之处，在设想社会主义上也有相似之处，但在对社会主义的理解上、对社会主义为什么要到来、社会主义如何到来这些问题上可谓众说纷纭。马克思恩格斯通过创造唯物史观和剩余价值学说，科学地说明社会主义到来的必然性、社会主义到来要靠无产阶级革命、社会主义社会具有哪些基本特征，创立了科学社会主义学说，使之成为社会主义学说大家族中最具真理光芒的明珠。

那么，爱因斯坦的社会主义思想属于哪个派别？为什么说马克思恩格斯创立的社会主义学说最科学？社会主义是因为人的需要才产生的，还是历史发展的必然？社会主义社会应该是什么样的？这些问题就是我们在学习第六章中要回答的。先让我们带着这些问题，穿越到五百年前，从那里出发，去了解人类对美好社会的追求历程。

（二）空想社会主义的贡献与局限

教师：今天我们来一起讨论空想社会主义的贡献与局限。

学生：好的，老师。这是一个评价问题，要评价就得先搞清对象是什么。

教师：当然，这是问题的前提。对于任何事物，不管你是要批判它还是赞美它，首先应该认识它。所以评价之前先简单说说空想社会主义到底是什么。

空想社会主义产生于16世纪初期，到19世纪上半叶达到顶峰，这300多年正是欧洲从封建主义生产方式向资本主义生产方式转变的时期。资本主义生产方式的出现，使广大劳动群众从人身依附的封建关系中走出来，但随即又陷入资本主义新的剥削方式中，为资本主义所奴役。它是人类进入资本主义社会后，作为资本主义的对立面和批判者而出现的，其思想理论也随着资本主义生产方式的发展及内在矛盾的发展而发展。

总的说来，一是对资本主义的批判，二是对未来美好社会的憧憬。

学生：老师，看来我们评价的对象有点特殊啊，因为对象本身又包含了（对资本主义的）批判。而我们今天的评价也是一种批判，可谓是批判的批判，或者说是评价的评价。

教师：是啊，这在某种程度上会导致评价的困难，因为评价本身就有出发点的差异。一说到批判，我们首先要问的是批判什么，凭什么批判。因此，我们首先要看它对资本主义批判了什么，然后讨论一下它凭什么批判资本主义。

空想社会主义对资本主义的批判，我以为可以分两个层次：一个是现象上的批判，一个是更深层次的制度性批判与价值观批判。

现象上，主要体现在以下几个方面：（1）对资本主义原始积累过程中的暴力、野蛮与血腥的批判，最典型的是“羊吃人”；（2）对资本主义社会中资产阶级的虚伪、贪婪、凶残的揭露，最典型的如傅立叶：“医生希望自己的同胞患寒热病；律师则希望每个家庭都发生诉讼；建筑师需要一场大火把一个城市的四分之一化为灰烬……”① （3）资本主义社会存在贫富两极分化的谴责，富人奢侈无度，穷人食不果腹。以上几个方面可以说是资本主义社会随时可以看得到的表象。

学生：对于刚才您说的这些现象普通人都能感受到，这和普通人的骂街和抱怨有什么区别？

教师：嗯，你这个简单化的归纳很有意思啊。某种意义上，批判资本主义和骂人有相似之处。骂人就是有道德观念的意思，因为在骂人的时候，至少骂人者自己总觉得那人有该骂的地方。“何者该骂，何者不该骂，这个抉择的标准，是极道德的。所以根本不骂人，大可不必。”（梁实秋）但是，骂人是一种高深的学问，不是人人都可以随便试的。空想社会主义对资本主义的批判没有停留在普通人的骂街式抱怨的层次上，而是更进一步上升到了制度层面和价值观上。这也是空想社会主义者在历史上留名的原因之所在吧。

找到现象背后的原因才体现了空想社会主义的学问和它的道德良知。空想社会主义指出：（1）私有制是万恶之源。“私有制是一切社会罪恶之母”。② 莫尔说：“我深信，如果不彻底废除私有制，产品不可能公平分配，人类不可能获得幸福。”③ 私有制是“人们所犯的无数罪行和所遭受的无数灾祸的原因”。④ （2）资本主义政府、国家机器是暴力掠夺和欺骗的集合体，是罪恶的制造者和帮凶。（3）在价值观上，极端自私的个人主义和金钱至上，这是资本主义社会生活中丑恶的道德根源。

学生：这么说来，空想社会主义对资本主义的批判包含了道德评判、社会批判、制度批判等方面。

教师：这就可以看出，空想社会主义是凭什么批判资本主义了。空想社会主义者是凭借他们头脑中的价值观和道德良知在批判。在思想境界上体现的是思想家们对资本主义的极端个人主义和社会的极度贫富分化现象十分忧虑。自然地，他们的道德良知同样也激发了他们对克服这些弊端的美好社会的向往，这一美好社会强调的是重视人群平等、社会和谐、共同利益的社会主义特征。美好社会所包含的那些美好的东西也正是他们社会价值观的体现。

学生：老师，我们注意到大多数社会主义的空想家是生活在社会上层。

---

① 傅立叶选集（第1卷）[M]. 北京：商务印书馆，1979：122.
② 摩莱里. 自然法典 [M]. 北京：商务印书馆，1959：154.
③ 莫尔. 乌托邦 [M]. 北京：商务印书馆，1982：44.
④ 欧文选举（下卷）[M]. 北京：商务印书馆，1965：13.

教师：你问得很好，这个问题实际上是要搞清楚是谁在批判。空想社会主义者他们对资本主义的批判，不是立足于他们自身的痛苦感受，而是从劳苦大众的立场出发来批判资本主义，是社会批判而不是个人批判。因为他们大多是社会的上层，例如：托马斯·莫尔（出生于伦敦贵族家庭，牛津大学毕业，当过下院议长和大法官，因反对国王亨利八世任英国教会的首领而被判处死刑）、马布利（法国贵族家庭出身，曾任外交大臣秘书）、圣西门（法国大贵族，查理大帝后裔，志愿参加北美独立战争，被华盛顿授予最高奖项——辛辛那提勋章，后成为房地产商大富豪）、傅立叶（法国富商家庭，父亲是法庭庭长，外公是贵族）和英国的欧文（英国贫困家庭出身，但20岁时就管理着5000人的大厂，成为有钱人），这也使得他们的批判更有说服力。

学生：批判不好的东西，当然是向往好的东西。这是批判的价值取向，对吗？

教师：是的。对现实的不满，包含了对未来的追求。空想社会主义对资本主义的批判和对美好社会的向往是密切联系的两个方面。与资本主义批判相适应，空想社会主义设计了美好社会的蓝图，就是一些我们都比较熟悉的东西：如公有制，按劳分配，人人平等，共同劳动，没有压迫没有剥削没有两极分化，没有尔虞我诈，和平共处的和谐社会，等等。如果说适应环境是人类生物学进化的内在机制，那么，人类社会内部的批判和向往则是人类社会学进化的内在机制。有了批判和向往，人类就会变得越来越美好。

学生：我以为猴子也向往美好生活，否则就不会进化成人类。

教师：你很有想象力嘛。空想社会主义对美好生活的向往是以批判为前提的，猴子会批判吗？因此，要对空想社会主义做出评价，我看重的还是其批判的价值，它以批判方式保存和延续了人类的道德良知和美好社会的价值观。这是它的重要贡献，同时也是它的局限：骂人、批判也许能解决思想问题，但改变不了现实，仅仅用道德良知和美好心愿是建成不了社会主义的。这就是空想社会主义的空想局限所在。

空想社会主义对于资本主义的批判和美好社会的认识，不是建立在人类社会发展的客观规律的基础上，而是以它们是否合乎人类的道德良知为评判标准。他们认为资本主义之所以是罪恶社会，就在于它违背人类道德良知；社会主义之所以是理想社会，也在于它符合人类道德良知。他们也始终未能找到实现美好社会的现实力量和正确道路。如果要用马克思主义的观点进行评价，还是恩格斯的那句话：空想社会主义不成熟的理论，“是同不成熟的资本主义生产状况、不成熟的阶级状况相适应的。解决社会问题的办法还隐藏在不发达的经济关系中，所以只有从头脑中产生出来”。只有到了资本主义经济关系发展到了19世纪中叶，马克思主义产生，社会主义理论才从空想变成科学。

（三）科学社会主义的诞生

向老师：前面我们已经学习了空想社会主义思想家对于一个美好新的社会的设想，也了解了他们思想上的局限。现在我和杨老师一起谈谈超越空想社会主义的科学社会主义学说是如何诞生的。

杨老师：曾经有同学认为，科学社会主义就是马克思恩格斯两人在一起思考讨论出来的。的确，一种理论学说的形成，需要这一理论学说创始人的思考研究，离不开他们的主观努力。但是，更重要的是社会实践和时代的发展，呼唤理论对实践问题、时代问题的回答；同时，社会实践的推进、时代的发展也为理论的产生创造了条件。

向老师：是啊，巧妇难为无米之炊。没有实践和时代提出问题，问题的答案是不会从思想家头脑中自己蹦出来的。科学社会主义的诞生，是在这样的背景下：首先，社会化大生产的发展和资本主义生产方式的逐步确立。从18世纪下半叶开始的工业革命如火如荼地进行，以机器大工业为基础的工厂制度建立起来，资本家之间的市场竞争日益充分。这一时期，自由竞争呈现无政府状态，从而促使资本主义生产方式的内在矛盾凸显。

杨老师：除了资本主义生产方式的内在矛盾外，资本主义还面临第二个矛盾，即工人与资本家的矛盾。一方面机器的使用造成生产规模的扩大和生产过程的细化分工，需要更多的工人来专门从事某个环节的劳动。但另一方面，机器的使用导致大批工人失业，这样社会上就出现庞大的劳动后备军；机器的使用，还使资本主义可以用女工和童工来干活，而女工和童工的工资低于一般的工人，这样资本家就可以借此压低一般工人的工资；还有，机器的使用使工人劳动时间达到甚至超过生理的极限。所以，工人就与资本家进行斗争。

向老师：这样资本主义社会就是背着两个矛盾在运行。两个矛盾一旦激化，就会出现资本主义经济危机和政治危机。1825年、1837年、1847年，等等，几乎是每隔十年就发生一次经济危机。无产阶级队伍不断壮大，逐步结合成更大的集体，并越来越感受到自己的力量。他们的反抗从非暴力走向暴力起义，从地方性斗争走向全国性斗争。这些矛盾在客观上提出这样的问题：“资本主义能永恒吗？”“资本主义的发展结局是什么？”这些矛盾把社会主义取代资本主义的历史必然性展现出来，为社会主义从空想到科学提出了社会需要和客观条件。

杨老师：科学社会主义的诞生是以两个理论为基础的。正如恩格斯在 1883 年马克思墓前讲话时所说，马克思发现了人类历史的发展规律，即唯物史观，还发现了资本主义生产方式和它所产生的资产阶级社会的特殊的运动规律，即剩余价值学说。这两个发现使社会主义从空想发展到科学，并奠定了科学社会主义的坚实基础。向老师，同学们常常会问，为什么唯物史观和剩余价值学说就能把空想社会主义变成科学的社会主义学说，您怎么解释？

向老师：关于唯物史观和剩余价值学说我们前面的课程都讲了基本内容。对于它们在科学社会主义诞生中的地位，我想可以这样说：唯物史观揭示了人类社会发展规律，从而说明社会主义取代资本主义不是出于道德情感，也不是因为“天才”降临，而是社会基本矛盾运动的必然结果，完成这个取代过程的主体是与先进生产力联系在一起的无产阶级；剩余价值学说从经济学的角度论证资本主义必然灭亡，说明资本主义不能解决内在基本矛盾，资本主义生产关系最终将成为生产力的桎梏；还说明无产阶级反抗资产阶级的经济根源，那就是资产阶级无偿占有了工人阶级创造的剩余价值。这样，马克思恩格斯的社会主义学说就克服了空想社会主义学说的弊端，实现理论上的超越。

杨老师：科学社会主义的诞生是以一本书的发表为标志的，这本书那就是《共产党宣言》。由于这本书对于理解科学社会主义非常重要，我曾要求同学们课外去读。很多同学反映“好难啊”“读不懂”。

向老师：我的学生也是这样说。不过有的同学多读几遍，就说感受到了其中的智慧之光、信仰之美。

杨老师：的确。《共产党宣言》是受共产主义者同盟的委托为同盟起草的纲领，是世界上第一个国际性共产党的党纲。1848 年年初，马克思恩格斯写作《共产党宣言》时，一个 30 岁，一个 28 岁。他们把《共产党宣言》写得激情澎湃、文采飞扬。尤其是马克思，殚精竭虑，字斟句酌，试图用近乎诗意般的语句表达深邃的思想。以致不能按时交稿，共产主义者同盟不断地催。在激情与文采的背后，是对人类社会发展趋势的深思，是对无产阶级历史使命的阐述，是对无产阶级革命斗争战略策略的定制，是对未来社会的合乎逻辑的预测。《共产党宣言》发表后，马克思恩格斯又根据资本主义社会的发展和国际工人运动的发展，不断完善科学社会主义学说。

向老师：科学社会主义的诞生，是人类思想史上一次“壮丽的日出”。因为它把社会主义学说带出了“空想的荒野”，达到科学的境地。它把社会主义学说转变为对人类社会发展客观规律的科学分析，把对资本主义的批判转变为对资本主义生产方式本质的揭露，它找到了实现社会主义的现实道路和物质力量，并揭示未来社会的历史必然性和基本原则。

杨老师：科学社会主义的诞生不仅在理论上有这样的意义，在实践中，它为无产阶级和人民群众争取解放提供了思想武器，也为建设一个美好未来社会提供了原则性规定，为人类指明了未来的发展方向和道路。

（四）科学社会主义的一般原则

杨老师：前面我们学习了科学社会主义的诞生，现在我们来学习科学社会主义的一般原则。首先，我们需要对原则做个说明。所谓原则（principle），可以理解为行为准则、规范，也有实质、本质的意思，还有原理、本义、道德、操守等多种含义。原则一般是从具体现象中抽象出来的，正确的原则能够反映事物的本质和发展规律。

向老师：马克思恩格斯在深刻揭示人类社会发展一般规律的基础上，深入阐发资本主义基本矛盾及其发展趋势，并在指导国际工人运动的过程中不断总结经验，逐步形成了科学社会主义一般原则，也就是未来社会如何实现、未来社会如何运行、未来社会具有哪些基本特征的规则，它们规定着“社会主义发展的总方向”。这些原则实际在后来的社会主义革命和建设中得到了证实、丰富和发展。

杨老师：那么科学社会主义有哪些一般原则呢？我们的教材上列举了九条，请同学们对照教材看看。我们分析一下这九条原则的内在逻辑。第一条原则是讲“两个必然”和“两个绝不会”，说明社会主义到来的必然性和条件性。第二条原则是说明无产阶级是实现社会主义的主体力量；第三条原则是无产阶级通过革命去实现社会主义，建立无产阶级专政是社会主义社会在政治上的基本特征；第四条、第五条原则是社会主义社会在经济上的基本特征；第六条原则是社会主义社会里人与自然的关系；第七条原则是社会主义社会在文化上的特征；第八条原则是社会主义社会必须坚持党的领导；第九条原则是社会主义社会不断发展，最终要向共产主义过渡。这些原则是任何一国在走向社会主义、努力实现共产主义的实践过程中都必须遵循的。

向老师：同学们在学习中要注意理解这些原则的内涵，还要注意理解马克思恩格斯在设想未来社会时的科学态度和方法。马克思恩格斯以极其谨慎的态度对待未来社会的预见问题，一贯反对对未来社会作细致详尽的预测，因为他们要解决的是人类社会发展的方向问题，他们不想对细节作出太多的规定以致束缚后人的手脚，他们认为对未来设想得越细致，就越会陷入空想。马克思恩格斯对未来社会的展望，是以人类社会发展的客观规律为依据的。而他们能把握规律，是因为抓住了人类社会的基本矛盾，在基本矛盾的运动中去理解人类历史发展。正如列宁所说："马克思丝毫不想制造乌托邦，不想凭空猜测无法知道的事情。马克思提出共产主义的问题，正像一个自然科学家已经知道某一种新的生物变种是怎样产生以及朝着哪个方向演变才提出该生物变种的发展问题一样。"

杨老师：向老师你刚才讲的是马克思恩格斯的态度，我再说说马克思恩格斯预测未来社会的方法。他们的方法概括而言就是"在批判旧世界中发现新世界"。在马克思恩格斯生活的时代，世界上没有一个社会主义国家，他们对社会主义社会"长什么样"，只能从研究历史和现实中去展望，只能以资本主义社会为参照物。他们一方面通过考察资本主义的弊端，从超越资本主义的意义上设想社会主义社会要具有资本主义社会所没有的特征；另一方面，他们考察资本主义发展中孕育的新社会因素，认为这些新因素在资本主义被社会主义取代后，才能获得真正的发展，并据此从正面对未来社会的新特征作出预见。

向老师：是的。我们可以对照上面的九条原则，看看这种方法是如何运用的。比如，由于资本主义私人所有制与社会化大生产之间有不能解决的矛盾，所以社会主义就要实行生产资料的社会共同占有，以适应社会化大生产的要求；再比如，资本主义为了利润，不惜破坏自然环境，造成人与自然的对立，那么社会主义社会就要注意人与自然的矛盾"和解"，要尊重自然规律。

杨老师：那么现在我们该如何对待科学社会主义的一般原则呢？一方面，必须始终坚持科学社会主义一般原则。科学社会主义一般原则清晰划出了社会主义与资本主义的界线，说明了搞社会主义要坚守的规则、底线。习近平总书记说："科学社会主义基本原则不能丢，丢了就不是社会主义。"另一方面，不能把马克思恩格斯关于未来社会的预见当作一成不变的教条。马克思恩格斯不仅反对"教条式地预料未来"，也非常反对人们抽象地看待他们关于未来社会的看法，反对将他们的看法变成教条。恩格斯说："我们对未来非资本主义社会区别于现代社会的特征的看法，是从历史事实和发展过程中得出的确切结论；不结合这些事实和过程去加以阐明，就没有任何理论价值和实际价值。"他这段话的意思就是要结合实际去理解他们的看法。

向老师：既要坚持一般原则，又不能把一般原则当教条，这是一个辩证的态度。

实际上，马克思恩格斯在预见未来社会时，是把社会发展的基本趋向、基本方向与社会生活的具体形式、具体细节区分开的。科学社会主义的一般原则旨在规定社会主义社会发展的总方向，揭示社会主义发展的一般规律。至于不同的国家在建设社会主义中采取什么样的措施，怎样去实现这些原则，则应该“由共产主义社会的人们自己决定”。打个比方，人每天都得吃饭，“人是铁，饭是钢”，这类似于原则，但吃什么、怎么吃、在哪儿吃，则有千差万别。

杨老师： 所以我国在建设社会主义过程中，既要坚持科学社会主义一般原则，又要善于把这些一般原则与我国实际相结合，创造性地回答和解决我国的实际问题。

向老师： 原则也需要丰富和发展。要根据时代的发展，实践的展开，不断总结新鲜经验，去丰富和发展科学社会主义的一般原则，从而保持科学社会主义一般原则面向时代、面向实践的生命力。

（五）社会主义的长期性

教师： 我们来说说建设社会主义的长期性问题。

学生： 长期性问题应该是个相对的概念吧，因为尺有所短寸有所长，空间上是这样，时间上也应该是这样吧。

教师： 是的。这是长期性的相对论。长期性是相对而言的，那么相对什么呢？相对可以有很多视角，如相对理论的论证而言，或者相对人们的预期而言，相对于其他社会形态而言，等等。

从形态学描述看：发展的进程断断续续，反复曲折有时甚至有倒退，进展缓慢，从而显示其长期性。从辩证法的角度看，新事物的成长往往不是一帆风顺，也有长期性特征。从归因论来看，造成长期性的原因可以有很多，比如：事物本身的发展涉及长周期宽领域大系统的复杂演进过程；或者内在基因决定了必然是长期性，不是一蹴而就的；或者由于事物外部的存在条件的影响、对手的强大和环境的恶劣使其发展多曲折，而相应地增加时间长度；再或者本来可以在时间上比较短，结果现实的是长期性；或复杂性往往伴随着长期性，而这个世界上，人、社会是宇宙中最复杂的系统。

学生： 老师，是不是可以这样说，乌龟有长寿基因，具有长期性，而兔子只有几年的寿命。

教师： 你的比喻有点简单化。当然，如果你用内外因来解释事物的长期性也是可以的，因为任何事物的发展过程都是内外因共同起作用的结果。但你这个比喻在这是不恰当的，这里的长期性是相对意义上讲的，而不是绝对时长上说的。

因此，这里我们需要给大家明确的是：今天我们讲的建设社会主义的长期性是指经济文化相对落后的社会主义国家要赶上和超过发达资本主义国家所需要的长时间的努力，进行艰苦的探索和奋斗的长期性。更进一步，这种长期性是指社会主义代替资本主义的世界历史进程的长期性，是指社会主义物质存在条件建设的历史过程。它是任务和目标的完成的长期性，而不是事物本身存在的长期性。

学生：老师，是否可以把建设社会主义的长期性问题归纳为两个参考系：一是赶上和超过发达的资本主义国家，二是人类全面实现从资本主义向社会主义的转变。

教师：是的。一个是目前的，一个是未来的。今天主要谈第一个。

大家知道，马恩曾经设想的是社会主义革命在发达的资本主义国家同时取得胜利，而历史的事实是社会主义革命首先在经济文化落后的国家首先取得胜利。

取得革命胜利后的社会主义国家的执政党共产党一度普遍认为，在基本建成社会主义之后就可以很快地直接向共产主义高级阶段过渡。只是在社会主义建设遭受严重挫折（“文革”和东欧剧变）以后，才用经验和教训换来了对社会主义长期性的新认识：在一个相当长的历史时期内，社会主义国家在经济上落后于发达资本主义国家，有的甚至落后很远。这就决定了赶上和超过发达资本主义国家，无疑需要很长时间的努力，进行艰苦的探索和奋斗。生产关系上可以跨越式“跑步进入共产主义”，生产力的发展、科学技术的进步却不行，它是要一步一个脚印地前进的。改变经济文化落后的面貌根本是发展生产力。因此，建设社会主义的长期性的第一个根本原因是经济文化落后的社会主义国家落后的生产力的制约。

由于有第一个制约，随之而来的第二个制约就是经济基础和上层建筑的制约。

第二，经济基础和上层建筑发展状况的制约。经济基础和上层建筑是一个庞大的社会系统，经济基础和上层建筑的统一体即社会形态的历史演进必然是一个漫长的过程。针对社会主义的巩固和发展，邓小平指出：“还需要一个很长的历史阶段，需要我们几代人、十几代人，甚至几十代人坚持不懈地努力奋斗，决不能掉以轻心。”① 经济文化相对落后就会直接影响到社会主义的经济基础的建立、巩固和完善，同时，经济文化的相对落后也必然会影响社会主义民主政治建设的进程。社会主义消灭了剥削阶级，就意味着实现了人类历史上最高类型的民主。但是，这并不是说这种民主一开始

① 邓小平．在武昌、深圳、珠海、上海等地的谈话要点［M］//邓小平文选（第3卷）．北京：人民出版社，1993：379-380.

就达到了尽善尽美的地步。社会主义民主政治建设受到国家的经济、政治、文化条件的严重制约，面临许多现实问题和困难，将是一个长期的过程。在这一过程中，还要进一步消灭阶级和阶级差别，改变传统观念。建设社会主义的先进文化，实现真正的社会公正和平等，从而为人类的崇高理想——共产主义社会准备充分的物质条件和精神条件，同样需要经过长期艰苦的努力才能实现。以往的经验证明，一次成功的革命不可能一劳永逸地扫除生产力解放和发展道路上的所有障碍，或者说不可能彻底实现人类解放。

第三，建设社会主义是前无古人的新事物，而且新事物的对手很强大，因而它的成长道路不是一帆风顺的，事实上社会主义革命和建设都不是一次完成的。社会主义革命取得胜利以后，新生的社会主义尚处于强大的资本主义世界的包围之中，受到资本主义列强的遏制和扼杀，面临异常严峻的国际环境，国际资本主义依仗其经济的发达和在发达经济基础上的军事、科技、文化等综合国力的强大，对社会主义国家不断进行武力干涉或“和平演变”，干扰和破坏社会主义建设。这使得社会主义建设与发展将是长期的、艰巨的。虽然经过数十年的艰苦奋斗，社会主义国家的建设和发展取得了举世瞩目的成就，落后面貌显著改变，综合国力明显增强。但从总体实力看，发达资本主义国家仍然比发展中的社会主义国家要强大。

（六）社会主义发展道路的多样性

教师：现在我们经常听到、提到一个词，就是中国特色社会主义。你怎么理解这个概念？

学生：嗯，我觉得强调中国社会主义特点、特色，就是说中国的社会主义有自己的样子。

教师：自己的样子？中国的社会主义为什么要有自己的样子？这实际涉及一个理论问题，就是社会主义发展道路的多样性问题，也是我们今天要谈的话题。

学生：这个问题听起来好高大上啊。

教师：听起来的确高大上，实际上是接地气的，直接关系着我们对当代中国、对中国特色社会主义的理解。

我们知道，马克思恩格斯是在批判“旧世界”中发现“新世界”的。他们对取代资本主义社会的未来社会作了一些描述。通过这些描述，他们确定了科学社会主义的一般原则，如大力发展生产力、确立无产阶级民主、实现人的自由全面发展等。但他们并没有对这些原则在实际中如何运用、如何体现提出细致的方案，因为在他们看来，在没有实践经验的情况下设计的蓝图越是详尽周密，就越是陷入纯粹的空想。马克思认为人类文明发展具有多样性，曾用“在现象上显示出无穷无尽的变异和色彩差异”来描绘，他还主张“正确的理论必须结合具体情况并根据现存条件加以阐明和发挥”。这些思想说明什么?

学生：理论再好，只有和不同的民族和国家的具体情况、现存条件结合，才能发挥作用。但结合后的结果是不一样的，在现象上也不一样。

教师：对呀。列宁也说过：“一切民族都将走向社会主义，这是不可避免的。但是一切民族的走法却不会完全一样。”这就表明，社会主义在发展中，一方面要体现科学社会主义基本原则，丢了这些原则就不是社会主义；另一方面又因为不同的民族、国家在具体情况上有差异，在发展道路上必然具有多样性。这就是“一”和“多”的统一。简单地说，就是“条条道路不一样，条条大路通罗马”。

学生：我可以打个比方吗?就像新疆的葡萄，新疆的葡萄都很甜，因为日照时间长、白夜温差大。但是葡萄有很多品种，马奶子、红葡萄、百家干、木纳格等，它们在形状、颜色和口味上都有差别。

教师：可以打这样的比方便于理解。那么多样性是什么原因造成的?习近平总书记说“独特的文化传统，独特的历史命运，独特的国情，注定了中国必然走适合自己特点的发展道路”，这个观点说明了造成多样性的几个因素。

学生：根据习大大的讲话，我想有几个因素必须考虑：首先是生产力发展状况、社会发展水平。不同国家在确立社会主义根本制度后，必须根据自己的生产力发展状况和社会发展水平来选择发展战略、政策措施和具体体制，从而形成不同的发展模式。其次是历史文化传统。任何国家建设社会主义都是在继承过去的历史文化前提下进行的，建设社会主义的方法必然要受到历史文化传统的影响。第三是时代环境的影响。

教师：的确，时代是滚滚前进的车轮。从世界范围看，不同的国家进入社会主义的时代环境不一样，有的早，有的晚；同一个社会主义国家在不同的时代条件下，建设社会主义的实践也不可能完全一样。与时俱进，富有时代性，这正是社会主义保持生机活力的秘诀。其实，在社会主义的发展中，无产阶级政党的成熟水平、一个国家的社会结构状态、一定时段内国际和国内各种因素的交互作用等，都会影响社会主义发展道路的样式。

学生：这么说社会主义的发展道路，就像一个人的成长道路。一个人的家庭环境、社会环境，他遇到的老师、同学，还有他的民族文化，等等，都会影响他的成长，这样就使每个人都有不同的个性、特点，世界上找不到两个完全一样的人。

教师：的确，由于不同的国家在经济、政治、文化、历史等多方面的差异性，必然使社会主义在这些国家呈现出鲜明的个性、特点。既然社会主义发展道路具有多样性，那么这对实践中的社会主义国家提出了什么样的要求？

学生：我想应该是一切从具体国情的实际出发吧，探索、选择适合本国国情的社会主义发展道路。

教师：对。就是要坚持一切从实际出发。要做到这一点，首先要科学对待马克思主义，既坚持马克思主义的基本原理，坚持科学社会主义的基本原则，把马克思主义作为行动的指南，但又不能把马克思恩格斯的话当做教条，不搞教条主义，要实现理论与实际的结合。就像邓小平说的“老祖宗不能丢”，“要讲老祖宗没有讲过的话”。

学生：还要做老祖宗没有做过的事情，必须从当时当地的历史条件出发来建设社会主义，“走自己的路”。

教师：1956年毛泽东就明确提出了中国建设社会主义要“走自己的路”。经过几十年的探索，我国终于找到了“自己的路”，就是中国特色社会主义道路，我们国家在这条道路上大踏步地赶上时代。

学生：嗯，“走自己的路，让别人羡慕去吧”。

教师：现在的确有很多人羡慕我们，比如羡慕我们的新四大发明，你能说出来吗？让别人羡慕是好事，不过，“走自己的路”也离不开充分学习吸收人类文明成果。社会主义制度要赢得与资本主义相比较的优势，就一定要大胆吸收和借鉴人类文明成果，包括资本主义发达国家的一切反映现代化规律的成果，从而使自己站在文明巨人的肩膀上。你看，我国不断扩大对外开放，学习世界先进的管理理念、管理经验，引进技术、资金、人才，等等，对我国的发展进步起了巨大的推动作用。

学生：确实如此。习大大说了，“开放带来进步，封闭必然落后”。开放性是社会主义进步和人类文明发展的重要标志。

教师：当然，在学习、借鉴人类文明成果中，不能照抄照搬，不是邯郸学步，而必须从本国的实际出发，吸取人类文明精华为我所用。

学生：人走路，得穿合脚的鞋子。一个国家走社会主义道路，得有适合自己的方法、模式。

教师：有道理。发展社会主义，不能照搬某种社会主义模式，更不能照搬西方资本主义国家的模式。坚持一切从实际出发，根据具体国情，探索具有本国特色的社会主义发展道路，这是社会主义发展道路多样性的客观要求。

学生：中国特色社会主义道路是走过的路，被证明是正确的路。这条路体现了社会主义发展道路的多样性。

教师：正因为中国特色社会主义符合并体现了社会主义发展道路的多样性，在实践中深刻改变了当代中国的面貌，所以我们一定要保持自信、保持定力。

三、解疑释惑

（一）如何理解“唯物史观和剩余价值学说实现了社会主义从空想到科学的伟大飞跃”

马克思恩格斯适应社会的需要，在新的历史条件下，创立了唯物史观和剩余价值学说，为实现社会主义从空想到科学的飞跃，奠定了坚实的理论基础。

唯物史观深刻揭示了人类历史发展的一般规律，揭示了人民群众的历史主体作用，揭示了阶级斗争在阶级社会发展中的巨大历史作用，从而把人们对社会主义的追求建立在对社会发展规律科学认识的基础上，克服了空想社会主义者不懂得历史规律的根本缺陷。剩余价值学说深刻揭示了资本家剥削工人的秘密，揭示了无产阶级与资产阶级利益的根本对立，从而科学论证了无产阶级肩负的推翻资本主义旧世界、建设社会主义新世界的历史使命，使人们找到了变革资本主义旧社会的力量和通向社会主义新社会的途径。

总的说来，马克思恩格斯在揭示人类社会发展一般规律和资本主义发展特殊规律的基础上，科学论证了社会主义代替资本主义的历史必然性，阐明了无产阶级的历史使命，提出了无产阶级革命斗争的战略策略，科学预见了未来社会的基本特征，提出了从资本主义社会向共产主义社会过渡时期的理论，创立了科学社会主义学说，从根本上超越了空想社会主义，实现了社会主义从空想到科学的伟大飞跃。

（二）如何理解“社会主义可以在一国或数国首先胜利”

当资本主义还处在自由竞争阶段时，政治经济发展不平衡规律尚未充分显露，在这种情况下，马克思恩格斯根据他们对欧洲和世界资本主义的研究，认为社会主义革命只有在主要资本主义国家同时发生才能取得胜利。因为社会主义革命是以生产力普遍发展和世界交往的普遍发展为前提的，共产主义只有作为世界历史性的存在才有可能实现。

列宁继承和丰富了马克思恩格斯关于社会主义革命的思想，根据无产阶级革命形势的变化和俄国的实际情况，提出了“社会主义可能在一个或者几个国家内获得胜利”的著名设想。他指出，社会主义革命不一定非得在工业发达的资本主义国家首先开始，社会主义可能首先在少数甚至单独一个国家内获得胜利。

这一论断提出的依据在于：帝国主义时代，资本主义世界政治经济发展不平衡，各国之间经济、军事力量对比发生了变化，加剧了帝国主义内部冲突。后起的帝国主义国家跃进式地迅速发展，赶上或超过老牌的资本主义国家，必然引起重新分割世界的帝国主义战争。战争使帝国主义阵线分裂，力量削弱，从而造成帝国主义链条上的薄弱环节。在这薄弱环节上，如果有的国家无产阶级力量较强，觉悟程度较高，有无产阶级政党的正确领导，国内阶级矛盾又极为尖锐，那么无产阶级就可在一国或数国首先发动革命，并取得胜利。

列宁的这一理论丰富和发展了马克思主义关于无产阶级革命的理论，为俄国十月社会主义革命的胜利做了理论准备。十月革命的胜利及其后中国等一系列国家社会主义革命的胜利，证明了“社会主义可以在一国或数国首先胜利”理论的正确性。

（三）如何正确认识和对待“西方的普世价值”

所谓“普世价值”，从字面意思来看是被人类广泛认同，普遍适用于全世界的一种永恒价值观。看似“博爱和谐”，实则是西方国家别有用心构建的话语体系，是它们进行意识形态渗透的工具，总体上看是资本主义的价值观，旨在维护资产阶级的利益。对此，我们必须予以正确认识，揭示西方“普世价值”的狭隘性和虚伪性，看清其实质及危害。

必须明确，“普世价值”是不存在的。“普世价值”只是资本主义意识形态话语，目的是为其经济关系提供“合理性解释”。它建立在抽象人性论的基础上，呈现出人类价值的普遍意义，进而制造出超越经济基础与社会现实的永恒话语，这显然是历史唯心主义。“马克思主义认为，作为人类思维产物的原理、观念和范畴，都是历史的、暂时的产物，都会随着生产力的发展、社会关系的变革而发生变化，并不存在永恒不变的原理、观念和范畴。价值作为反映主客体关系的哲学范畴，也是人类思维历史的、暂时的产物，也应该随着生产力的发展、社会关系的变革而发生变化，并不存在一种贯穿一切时代并为所有人认同的‘普世价值’。”①世界上不存在超越阶级、民族和国家的价值观。比如，民主的基本理念、做法，不同的时代、不同的社会可以存在一定的共识和相似性。这是不同民族和国家在相互学习、彼此交流中产生的，也是人类文明传承延续、互学互鉴的结果，反映了人类的共同愿望，体现了社会发展的基本趋势。但民主的共识并没有改变其具体性，也不可能改变。不同国家和社会的民主都带有本民族的特点，带有历史和时代的印记。

在国际上，西方发达国家常常打着“普世价值”的幌子，恣意侵犯他国主权，对国际政治秩序和别国内政事务指手画脚，而自身却无法遵循其鼓吹的“普世价值”。它们所宣称的“普世价值”，实则是认为它们的价值观应该成为全人类共同信奉和遵守的最高价值规范和准则，并试图在全球范围推广和普及，将其他非西方的价值观纳入西方主流价值观中的一种思潮。这种普世价值思潮在我国传播的政治意图就是要用西方的主流价值观念取代社会主义的主流意识形态，用西方的政治模式改造我国的政治制度，对于这种思潮我们应该予以高度警惕。

马克思主义者必须坚决反对西方“普世价值”论，但是并非反对自由、民主、人权的价值追求。马克思主义语境下的自由、民主、人权，是建立在无产阶级和人类解放运动的基础之上，在消灭剥削、消除两极分化的历史进程中所实现的每一个人自由而全面的发展。这个建立在超越资本主义的更高级社会里的自由、民主、人权，必然是最广泛、最全面、最充分的自由、民主、人权。

总之，面对西方“普世价值”论在中国的渗透，必须保持高度重视和警惕。我们应当主动抵御“普世价值”的恶意侵蚀，打破“普世话语”的霸权格局，大力弘扬社会主义核心价值观，坚定不移走中国特色社会主义道路，积极构建顺应时代潮流的“人类命运共同体”，进而提升“中国价值”和“中国话语”的解释力和说服力，向世界展示中国理性、和平、包容的国际形象。

（四）正确认识中国特色社会主义的“中国特色”

中国特色社会主义即“具有中国特色的社会主义”，包括中国特色社会主义道路、理论、制度、文化。中国特色社会主义是中国共产党对现阶段纲领的概括，其科学涵

---

① 汪亭友：“普世价值”思潮批判中需要澄清的几个问题［J］. 马克思主义理论学科研究，2020，6（1）：134-143.

义是要求把马克思主义的普遍真理同本国的具体实际结合起来，走适合中国特点的道路，逐步实现工业、农业、国防和科学技术现代化，把中国建设成为富强、民主、文明、和谐、美丽的社会主义现代化强国。即一方面要坚持马克思主义的基本原理，走社会主义道路；另一方面必须从中国的实际出发，不照抄、照搬别国经验、模式，而是走具有中国特色的路。所谓“中国特色”，可从以下四个方面进行理解：

一是“特”在道路。我们坚持走自己的道路，走中国特色社会主义道路，即在中国共产党领导下，立足基本国情，以经济建设为中心，坚持四项基本原则，坚持改革开放，解放和发展社会生产力，建设社会主义市场经济、社会主义民主政治、社会主义先进文化、社会主义和谐社会、社会主义生态文明，促进人的全面发展，逐步实现全体人民共同富裕，建设富强、民主、文明、和谐、美丽的社会主义现代化强国，实现中华民族伟大复兴。

二是“特”在理论体系。中国特色社会主义理论体系，是中国共产党在改革开放和社会主义现代化建设实践中，在不断解放思想、实事求是、与时俱进、求真务实的进程中创立和发展起来的。它辩证扬弃了过去时代的一些科学社会主义理论，摈弃了过往马克思主义经典作家相对过时的部分思想。另外，对于过往没有提及或有提及但没有讲清楚的，都进行了逐步的理论探索。中国特色社会主义理论体系的每一步进程，都透射出与时俱进的鲜明特征，充分体现着当代中国社会发展的历史逻辑。它是包括邓小平理论、“三个代表”重要思想、科学发展观、习近平新时代中国特色社会主义思想等重大战略思想在内的科学理论体系。科学地阐明了中国特色社会主义的思想路线、发展道路、发展阶段、根本任务、发展动力、发展战略、依靠力量、国际战略、领导力量等重大问题，是贯通马克思主义哲学、政治经济学、科学社会主义等领域，覆盖经济、政治、文化、社会、国防、外交、统一战线、祖国统一、党的建设等方面的系统的科学理论体系。

三是“特”在制度。中国特色社会主义制度，是当代中国发展进步的根本制度保障，集中体现了中国特色社会主义的特点和优势。我们推进社会主义制度自我完善和发展，在经济、政治、文化、社会等各个领域形成一整套相互衔接、相互联系的制度体系。它包括人民代表大会制度的根本政治制度，中国共产党领导的多党合作和政治协商制度、民族区域自治制度以及基层群众自治制度等基本政治制度，中国特色社会主义法律体系，公有制为主体、多种所有制经济共同发展的基本经济制度，以及建立在这些制度基础上的经济体制、政治体制、文化体制、社会体制等各项具体制度。我们始终坚持把根本政治制度、基本政治制度、基本经济制度和其他各方面机制体制有机结合起来，坚持把国家民主制度和基层民主制度结合起来，坚持把党的领导、人民当家作主、依法治国有机结合起来，并在中国的实践发展中不断予以完善。

四是“特”在文化。中国特色社会主义文化，“源自于中华民族五千多年文明历史所孕育的中华优秀传统文化，熔铸于党领导人民在革命、建设、改革中创造的革命文化和社会主义先进文化，植根于中国特色社会主义伟大实践。发展中国特色社会主义文化，就是以马克思主义为指导，坚守中华文化立场，立足当代中国现实，结合当今时代条件，发展面向现代化、面向世界、面向未来的，民族的科学的大众的社会主义文化，推动社会主义精神文明和物质文明协调发展。”①同时，我们一直强调和坚持文化自信和文化创新。通过深入中国特色社会主义的理论与实践，全面地把握中国的历史和现实，来树立坚定的文化自信，并通过文化自信来激发全民族文化创新创造能力，建设中国特色社会主义的文化强国。

四、理论前沿

（一）始终牢牢把准正确方向，做到“四个坚持”不动摇

中华人民共和国成立70多年来，无论是搞建设还是抓改革，都始终牢牢把准正确方向，坚持社会主义道路不动摇，坚持人民民主专政不动摇，坚持党的领导不动摇，坚持马克思主义指导地位不动摇，确保社会主义事业不偏向、不变色。中国特色社会主义进入新时代，习近平总书记更是多次强调要一以贯之坚持和发展中国特色社会主义，不论怎么改革都始终坚持中国特色社会主义道路、理论、制度、文化，全面贯彻党的基本理论、基本路线、基本方略。

坚持和发展中国特色社会主义是改革开放以来党的全部理论和实践的主题，是当代中国发展进步的根本方向。习近平总书记强调，中国是一个大国，决不能在根本性问题上出现颠覆性错误，一旦出现就无法挽回、无法弥补，在政治制度模式上，我们就是要“咬定青山不放松、任尔东西南北风”。“改革开放40多年来，党中央之所以能带领全国各族人民练就逢山开路遇水搭桥的胆识、化危为机开创新局的魄力，根本原

① 习近平．决胜全面建成小康社会 夺取新时代中国特色社会主义伟大胜利——在中国共产党第十九次全国代表大会上的报告［M］．北京：人民出版社，2017：41.

因在于我们既不走封闭僵化的老路，也不走改旗易帜的邪路，而是坚定不移走中国特色社会主义道路。实践充分证明，中国特色社会主义所积淀的道路、理论、制度和文化成果，有利于保持党和国家的活力，有利于调动人民群众的积极性、主动性和创造性，有利于解放和发展社会生产力，有利于维护公平正义、实现共同富裕，有利于集中力量办大事、有效应对各种风险挑战，有利于维护民族团结、保持社会稳定和实现国家统一。”①

当前，面对各种思想文化相互激荡、各种矛盾相互交织、各种力量竞相发声的复杂局面，我们更要笃定中国特色社会主义制度的战略定力，“以不变应万变”。涉及制度层面的大是大非问题，必须旗帜鲜明、立场坚定，不能有丝毫动摇。只要牢牢把准正确方向，坚持和巩固中国特色社会主义制度，就能牢牢锚定干事创业的主心骨、定盘星，就能在复杂形势下坚定走好自己的路、办好自己的事。

（二）在实践探索中不断推进具有中国特色的社会主义事业

马克思主义是实践的科学的开放的理论，必定随着时代、实践和科学的发展而不断发展，不可能一成不变，社会主义从来都是在开拓中前进的。“坚持和发展中国特色社会主义是一篇大文章，邓小平同志为它确定了基本思路和基本原则，以江泽民同志为核心的党的第三代中央领导集体、以胡锦涛同志为总书记的党中央在这篇大文章上都写下了精彩的篇章。现在，我们这一代共产党人的任务，就是继续把这篇大文章写下去。”②党的十九大把习近平新时代中国特色社会主义思想确立为党必须长期坚持的指导思想，并庄严地写入党章，实现了党的指导思想的与时俱进。这是一个历史性决策和历史性贡献，体现了党在政治上理论上的高度成熟、高度自信。习近平新时代中国特色社会主义思想，正是在对科学社会主义理论与实践的深邃思考、深刻总结，对坚持和发展中国特色社会主义的不懈探索、砥砺前行中创立并不断丰富发展的。

十九届四中全会通过的《中共中央关于坚持和完善中国特色社会主义制度 推进国家治理体系和治理能力现代化若干重大问题的决定》，深刻回答了“坚持和巩固什么、完善和发展什么”这个重大政治问题，提出了 13 个“坚持和完善”，这是对科学社会主义基本原理的丰富和发展，体现了将中国特色社会主义制度的显著优势转化为国家的制度体系和治理体系，“体现了总结历史和面向未来的统一、保持定力和改革创新的

① 郑萼．运用制度威力应对风险挑战［N］．光明日报，2020-04-30.

② 习近平．关于坚持和发展中国特色社会主义的几个问题［N］．人民日报，2019-03-31.

统一、问题导向和目标导向的统一。”①这些理论创新彰显了新时代坚持和发展中国特色社会主义的实践创新和经验总结，反映了时代现实要求和未来发展需要。

“坚持马克思主义，坚持社会主义，一定要以我国改革开放和现代化建设的实际问题、以当下正在做的事情为中心，着眼于马克思主义理论的运用，着眼于对实际问题的理论思考，着眼于新的实践和新的发展。必须明确，世界上没有放之四海而皆准的发展道路和发展模式，没有一成不变的发展道路和发展模式。我们过去取得的实践和理论成果，能帮助我们更好面对和解决前进中的问题，但不能成为我们骄傲自满的理由。事业越前进、越发展，新情况新问题就会越多，面临的风险和挑战就会越多，面对的不可预料的事情就会越多。我们必须增强忧患意识，做到居安思危。必须坚持马克思主义的发展观点，坚持实践是检验真理的唯一标准，发挥历史的主动性和创造性，清醒认识世情、国情、党情的变和不变，永远要有逢山开路、遇河架桥的精神，锐意进取，大胆探索，敢于和善于分析回答现实生活中和群众思想上迫切需要解决的问题，不断深化改革开放，不断有所发现、有所创造、有所前进，不断推进理论创新、实践创新、制度创新。”②

五、学习测试

（一）单选题

1. 空想社会主义的开山之作是 1516 年谁写作的(　　)

A. 马布利　　B. 摩莱里

C. 康帕内拉　　D. 托马斯·莫尔

2. 19 世纪上半叶，空想社会主义发展最高阶段的代表人物有(　　)

A. 康帕内拉等人　　B. 托马斯·莫尔等人

C. 圣西门、傅立叶、欧文　　D. 马布利、摩莱里等人

3. 在下列空想社会主义者中，谁提出用“和谐社会”代替资本主义，并在一个农场进行过组建“法郎吉”的试验(　　)

---

① 习近平关于《中共中央关于坚持和完善中国特色社会主义制度 推进国家治理体系和治理能力现代化若干重大问题的决定》的说明［N］. 人民日报，2019-11-06.

② 习近平 . 关于坚持和发展中国特色社会主义的几个问题［N］. 人民日报，2019-03-31.

A. 圣西门　　B. 傅立叶

C. 欧文　　D. 康帕内拉

4. 空想社会主义理论不存在下列哪个缺陷(　　)

A. 没有发现找到创造新社会的社会力量

B. 没有阐明资本主义制度的本质

C. 没有发现公有制的优越性

D. 没有发现资本主义发展的规律

5. 马克思和恩格斯的科学社会主义的最直接思想来源是(　　)

A. 德国古典哲学　　B. 英国古典政治经济学

C. 自由、平等、博爱的思想　　D. 19 世纪英法两国的空想社会主义思想

6. 社会主义的产生和发展经历了约 500 年，期间发生了两次重大飞跃，一次是从空想到科学飞跃，另一次是从理论到实践的飞跃。下面哪个选项标志着第二次飞跃的发生(　　)

A. 巴黎公社革命　　B. 十月革命

C. 俄国二月革命　　D. 第二次世界大战

7. 《共产党宣言》发表于(　　)

A. 1848 年　　B. 1864 年

C. 1872 年　　D. 1871 年

8. 巴黎公社革命爆发于(　　)

A. 1864 年　　B. 1848 年

C. 1872 年　　D. 1871 年

9. “资本主义的发展在各个国家是极不平衡的。而且在商品生产下也只能是这样。由此得出一个必然的结论：社会主义不能在所有国家内同时获得胜利。”提出“社会主义不能在所有国家内同时获得胜利”这一论断的是(　　)

A. 马克思　　B. 恩格斯

C. 列宁　　D. 毛泽东

10. 从 1918 年夏到 1921 年春，列宁领导的苏维埃政权实行了以余粮收集制和取消商品货币关系为主要特征的政策，这在历史上被称为(　　)

A. 新经济政策　　B. 战时共产主义政策

C. 计划经济政策　　D. 市场经济政策

11. 在俄国社会主义革命取得胜利的初期，特别是实行新经济政策期间，列宁对苏维埃俄国如何建设社会主义进行了深刻的理论思考，提出了许多精辟的论述，这些论述是列宁对马克思主义的重大贡献。下列观点中哪一项不是这期间提出来的(　　)

A. 利用资本主义建设社会主义

B. 走有本国特色的社会主义道路

C. 建设社会主义是一个长期探索的、不断实践的过程

D. 在多种经济成分并存的条件下，利用商品货币和市场发展经济

12. 在资本主义条件下，无产阶级反抗资产阶级的根源在于(　　)

A. 无产阶级人多势众　　B. 马克思“妖言惑众”

C. 无产阶级好逸恶劳　　D. 资本主义生产方式的基本矛盾

13. 毛泽东提出要以苏联的经验教训为鉴戒，独立探索适合中国国情的社会主义建设道路。以下列哪一个为主要标志，我党对怎样建设社会主义有了自己的新认识(　　)

A. 《论十大关系》《关于正确处理人民内部矛盾的问题》

B. 《矛盾》《实践论》

C. 《论合作社》

D. 《宁肯少些，但要好些》

14. 1978 年 12 月，党的十一届三中全会召开，彻底否定了“以阶级斗争为纲”的错误理论和实践，以巨大的政治勇气和理论勇气作出了进行改革开放的重大决策，开创了社会主义建设新时期。十一届三中全会创新确立(　　)

A. 解放思想、实事求是的思想路线

B. 群众路线

C. 统一战线

D. “四项基本原则”

15. 无产阶级革命的根本问题是(　　)

A. 国家政权问题　　B. 改善待遇

B. 提高政治地位　　D. 轮流坐庄

16. 人民民主专政的实质是(　　)

A. 官僚和资本家们共同作主

B. 改朝换代

C. 农民继续务农，工人继续做工，教书匠继续教书，老板继续当老板……唯一变化的是一些闹革命的人当官作主了

D. 人民当家作主

17. 马克思恩格斯认为，生产资料私有制是造成资本主义罪恶和不平等现象的总根源，因此未来社会应该是以公有制为基础的社会。但是自从十月革命胜利，到现在已经100年了，人们有效实行公有制的形式到现在还没有找到。这说明(　　)

A. 公有制只是一个美好的愿望而已

B. 公有制的实现和发挥出自己的优越性是一个长期的历史过程

C. 公有制的构想是完全错误的

D. 资本主义私有制不好，只能说明人们还没有找到实现私有制更好的形式，并不代表一切其他类型的私有制不好，马、恩以偏概全

18. 在共产主义社会的第一阶段，还存在旧的社会分工，存在脑体劳动的差别，劳动还是谋生的手段，因此个人消费品的分配应当实行(　　)

A. 各尽所能，按劳分配　　B. 各尽所能，按需分配

C. 按权力和地位分配　　D. 按资分配

19. 中国特色社会主义最本质的特征是(　　)

A. 中国共产党的领导　　B. 社会主义制度

C. 市场经济　　D. 国家干预

20. 科学社会主义一般原则的根本依据是(　　)

A. 人类社会发展的规律和资本主义的基本矛盾

B. 空想社会主义的思想

C. 马克思和恩格斯的良好愿望

D. 无产阶级改变自身利益的需要

21. 关于无产阶级先进性的说法正确的选项是(　　)

A. 这个阶级是社会化大生产的产物，是先进生产力的代表，并且具有高度的组织纪律性

B. 所谓无产阶级的先进性在马克思生活的年代有些道理，但是现今工业化的历史进程已基本完成，无产阶级将日益走向消亡

C. 如果无产阶级是指受雇佣受剥削的阶级，那么这个阶级将长期存在，但是这与先进性无关

D. 如果无产阶级是指穷苦阶级，那么随着中产阶级的扩大，穷苦阶级将日益萎缩，其先进性皮之不存、毛将焉附了

22. 经济文化相对落后的国家可以先于发达资本主义国家进入社会主义，这个事实说明(　　)

A. 根本不存在所谓生产力决定生产关系、经济基础决定上层建筑的关系

B. 一切都是阶级力量的对比关系所决定的，亦即所谓“人多势众”

C. “枪杆子里出政权”，一切取决于双方军事力量的对比，古今同理

D. 这是生产力和生产关系之间，经济基础和上层建筑之间的辩证关系及其相应规律的特殊表现，并没有违背人类社会发展的一般规律，这是由当时革命的主客观条件等诸多因素综合决定的

（二）多选题

1. 马克思恩格斯在《共产党宣言》1872 年德文版序言中指出，“不管最近 25 年来的情况发生了多大的变化，这个《宣言》中所阐述的一般原理整个说来直到现在还是完全正确的……这些原理的实际运用，正如《宣言》中所说的，随时随地都要以当时的历史条件为转移。”19 世纪末 20 世纪初，在社会主义运动遇到新情况新挑战的情况下，伯恩斯坦打着发展马克思主义的旗号，否定科学社会主义一般原则，走向了修正主义道路，列宁深刻揭示了这种修正主义的实质：“临时应付，迁就眼前的事变，迁就微小的政治变动，忘记无产阶级的根本利益，忘记整个资本主义制度、整个资本主义演进的基本特点，为了实际的或假想的一时的利益，而牺牲无产阶级的根本利益——这就是修正主义的政策。”社会主义理论和实践发展的历史表明(　　)

A. 马克思主义理论必须与实践进行具体的历史的结合

B. 马克思主义理论和社会主义的一般原则必须要在坚持中发展，否则就会走上邪路

C. 修正主义的错误在于忘记了无产阶级的历史使命和实现共产主义的远大目标，而仅满足于当前的改良成果

D. 在资本主义和社会主义长期和平共处的历史时期，反对和预防修正主义将是一个长期的艰巨的历史性任务

2. 经济文化相对落后国家建设社会主义具有长期性艰巨性，因为(　　)

A. 生产力发展状况的制约

B. 国际环境的严峻挑战

C. 经济基础和上层建筑发展状况的制约

D. 执政党对社会主义发展道路的探索和建设规律的认识，需要一个长期的过程

3. 社会主义发展道路具有多样性的原因有(　　)

A. 生产力发展状况和社会发展阶段的不同

B. 历史文化传统的差异性

C. 时代和实践不断发展

D. 阶级基础和执政党自身成熟程度的不同等因素

4. 苏联解体的原因有(　　)

A. 苏联模式的弊端和政策的失误

B. 西方资本主义国家施行的“和平演变”战略

C. 放弃了马列主义和社会主义道路

D. 把社会主义建设和党的建设中的失误归咎于个别领袖，并进而全盘否定苏共

5. 在苏维埃俄国实行新经济政策期间，列宁对如何建设社会主义进行了深刻的理论思考，提出了许多精辟的论述，这些论述对我们今天的社会主义都具有重要的启发和参考意义。下列哪些属于这一时期的论述(　　)

A. 在多种经济成分并存的条件下，利用商品、货币和市场发展经济

B. 利用资本主义建设社会主义

C. 搞自由市场经济

D. 搞计划经济

6. 列宁晚年虽然病魔缠身，但仍然没有停止对社会主义事业的思考。在被人们称为“政治遗嘱”的这些文章和书信中，他对十月革命以来所走过的道路进行了深入的思考，提出了建设社会主义的新构想。这些思想主要包括有(　　)

A. 用合作社的形式将农民引向社会主义道路

B. 发展大工业，实现工业化和电气化

C. 学习利用资本主义一切有价值的东西

D. 防止修正主义等

7. 列宁领导的苏维埃俄国对社会主义道路的探索大体上经历了哪三个时期(　　)

A. 战时共产主义时期　　B. 进一步巩固苏维埃政权时期

C. 全面建设社会主义时期　　　　D. 新经济政策时期

8. 既然社会主义发展道路具有多样性，那么努力探索适合本国国情的社会主义道路就是无产阶级政党的神圣使命。但在探索时要注意下列几个方面(　　)

A. 必须坚持对待马克思主义的科学态度

B. 必须从当时当地的历史条件出发，坚持“走自己的路”

C. 必须充分吸收人类一切文明成果

D. 必须把坚持社会主义的一般原则与本国的国情创造性地结合起来

◎ 参考答案

(一) 单项选择题

1. D　2. C　3. B　4. C　5. D　6. B　7. A　8. D　9. C　10. B　11. B　12. D　13. A　14. A　15. A　16. D　17. B　18. A. 19. A　20. A　21. A　22. D

(二) 多项选择题

1. ABCD　2. ABCD　3. ABCD　4. ABCD　5. AB　6. ABC　7. ABD　8. ABCD

(三) 讨论与思考

1. 关于社会主义革命的问题，历史上曾经有马克思的“同时胜利论”和列宁的“一国或数国”首先胜利论的说法，那么在社会主义建设上是否也会有类似的问题呢，即“一国或数国”能否在资本主义世界的“包围”中建成社会主义？

比如，20 世纪 80 年代末 90 年代初，东欧剧变和苏联垮台，此后，包括朝鲜在内的剩下五个社会主义国家，也都或先或后地走上了或者表示要走改革开放的道路，而所谓改革开放的道路，在很大程度上就是学习发达资本主义国家的管理方式和游戏规则。所谓与国际接轨，其实就是与发达资本主义国家接轨。如果长此以往，社会主义国家还将继续是社会主义国家吗？

另外，2008 年发生于美国华尔街的金融危机，后来波及全世界，而我们能置身事外吗？我们能说这只是资本主义世界的危机，而不是社会主义国家的危机吗？我们能把这些危机的原因仅仅归于结构问题吗？相应地，现在出口市场萎缩，我们国内不也出现了“供大于求”或者“过剩”的问题吗？实质上，只要有市场经济体制，就必然会有供求关系的周期性波动问题。如果社会主义市场经济体制经常性地周期性地存在所谓“过剩”的问题，这和资本主义国家有什么区别？

请针对上述问题谈谈自己的看法。

2. 从强调“建设速度”到提出“人与自然和谐共生的现代化”。

材料 1 1958 年 2 月 3 日，《人民日报》发表了毛泽东审定的社论《鼓足干劲，力争上游》。1958 年 4 月 15 日，毛泽东在《介绍一个合作社》一文中写道：“我国在工农业生产方面赶上资本主义大国，可能不需要从前所想的那样长的时间了。除了党的领导之外，六亿人口是一个决定的因素。人多议论多，热气高，干劲大。从来也没有看见人民群众像现在这样精神振奋，斗志昂扬，意气风发。”中华人民共和国成立后发展速度要快一点，这不仅仅是毛泽东一个人的思想，而是全党的思想。在 1956 年 5 月召开的中共八大二次会议上，刘少奇代表中央在所作的工作报告中说：“建设速度的问题，是社会主义革命胜利后摆在我们面前的最重要的问题。我们的革命就是为了最迅速地发展社会生产力。我国经济本来很落后，我国的外部还有帝国主义，只有尽可能地加快建设，才能尽快地巩固我们的社会主义国家，提高人民的生活水平。”

材料 2 经过 40 多年的快速发展，中国积累下来的环境问题进入了高强度频发阶段。“我们在生态环境方面欠账太多了，如果不从现在起就把这项工作紧紧抓起来，将来会付出更大的代价。”2013 年 9 月，在哈萨克斯坦纳扎尔巴耶夫大学回答学生提问时，习近平总书记就“绿水青山就是金山银山”作出深入阐述：“我们既要绿水青山，也要金山银山。宁要绿水青山，不要金山银山，而且绿水青山就是金山银山。”中国明确把生态环境保护摆在更加突出的位置，保护绿水青山扮演着愈发重要的角色。2016 年，第二届联合国环境大会发布《绿水青山就是金山银山：中国生态文明战略与行动》报告指出，以“绿水青山就是金山银山”为导向的中国生态文明战略为世界可持续发展理念的提升提供了“中国方案”和“中国版本”。“要做到人与自然和谐，天人合一，不要试图征服老天爷”，“只要勤劳肯干，守着绿水青山一定能收获金山银山”。党的十九大提出人与自然和谐共生的现代化，倡导牢固树立社会主义生态文明观，推动形成人与自然和谐发展的现代化建设新格局。（新华视点微信公众号，2020 年 3 月 31 日）

从强调“建设速度的问题”到提出“人与自然和谐共生的现代化”，中国对社会主义发展道路历程的探索和建设规律的认识说明了什么？

六、文献导读

1. 马克思、恩格斯：《共产党宣言》，《马克思恩格斯选集》第1卷，人民出版社2012年版。

【导读】 本章教学要求重点学习《共产党宣言》第一、二章。第一章，马克思恩格斯运用历史唯物主义的基本观点，分析了资产阶级和无产阶级的产生、发展及其相互斗争的过程，揭示了资本主义必然灭亡和社会主义必然胜利的客观规律，阐明了无产阶级的历史使命。第二章，马克思恩格斯阐明了共产党的性质、特点和基本纲领，批判了资产阶级攻击共产主义的各种谬论，阐述了无产阶级专政的基本思想和通向共产主义的必由之路。

2. 列宁：《马克思主义的三个来源和三个组成部分》，《列宁选集》第2卷，人民出版社2012年版。

【导读】 本章主要学习列宁关于马克思主义三个主要组成部分及其在马克思主义理论体系中的重要地位，特别是关于科学社会主义部分的论述。在这部分中，列宁论述了科学社会主义与空想社会主义的本质区别，阐明了阶级斗争是社会发展的基础和动力，强调只有马克思的哲学唯物主义，才给无产阶级指明了如何摆脱一切被压迫阶级至今深受其害的精神奴役的出路。只有马克思的经济理论，才阐明了无产阶级在整个资本主义制度中的真正地位。

3. 习近平：《毫不动摇坚持和发展中国特色社会主义》《习近平谈治国理政》，外文出版社2014年版。

【导读】 这是习近平同志在新进中央委员会的委员、候补委员学习贯彻党的十八大精神研讨班开班式上发表的重要讲话。讲话强调指出，道路问题是关系党的事业兴衰成败第一位的问题，道路就是党的生命。中国特色社会主义，是科学社会主义理论逻辑和中国社会发展历史逻辑的辩证统一，是根植于中国大地、反映中国人民意愿、适应中国和时代发展进步要求的科学社会主义，是全面建成小康社会、加快推进社会主义现代化、实现中华民族伟大复兴的必由之路。

4. 习近平：《谱写新时代中国特色社会主义新篇章》，《习近平谈治国理政》第3卷，外文出版社2020年版。

【导读】 这是《习近平谈治国理政》第3卷中的第一个专题，集中反映了党的十九大以来习近平总书记关于坚持和发展中国特色社会主义的重要论述，共包含7篇重要著作：(1)《全面把握中国特色社会主义进入新时代的新要求》一文对全党同志适应新时代中国特色社会主义的发展要求，提出了提高“五大思维能力”、增强“四性”、做到“四个更好”的新要求。(2)《全面贯彻新时代中国特色社会主义思想和基本方略》一文论述了新时代中国特色社会主义思想和基本方略是怎么来的以及如何贯彻。(3)《新时代要有新气象，更要有新作为》一文指出中共十九大到二十大的5年，我们正处在实现“两个一百年”奋斗目标的历史交汇期，要把握一些重要的时间节点作为我们工作的坐标。(4)《继续进行具有许多新的历史特点的伟大斗争》一文着眼党和国家事业发展大局，提出了“三个一以贯之”的要求。(5)《不断开辟当代中国马克思主义、二十一世纪马克思主义新境界》一文强调推动马克思主义不断发展是中国共产党人的神圣职责，要不断深化对三大规律的认识。(6)《胸怀两个大局，做好自己的事情》一文强调要将中华民族伟大复兴的战略全局和世界百年未有之大变局作为谋划工作的基本出发点。(7)《在庆祝中华人民共和国成立七十周年大会上的讲话》一文回顾总结了中华人民共和国70年的辉煌历程和伟大成就，宣告要继续为实现“两个一百年”奋斗目标、实现中华民族伟大复兴的中国梦而努力奋斗。

第七章
共产主义崇高理想及其最终实现

共产主义不仅是一种科学的理论和这种理论指导下的现实的运动，而且是一种未来的社会制度和社会形态。实现共产主义是人类历史发展的必然趋势，是马克思主义最崇高的社会理想。当代大学生要把握历史发展的规律，树立中国特色社会主义共同理想和共产主义远大理想，在追求崇高理想的过程中实现自己的人生价值。

一、教学基本要求

（一）学习目的

学习和掌握马克思主义经典作家预见未来社会的科学方法论原则，进而了解和明确据此得出的科学结论：共产主义社会的基本特征是什么，认识和理解共产主义的实现既是人类社会发展的必然趋势，又是一个长期的历史过程。结合中国的实际，正确把握共产主义远大理想与中国特色社会主义共同理想的辩证关系，认清社会发展规律，走历史必由之路，坚定理想信念，积极投身新时代中国特色社会主义事业。

（二）学习要求

（1）充分掌握马克思主义经典作家预见未来社会的方法论原则，坚持以科学的立场、观点和方法展望共产主义社会。全面认识共产主义社会的基本特征，了解实现人的自由全面发展是其根本特征，明确“从必然王国向自由王国飞跃”的内涵。

（2）深刻理解实现共产主义是历史发展的必然趋势，学习了解实现共产主义是一个长期的历史过程，正确把握“两个必然”和“两个决不会”的关系，树立对共产主义的坚定信仰。

(3) 了解社会主义与共产主义的关系，明确坚持和发展中国特色社会主义是中华民族通向共产主义的必由之路。用马克思主义的辩证思维和历史思维把握和处理共产主义远大理想与中国特色社会主义共同理想的关系，坚持两者的辩证统一，坚定在实现中国梦的实践中放飞青春梦想的信心与决心。

(三) 主要内容

“人类向何处去”是古今中外思想家共同关注的一个课题，马克思主义经典作家对此也提出了科学预见和展望。共产主义不仅是一种科学的理论和这种理论指导下的现实的运动，而且是一种未来的社会制度和社会形态，实现共产主义是人类历史发展的必然趋势，是马克思主义最崇高的社会理想。响应时代要求，勇担历史重任，当代大学生应该胸怀共产主义远大理想，坚定中国特色社会主义共同理想，从自我做起，从现在做起，在追求崇高理想的过程中实现自己的人生价值。围绕这一主题，本章主要安排了三节内容进行展开：

(1) 从马克思主义经典作家对共产主义新社会的描述和展望，着重阐述了预见未来社会的方法论原则以及共产主义社会的基本特征两大问题。坚持科学的立场、观点、方法是正确预见未来的前提，也是马克思主义与空想社会主义的根本区别，包括“在揭示人类社会发展一般规律的基础上指明社会发展的方向”，“在剖析资本主义旧世界的过程中阐发未来新世界的特点”，“在社会主义社会发展中不断深化对未来共产主义社会的认识”，“立足于揭示未来社会的一般特征而不可能对各种细节作具体描绘”在内的科学方法论原则，是我们展望未来理想社会的基本依据，我们应该结合历史发展经验自觉地加以运用和发展。教材从生产力状况、生产关系状况、社会生活和精神生活等方面对共产主义社会的基本特征作出了阐释，总结概括出了“物质财富极大丰富，消费资料按需分配”，“社会关系高度和谐，人们精神境界极大提高”，“每个人自由而全面的发展，人类从必然王国向自由王国飞跃”三点内容，其中物质丰富是基础，社会和谐是表现，人的自由而全面的发展是本质特征。

(2) 在揭示共产主义是历史发展的必然趋势的同时，深刻阐明了共产主义理想实现的长期性。一方面，共产主义理想与一切空想和幻想有本质区别，是能够实现的社会理想，是在对人类社会发展规律认识的基础上设想的社会发展目标；其实现是以人类社会发展规律以及资本主义社会基本矛盾的发展为依据的，是历史规律的必然要求，社会主义运动的实践已经并正在用事实证明共产主义理想实现的必然性。而这种必然性包含着无产阶级和广大人民群众对共产主义理想的追求，实现共产主义理想是广大人民群众的共同愿望，是工人阶级解放斗争的最终目标。另一方面，实现共产主义是漫长且曲折的历史过程，资本主义的灭亡和向社会主义的转变是一个长期的过程，社会主义社会的充分发展和最终向共产主义过渡也需要很长的历史时期。

（3）结合中国实际，重点回答了实现共产主义的崇高理想和中国特色社会主义共同理想的辩证关系。实现共产主义不能超越社会主义发展阶段，社会主义国家的历史传统和现实国情不同，建设社会主义的具体道路、向共产主义方向迈进的方式也各具特点，坚持和发展中国特色社会主义是通向共产主义的必由之路。坚定社会主义和共产主义理想信念，必须以马克思主义的辩证思维和历史思维去把握远大理想和共同理想的关系，两者是最终理想与阶段理想的关系，是党的最高纲领与最低纲领的关系，是全人类理想与全体中国人民理想的关系。由此为当代大学生指引了树立崇高理想信念的方向，要把追求个人理想与追求共同理想结合起来，把追求共同理想与追求远大理想结合起来，投身中国特色社会主义事业伟大实践，勇做担当中华民族伟大复兴大任的时代新人。

本章主要内容如下图所示：

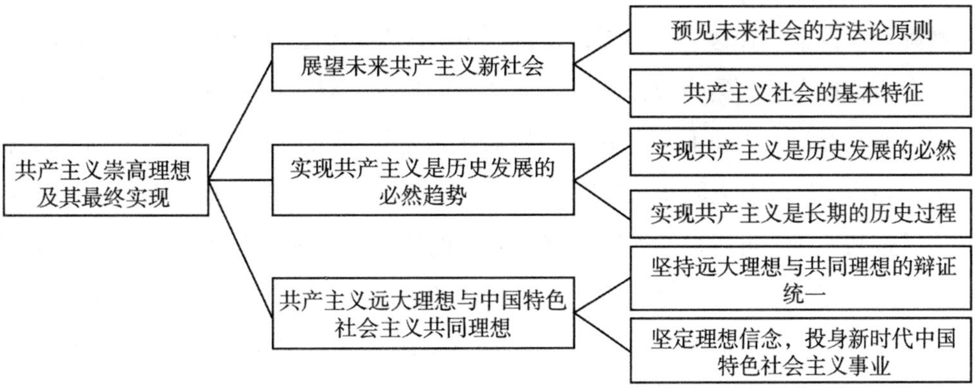

（四）学习重点和难点

1. 马克思主义经典作家展望未来社会的科学立场和方法
2. 共产主义社会的基本特征

3. 共产主义社会是历史发展的必然趋势

4. 共产主义远大理想与中国特色社会主义共同理想的辩证关系

二、要点精讲

（一）本章导学

教师：同学们好！前面我们学习了马克思主义关于世界本质是什么、世界状况怎么样的基本理论，认识发展的过程和规律的基本观点，如何看待人类社会发展的历史、资本主义的本质和社会主义发展过程等问题的思想，今天我们学习马克思主义关于未来共产主义社会的基本思想。

学生：老师您好！请问我国古代是否就已经有关于未来社会的设想吗？

教师：我们永远不要低估人类对未来的梦想之心，在我国春秋战国时期，儒家主张未来社会没有私有制，人人为社会劳动，老弱病残受到社会的照顾，儿童由社会教养，一切有劳动能力的人都有机会充分发挥自己的才能；没有特权和世袭制，一切担任公职的人员都由群众推选；社会秩序安定，夜不闭户，道不拾遗，对外讲信修睦，邻国友好往来，等等。这是我们中国古代对“大同社会”的理想。

学生：那马克思关于未来社会的理想又是什么呢？

教师：在古希腊有这么一个神话传说，很久很久以前，地面上没有火，人们只好吃生的东西，在无边的黑暗中，度过一个又一个长夜。有一位名叫普罗米修斯的天神来到了人间，看到人类没有火，就决心冒着生命危险到太阳神阿波罗那里盗取火种。有一天，当阿波罗驾着太阳车从天空中驰过的时候，他从喷射着火焰的车轮上偷取了一颗火星带到人间，宙斯得知普罗米修斯盗火的信息后，气急败坏，吩咐火神给普罗米修斯以最严厉的惩罚。火神很敬佩普罗米修斯，悄悄对他说，只要你向宙斯承认错误，归还火种，我一定请求他饶恕你。普罗米修斯摇摇头，坚定地回答：“为人类造福有什么错？我可以忍受各种痛苦，但决不会承认错误，更不会归还火种。”火神不敢违抗命令，只好把普罗米修斯押到高加索山上，用铁环将他锁在悬崖上，日夜遭受着风吹雨淋的痛苦折磨，即便如此，普罗米修斯也不向宙斯屈服。终于有一天，大力神赫拉克勒斯看到普罗米修斯被锁在悬崖上，心生不平，奋力救出了普罗米修斯，才让这位从天上盗取火种的英雄获得了自由。普罗米修斯为人类造福而盗火，其实也是追求为人类摆脱无边黑暗、获得光明的理想。

时光流逝到 19 世纪初期，在西方又有一位立志为人类幸福而奋斗的青年，他在中学毕业论文中写道：“如果我们选择了最能为人类福利而劳动的职业，那么重担就不能把我们压倒，因为这是为大家而献身，那时我们所感到的就不是可怜的、有限的、自私的乐趣，我们的幸福将属于千百万人，我们的事业将默默地但是永恒发挥作用地存在下去，面对我们的骨灰，高尚的人们将洒下热泪。”这是 17 岁的卡尔·马克思的理想。1848 年，马克思把自己的社会理想定格在“代替那存在着阶级和阶级对立的资产阶级旧社会的，将是这样一个理想，在那里每个人的自由发展是一切人的自由发展的条件”，马克思的全部理论都是围绕着“如何使人摆脱剥削、压迫和异化，实现人的自由、解放和发展”来展开的，把实现人的自由、解放和发展，实现共产主义社会视为无产阶级奋斗的理想。

学生：老师您认为马克思的社会理想是空想吗？

教师：不是。马克思的社会理想不仅有人类社会发展的现实基础，而且是建立在科学认识的方法论基础之上，不仅有社会发展的客观必然性，而且是建立在人类社会活动的能动性和选择性基础之上。“工欲善其事，必先利其器”，马克思不仅解决了未来社会理想“过河”的目标，而且解决了实现未来社会理想的方法“桥或船”的问题。

学生：对马克思主义的信仰是宗教式的信仰吗？

教师：不是。事实依据、规律概括、实践标准是科学信仰的本质要素，马克思主义是科学学说，是以事实为依据，以规律为对象，以实践为检验标准的学说。

马克思主义的信仰与宗教信仰的根本不同在于，科学学说不是问“信什么”，而是要问“为什么可信”，穷根究底地追问“为什么信”“为什么可信”“信仰的科学根据和事实根据是什么”。马克思主义的信仰是以事实为依据的信仰，是建立在规律基础上的信仰；宗教信仰是建立在“信”的基础上的信仰，它不追问“为什么可信”，而是一味地“信”，“因信而信”。马克思主义是救世的、改造社会的、认识世界和改造世界的学说；宗教不企图改变世界、改变社会，而是各人回归自己的内心世界，改变自我。马克思主义解决的是社会不公问题，而宗教解决的是个人灵魂失衡问题。

马克思主义的社会理想不是虚无缥缈的幻境，不能够轻而易举地实现。马克思主义的社会理想是共产主义，共产主义既是指将来要实现的一种社会制度，又是指关于“为什么要”和“怎样才能实现”这种社会制度的思想以及为实现这种思想而进行的实践，即共产主义运动。自有科学社会主义以来，我们奋斗的最终目标就是实现共产主义社会，干的就是共产主义运动，共产主义运动是一个很长的历史过程，如果说共产主义社会如同“泰山之巅”，那么共产主义运动则是“登泰山之行”。我们已经走在登泰山的途中，当然可以证明泰山是确实存在的，因而泰山顶也是可以预料确实存在的，尽管没有到泰山顶，还不能预先测定它的具体形状，但是绝不能说它是虚无缥缈的。因为爬山的实践已经证明，凡山都有山顶，而我们登泰山的实际经验，又可以使我们有相当多的根据对泰山顶的情况作某种粗略的想象，虽然这些想象究竟是否符合泰山顶的实际，仍然有待于将来的实践的检验。

学生：好的老师，明白了。您能简要概括下本章的基本内容吗？

教师：我们把本章要学习的内容简单概括一下，主要有下面几个内容：第一，经典作家预见未来社会的科学方法；第二，共产主义社会的基本特征；第三，实现共产主义的历史必然性和长期性；第四，坚持和发展中国特色社会主义，为实现共产主义而奋斗。

（二）风物长宜放眼量：经典作家预见未来社会的方法论原则

教师：各位同学好！今天我们学习经典作家预见未来社会的方法论原则。马克思在《资本论》第一版序言中明确指出：“分析经济形式，既不能用显微镜，也不能用化学试剂。二者都必须用抽象力来代替。”马克思的这句话是说社会科学的研究方法同自然科学的研究方法是不同的，它不能用精密仪器进行科学实验和精确测量，必须运用抽象思维能力。从这句话也可以看出马克思很重视研究方法，他的方法论意识非常强。还有恩格斯，也是方法论的大家。

今天我们来看看马克思恩格斯在预测未来社会时主要运用了哪些方法论原则。我们可以分两个层面来看，一是哲学的基本方法，二是社会科学的一般方法。

学生：老师您好！您能首先给我们讲讲哲学的基本方法吗？

教师：刚才提到的抽象力，就是指哲学方法。哲学是理性思维，是反思批判，是透过现象看本质，是揭示自然界、人类社会和思维发展的一般规律。辩证思维方法是人们进行理性思维的基本方法，是人文社会科学和自然科学都普遍适用的科学方法，是人们认识世界和改造世界的根本方法，主要包括归纳与演绎、分析与综合，从抽象到具体，逻辑与历史相统一等。自然科学少不了对实验结果进行逻辑推演分析综合，社会规律是社会历史的深层结构，它隐藏在千姿百态的社会现象、历史事件的背后，更需要运用理性思维进行科学的揭示。

例如，马克思的《资本论》就是以商品——资本主义经济关系中这个抽象而普遍的规定作为逻辑起点，从抽象到具体作为研究方法的。首先分析资本主义社会里最简单、最普遍、最基本、最常见、最平凡、碰到过一万次的关系——商品交换。然后从这一最简单的现象中揭示出资本主义社会的一切矛盾和这个社会的发展。

哲学思维归根结底是反思批判精神，亦即怀疑精神。马克思非常推崇中世纪的一句名言："怀疑一切"，认为哲学家要有怀疑精神。就理论而言，马克思怀疑整个西方的传统，包括文化传统、宗教传统和思想传统，甚至包括他年轻时所信奉的黑格尔和费尔巴哈的思想；就现实而言，马克思对当时的西方资本主义现实进行了无情的否定，他不为传统的资本主义社会唱赞歌，而是不惧于揭露那些美丽的表面下的残酷现实。由此，马克思第一次揭示资本主义社会发展的特殊规律和人类社会发展的一般规律，从而对共产主义社会作出了科学的展望。

学生：经典作家在展望未来社会时除了运用上述哲学的基本方法，还具体运用了社会科学的一般方法，您能给我们解释一下吗？

教师：人类社会是一个自然历史过程，同时也是一个合规律性与合目的性相统一的过程。与自然界盲目自发的运动相比，人类社会的历史活动总要受到自己目的的驱使和主观能动性、选择性、创造性的制约，所谓"人们自己创造自己的历史"。这就使得人文社会科学的研究不可能像自然科学那样采用纯粹客观中立、精确量化、严格实证的方法，而必须坚持整体性与个体性的统一、实证性与理解性的统一、事实判断与价值判断的统一。

学生：那马克思在预见未来社会时，是如何自觉运用并发展人文社会科学的这些方法论原则的呢？

教师：首先，关注人的个体存在状况和社会历史发展的多样性。在自然科学研究中，我们可以通过化验一滴血来了解一个人的全部血液状况，可以通过解剖一只麻雀来了解一群麻雀甚至全部麻雀的生理结构或生活规律。但在社会科学中，我们却很少能够这样做。社会科学研究最终要落实到特定历史条件下的个体或群体。人的思想、观念、意志、情感、行为等都有个别性，各个国家、民族的经济、政治、文化状况也都有自己的独特性。因此，预测未来社会时，马克思注重坚持整体性与个体性的统一。

马克思恩格斯关于未来社会的预测，是从科学地批判和剖析资本主义社会中人的现实存在状况入手的。马克思认为，资本主义社会中人的存在状况是私有制导致的人的异化，因而他在《1844 年经济学哲学手稿》中明确指出，共产主义的首要特征是消灭私有制和人的异化，“是通过人并且为了人而对人的本质的真正占有”。他和恩格斯在《共产党宣言》中进一步强调：“每个人的自由发展是一切人自由发展的条件。”在《1857—1858年经济学手稿》中再次重申，建立在个人全面发展基础上的自由个性，是共产主义社会的基本特征。

对于不同国家、民族，马克思注意到各自发展过程中的多样性、阶段性、差别性。马克思对东方社会发展的形式、道路的探讨，关于过渡时期的理论，关于“两个决不会”的论断，都反映了马克思对社会历史发展多样性的重视。

其次，不主张对未来社会进行详尽的细节描绘。在自然界中，依据自然规律，人们可以对物体的运动和变化作出准确的预言，而在社会历史领域，这是做不到的。社会历史的主体是人，“历史不过是追求着自己目的的人的活动而已”，预言总是在人们有意识、有目的的选择活动中实现的。所以马克思恩格斯在展望未来社会时，只限于指出未来社会发展的大方向、总原则和基本特征，而把具体情形留给后来的人们在后来的实践中去回答。马克思表示：“在将来某个特定的时刻应该做些什么，应该马上做些什么，这当然完全取决于人们将不得不在其中活动的那个既定的历史环境。”恩格斯指出：“无论如何，共产主义社会中的人们自己会决定，是否应当为此采取某种措施，在什么时候，用什么办法，以及究竟是什么样的措施。我不认为自己有向他们提出这方面的建议和劝导的使命。那些人无论如何也会和我们一样聪明。”

最后，始终站在无产阶级和广大劳动人民的立场。人文社会科学绝大部分学科都属于意识形态，具有鲜明的阶级倾向性和价值导向性，不可能做到价值中立或价值无涉。社会意识形态是社会意识的组成部分，归根结底是对社会存在的反映，必然包含着客观性、真理性的内容，但它很难将事实判断和价值判断截然分开，而总是针对一定的人群、阶级、利益集团，根据自己的目的、要求和价值取向，针对他们对各种社会现象和历史现实所采取的态度而作出理论概括，为社会提供理想目标和行为规范。

马克思主义的意识形态是建立在对事实的正确反映基础上的阐述无产阶级价值观念的科学，其科学性和价值性是内在统一的。列宁在评价马克思主义的时候曾经明确指出，马克思主义的显著特点之一就是实现了严密的科学性和鲜明的阶级性的统一，他公然声明自己的理论是为无产阶级的解放事业服务的。马克思认为，无产阶级代表了广大劳动人民的根本利益，因而无产阶级解放和全人类解放是一致的，无产阶级只有解放全人类，才能最后解放自己。人民至上是马克思主义的政治立场，也是马克思构建未来社会的基本出发点和立足点。

（三）人间但有桃花源：共产主义社会的基本特征

教师： 各位同学好！今天我们学习共产主义社会的基本特征。我国教育有一个鲜明的特点，就是从小对学生进行马克思主义、共产主义教育，大家能谈谈自己所了解的共产主义吗？

学生： 对共产主义，我首先想到的是"各尽所能，按需分配"，"人人平等，没有剥削，没有压迫"，还有"劳动成为生活的第一需要"，"每个人凭自己的兴趣从事自己喜欢的工作"，等等，总之是一切美好的代名词，人类理想的世外桃源，这些就是我心目中的共产主义。

教师： 嗯，你掌握得挺不错，你说的这些都涉及了马克思恩格斯对共产主义社会的一些设想。但我们今天要从学理上探究共产主义社会的基本特征，必须对马克思恩格斯关于共产主义的论述有一个较为全面深入的了解。

学生： 老师您能给我们讲讲马克思恩格斯是如何论述的吗？

教师： 马克思恩格斯在不同时期的多种著作中对共产主义社会的基本特征进行了描述，概括起来主要有三点：一是物质财富极大丰富，消费资料按需分配；二是社会关系高度和谐，人们精神境界极大提高；三是实现每个人自由而全面的发展，人类从必然王国走向自由王国。其中，物质丰富是基础，社会和谐是表现，人的自由而全面的发展是本质特征。

学生： 这几点主要是后人概括总结的，经典作家的具体描述散见在不同文本中。

教师： 对，下面我们摘取经典作家的几段经典描述分别解读。

首先，我们看看马克思在《哥达纲领批判》中的这段话："在共产主义社会高级阶段，在迫使个人奴隶般地服从分工的情形已经消失，从而脑力劳动和体力劳动的对立也随之消失后；在劳动已经不仅仅是谋生的手段，而且本身成了生活的第一需要之后；随着个人的全面发展，它们的生产力也增长起来，而集体财富的一切源泉都充分涌流之后，——只有在那个时候，才能完全超出资产阶级权利的狭隘眼界，社会才能在自己的旗帜上写上：各尽所能，按需分配！"

学生： 这段话主要从物质基础层面阐述共产主义的特征。社会生产力高度发展，物质财富极大丰富，既是实现共产主义的必要条件，也是共产主义社会本身的一个重要特征。

教师： 我们知道，创造生产力和创造财富既需要人类劳动也需要生产资料，人和物二因素缺一不可。马克思的这段话主要强调了自由劳动和生产资料公有制对于共产主义社会的先决作用。

学生： 那从另一个角度来讲，可以将创造生产力概括为人的因素和制度的因素，只有解决社会化大生产和生产资料私有制的固有矛盾，充分发挥人的劳动兴趣和能力，社会才能实现生产力的充分发展、物质财富的提高。

教师： 对的。一方面，自由自觉的活动是人之所以为人的本质特征。人和动物的根本区别在于人的劳动或生产实践具有自觉性、自主性和创造性。因此，马克思强调，只有劳动摆脱了“奴隶般的服从分工”，摆脱了作为谋生的手段，并且随着个人的全面发展，劳动者的积极性主动性才能充分发挥出来，才能创造出更多的生产力和财富。

另一方面，只有劳动者同时又是生产资料的所有者的时候，他的劳动才成为他自己财富的源泉。在生产资料私有制的资本主义条件下，雇佣劳动者的劳动只是资本的财富的源泉，而不是他自己财富的源泉。只有到了共产主义社会，实现了生产资料公有制，劳动才能成为劳动者财富的源泉，这时候的财富从根本上说是“集体财富”，是所有劳动者共同占有的财富，“而集体财富的一切源泉都充分涌流之后”，那时才能真正实行“各尽所能，按需分配”。

学生： 社会存在决定社会意识，经济基础决定上层建筑，到了共产主义社会，生产力的高度发展已经使所有人的物质利益都得到了保障，由于全体社会成员根本利益的一致，阶级剥削和压迫不复存在，阶级斗争也将随之消失，社会关系将会高度和谐，人们精神境界将极大提高。

教师： 是的，马克思恩格斯正是这么设想的。《1844 年经济学哲学手稿》中有一段话非常经典：“共产主义是私有财产即人的自我异化的积极的扬弃，因而是通过人并且为了人而对人的本质的真正占有；因此，它是向自身、向社会的即合乎人性的人的复归，这种复归是完全的、自觉的并在以往发展的全部财富的范围内实现的复归。这种共产主义，作为完成了的自然主义等于人道主义，而作为完成了的人道主义等于自然主义，它是人和自然界之间、人和人之间的矛盾的真正解决，是存在和本质、对象化和自我确证、自由和必然、个体和类之间的斗争的真正解决。它是历史之谜的解答，而且知道自己就是这种解答。”

学生： 这段话是从人的本质和人的社会关系层面对未来社会所作的高度概括。

教师： 对，马克思认为，“人的本质不是单个人所固有的抽象物，在其现实性上，它是一切社会关系的总和。”人的社会关系主要包括人同自然的关系，人同人（社会）

的关系，人同自身的关系。马克思恩格斯关于未来社会的预测，是从科学地批判和剖析资本主义社会中人的现实存在状况入手的，资本主义社会的基本矛盾即生产的社会化和生产资料的资本主义私人占有之间的矛盾，资本主义社会中人的存在状况即人的异化（人的异化是指人与自然、社会以及自身之间的关系对于人的本质的改变和扭曲，是人的物质生产与精神生产及其产品变为异己的力量，反过来统治人的一种社会现象），马克思认为劳动作为自由自觉的活动是人的类本质，但在私有制条件下却发生了异化。由于劳动异化（劳动者与其劳动产品的异化，劳动者与其生命活动的异化，劳动者与其类本质的异化），从而导致人的自我异化，人与人的关系的异化，人与自然的异化。

学生：记得曾经看过卓别林的电影《摩登时代》，卓别林饰演的主人公在一个机器隆隆的厂房里，夜以继日地在一条机械化的流水线旁进行繁重重复的工作（拧螺丝），以至于变成一个可怜的“拧螺丝强迫症”患者，被送进精神病医院，这是人的异化的真实写照。

教师：我也看过这部影片，印象深刻。在异化活动中，人的能动性丧失了，遭到异己力量的奴役，从而使人的个性不能全面发展，只能片面发展，甚至畸形发展。基于这一状况，马克思恩格斯认为共产主义的首要特征是消灭私有制和人的异化，使人全面地占有自己的本质，并最终解决人与自然和人与人之间的矛盾，即整个社会达到一种高度和谐的状态。

学生：记得马克思恩格斯在《德意志意识形态》里有这么一段话：“在共产主义社会里，任何人都没有特殊的活动范围，而是都可以在任何部门内发展，社会调节整个生产，因而使我有可能随自己的兴趣今天干这事，明天干那事，上午打猎，下午捕鱼，傍晚从事畜牧，晚饭后从事批判，这样就不会使我老是一个猎人、渔夫、牧人或批判者。”这段话也是描述共产主义社会的基本特征的吧？真令人神往啊。

教师：是的，这段话用一种文学性的表述方式，旨在说明共产主义社会的本质特征——人的自由而全面的发展。共产主义社会说一千道一万，就是以每个人的自由发展为基本原则的社会形式，就是“自由人的联合体”，就是“自由个性”的实现。《1857—1858 年经济学手稿》里曾指出，“人的依赖关系（起初完全是自然发生的），是最初的社会形态，在这种形态下，人的生产能力只是在狭窄的范围内和孤立的地点上发展着。以物的依赖性为基础的人的独立性，是第二大形态，在这种形态下，才形成普遍的社会物质交换，全面的关系，多方面的需求以及全面的能力的体系。建立在个人全面发展和他们共同的社会生产能力成为他们的社会财富这一基础上的自由个性，是第三个阶段。”马克思恩格斯设想在未来理想社会里，每个人可以摆脱强制性的旧式分工，不必局限在特殊的活动范围内，从事某种单一的工作，每个人可以随着自己的兴趣，在任何部门内自由发展，可以出于自愿选择适合自己的工作，说到底，这就是一个每个人自由而全面发展的社会。

学生：基于以上三个基本特征，那在共产主义社会里就完全没有矛盾了，人们就绝对平等自由了吗？

教师：当然不是。我们有理由相信，在共产主义社会中，仍将存在许多问题，不少的矛盾冲突，以及一些不可避免的分歧差异。实际上，人类社会发展是一个永无止境的过程，人的自由全面的发展也是一个永无止境的过程，马克思恩格斯的共产主义理想必然包含了某些终极追求的思想倾向。我们应当从相对性和绝对性、有限性和无限性、现实性和终极性等辩证的结合上理解马克思恩格斯关于共产主义社会的理想。正如恩格斯所言：“历史同认识一样，永远不会在人类的一种完美的理想状态中最终结束；完美的社会、完美的‘国家’是只能在幻想中存在的东西；相反，一切依次更替的历史状态都只是人类社会由低级到高级的无穷发展进程中的暂时阶段。”

学生：明白了，谢谢老师！

（四）共同理想与崇高理想

教师：同学们好！今天我们讨论的话题是“共同理想与崇高理想”。大家还记得方志敏烈士的《可爱的中国》吗？《可爱的中国》非常感人，我们很小的时候都会背诵，“中国一定有个可赞美的光明前途”那一段是怎么描述的呢？

学生：老师好！应该是这样的：“我们相信，中国一定有个可赞美的光明前途，到那时，中国的面貌将会被我们改造一新，所有贫穷和灾荒、混乱和仇杀、饥饿和寒冷、疾病和瘟疫、迷信和愚昧以及那慢性的杀灭、中国民族的鸦片毒物，等等，都是帝国主义带给我们可憎的赠品，将来也要随着帝国主义的赶走而离去中国了。到那时，到处都是活跃的创造，到处都是日新月异的进步，欢歌将代替了悲叹，笑脸将代替了哭脸，富裕将代替了贫穷，康健将代替了疾苦，智慧将代替了愚昧，友爱将代替了仇杀，生之快乐将代替了死之悲哀，明媚的花园将代替了凄凉的荒地。这时，我们民族就可以无愧色的立在人类的面前，而生育我们的母亲也会最美丽地装饰起来，与世界上各位母亲平等地携手了。”在最后方志敏烈士还发出强烈呼吁，“亲爱的朋友们，不要悲观，不要畏馁，要奋斗，要持久的艰苦的奋斗，把各人所有的智慧才能，都提供于民族的拯救吧!”

教师：对，20 世纪 30 年代方志敏烈士对于未来中国的理想，代表了绝大多数中国人的共同心声，是中国人民的共同理想。但是，当时的中国江山破碎、国蔽民穷，民族命运不断衰落，人民处在水深火热之中，这一共同理想何其伟大，对于当时的中国人又是何其艰难。方志敏能够把民族的命运、国家的前途和个人的奋斗结合在一起是了不起的认识。

学生：“共同理想”这是我们今天特别强调的一个社会性话题，它意指什么，与个人理想是什么关系，又如何能够实现？我们很希望您能够对这些问题加以说明。

教师：要说明“共同理想”，首先要了解“理想”。理想是对未来事物的美好想象和希望。作为一种精神现象，理想是人类社会实践的产物，人们在改造客观世界和主观世界的实践活动中，既追求眼前的生产生活目标，渴望满足眼前的物质和精神需求，又憧憬未来的生产生活目标，期盼满足未来的物质和精神需求。就是说理想是人们在社会实践中的一种追求，因为对现状永不满足、对未来不懈追求，才有不同时代的人们对于个人的追求、社会的追求所具有的理想，也许这一时代每个人的社会认知不同，能够利用的资源量及其禀赋有差异，每个人的理想肯定有所不同。

但是，对于一个国家、一个民族、一个社会群体，基于个人理想的基础往往有着共同的社会追求，这就是“共同理想”。通俗地讲，个人理想要解决的问题是“我到底要什么”，而共同理想要解决的问题是“我们到底要什么”，这么说共同理想并不排斥个人理想，个人理想与共同理想是一致的。理论上讲共同理想不排斥个人理想，但不能离开具体的社会条件，离开个人的世界观和人生观来抽象谈它们之间的关系。由于个人所具有的社会条件差异，以及世界观、人生观的不同，个人理想并不完全与共同理想相一致，但是共同理想却是不同个人理想共同作用、协同共进的产物，如同恩格斯说明“社会发展方向是各个不同意志相互作用的合力的结果”一样，每个意志都对合力有所贡献，共同理想也是不同个人理想相互作用的合力的方向。

既然共同理想是个人理想合力作用的结果，就必然对人的发展有着重要的作用，无论是共同理想还是个人理想，都对人的发展有重要作用，具体表现在导向、规范、激励等方面。从导向上看，理想是指引人们奋斗的方向，是奋斗的航标；从规范上看，理想引导人们奋斗选择的路径，规范人们的行为方式；从激励上看，理想是推动人们前进的精神力量。功崇惟志，业广惟勤，没有理想就会导致精神上“缺钙”。

学生：那如果人们的个人理想与社会的共同理想发生冲突了，二者如何协调呢？

教师：社会生活表明，个人理想的总体趋向总是取决于社会共同理想的价值导向，而个人理想的困惑总是根源于社会共同理想的震荡，因此解决个人理想的价值取向问题，根本的办法是解决共同理想的导向问题。简而言之，要解决“我到底要什么”的问题，关键在于解决“我们到底要什么”的问题，如果“我们到底要什么”扑朔迷离，“我到底要什么”就模糊不清，如果“我到底要什么”游离于“我们到底要什么”之外，“我们到底要什么”就成为“我到底要什么”的阻碍。因此“我到底要什么”需要经常同“我们到底要什么”校标、对表。

学生：个人理想与社会共同理想密切相连，个人理想、社会共同理想与人类崇高理想的关系又怎么理解呢？

教师：对于这个问题，习近平总书记给予了精辟的阐释。在2013年5月4日同各界优秀青年代表座谈时，他讲道：“近代以来，我国青年不懈追求的美好梦想，始终与振兴中华的历史进程紧密相联。”就是说在革命战争年代、社会主义革命和建设时期，广大青年的个人理想总是同中华民族的共同理想水乳交融，才创造了“比历史上任何时期都更接近实现中华民族伟大复兴的目标”的伟业。在党的十九大上他又说，“实现中华民族伟大复兴是近代以来中华民族的共同理想，中国共产党一经成立就把实现共产主义作为党的最高理想和最终目标，义无反顾地肩负起实现中华民族伟大复兴的历史使命，团结带领人民进行了艰苦卓绝的斗争”，从而实现中华民族从“站起来”到“富起来”再到“强起来”的历史飞跃，这从中国近代历史发展的高度说明了共产主义的崇高理想与民族复兴的共同理想之间的关系。所以我们说理想因其远大而成为理想，信念因其坚定而成为信念，理想的实现离不开奋斗的人生，为理想而奋斗，人生的青春才绽放出精彩和高尚。

三、解疑释惑

（一）“共产主义渺茫论”错在哪里

持有“共产主义渺茫论”观点的人，大致的思维逻辑有两种：一种认为共产主义太“空”，是一种没有经过实践检验的空想；一种认为共产主义太“远”，是一种远离社会现实、可望而不可即的美好愿望。

其一，共产主义与一切空想和幻想有着本质区别，它是经得住实践检验的社会理想。实践能够检验认识的真理性这是绝对的、确定的，但具体的实践检验真理又是一个过程，是相对的、不确定的。共产主义是马克思恩格斯在总结人类历史发展规律、研究资本主义经济社会关系的基础上形成的科学理论，以及在理论指导下的现实运动。对共产主义科学真理的检验不是单纯的一次性的理论检验，而是在共产主义运动过程中不断检验理论的过程，就是说共产主义运动、共产主义实践本身正在检验着作为思想理论的共产主义的科学性。

“渺茫论”断言共产主义未经实践检验，是因为把作为理想目标的共产主义社会形态当作唯一的共产主义形态，否认现实的共产主义运动也是共产主义理论的构成形态，这就割裂了共产主义理论运动和制度的统一性。他们一方面把共产主义看做一成不变的思想模式，寻求一劳永逸地检验共产主义理论的实践；另一方面把实践对真理的检验看成一次完成的，这实际上是形而上学地理解了真理检验标准，是对实践检验真理的一种误读。

其二，现实的共产主义运动中存在着贫富差距过大、理想信念弱化、生态环境恶化、社会道德和价值观念混乱等问题，以至于产生了“共产主义渺茫论”的另一种思维逻辑，认为共产主义是脱离现实、可望而不可即的美好愿望。一方面，这种观点没有看到作为成分的共产主义因素存在于社会主义现实中，并且在现实的社会主义实践中不断累积和成长。马克思在《哥达纲领批判》中明确说明了共产主义也有着不同的发展阶段，从资本主义母体中孕育出来的社会主义是共产主义的第一阶段，而消灭了阶级进入无阶级社会的共产主义则是其高级阶段。共产主义的不同阶段蕴含着内在的关系，处在较低阶段的社会必然要为高级阶段的社会准备生产力以及由此而建立的各种社会关系，共产主义社会高级阶段不会轻轻松松地随意出现，它是共产主义因素在社会主义过程中不断增长的产物，是不断积累的连续性的运动过程。

在这个意义上说，共产主义并非“烟涛微茫信难求”的太虚境界，也不可能有“一夜飞度镜湖月”的捷径通途。马克思说，“共产主义对我们来说不是应当确立的状况，不是现实应当与之相适应的理想，我们所称为共产主义的是那种消灭现存状况的现实运动。”① 现实的社会主义运动中每一个消灭现存状况的现实的运动，都是共产主义因素的积累。我们强调共同富裕，强调整体脱贫，强调不断满足人民对美好生活的向往，为此制定了一系列方针政策，不断推进人民公共福利福祉，就是在社会主义中

① 马克思恩格斯列宁哲学经典著作导读［M］. 北京：人民出版社，2016：117.

不断增加共产主义因素，当然在这个积累过程中也会存在着各种矛盾，有时候在前进过程中还会出现反复。

另一方面，共产主义必胜，但不会速胜；实现共产主义是长期的过程，但绝不是可望不可求或虚无缥缈。共产主义是能够实现的社会理想，是在对人类社会发展规律认识的基础上设想的社会发展目标，其实现是以人类社会发展规律以及资本主义社会基本矛盾的发展为依据的，是历史规律的必然要求，这种必然性包含着无产阶级和广大人民群众对共产主义理想的追求。我们现在坚持和发展中国特色社会主义，就是向着最高理想所进行的实实在在的努力。社会主义初级阶段是社会主义的不发达阶段，而社会主义又是共产主义的初级阶段，也是不可逾越的阶段，我国现阶段还存在很多社会矛盾和问题，与共产主义理想差距也很大，但正因为理想和现实有差距，我们才要更加努力地奋斗。只有通过社会主义现实中共产主义因素的不断增加和积累，经过相当长的历史时期的建设，我们才能逐步超出社会主义初级阶段而变成为发达社会主义社会，并逐步走向共产主义。

（二）“两个必然”和“两个决不会”的关系

马克思恩格斯在《共产党宣言》中提出：“资产阶级的灭亡和无产阶级的胜利是同样不可避免的。”这就是我们常说的资本主义必然灭亡和社会主义必然胜利的“两个必然”（或“两个不可避免”）。后来马克思在《〈政治经济学批判〉序言》中又提出了“两个决不会”：“无论哪一个社会形态，在它所能容纳的全部生产力发挥出来以前，是决不会灭亡的；而新的更高的生产关系，在它的物质存在条件在旧社会的胎胞里成熟以前，是决不会出现的。”“两个必然”和“两个决不会”有着内在的联系，应该结合起来加以理解。

“两个必然”和“两个决不会”是对资本主义灭亡和共产主义胜利必然性以及这种必然性实现的时间和条件的全面论述。“两个必然”揭示了历史发展的总趋势和规律，即资本主义灭亡和共产主义胜利的客观必然性；而“两个决不会”进一步为这种发展趋势提供了理论依据，指出了这种必然性实现的时间和条件，在这种客观条件具备之前“两个必然”决不会成为现实。虽然资本主义固有的基本矛盾依然存在并逐渐尖锐化，但西方资本主义国家为了维护资本主义制度的生存和发展，对资本主义生产关系的某些环节和资本主义经济社会的运行、管理机制作了不少自我调节、改良和改善，包括借鉴社会主义的一些做法，从而使得资本主义生产关系还能在一定范围内容纳现实的生产力，并在一定程度上缓和了资本主义统治下的阶级矛盾和社会矛盾。

全面准确地学习和把握“两个必然”和“两个决不会”，既有利于人们坚定资本主义必然灭亡、共产主义必然胜利的信心，坚定对社会主义和共产主义的理想信念，又有利于人们坚持科学态度，充分尊重客观规律，认识到社会主义代替资本主义是一个长期的历史过程，从而做好思想准备，为社会主义和共产主义事业进行艰苦的奋斗。

（三）社会主义初级阶段也要树立共产主义远大理想

有人说：“在社会主义初级阶段只能讲树立中国特色社会主义共同理想，而不应提树立共产主义远大理想，否则就是脱离实际。”这一观点割裂了共同理想与远大理想的联系，是错误的。

中国特色社会主义共同理想与共产主义远大理想是辩证统一的关系，不能把它们割裂开来、对立起来。首先，从时间上看，远大理想与共同理想的关系是最终理想与阶段性理想的关系，只有实现一个一个阶段性理想，才能最终实现共产主义远大理想，而中国特色社会主义共同理想就是我们在追求和实现共产主义远大理想过程中的一个阶段性理想，是当前正在着力追求的近期理想。

其次，从层次上看，远大理想与共同理想的关系是最高纲领与最低纲领的关系，我们党的最高理想和最终目标是实现共产主义，这也是我们党的最高行动纲领，但追求这一理想必须从中国当下的实际出发，从实现最近的目标开始，坚定中国特色社会主义共同理想，进一步推进中国特色社会主义事业，就是我们党的最低纲领在当前的要求。

最后，从范围来看，远大理想与共同理想的关系也是全人类理想与全体中国人民理想的关系，中国特色社会主义共同理想包含着我们对“中国道路”的认同，即我们是通过中国自己的道路来追求社会主义理想和共产主义远大理想，这种中国特色和民族特色并没有否定理想的共同原则，而是把共同原则与国情民情相结合，使社会主义和共产主义理想展现出更丰富的色彩。

共同理想跟远大理想根本上是一致的。一方面，中华民族要实现共产主义理想必须以建设中国特色社会主义共同理想为基础和前提；实现共产主义不能超越社会主义发展阶段，而社会主义国家的历史传统和现实国情不同，建设社会主义的具体道路、向共产主义方向迈进的方式也各具特点，对于我国而言，中国特色社会主义是当代中国发展进步的根本方向，坚持和发展中国特色社会主义是通向共产主义的必由之路。另一方面，实现中国特色社会主义的共同理想必须树立共产主义远大理想，共产主义的远大理想为中国特色社会主义共同理想指引方向，提供精神支柱和精神动力。

忽视远大理想与共同理想的紧密联系和相互统一，就会导致共产主义“渺茫论”和“空想论”，在建设中国特色社会主义的过程中就会迷失方向，失去前进的动力。我们应该立足当前，把握未来，在实现中国特色社会主义共同理想的实践中，进一步树立和坚定共产主义远大理想。

四、理论前沿

（一）构建人类命运共同体和实现共产主义的关系

党的十九大报告把“坚持推动构建人类命运共同体”作为坚持和发展中国特色社会主义的基本方略之一，提出“建设持久和平、普遍安全、共同繁荣、开放包容、清洁美丽的世界”,① 深刻回答了“建设一个什么样的世界，怎样建设这个世界”的问题。“构建人类命运共同体”的思想是国际关系的顶层设计和重大创新，顺应了时代潮流，把握了世界形势，凝聚了各国共识，体现了大国担当，在国际社会产生了广泛而深远的影响，是对新时代中国特色大国外交新气象、新作为、新贡献的彰显，为人类社会的协同发展、持续繁荣和长治久安奠定了一定理论基础。

这一思想与马克思主义所构想的共产主义社会思想高度契合，两种思想都指出了世界发展和人类未来的前进方向，强调超越地域文明、国家民族差异的人类整体性。马克思和恩格斯一生的革命追求，是无产阶级联合起来暴力推翻资产阶级的统治，建立无产阶级自己的政权，最终实现共产主义，而共产主义社会即是“人的自由全面发展”的“自由人联合体”，这是人类关于社会和生活状态的终极价值追求。

共产主义是世界的、国际的、全球的，构建人类命运共同体是实现共产主义社会的智慧方略，是马克思主义共产主义思想的具体化，是推动世界和平和发展的必由之路。“构建人类命运共同体”是全世界人民的共同事业，需要世界各国的共同努

① 习近平．决胜全面建成小康社会　夺取新时代中国特色社会主义伟大胜利——在中国共产党第十九次全国代表大会上的报告［N］．新华网，2017-10-27.

力，作为世界和平的建设者、全球发展的贡献者、国际秩序的维护者，中国坚持走和平发展道路，积极发展全球伙伴关系，推进“一带一路”、上海合作组织、金砖国家、二十国集团等平台建设，倡导“共商、共建、共享”的全球治理理念，努力为全球治理贡献中国智慧和中国方案，推动国际秩序和全球治理体系朝着更加公正合理的方向发展，发挥负责任大国的作用，等等，都是推动构建人类命运共同体的实际行动。

（二）坚持和发展中国特色社会主义

中国共产党第十九次全国代表大会的主题是：不忘初心，牢记使命，高举中国特色社会主义伟大旗帜，决胜全面建成小康社会，夺取新时代中国特色社会主义伟大胜利，为实现中华民族伟大复兴的中国梦不懈奋斗。“高举中国特色社会主义伟大旗帜”是郑重宣示，在未来的征程中，我们既不走封闭僵化的老路，也不走改旗易帜的邪路，而是坚定不移走中国特色社会主义道路。

习近平总书记在党的十九大报告中强调：“中国特色社会主义是改革开放以来党的全部理论和实践的主题，是党和人民历尽千辛万苦、付出巨大代价取得的根本成就。”① 习近平总书记在省部级主要领导干部“学习习近平总书记重要讲话精神　迎接党的十九大”专题研讨班上也指出，“中国特色社会主义是改革开放以来党的全部理论和实践的主题，全党必须高举中国特色社会主义伟大旗帜，牢固树立中国特色社会主义道路自信、理论自信、制度自信、文化自信，确保党和国家事业始终沿着正确方向胜利前进。”② 中国特色社会主义寄托着几代共产党人的夙愿和期盼，承载着亿万人民的求索与奋斗，体现着近代以来中国人民对未来社会的美好憧憬，是植根于中国人民大地、反映中国人民意愿、适应中国和时代发展进步要求的科学社会主义，是全面建成小康社会、加快推进社会主义现代化、实现中华民族伟大复兴、通向共产主义社会的必由之路。坚定马克思主义信仰和共产主义信念与中国实际相结合，就是要落实到坚定中国特色社会主义共同理想上来，自觉坚定“四个自信”，始终坚持和发展中国特色社会主义。

---

①　习近平．决胜全面建成小康社会　夺取新时代中国特色社会主义伟大胜利——在中国共产党第十九次全国代表大会上的报告［N］．新华网，2017-10-27.

②　习近平．高举中国特色社会主义伟大旗帜 为决胜全面小康社会实现中国梦而奋斗——在省部级主要领导干部“学习习近平总书记重要讲话精神，迎接党的十九大”专题研讨班开班式上的讲话［N］．新华社，2017-07-27.

五、学习测试

（一）单选题

1. “我们可以绝对有把握地说，剥夺资本家一定会使人类社会的生产力蓬勃发展。但是，生产力将以什么样的速度向前发展，将以什么样的速度发展到打破分工、消灭脑力劳动和体力劳动的对立、把劳动变为‘生活的第一需要’，这都是我们所不知道而且也不可能知道的。”“我们只能谈国家消亡的必然性，同时着重指出这个过程是长期的，指出它的长短将取决于共产主义高级阶段的发展速度，而把消亡的日期或消亡的具体形式问题作为悬案，因为现在还没有可供解决这些问题的材料。”这些论述体现的认识社会发展的方法论原则是(　　)

A. 在展望未来社会时，总是只限于指出未来社会发展的方向、原则和基本特征，而把具体情形留给后来的实践去回答

B. 在揭示人类社会发展一般规律的基础上，指明社会发展的方向

C. 在剖析资本主义旧世界的过程中阐发未来新世界的特点

D. 在社会主义发展中不断深化对未来共产主义社会的认识

2. 共产主义社会的根本特征是(　　)

A. 实现全民所有制

B. 实现各尽所能，按需分配

C. 实现每个人自由而全面的发展

D. 社会关系高度和谐，人们精神境界极大提高

3. 在共产主义社会，个人消费品的分配原则是(　　)

A. 各尽所能，按劳分配　　B. 按资分配

C. 按风险分配　　D. 各尽所能，按需分配

4. 在共产主义社会，生产资料的所有制是(　　)

A. 集体所有制　　B. 全民所有制

C. 混合所有制　　D. 股份制

5. “共产党人可以把自己的理论概括为一句话：消灭私有制”，这句话出自(　　)

A.《共产党宣言》　　B.《资本论》

C.《新纪元》周刊的创刊题词　　D.《哥达纲领批判》

6. 在共产主义社会里，每个人都将获得自由而全面的发展。在影响每个人自由而发展的因素中最根本的因素是(　　)

A. 自由时间不够长

B. 生产力的发展还差得太远，没有达到各取所需的程度

C. 旧式分工的存在

D. “三大差别”还未消除

7. 实现共产主义社会最根本的前提条件和基础是(　　)

A. 生产关系的高度公有化　　B. 生产力的高度发展

C. 自然环境与人的高度和谐　　D. 人的思想觉悟极大提高

8. 社会主义阶段与共产主义阶段的共同之处有(　　)

A. 无产阶级政党的领导　　B. 阶级差别

C. 思想觉悟的水平　　D. 生产资料的公有制

9. “两个必然”和“两个决不会”之间是什么关系(　　)

A. 两者之间没有逻辑关系

B. 是矛盾关系

C. 前者更重要，后者不重要

D. 前者讲的是趋势，后者讲的是这种趋势实现的客观条件和时间

10. 马克思明确提出“两个决不会”的科学论断，是在(　　)

A.《共产党宣言》　　B.《反杜林论》

C.《资本论》　　D.《〈政治经济学批判〉序言》

(二) 多选题

1. 关于什么是共产主义的理解有多种说法，下列哪几种说法是正确的（　）

A. 是一种科学的理论

B. 是在这种理论指导下进行的社会运动或实践

C. 是一种未来的社会制度和社会形态

D. 是一种空想

2. 关于“唯物史观”和“剩余价值”的说法正确的是(　　)

A. 它们为共产主义社会的崇高理想提供了包括方法论在内的学理支撑

B. 唯物史观揭示了人类社会发展的一般规律，剩余价值理论揭示了资本主义社

会发展的特殊规律，而马克思正是在此基础上来揭示人类社会发展的两个“必然”趋势或方向的

C. 马克思的社会主义立足于这两大发现，这使他的社会主义与以往的空想社会主义根本不同

D. 这两大发现与共产主义没有逻辑关系，因为这两大发现至多只能说明资本主义必然灭亡

3. 马克思恩格斯关于未来社会的预测，是在科学地批判和剖析资本主义社会的过程中作出的，这是他们的一个重要方法论基础。关于他们对旧社会的批判说法，正确的表述有(　　)

A. 他们明确意识到不能抽象地随意地谈论未来社会，不应该到哲学家的书桌里寻找答案

B. 他们对旧社会批判的高明之处，不在于他们看到了旧社会的弊端，而在于他们进一步揭示出弊端根源，揭示出旧社会发展中自我否定的力量，发现了旧社会的矛盾运动中孕育着的新社会因素

C. 他们从对旧社会的批判中发现未来社会的方向和特征，而不是单从良心、愿望或想象出发去寻找未来社会的方向和特征

D. 由 ABC 可以得知，他们对未来社会的预测是有客观依据的

4. 到了共产主义社会，阶级和国家将一同消亡，关于这个消亡的说法正确的有(　　)

A. 国家首先消亡，阶级随后才会消灭

B. 阶级首先消亡，国家才可能消灭

C. 作为阶级压迫工具的国家机器的消亡，但是作为社会组织管理机构的国家仍然会存在

D. 作为阶级压迫工具的国家机器，连同作为社会组织管理机构的国家一并消亡

5. 在共产主义社会，“三大差别”将会消失，这“三大差别”是指(　　)

A. 工农差别　　　　B. 城乡差别

C. 男女差别　　　　D. 脑体差别

6. “各尽所能，按劳分配”原则，第一次以人的劳动而不是特权或资本作为根本的标准，是一个巨大的历史进步，但它仍然有其历史的局限性，这是因为(　　)

A. 就把劳动这同一个标准运用到在不同情况的人身上而言又是不平等的

B. 它撇开了人的社会生活的丰富性，只把人当作“劳动者”看待，而没有把劳动者的家庭负担等方面的需要考虑进去

C. 它默认“劳动者的不同等的个人天赋，从而不同等的工作能力，是天然特权”，因而导致劳动能力不同的人们在分配结果上的区别

D. “按劳分配”在某种意义上还是商品等价交换的原则

7. 关于社会主义社会和共产主义社会之间关系的说法正确的有(　　)

A. 它们分别是共产主义的低级阶段和高级阶段

B. 前者是不可逾越的，前者是后者的必经之路

C. 是发展程度和成熟程度上的区别

D. 是两种完全不同的社会形态，没有可比之处

8. 共产主义理想作为一种社会理想，它与一切空想和幻想有着本质区别，下列哪些选项说明了它们之间的不同(　　)

A. 共产主义理想是在对人类社会发展规律认识的基础上设想的社会发展目标

B. 共产主义理想除了以人类社会发展的一般规律作为依据外，也是以资本主义社会的基本矛盾发展为根据的

C. 共产主义理想不仅得到了理论方面的论证，而且得到了人们实践方面的某些证明，比如，后来的社会主义革命、建设和改革的成功实践的证明

D. 只是因为马克思和恩格斯比以往的空想社会主义者们更善于宣传自己的观点

9. 下列哪些选项体现出了实现共产主义将是一个长期的艰巨的历史过程（　）

A. 资本主义从兴盛走向衰落和灭亡需要相当长的历史时期

B. 从资本主义到社会主义的过渡时期，这将是一个充满矛盾和斗争的复杂历史过程

C. 共产主义社会的第一阶段即社会主义本身也是一个长期的历史过程

D. 即使从发达的社会主义向共产主义的转变和过渡，也需要一定的历史时期

◎ 参考答案

(一) 单项选择题

1. A　2. C　3. D　4. B　5. A　6. B　7. B　8. D　9. D　10. D

（二）多项选择题

1. ABC 2. ABC 3. ABCD 4. BC 5. ABD 6. ABCD 7. ABC 8. ABC 9. ABCD

（三）讨论与思考

从社会治理的角度，说明中国特色社会主义制度的比较优势。

材料 1 国家与国家的竞争重点体现为两种能力的比拼，一个是发展能力，一个是治理能力。在强调发展是硬道理的同时，也需要强调治理是软实力。评估一个国家的状况，应该有两个维度：一个是发展的维度，另一个是治理的维度。一个善治的国家，既要有好的发展，也应该有好的治理。一个国家的发展实际上来自两个重要的效应，即制度安排和政策供给的双重效应。制度有它的用处和功用，任何一项制度都有它的优势，也有它的劣势。要提升制度的优势必须要提升制度的执行力。

党的十九届四中全会提出，坚持优势、完善制度体系，通过继续全面深化改革，补短板、强弱项，努力把制度优势全面转化为治理效能。要把制度优势转化为治理效能，有两点值得重视：一是以人民为中心，梳理现实中困扰我们的问题，列出问题清单，并将问题清单转化为国家治理改革的任务清单。二是以问题为导向，提升制度的执行力，发挥制度集中性、协调性和持续性的优势，以 30 年倒计时的方式，用 5 年、10 年、15 年、20 年乃至更长时间，集中力量切实解决人民关切的、长期困扰中国发展和百姓生活的问题。通过现实问题的逐一解决，进一步彰显制度优势，最终实现制度的成熟定型。（《光明日报》，2020 年 3 月 25 日第 16 版）

材料 2 尽管新冠病毒对整个地球发动了“闪击”，但许多人对作为“世界头号强国”“杰出科学家摇篮”的美国最终成为疫情中心感到疑惑。美国《大西洋》月刊发表的一篇文章称，美国的“原罪”在于生产检测试剂时暴露出的体制弊端，从而影响获悉疾病的传播情况以及作出遏制其蔓延的决定。而这恰恰是亚洲国家的成功之处，同时，积极的社会隔离措施也起到了补充作用。例如，在 2 月份的时候，美国疾病控制和预防中心向全国分发了存在缺陷的检测套件。各实验室尝试用自己的产品来纠正该错误，但进展缓慢，部分原因是联邦政府对其实行了管控，如规定使用人群的条件。最终，美国被迫从其他国家进口检测试剂。15 天前，面对严重的疫情，特朗普提出为期两周的保持社交距离，并关闭餐厅、酒吧以及取消某些国家的航班。但是，正如美国哥伦比亚大学安杰拉·拉斯穆森所说的那样，“如果政府一开始就认真对待疫情，现在的情况也许就不会发生”。此外，政府的反应毫无规律可言，充满特朗普式的一惊一乍。(参考消息网，2020 年 3 月 30 日)

材料 3　新冠肺炎病毒作为一种人类前所未见的新型病毒，它从发现、研究和检测都需要一定的时间。中国政府第一时间采取了果断措施，全国人民团结一心、众志成城，最大程度地保护了中国人民的生命安全和身体健康。那么根据世卫组织的判断，中国政府采取的果断、有力、及时的措施，避免了数十万的人员被感染，许多国家也认为中国的经验做法为其他国家提供了有力的借鉴。中国政府秉持的公开、透明和负责任态度，得到国际社会的高度的赞誉。习近平主席在 2020 年 3 月举行的 G20 特别峰会上，就如何共同团结、合作来尽快战胜疫情提出中方的倡议和主张，中国政府愿秉持人类命运共同体的理念来同国际社会一起加强合作。我们希望有关人士也能真正对本国人民的生命和健康负责，也能够像中国共产党和中国政府一样，把人民的生命和安全放在心上，放在第一位。抛开政治偏见和傲慢，把注意力转移到国际合作共同应对疫情上来。(外交部：《试图制造世界上最大的锅甩给中国 甩不出去了》，央视新闻 2020 年 3 月 31 日)

六、文献导读

1. 马克思：《哥达纲领批判》，《马克思恩格斯选集》第 3 卷，人民出版社 2012 年版。

【导读】《哥达纲领批判》是马克思对即将合并的德国社会民主党的纲领草案的批评意见，正文共四章。马克思通过对拉萨尔机会主义的批判，深刻阐明了科学社会主义原理。第一章阐明共产主义社会发展阶段的原理，并具体阐明了社会主义时期的分配原则。第二章阐明了工人阶级只有消灭雇佣劳动制度，才能摆脱贫困和被剥削的地位。第三章论述了实现社会主义的途径。第四章阐述了过渡时期和无产阶级专政的理论。

2. 恩格斯：《社会主义从空想到科学的发展》，《马克思恩格斯选集》第 3 卷，人民出版社 2012 年版。

【导读】 这是一部被马克思称为“科学社会主义入门”的基本理论著作。第一章论述了科学社会主义的思想来源。第二章论述了唯物史观和剩余价值学说的发现，使社会主义从空想变为科学。第三章阐述了科学社会主义的社会经济根源，分析了资本主义生产方式的基本矛盾，揭示了资本主义必然灭亡和社会主义必然胜利的客观规律以及无产阶级的历史使命，阐明了科学社会主义的基本原理。

3. 列宁：《国家与革命》第五章，《列宁选集》，人民出版社 2012 年版。

【导读】《国家与革命》第五章“国家消亡的经济基础”，列宁以马克思在《哥达纲领批判》中提出的基本思想为基础，深刻论述了过渡时期实行无产阶级专政的必然性和必要性、共产主义社会两个阶段的特征，论述了未来社会的发展与国家消亡的关系，阐明了国家完全消亡的经济基础是共产主义的高度发展。

4. 毛泽东：《读苏联〈政治经济学教科书〉的谈话》（节选），《毛泽东文集》第 8 卷，人民出版社 1999 年版。

【导读】《谈话》论述了一系列重大的社会主义革命和建设的理论和实践问题，其中论述了对社会主义的阶段性和长期性的认识。指出：“社会主义这个阶段，又可能分为两个阶段，第一个阶段是不发达的社会主义，第二个阶段是比较发达的社会主义。后一阶段可能比前一阶段需要更长的时间。经过后一阶段，到了物质产品、精神财富都极为丰富和人们的共产主义觉悟极大提高的时候，就可以进入共产主义社会了。”

5. 邓小平：《一靠理想二靠纪律才能团结起来》，《邓小平文选》第 3 卷，人民出版社 1993 年版。

【导读】 这篇讲话回答了在改革开放的新的历史条件下，应当树立什么样的理想信念，怎样实现这样的理想信念的问题。强调只有靠理想和纪律才能团结起来，建设中国特色社会主义。强调指出我们一定要经常教育我们的人民，尤其是我们的青年，要有理想。为什么我们过去能在非常困难的情况下奋斗出来，战胜千难万险使革命胜利呢？就是因为我们有理想，有马克思主义信念，有共产主义信念。我们干的是社会主义事业，最终目的是实现共产主义，这一点，我们在宣传方面任何时候都不要忽略。

6. 习近平：《在庆祝中国共产党成立 95 周年大会上的讲话》，新华社 2016 年 7 月 1 日。

【导读】 在讲话中，习近平全面回顾了我们党 95 年来团结带领全国各族人民不懈奋斗走过的光辉历程和作出的伟大历史贡献，总结概括了三大重要历史启示。以不忘初心、继续前进为主题，明确提出了面向未来、面对挑战，坚持马克思主义的指导地位、坚定共产主义远大理想和中国特色社会主义共同理想、全面深化改革稳定各项工作、加强党的领导与建设等八个方面的要求。讲话是全党在新的历史条件下进行具有许多新的历史特点的伟大斗争的政治宣言，是指引我们党奋力推进中国特色社会主义伟大事业和全面推进党的建设新的伟大工程的纲领性文献。

参考文献

1. 马克思恩格斯文集［M］. 北京：人民出版社，2009.
2. 马克思恩格斯选集［M］. 北京：人民出版社，2012.
3. 列宁选集［M］. 北京：人民出版社，2012.
4. 毛泽东选集［M］. 北京：人民出版社，1991.
5. 邓小平文选［M］. 北京：人民出版社，1995.
6. 习近平. 习近平谈治国理政（第1卷）［M］. 北京：外文出版社，2014.
7. 习近平. 习近平谈治国理政（第2卷）［M］. 北京：外文出版社，2017.
8. 习近平. 习近平谈治国理政（第3卷）［M］. 北京：外文出版社，2020.
9. 中央文献研究室. 十八大以来重要文献选编（上）［M］. 北京：中央文献出版社，2014.
10. 中央文献研究室. 十八大以来重要文献选编（下册）［M］. 北京：中央文献出版社，2018.
11. 习近平. 习近平新时代中国特色社会主义思想三十讲［M］. 北京：学习出版社，2018.
12. 习近平. 不断开拓当代中国马克思主义政治经济学新境界［N］. 求是，2020-08-16（16）.
13. 习近平. 辩证唯物主义是中国共产党人的世界观和方法论［N］. 求是，2019-01-02（1）.
14. 习近平. 关于坚持和发展中国特色社会主义的几个问题［N］. 求是，2019-04-01（7）.

15. 习近平．在中央政治局常委会会议研究应对新型冠状病毒肺炎疫情工作时的讲话［N］．求是，2020-02-16（4）．
16. 习近平．全面提高依法防控依法治理能力，为疫情防控提供有力法治保障——在中央全面依法治国委员会第三次会议上的讲话［N］．新华社，2020-02-05.
17. 习近平．在中央全面深化改革委员会第十四次会议上的讲话［N］．新华网，2020-06-30.
18. 刘云山．深入学习贯彻习近平新时代中国特色社会主义思想［N］．人民日报，2017-11-06（2）.
19. 本书编写组．马克思主义发展史［M］．北京：高等教育出版社，人民出版社，2013.
20. 本书编写组．马克思恩格斯列宁哲学经典著作导读［M］．北京：人民出版社，2016.
21. 陈先达，杨耕．马克思主义哲学原理（第5版）［M］．北京：中国人民大学出版社，2019.
22. 石云霞．“马克思主义基本原理概论”课教学基本要求［M］．北京：高等教育出版社，2017.
23. 杨明伟．中国共产党干出了一片新天地［N］．学习时报，2020-07-03（1）．
24. 冯鹏志．坚持科学思维科学精神科学理性全面构筑中国战疫强大科技支撑［N］．学习时报，2020-06-05（1）．
25. “马克思不会从美国走开”——访美国学者安德鲁·哈特曼和乔纳森·施佩贝尔［N］．人民日报，2018-02-24.
26. 郑萼．运用制度威力应对风险挑战［N］．光明日报，2020-04-30.
27. 辛向阳．把对三大规律的认识提高到一个新水平［J］．前进，2020（8）：9-10.
28. 柴尚金．机遇与挑战并存：当今世界社会主义发展前景［J］．党政研究，2020（3）：33-41.
29. 汪亭友．“普世价值”思潮批判中需要澄清的几个问题［J］．马克思主义理论学科研究，2020，6（1）：134-143.
30. 陈文清．总体国家安全观的生动实践和丰富发展——深入学习贯彻习近平总书记关于疫情防控的重要论述［N］．求是，2020-04-15（8）．
31. 中国社会科学院中国特色社会主义理论体系研究中心．对“三大规律”认识的深化——学习习近平总书记治国理政的重要论述［N］．求是，2016-08-15（4）．

后　记

武汉大学“马克思主义基本原理概论”教学团队是一支优秀的教学团队，先后被评为湖北省优秀思想政治理论课教学团队和教育部优秀思想政治理论课教学团队，长期致力于提供优质的教学成果，“马克思主义哲学原理”和“马克思主义基本原理概论”先后获评国家精品课程和国家在线开放精品课程。2020 年，因新冠肺炎疫情的影响，全国数十所高校选用武汉大学国家精品在线课程，选课人数单季近 15 万人。为配合广大学习者学习国家精品在线课程，进一步提高在线课程的质量，满足广大学习者更高质量的学习需要，我们基于已经运行 6 轮的武汉大学“马克思主义基本原理概论”在线开放课程教学经验，编写了这本国家精品在线课程辅导教材《“马克思主义基本原理概论”学习辅导》。本书以马克思主义理论和建设工程重点教材《马克思主义基本原理概论》（2018 年版）为蓝本，以武汉大学“马克思主义基本原理概论”慕课 2.0 为基础，对原有的教案、讲稿和学习测试题加以完善，补充了“解疑释惑”“理论前沿”“讨论与思考”和“文献导读”等，使学习的过程更具有学理性、现实性和针对性。

本书是武汉大学马克思主义学院“马克思主义基本原理概论”课程中心集体教学研究的成果。孙来斌教授（现任职北京大学马克思主义学院）在负责“马克思主义基本原理概论”课程建设期间，协调和领导教学团队录制了“马克思主义基本原理概论”慕课 2.0 视频课程。孙来斌（导论）、左亚文和陈世锋（第一章）、杨乐强和杨礼银（第二章）、袁银传和周金华（第三章）、龚玉敏和周绍东（第四章）、杨虹和胡建兰（第五章）、杨军和向德忠（第六章）、张乾元和黄沁茗（第七章）等为各章提供了教材的“要点精讲”，李光宽、何鹏、沈云龙、吴默闻等为各章提供了学习测试题，“马克思主义基本原理”专业博士研究生刘甲星、硕士研究生胡熙涵和刘雨露为“解疑释惑”“理论前沿”“讨论与思考”和“文献导读”等提供了大量资料，做了大量的基础性工作，张乾元、杨虹和陈世锋对书稿进行了修改和统稿。

本书也是“武汉大学2020年示范课堂建设项目‘马克思主义基本原理概论’”的阶段性成果。编写的过程中，我们参考了学术界的理论研究成果，有的在参考文献中列出，有的可能疏忽遗漏。我们的工作得到了武汉大学本科生院、马克思主义学院的领导和老师的关心和支持，得到了武汉大学出版社的领导、编辑的支持和帮助，在此一并表示衷心的感谢！

由于水平有限，本书肯定有许多不足之处，敬请广大读者在使用时提出宝贵意见，以待在研究的基础上修改完善。

编　者

2020年8月